Gesundheitsschutz in der Europäischen Gemeinschaft am Beispiel von BSE

AF891001

Europäische Hochschulschriften

Publications Universitaires Européennes
European University Studies

Reihe II
Rechtswissenschaft

Série II Series II
Droit
Law

Bd./Vol. 3935

PETER LANG
Frankfurt am Main · Berlin · Bern · Bruxelles · New York · Oxford · Wien

Dominik Mayer

Gesundheitsschutz in der Europäischen Gemeinschaft am Beispiel von BSE

Eine Untersuchung der Kompetenzen, Durchführung und Entwicklung anhand der Maßnahmen der Gemeinschaft zur Eindämmung des BSE-Erregers

PETER LANG
Europäischer Verlag der Wissenschaften

Bibliografische Information Der Deutschen Bibliothek
Die Deutsche Bibliothek verzeichnet diese Publikation in der Deutschen Nationalbibliografie; detaillierte bibliografische Daten sind im Internet über <http://dnb.ddb.de> abrufbar.

Zugl.: Würzburg, Univ., Diss., 2003

D 20
ISSN 0531-7312
ISBN 3-631-52688-1

© Peter Lang GmbH
Europäischer Verlag der Wissenschaften
Frankfurt am Main 2004
Alle Rechte vorbehalten.

Das Werk einschließlich aller seiner Teile ist urheberrechtlich geschützt. Jede Verwertung außerhalb der engen Grenzen des Urheberrechtsgesetzes ist ohne Zustimmung des Verlages unzulässig und strafbar. Das gilt insbesondere für Vervielfältigungen, Übersetzungen, Mikroverfilmungen und die Einspeicherung und Verarbeitung in elektronischen Systemen.

www.peterlang.de

Vorwort

Die vorliegende Arbeit wurde im Sommersemester 2002 von der Juristischen Fakultät der Julius-Maximilians-Universität Würzburg als Dissertation angenommen. Das Rigorosum fand im Juni 2003 statt.

Besonderen Dank schulde ich meinem Doktorvater Prof. Dr. Michael Wollenschläger für die Gelegenheit zur Promotion. Prof. Dr. Dieter H. Scheuing danke ich für die zügige Erstellung des konstruktiven Zweitgutachtens.

Danken darf ich Herrn Generalanwalt Siegbert Alber, Abgeordneten des Europäischen Parlaments und Mitarbeitern aus der Europäischen Kommission für ihre freundliche Gesprächsbereitschaft.

Stellvertretend für alle Korrekturleser danke ich herzlich meinem Onkel Dr. Günter Krabbe, der die Arbeit nochmals zeitnah für den Druck redigiert hat.

Ein lieber Dank gilt meiner Freundin, Frau Rechtsanwältin Mirjam Lang, die mir immer die notwendige Zuversicht vermittelte.

Ich widme dieses Buch in Dankbarkeit meinen Eltern, die mich auf meinem Lebensweg in jeder Weise unterstützen und motivieren. Diese Arbeit wäre ohne ihre Anstrengungen, Anregung und Förderung nicht möglich gewesen.

Dominik Mayer

Inhaltsverzeichnis

EINLEITUNG 1

1. ALLGEMEINES 1
2. PROBLEMSTELLUNG („BSE-PROBLEMATIK“) 2
3. METHODISCHE ÜBERLEGUNGEN 5
4. GANG DER UNTERSUCHUNG 7

KAPITEL 1: GRUNDLAGEN ZUR ERARBEITUNG DER BSE-PROBLEMATIK 9

1. BESTANDSAUFNAHME 9
   1.1 Erkenntnisse über BSE und den Bezug zu der nVCJK 9
   1.1.1 Entdeckung von BSE 9
   1.1.1.1 Krankheitsverlauf und Pathologie 9
   1.1.1.2 Hypothese der Verbreitung von BSE 10
   1.1.1.3 Hintergrund zur Tiermehl-Fütterung 11
   1.1.2 Zusammenhang mit nVCJK 12
   1.1.2.1 Creutzfeldt-Jakob-Krankheit (CJK) 12
   1.1.2.2 Die neue Variante der CJK (nVCJK) 13
   1.1.2.3 Der BSE-Erreger 14
   1.1.2.4 Folgerung 15
   1.2 Schutzmaßnahmen der Europäischen Gemeinschaft 15
   1.2.1 Chronologie der Schutzmaßnahmen 16
   1.2.1.1 Maßnahmen bis 1994 16
   1.2.1.2 Maßnahmen bis 1996 19
   1.2.1.3 Maßnahmen seit 1996 22
   1.2.2 Systematisierung 38
   1.2.2.1 Handelsbeschränkungen 38
   1.2.2.2 Produktionsvorschriften 39
   1.2.2.3 Vermarktungsvorschriften 40
   1.2.2.4 Überwachungsvorschriften 40
   1.2.3 Folgerung 41
2. GESUNDHEITSSCHUTZ IM EG-VERTRAG 42
   2.1 Rechtsnatur der Kompetenzen 42
   2.1.1 Problem des Kompetenzbegriffs 42

2.1.2 Zuweisung einer Kompetenz 44
2.1.2.1 Zuweisung von Sachgebieten 44
2.1.2.2 Zuständigkeitsproblematik 46
2.1.2.3 Problem der Unterscheidung zwischen Konkurrenz und Kompetenz 47
2.1.3 Konsequenz 49
2.2 Verankerung von Gesundheitsschutz im Vertrag 50
2.2.1 Umfang der Tätigkeit 50
2.2.2 Grundfreiheiten 51
2.2.3 Binnenmarktharmonisierung 52
2.2.4 Sonstige Politikbereiche 53
2.3 Zuordnung der BSE-Problematik 55
3. DEFINITION DES BEGRIFFS GESUNDHEITSSCHUTZ 57
3.1 Ausgangslage 57
3.2 Gemeinschaftlicher Gesundheitsschutz 57
3.2.1 Tätigkeitsbeschreibung in Art. 152 Abs. 1 EG 57
3.2.2 Ausformungen im Sekundärrecht 59
3.2.3 Gesundheitsschutz in der Rechtsprechung des EuGH 59
3.3 Problem der allgemeinen WHO-Definition 61

KAPITEL 2: RECHTSGRUNDLAGEN DES GEMEINSCHAFTLICHEN GESUNDHEITSSCHUTZES 63

1. UMFANG DER PRIMÄRRECHTLICHEN KOMPETENZEN 63
1.1 Entwicklung von Gesundheitsschutz 63
1.1.1 Allgemeine Entwicklungen in der Gesundheitspolitik 63
1.1.2 Gesundheitsschutz in der Gemeinsamen Agrarpolitik (GAP) 67
1.2 Gesundheitsschutz im Gemeinsamen Markt und im Binnenmarkt 68
1.2.1 Der Binnenmarkt 69
1.2.1.1 Gesundheitsschutz und Warenverkehrsfreiheit 69
1.2.1.2 Gesundheitsschutz im Rahmen der Rechtsangleichung 72
1.2.2 Gesundheitsschutz im Rahmen des Gesundheitswesens 73
1.2.2.1 Umfang 74
1.2.2.2 Querschnittsklausel 75
1.2.3 Gesundheitsschutz im Rahmen des Verbraucherschutzes 76
1.2.4 Zwischenergebnis 77

1.3 Gesundheitsschutz in der Gemeinsamen Agrarpolitik 78
1.3.1 Abgrenzung der Gemeinsame Agrarpolitik zum Gemeinsamen Markt und zum Binnenmarkt 78
1.3.1.1 Abgrenzung zwischen dem Gemeinsamen Markt und dem Binnenmarkt 78
1.3.1.2 Die Gemeinsame Agrarpolitik im Verhältnis zum Gemeinsamen Markt 81
1.3.1.3 Abgrenzung zwischen der Gemeinsamen Agrarpolitik und dem Binnenmarkt 82
1.3.1.4 Stellungnahme 83
1.3.2 Gesundheitsschutz nach den Kompetenzen der Gemeinsamen Agrarpolitik 84
1.3.2.1 Zielverwirklichung nach Art. 33 Abs. 1, 37 Abs. 3 EG 84
1.3.2.2 Gesundheitsschutz im Verhältnis zur Zielverwirklichung 86
1.3.3 Zwischenergebnis 88
1.4 Verhältnis zum Harmonisierungsverbot nach Art. 152 Abs. 4 lit. c EG 88
1.4.1 Die neuere Rechtsprechung zu Art. 95 EG („Tabakrichtlinien"-Urteil) 88
1.4.2 Frage der Übertragbarkeit auf die Gemeinsame Agrarpolitik 92
1.4.2.1 Sachlich-gegenständliche und finale Kompetenz-Zuweisung 93
1.4.2.1.1 Vergleich des Aufbaus 94
1.4.2.1.2 Vergleich der Tatbestände 94
1.4.2.1.3 Vergleich der Rechtsfolgen 95
1.4.2.2 Zwischenergebnis 96
1.5 Die Bedeutung des neuen Art. 152 Abs. 4 lit. b EG 97
1.5.1 Zweck und Inhalt 97
1.5.2 Qualifizierung als Verfahrensnorm 98
1.6 Ergebnis 99
2. SEKUNDÄRRECHTLICHE RECHTSGRUNDLAGEN 100
2.1 Normenhierarchie des Sekundärrechts 101
2.1.1 Rechtsnatur der BSE-Schutzmaßnahmen 101
2.1.1.1 Verordnung 101
2.1.1.2 Richtlinie 102
2.1.1.3 Entscheidung 103
2.1.1.4 Empfehlung und Stellungnahme 103

2.1.2 Stufenverhältnis der Rechtsakte 104
2.2 Überprüfung der BSE-Entscheidungen 106
2.2.1 Delegation mittels „Schutzklausel“ bzw. „Notkompetenz“ 106
2.2.2 Voraussetzungen der Notkompetenzen 107
2.2.3 Voraussetzungen der Delegation 109
2.2.3.1 Grundzüge der Notkompetenz in der Veterinär-Richtlinie 109
2.2.3.2 Veterinärrechtlicher Rahmen der Notkompetenz 110
2.2.4 Agrarrechtliche Kompetenz für die Veterinär-Richtlinien 111
2.3 Ergebnis 112
3. ZUSTÄNDIGKEITSVERHÄLTNIS ZWISCHEN DER GEMEINSCHAFT UND DEN MITGLIEDSTAATEN 113
3.1 Umstrittene Zuordnungsregeln 113
3.1.1 Zuordnungssystem 114
3.1.2 Problem der Zuordnung der ausschließlichen Zuständigkeit 116
3.1.3 „Ausschließende“ Zuständigkeit aus materieller Sperrwirkung eines Rechtsaktes 118
3.2 Subsidiaritätsprinzip 119
3.2.1 Kompetenzausübungsschranke 120
3.2.2 Verteilung der Zuständigkeiten 120
3.2.3 Einzelfallerwägung bei der Durchführung 121
3.3 Die umgekehrte Zuständigkeitsproblematik 122
3.3.1 Sperrwirkung bis zum Inkrafttreten einer gemeinschaftlichen Maßnahme 122
3.3.2 Sperrwirkung ab Inkrafttreten einer gemeinschaftlichen Maßnahme 123
3.3.3 Sperrwirkung nach Aufhebung einer gemeinschaftlichen Maßnahme 124
3.3.4 Folgerung 126
3.4 Lösungsversuch der umgekehrten Zuständigkeitsproblematik 126
3.4.1 Tatbestand für eine Notzuständigkeit als Sachwalter 127
3.4.2 Anwendung der Art. 95 Abs. 4,5 EG iVm Art. 152 Abs. 4 lit. b EG 128
3.4.3 Wertung der Art. 95 Abs. 4, 5 EG über Art. 32 Abs. 2, 37 Abs. 3 lit. b EG 129
3.4.4 Sekundärrechtlich zugestandener Zuständigkeitsrahmen 130
3.4.5 Abgrenzung von der materiellen Reichweite einer Regelung 130

3.5 Zusammenfassung ... 131

KAPITEL 3: DURCHFÜHRUNG DES GEMEINSCHAFTLICHEN GESUNDHEITSSCHUTZES ... 135

1. PRIMÄRRECHTLICHE ASPEKTE ... 135
1.1 Problem bei doppelten Rechtsgrundlagen ... 135
1.1.1 Sachstand ... 135
1.1.2 Schwerpunktkriterium ... 136
1.1.3 Titandioxid-Urteil und die weitere Rechtsprechung ... 137
1.1.4 Rechtsprechung in Bezug auf die Gemeinsame Agrarpolitik ... 139
1.1.5 Gesundheitsschutz bei doppelten Rechtsgrundlagen ... 140
1.1.5.1 EtikettierungsVO-Urteil ... 141
1.1.5.2 Problem Schwerpunktkriterium nach Art. 152 Abs. 4 lit. c EG ... 142
1.1.6 Ergebnis ... 143
1.2 Verhältnismäßigkeitsprinzip ... 144
1.2.1 Gemeinschaftlicher Aspekt der Verhältnismäßigkeit ... 144
1.2.2 Querschnittsklausel als Aspekt der Verhältnismäßigkeit ... 145
1.2.2.1 Bestandteil der Verhältnismäßigkeitsprüfung ... 146
1.2.2.2 Konkrete Abwägung ... 147
1.2.2.3 Konsequenzen ... 149
1.2.3 Varianten der Gesundheitsschutz-Klauseln ... 149
1.2.3.1 Abgrenzungsversuch ... 150
1.2.3.2 Anforderung an das Schutzniveau ... 152
1.2.4 Ergebnis ... 152
2. SEKUNDÄRRECHTLICHE ASPEKTE ... 153
2.1 Verfahren im Sekundärrecht ... 153
2.1.1 Die bisherigen Richtlinien ... 153
2.1.2 Die neue EG-Verordnung zur Bekämpfung transmissibler spongiformer Enzephalopathien ... 154
2.2 Legitimation und Funktion der Ausschüsse im Entscheidungsverfahren der dritten Stufe (Komitologie) ... 156
2.2.1 Der Ständige Veterinärausschuß ... 157
2.2.1.1 Entwicklung und Zweck ... 157
2.2.1.2 Kritik an der Komitologie i.e.S. ... 158
2.2.2 Die Wissenschaftlichen Ausschüsse ... 159

2.3 Ergebnis 162

KAPITEL 4: WEITERENTWICKLUNG DES GEMEINSCHAFTLICHEN GESUNDHEITSSCHUTZES 165

1. DER ANLAß DER „BSE-KRISE“ 165
1.1 Ergebnisse des parlamentarischen Untersuchungsausschusses 165
1.1.1 Analyse der „Krise“ 166
1.1.2 Vorschläge für die Zukunft 167
1.2 Die internen Reformen 168
1.2.1 Transparenzgebot 169
1.2.2 Organisatorische Umgruppierungen 170
1.2.3 Kontrollverfahren für die Durchführung durch die Mitgliedstaaten 171
1.2.4 Verstärkte Kontrolle und Durchsetzung von Gemeinschaftsrecht 172
2. ENTWICKLUNG EINER RISIKOSCHUTZ-STRATEGIE 173
2.1 Das Risiko-Prüfschema 173
2.1.1 Der Begriff des Risikos 175
2.1.1.1 Risiko 175
2.1.1.2 Potentielles Risiko 176
2.1.2 Risiko-Ermittlung 177
2.1.3 Risiko-Behandlung 178
2.2 Würdigung 180
2.2.1 Risiko-Ermittlung 180
2.2.2 Risiko-Behandlung 181
2.2.3 Anwendung des Risiko-Prüfschemas bei Maßnahmen des Gesundheitsschutzes 182
2.2.4 Fazit 182
3. RISIKOVERMEIDUNG DURCH EIN „VORSORGEPRINZIP“ 183
3.1 Umfassende Anwendung 183
3.2 Herleitung 184
3.2.1 Primärrecht 184
3.2.2 Rechtsprechung des EuGH 185
3.2.3 Völkerrecht 186
3.2.4 Das Vorsorgeprinzip als allgemeiner Rechtsbegriff 187
3.3 Diskussion 187

3.3.1 Kritik an der Herleitung 188
3.3.1.1 Umweltrecht 188
3.3.1.2 SPS-Übereinkommen der WTO 189
3.3.1.3 Begrifflichkeit 189
3.3.2 Inhaltliche Bedenken 190
3.3.2.1 Systematische Verortung 191
3.3.2.2 Beweislastumkehr 191
3.3.2.3 Vergleich mit dem Begriff der Gefahrenabwehr im deutschen Recht 193
3.3.2.4 Gemeinschaftliche Vorsorge als vorverlagerte Gefahrenabwehr 194
3.3.3 Lösungsvorschlag 196
3.3.3.1 Vorbeugung immanent in Schutzmaßnahmen 196
3.3.3.2 Anwendung im Rahmen der Verhältnismäßigkeit 197
3.3.3.3 Strikte Ablehnung von Vorsorge im Sinne des Umweltrechts im Rahmen von Gesundheitsschutz 198
3.4 Ergebnis 199
4. UMFASSENDE EINORDNUNG DER BSE-PROBLEMATIK IN EIN SYSTEM DES EUROPÄISCHEN LEBENSMITTELRECHTS 200
4.1 Verordnung über das europäische „Lebensmittelrecht“ 200
4.1.1 Rechtsgrundlage 201
4.1.2 Prinzipien 201
4.1.3 Neue Notkompetenzen der Europäischen Gemeinschaft 203
4.1.4 Würdigung 204
4.2 Einrichtung einer Lebensmittelbehörde 205
4.2.1 Allgemeines 205
4.2.2 Organisation und Arbeitsweise 207
4.2.2.1 Funktion der Organe 207
4.2.2.2 Arbeitsweise 207
4.2.2.3 Konkurrenzgutachten 209
4.2.3 Würdigung 209
4.3 Ausblick 211
ZUSAMMENFASSUNG UND ERGEBNISSE 213
1. ZU DEN ALLGEMEINEN GRUNDLAGEN 213
1.1 Der Sachstand 213

1.2 *Gesundheitsschutz im EG-Vertrag* 213
1.3 *Definition von Gesundheitsschutz* 214
2. DIE RECHTSGRUNDLAGEN 214
2.1 *Umfang der primärrechtlichen Kompetenzen* 214
2.2 *Sekundärrechtliche Rechtsgrundlagen* 215
2.3 *Frage der Zuständigkeit im Verhältnis zu den Mitgliedstaaten* 216
3. DURCHFÜHRUNG 217
3.1 *Probleme im Primärrecht* 217
3.1.1 Handhabung „doppelter“ Rechtsgrundlagen 217
3.1.2 Anwendung der Querschnittsklausel 218
3.2 *Probleme im Sekundärrecht* 219
3.2.1 Der Ständige Ausschuß 219
3.2.2 Der Wissenschaftliche Ausschuß 220
4. WEITERENTWICKLUNG 220
4.1 *Impuls aus der BSE-Krise* 221
4.2 *Vorbeugende Gefahrenabwehr mittels Risiko-Prüfschema* 221
4.3 *Vorsorgeprinzip im Gesundheitsschutz* 221
4.4 *Europäisches Lebensmittelrecht* 222
LITERATURVERZEICHNIS 225
ANHANG: VERZEICHNIS DER BSE-SCHUTZMAßNAHMEN 239

Einleitung

Die Verbreitung der Bovinen Spongiformen Enzephalopathie (BSE) in Europa hat in der Öffentlichkeit große Besorgnis hervorgerufen.[1] Grund ist nicht primär die Tierseuche BSE an sich, sondern die von ihr ausgehende Gefahr für die menschliche Gesundheit.

Eine allgemeine Entwarnung vor BSE kann entgegen einiger Ansichten[2] noch nicht gegeben werden. Die Frage, wie dieser Gefahr angemessen zu begegnen ist, wurde und wird in einigen wesentlichen Teilen von der die Europäischen Gemeinschaft diktiert. Eine Untersuchung der Kompetenzen der Europäischen Gemeinschaft, der von ihr ergriffenen Maßnahmen und der Entwicklung des Gemeinschaftsrechts im Bereich des Gesundheitsschutzes ist in diesem Kontext angebracht.

1. Allgemeines

Die Europäische Union wird im innerstaatlichen Leben ihrer Mitgliedstaaten immer präsenter. Für lange Zeit stellten Stichworte wie „Binnenmarkt" und „Wirtschaftsunion" in der europäischen Öffentlichkeit eine prägende Beschreibung der komplexen rechtlichen Strukturen des europäischen Projekts[3] dar.

Gesundheitsschutz scheint demgegenüber erst ein jüngerer Bestandteil zu sein. Tatsächlich geht der europäische Gesundheitsschutz schon lange im Rahmen der Verträge zur Gründung der Europäischen Gemeinschaften neben rein wirtschaftlichen Gesichtspunkten einher.[4] Die mit den Gründungsverträgen als erste Stufe angestrebte wirtschaftliche Zusammenarbeit war für lange Zeit zwar das vorderste Ziel dieser Gemeinschaft gewesen. Mit der Verwirklichung dieses Ziels ist aber das europäische Projekt noch lange nicht abgeschlossen. Auch der jetzige Vertrag über die Europäische Union stellt nur einen weiteren Meilenstein dar.[5] Nach der

---

[1] **Heimann/Gröne**, S. 8.

[2] Vgl. FAZ vom 21.5.2001 S. 4, „Optimistische Bilanz im Kampf gegen MKS: Gute Koordination in der EU / Martini und Höhn äußern sich auch angesichts der BSE Krise zuversichtlich". Dagegen sogleich in FAZ vom 22.95.2001, S. 1, „Bundesregierung rechnet mit weiteren BSE Fällen", sowie FAZ vom 23.11.2001, S. 1, „Künast: BSE-Gefahr noch nicht völlig gebannt".

[3] **Oppermann,** Rz. 1 ff., „§ 1 Die europäische Idee". Es geht bei diesen Bezeichnungen letztlich darum, die genauen politischen Zielvorstellungen flexibel zu halten, vgl. **Oppermann**, Rz. 51.

[4] *Berg*, in: **Schwarze**, Art. 152 EGV, Rdnr. 1.

[5] Vgl. die Erwägungen in der Präambel des Vertrages über die Europäische Union: „...entschlossen, den mit der Gründung der europäischen Gemeinschaften eingeleiteten Prozeß der europäischen Integration auf eine neue Stufe zu heben..."

raschen Fortentwicklung der wirtschaftlichen Ziele gerieten neben dem fast vollständig verwirklichten Binnenmarkt[6] viele Themen in den Brennpunkt des europäischen Interesses, die sich im Grunde als Folge des bereits entwickelten Gemeinsamen Marktes darstellen.[7] Ein solches Thema ist der europäische Gesundheitsschutz. Hier haben die jüngsten Krisen bezüglich der Lebensmittelsicherheit einerseits und der Streit um den überbordenden Harmonisierungsbetrieb aus gesundheitspolitischen Motiven andererseits viele Diskussionen ausgelöst.[8]

Der „brandheiße" Anlaß der Verbreitung des BSE-Erregers bringt es mit sich, daß unter Umständen schnelle Veränderungen Einfluß auf den Verlauf der Untersuchungen nehmen. So wurden zum Beispiel viele der bisher getroffenen BSE-Schutzmaßnahmen durch eine Verordnung über die Bekämpfung von TSEen, die zum 1.7.2001 in Kraft trat, zusammengefaßt.[9] Das hindert aber nicht, anhand der Chronologie der bisherigen BSE-Schutzmaßnahmen die gemeinschaftlichen Rechtsgrundlagen und die Methodik der gemeinschaftlichen Rechtssetzung in Bezug auf den Gesundheitsschutz nachzuvollziehen und dadurch den Hintergrund sowie Vorhersagen für die aktuellen Entwicklungen im gemeinschaftlichen Gesundheitsschutz zu bilden. Die Arbeit schließt mit dem Bearbeitungsstand vom 30.06.2002 ab.

2. Problemstellung („BSE-Problematik")

Bezüglich bestimmter Zusammenhänge wird von der BSE-Krise gesprochen.[10] Gemeint sind damit vor allem die Vorgänge, die schließlich im Jahr 1996 zu der Einsetzung eines Untersuchungsausschusses durch das Europäische Parlament führten.[11] Etwas neutraler und allgemeiner könnten die Vorgänge um die Verbreitung des BSE-Erregers als BSE-Problematik bezeichnet werden. Damit werden mehrere Einzelprobleme verknüpft:

---

6 Zum 1.1.1993 war tatsächlich der größte Teil des bis dahin geplanten Binnenmarktes verwirklicht, **Oppermann**, Rdnr. 42.

7 Vgl. für alle die Darstellung der Entwicklung von Gesundheitspolitik bzw. -problemen bei **Pitschas**, ZfS 1993 S. 468 ff..

8 Vgl. z.B. FAZ vom 23.11.2001, S. 2, „Wenig Vertrauen in die EU-Agrarpolitik"; nach dem Artikel glauben nur 37% der EU-Bürger, daß die Agrarpolitik die Gewähr für gesundheitlich unbedenkliche Lebensmittel bietet.

9 Verordnung (EG) Nr. 999/2001 des Europäischen Parlaments und des Rates mit Vorschriften zur Verhütung, Kontrolle und Tilgung bestimmter transmissibler spongiformer Enzephalopathien vom 22.5.2001 (ABl. L 147 vom 31.5.2001, S. 1).

10 **Oppermann**, Rdnr. 1398, spricht von einem „Krisenfall des 'Rinderwahnsinns' (BSE)".

11 Einsetzungsbeschluß des Europäischen Parlaments in der Sitzung vom 18.7.1996 gemäß Artikel 136 der Geschäftsordnung, Dokument Nr. B4-0964/96.

In der Öffentlichkeit wohl am meisten wahrgenommen wurden die Konflikte zwischen dem Gemeinschaftsgesetzgeber und den Mitgliedstaaten[12] über die Frage, wer für die Bekämpfung der Krankheit letztlich verantwortlich zu sein hat. Zudem werden die öffentlichen Diskussionen über den Umfang und die Wirkung von Schutzmaßnahmen im Zusammenhang mit unterschiedlichen Politikbereichen geführt. Eine eindeutige Zuordnung der durch den BSE-Erreger berührten Sachbereiche scheint aber vor allem im Gemeinschaftsrecht schwierig zu sein. Angesprochen werden zum Beispiel Gesundheitspolitik, Verbraucherschutz, Umweltschutz, Landwirtschaft und Ökonomie. Die Unsicherheiten sind wohl vor allem auf die im EG-Vertrag angelegten rechtlichen Grundprobleme zurückzuführen.

Es geht im wesentlichen um die Frage, welche Kompetenzen die Gemeinschaft für die angesprochenen Sachbereiche besitzt und innerhalb welcher dieser Kompetenzen sie gegen die Gesundheitsgefahren tätig werden kann. Die Frage einer gesundheitspolitischen Kompetenz der Europäischen Gemeinschaft hat erst jüngst im Zusammenhang mit der von der Europäischen Gemeinschaft erlassenen (ersten) Tabakwerbung-Richtlinie zu heftigen Auseinandersetzungen geführt.[13] In der Literatur wurde zum Teil von einer „Kompetenzanmaßung" der Gemeinschaft im Bereich der Gesundheitspolitik gesprochen.[14] Diese Thematik sowie sich aus entsprechenden Urteil des EuGH[15] ergebenden Folgerungen müssen im Hinblick auf die Schutzmaßnahmen gegen die Verbreitung von BSE untersucht werden.

Trotz der allgemein anzuerkennenden Notwendigkeit von Schutzmaßnahmen gegen die Verbreitung des BSE-Erregers ist zu prüfen, ob die Kompetenzen des EG-Vertrages der Gemeinschaft tatsächlich den Zugriff auf so umfangreiche und absolute Maßnahmen wie z.B. im Jahre 1996 das totale Exportverbot gegenüber dem Vereinigten Königreich[16] erlaubten. Diese Frage spielt nicht nur im Rückblick eine Rolle. Auch im Rahmen der neuesten Ansätzen der Gemeinschaft für eine zukünftige umfassende europäische Lebensmittelpolitik[17] sind die EG-vertraglichen Grundlagen von Bedeutung.

Neben der grundsätzlichen materiellen Problematik des Kompetenzumfangs wurden im Rahmen der BSE-Problematik auch erhebliche formellrechtliche Probleme

---

[12] Vgl. den Konflikt um den Rinderexport aus dem Vereinigten Königreich im Jahre 1994 und 1996; FAZ vom 11.5.1994, S. 15 und FAZ vom 22.6.1996, S. 1.

[13] Vgl. schon **Wägenbaur**, R., EuZW 1998, S. 33. Der Text der damaligen Richtlinie ist bei **Wägenbaur**, B., EuZW 1999, S.144 (149 f.) beigefügt.

[14] **Schneider**, ZLR 2000, S. 894. Ähnlich deutlich **Wägenbaur**, B., EuZW 2000, S. 701.

[15] Vgl. EuGH Rs. C- 376 und 74/99 „Tabakrichtlinie", Slg. 2000, S. I-2247.

[16] Vgl. dazu näher Kapitel 1 Abschnitt 1.2.1.3.

[17] Diese Ansätze beruhen im wesentlichen aus den im Rahmen der BSE-Problematik gemachten Erfahrungen, vgl. näher dazu Kapitel 4.

neu entdeckt.[18] So waren die für Schutzmaßnahmen relevanten Entscheidungsverfahren der Gemeinschaft verwirrend und nur von wenigen nachvollziehbar.[19] Der BSE-Untersuchungsausschuß des Europäischen Parlaments urteilte unter anderem: „Abgesehen von der Undurchsichtigkeit, der Komplexität und dem antidemokratischen Charakter seiner Funktionsweisen scheint das gegenwärtige Komitologie-System jeglicher Kontrolle zu entgehen ...“.[20]

Weiterhin werden in der Gemeinschaft die Vorgänge um das Auftreten des BSE-Erregers auf unterschiedlichen sachbearbeitenden Ebenen gehandhabt. So finden die Einzelmaßnahmen der Kommission im Bereich von europäischen „Marktordnungen“, im „Veterinärrecht“ und seit neuerem wohl im Bereich eines umfassend verstandenen „Lebensmittelrechts“ statt. Die Frage ist, wie der Gesundheitsschutz in diesen Bereichen beim Erlaß einer Konkreten Maßnahme berücksichtigt werden kann bzw. muß.

Die dargestellten materiellen und formellen Grundprobleme wurden durch die ständige Weiterentwicklung des europäischen Rechts modifiziert. Der europäische Gesundheitsschutz hat mit dem Vertrag von Amsterdam in Art. 152 Abs. 4 lit. b EG eine Veränderung erfahren. Auch auf sekundärrechtlicher Ebene wurde durch die umfassende Verordnung zur Bekämpfung von TSE[21], welche bereits vorhandene Richtlinien ergänzt und einige Einzelentscheidungen ersetzt, sekundärrechtliches Neuland betreten.

Dieser Trend setzt sich auch durch die neue Verordnung über die Lebensmittelsicherheit in der Gemeinschaft fort.[22] Diese Entwicklungen sind großen Teils die unmittelbare Folge aus den Erfahrungen mit der BSE-Problematik.[23] Damit ist zu fragen, welche rechtlichen Entwicklungen auf europäischer Ebene überhaupt zu der BSE-Problematik geführt haben und wie die jüngsten Änderungen hier Abhilfe schaffen sollen bzw. neue Impulse für die dynamische Weiterentwicklung des europäischen Gesundheitsschutzes geben.

---

[18] So war z.B. die sogenannte „Komitologie“ grundsätzlich schon seit 1968 vorhanden und in anderen Zusammenhängen immer wieder umstritten gewesen, vgl. dazu näher Kapitel 3 Abschnitt 2.2.

[19] So in der Literatur aus dem nicht rechtlichen Bereich z.B. für die Medizinwissenschaft **Jonas**, S. 11.

[20] **Europäisches Parlament,** *Ortega-Bericht*, S. 36. Es ging um das Verfahren der Entscheidungsfindung im Rahmen der verschiedenen gemeinschaftlichen Ausschüsse.

[21] Vgl. Fn. 9.

[22] Verordnung (EG) Nr. 178/2002 des Europäischen Parlaments und des Rates zur Festlegung der allgemeinen Grundsätze und Anforderungen des Lebensmittelrechts, zur Errichtung der Europäischen Behörde für Lebensmittelsicherheit und zur Festlegung von Verfahren zur Lebensmittelsicherheit (ABl. L 31 vom 01.02.2002, S. 1).

[23] Vgl. auch *Schmidt am Busch*, in: **Grabitz/Hilf**, § 152 EGV, Rdnr. 4.

Ein wichtiger Bestandteil der durch die BSE-Problematik angestoßenen Entwicklungen ist die Frage, ob und inwieweit die Europäische Gemeinschaft gegen Gesundheitsgefahren trotz etwaiger wissenschaftlicher Unsicherheiten vorgehen und die rechtlichen wie wirtschaftlichen Spielräume der Mitgliedstaaten einschränken darf.

Konkret handelt es sich hier um die Unsicherheit, ob oder wie BSE zur tödlichen Erkrankung des Menschen an einer neuen Variante der Creutzfeldt-Jacob-Krankheit (nVCJK) führt. Nachdem die Übertragbarkeit und der Infektionsweg von BSE erkannt worden waren, befaßte sich schon 1988 eine unabhängige wissenschaftliche Arbeitsgruppe im Vereinigten Königreich mit den möglichen Gefahren für die menschliche Gesundheit und urteilte: „Nach heutiger Erkenntnislage (...) wird BSE für die menschliche Gesundheit keine Folgen haben. Dennoch, sollten unsere Abschätzungen dieser Wahrscheinlichkeit falsch sein, wären die Folgen äußerst ernsthaft.".[24] Genau dieser Fall trat dann aber im Jahre 1996 ein, als ein beratender wissenschaftlicher Ausschuß der Regierung des Vereinigten Königreichs feststellte: „Es gibt zwar keinen direkten Beweis für einen Zusammenhang, doch angesichts der bislang vorliegenden Daten und mangels einer plausiblen Alternative ist die zur Zeit wahrscheinlichste Erklärung, daß diese Fälle mit der BSE-Exposition (...) im Zusammenhang stehen."[25]

Die nach Ansicht vieler wohl ungenügende Handhabung dieser wissenschaftlichen Unsicherheit durch die Europäische Gemeinschaft war wohl ursächlich für die BSE-Krise, die im Jahr 1996 in dem beachtlichen Bericht eines Untersuchungsausschusses des Europäischen Parlamentes resultierte.[26] Die gemeinschaftlichen Entwicklungsprozesse im Gesundheitsschutz sind also vor allem daraufhin zu untersuchen, wie wissenschaftliche Unsicherheiten bislang gehandhabt wurden und in Zukunft behandelt werden sollen.

3. Methodische Überlegungen

Sofern in der Rechtsliteratur von der BSE-Problematik gesprochen wird, ist die systematische Zuordnung zu einem Rechtsgebiet nicht einheitlich. So findet man beispielsweise Erläuterungen im Rahmen der europäischen Landwirtschaftspoli-

---

24 Report der "Southwood"-Arbeitsgruppe vom Februar 1989, S. 21 Absatz 9.2. Zitiert nach: **Robert Koch Institut**, EPIBUL 4/2001, S. 25.

25 Ergebnis des Spongiform Encephalopathy Advisory Committee (SEAC), in einer Erklärung der britischen Regierung vom 20.3.1996 veröffentlicht; zitiert aus: **Europäische Kommission**, *Vademekum*, S 11.

26 **Europäisches Parlament**, *Ortega-Bericht*.

tik[27], des europäischen Verbraucherschutzes[28] oder allgemein im Rahmen einer europäischen Gesundheitspolitik[29]. Maßnahmen, die zum Schutz der menschlichen Gesundheit ergriffen werden müssen, berühren offenbar verschiedene Politikbereiche und Rechtsbereiche.

Die Europäische Gemeinschaft erhält ihre Handlungsmacht aus dem EG-Vertrag, dessen Systematik nicht mit nationalen Rechtsordnungen vergleichbar ist. Zunächst ist die Ermittlung der vorhandenen Rechtsgrundlagen (Kompetenzen) aus dem EG-Vertrag erforderlich. Bei dieser Untersuchung der Kompetenzen der Gemeinschaft ergibt sich eine Schwierigkeit: Neben dem Begriff der Zuständigkeit kommt im EG-Vertrag der Begriff der Kompetenz nicht vor. Stattdessen ist der dritte Teil des EG-Vertrags, der die Rechtsgrundlagen enthält, mit „Politiken der Gemeinschaft" überschrieben.[30] Da der Gemeinschaft nach dem Prinzip der begrenzten Einzelermächtigung aber keine Kompetenz zur Schaffung neuer eigener Kompetenzen („Kompetenz-Kompetenz")[31] zusteht, müssen sich aus diesen „Politiken" die einzelnen Kompetenzen ergeben.

Sofern eine Kompetenz vorhanden ist, muß seit der Einführung des Subsidiaritätsprinzips geklärt werden, ob und in welchem Umfang die Gemeinschaft im Verhältnis zu den Mitgliedstaaten ihre Kompetenzen ausüben darf. Diese Zuständigkeitsverteilung wurde in der Literatur bereits untersucht, wobei aber selten die grundsätzliche Reichweite der gemeinschaftlichen Kompetenzen zur Sprache kommt.[32] Die Zuständigkeitsverteilung läßt sich aufgrund der „schillernden Formulierung"[33] des Subsidiaritätsprinzips in Art. 5 Abs. 2 EG aber erst nach einer Untersuchung der an die Gemeinschaft grundsätzlich erteilten Einzelermächtigungen erschließen.[34] Mithin muß aus den „Politiken" der Gemeinschaft neben der Kompetenzzuweisung auch die Zuständigkeitsverteilung erschlossen werden.

Die im EG-Vertrag verankerten verschiedenen „Politiken" sind durch verschiedene Zielvorstellungen bedingt. Betrachtet man die Entwicklung des EG-Vertrages von den römischen Verträgen an, so wird man feststellen, daß die ausdrückliche Verankerung von „Gesundheitsschutz" in diesen Politiken eine eher junge Errungenschaft ist. Für die Europäische (Wirtschafts-)Gemeinschaft ging es für lange Zeit ausschließlich um die Verwirklichung von wirtschaftlichen Zielen.

---

27 **Oppermann**, Rdnr. 1398.

28 **Von Schwanenflügel**, S. 46, 48.

29 **Von Dürckheim**, S. 15; *Schmidt am Busch*, in: **Grabitz/Hilf**, § 152 EGV, Rdnr. 4.

30 Z.B. **Oppermann**, Rz. 1267. **Gündisch/Mathijsen**, S. 114.

31 Näher hierzu vgl. Kapitel 2 Abschnitt 2.1.

32 Vgl. die Dissertationen **Von Dürckheim** sowie **Berg.**

33 **Borchmann**, EuZW 1996, S. 641.

34 **Schweitzer/Hummer**, Rdnr. 884.

Aus dieser Perspektive wurde auch der Gesundheitsschutz behandelt: Sofern Gefährdungen der menschlichen Gesundheit vorhanden waren, ergaben sich Interessenkonflikte zu den wirtschaftlichen Zielen des EG-Vertrages, insbesondere zum freien Warenverkehr. Auch die gegenwärtige Fassung des EG-Vertrages sieht den Gesundheitsschutz lediglich in einem Konfliktverhältnis zu den sonstigen Zielen des EG-Vertrages. Nach Art. 3 lit. p) EG und den „Querschnittsklauseln" zum Gesundheitsschutz, insbesondere in Art. 152 Abs. 1 Unterabs. 1 EG und Art. 95 Abs. 3 EG, ist bei der Durchführung der verschiedenen „Politiken" ein „hohes Niveau" sicherzustellen.

Die Interpretationen solcher Klauseln sind entsprechend vage. So heißt es z.B., daß ein hohes, nicht aber das höchste Niveau gemeint sei. [35] Allerdings werden konkret gesundheitliche Anforderungen nicht formuliert. Teilweise wird die Erarbeitung einer „Checkliste" für eine Gesundheitsverträglichkeitsprüfung vorgeschlagen.[36] Neben der Frage der grundsätzlichen Reichweite der gemeinschaftlichen Kompetenz und Zuständigkeit ist deshalb auch zu klären, wie die Gemeinschaft beim Erlaß einer konkreten Maßnahme ein hohes Gesundheitsschutz-Niveau gewährleistet.

4. Gang der Untersuchung

Im ersten Kapitel sind zunächst die Grundlagen dieser Untersuchung dazustellen: Der konkrete Fall der BSE-Problematik erfordert zunächst einen Blick auf den naturwissenschaftlichen und rechtlichen Sachstand. Weiter sind die Normen des EG-Vertrages auf das Schlagwort „Gesundheitsschutz" hin zu durchsuchen und die für die BSE-Problematik relevanten Normen zu ermitteln. Schließlich ist der Begriff „Gesundheitsschutz" vor dem Hintergrund des Gemeinschaftsrechts zu definieren.

Das zweite Kapitel dient anhand dreier Schwerpunkte der Erarbeitung der Rechtsgrundlagen aus dem EG-Vertrag. Die Normen des mit „Politiken der Gemeinschaft" überschriebenen dritten Teils des EG-Vertrages dienen zunächst dazu, die Kompetenzen der Gemeinschaft zu ermitteln. Aus denselben Normen ist sodann zu ermitteln, wann die Gemeinschaft innerhalb der gegebenen Kompetenzen im Verhältnis zu den Mitgliedstaaten für Maßnahmen des Gesundheitsschutzes zuständig ist. Schließlich ist zu untersuchen, warum und inwiefern neben dem Primärrecht auch das Sekundärrecht als Kompetenz für die einzelnen BSE-

---

[35] Z.B. *Fischer*, in: **Lenz**, Art. 153 Rdnr. 5. **Berg**, S. 435.

[36] *Wichard*, in: **Calliess/Ruffert**, Art. 152 EGV, Rdnr. 23 mit Verweis auf **Pitschas**, ZfS 1993, S. 471. *Schmidt am Busch*, in: **Grabitz/Hilf**, Art. 152 EGV, Rdnr. 44.

Schutzmaßnahmen dient und wie hier die Zuständigkeitsverteilung zwischen der Gemeinschaft und den Mitgliedstaaten aussieht

Die Durchführung des Gesundheitsschutzes innerhalb der ermittelten Rechtsgrundlagen unterliegt einigen praktischen Problemen, die im dritten Kapitel zu erörtern sind. So sind als primärrechtliche Aspekte zu klären, wie die verschiedenen aus den „Politiken" resultierenden Kompetenzen im Verhältnis zueinander abzugrenzen sind (Konkurrenzen). Auch ist zu klären, welche Maßstäbe beim Erlaß einer konkreten gesundheitsschützenden Maßnahme zu verwenden sind. Als „sekundärrechtliche Aspekte" sind die Besonderheiten und Probleme der im Rahmen der BSE-Problematik einschlägigen Verfahren zu würdigen.

Schließlich ist in einem vierten Kapitel auf die Weiterentwicklungen des Gesundheitsschutzes einzugehen, die zum großen Teil Umsetzungen der aus der „BSE-Krise" des Jahres 1996 gewonnenen Erkenntnisse sind. Diese BSE-Krise ist deshalb zunächst als Hintergrund darzustellen. Die Weiterentwicklungen konzentrieren sich zum einen auf verfahrenstechnische Probleme der Entscheidungsverfahren und deren „Transparenz". Zum anderen geht es aber um die materiellrechtlich bedeutsame Frage, ob und wie die Gemeinschaft gegen wissenschaftlich nicht abschließend geklärte Gesundheitsgefahren vorgehen kann oder muß. Vor allem ist zu fragen, ob das gerade auch für den Gesundheitsschutz von der Europäischen Kommission postulierte „Risiko-Management" (besser: Risiko-Prüfschema) und das hier verwendete „Vorsorgeprinzip" von den vorhandenen Rechtsgrundlagen gedeckt sind. Diese Prinzipen haben auch konkret Niederschlag in der neuen Verordnung über Lebensmittelsicherheit und die Einrichtung einer Europäischen Lebensmittelbehörde gefunden, welche abschließend dazustellen ist.[37]

Grundlage der Untersuchungen sind die einzelnen gemeinschaftlichen Schutzmaßnahmen gegen die Verbreitung des BSE-Erregers, das sonstige relevante Sekundärrecht zum Gesundheitsschutz, Urteile des EuGH, sowie der EG-Vertrag. Weiter werden Mitteilungen der Europäischen Kommission und Berichte des Europäischen Parlaments herangezogen.

---

[37] Verordnung (EG) Nr. 178/2002 des Europäischen Parlaments und des Rates zur Festlegung der allgemeinen Grundsätze und Anforderungen des Lebensmittelrechts, zur Errichtung der Europäischen Behörde für Lebensmittelsicherheit und zur Festlegung von Verfahren zur Lebensmittelsicherheit (ABl. L 31 vom 01.02.2002, S. 1).

Kapitel 1: Grundlagen zur Erarbeitung der BSE-Problematik

Der „Einzelfall BSE" bedarf einiger grundlegender Darlegungen, die Ausgangspunkt der weiteren Ausführungen sind.

1. Bestandsaufnahme

1.1 Erkenntnisse über BSE und den Bezug zu der nVCJK

Die Kenntnisse über BSE und nVCJK sind jung. Das gilt vor allem für die hier bedeutsame Problematik, inwiefern eine Gesundheitsgefahr für den Menschen besteht.

1.1.1 Entdeckung von BSE

Das Kürzel BSE steht für eine bis 1985 unbekannte Krankheit bei Rindern und leitet sich aus der englischen Bezeichnung „bovine spongiform encephalopathy", also „spongiforme Enzephalopathie bei Rindern" ab. „Enzephalopathie" ist ein Begriff für Gehirnerkrankungen.[38] Das Wort „spongiform" bezieht sich auf das pathologische Bild der schwammartig deformierten Gehirnzellen.[39]

Die Krankheit wurde 1986 erstmals von A. Wells und J. Wilesmith in Großbritannien erkannt, nachdem ein Bauer in der Grafschaft Kent BSE-Fälle offiziell gemeldet hatte. Nach der Befragung von Tierärzten ergab sich retrospektiv, daß bereits seit April 1985 in Großbritannien erste Fälle einer unbekannten Rindererkrankung beobachtet wurden, die mit zentralnervösen Störungen einhergingen.[40] Die ältesten Rinder-Kohorten, in denen BSE auftrat, stammten aus den Geburtsjahren 1974/75.[41]

1.1.1.1 Krankheitsverlauf und Pathologie

Im deutschen Volksmund wird die Krankheit „Rinderwahnsinn" genannt. Diese Bezeichnung orientiert sich am Krankheitsverlauf. Anfänglich zeigt die Krankheit sich durch wildes Kratzen und einen steifbeinigen Gang. Die Tiere werden zunehmend nervös und aggressiv. Die Wiederkäuertätigkeit und Milchleistung lassen nach. Bei Fortschreiten der Krankheit entstehen Bewegungsstörungen, bis die

---

38 **Meyers Ezyklopädisches Lexikon**, Band 8, S. 7.

39 **Jonas**, S. 14.

40 **Jonas**, S. 25 m.w.N.

41 **Bundesinstitut für Arzneimittel (BfArM) u.a.**, *Bundesgesundheitsblatt* 2001, S. 419 ff..

Tiere schließlich nicht mehr aufstehen können. Die Tiere magern ab und sterben nach einigen Wochen. Die Inkubationszeit wird auf zwei bis acht Jahre geschätzt, während der Krankheitsverlauf nach Auftreten der Symptome zwischen zwei Wochen bis zu 14 Monate beträgt.[42]

Eine eindeutige Diagnose von BSE beim lebenden Rind ist schwierig, da die Symptome auch auf andere degenerative oder infektiöse Erkrankungen schließen lassen könnten. Tatsächlich kann BSE erst eindeutig post mortem nachgewiesen werden, indem das Gehirn neuropathologisch seziert und unter dem Mikroskop untersucht wird.[43]

1.1.1.2 Hypothese der Verbreitung von BSE

BSE fällt unter die Gruppe der „transmissiblen spongiformen Enzephalopathien" (TSE). Das bedeutet, daß der Krankheitserreger neben den typischen Veränderungen im Gehirn auch übertragbar ist.[44] Inzwischen ist gesicherte Erkenntnis, daß der für BSE verantwortliche Erreger auch zwischen verschiedenen Tierarten übertragen werden kann. Das wurde durch Versuche über Nahrungsaufnahme oder auch durch die Übertragung von Gewebe durch Injektion oder durch Transplantation bewiesen.[45] Die Verfütterung von einem Gramm infiziertes Rinderhirn an eine gesunde Kuh wird diese erkranken lassen.[46] Allerdings wird allein aus dem Nachweis der Übertragbarkeit noch nicht klar, wie BSE entstanden ist oder sich tatsächlich verbreitet hat. Bis zum 31.3.2001 gab es 181.322 Fälle in der Europäischen Union, davon 57 in Deutschland.[47]

Übertragung durch Nahrungsaufnahme stellte sich als wahrscheinlichster Übertragungsweg heraus, da die Verfütterung von kommerziellem Kraftfutter der einzig gemeinsame Faktor bei allen BSE-Fällen war. Epidemiologische Studien ergaben, daß die infizierten Rinder mit Tiermehl gefüttert worden waren, das mit dem Scrapie-Erreger kontaminiert war.[48]

---

42 **Jonas**, S. 53 f.. Leicht anders **Robert-Koch-Institut**, EPIBUL 4/2001, S.23, das von einer Überlebensdauer von höchstens 6 Monaten ausgeht und das Durchschnittsalter der erkrankten Kühe von 4-6 Jahren angibt.

43 **Jonas**, S. 54.

44 Zu dieser Gruppe gehören z.B. auch CWS („chronic wasting syndrome" bei Wild), FSE („feline spongiform enzephalopathy" bei Katzen) und TME („transmissible mink enzephalopathy") bei Nerzen; vgl. **Jonas**, S. 15 f..

45 **Jonas**, S. 101 f..

46 **Kurt/Arnold/Löwer**, S. 1.

47 Quelle: Europäische Kommission. Leicht abweichende Zahlen, offenbar wegen anderem Stichdatum **Robert Koch Institut**, EPIBUL 4/2001, und **Bundesinstitut für Arzneimittel (BfArM) u.a.**, *Bundesgesundheitsblatt* 2001, S. 419 ff..

48 **Jonas**, S. 25.

„Scrapie“ wird auch „Traberkrankheit“ genannt und bezeichnet eine Krankheit bei Schafen mit ähnlichen Symptomen wie BSE. Beide Namen sind aus den typischen Anfangssymptomen hergeleitet: Das englische „to scratch“ für „kratzen“, und „Trab“ für den typischen steifbeinigen Gang, der an das Traben eines Pferdes erinnert. Es handelt sich um eine Gehirnkrankheit bei Schafen, welche bereits seit 1730 bekannt ist.[49]

Da die Scrapie (ebenso wie BSE) am lebenden Tier vor dem vollen Ausbruch der Krankheit nicht eindeutig diagnostiziert werden kann, wurden höchstwahrscheinlich auch Tiere zu Tiermehl verwertet, bei denen die Krankheit zwar schon vorhanden, aber noch nicht voll zum Ausbruch gekommen war.[50] Einige Forscher weisen auf Unsicherheitsfaktoren hin.[51] Sie zweifeln aber nicht den (Haupt-) Verbreitungsweg der Nahrungsaufnahme an, sondern die Frage des eigentlichen Ursprungs von BSE.[52]

Die epidemiologisch gut belegte Übertragung durch Tiermehl („Kraftfutter-Hypothese“[53]) wird heute weitgehend als bestätigt angesehen. Grund ist neben den nachgewiesenen klinischen Übertragungen der Krankheit durch Übertragung von Gewebe, daß die zwischenzeitlich erlassenen Tiermehl-Verbote zu einer Verringerung der BSE-Fälle geführt haben.[54]

1.1.1.3 Hintergrund zur Tiermehl-Fütterung

Die Aufdeckung der „Kraftfutter-Hypothese“ läßt unweigerlich die Frage stellen, warum man Rindern als Pflanzenfressern Tiermehl verfüttert („Tierkannibalismus“).[55] Rinder sind grundsätzlich aufgrund ihres Vormagensystems in der Lage, das notwendige Eiweiß bzw. Aminosäuren aus pflanzlichen Substraten selbst zu gewinnen. In der Vieh-Haltung wurde Tiermehl aber deshalb verfüttert, weil die höhere Eiweißzufuhr zur Erhöhung der Milchleistung bzw. bei der Rindermast zur

---

49 **Jonas**, S. 15.

50 **Jonas**, S. 31.

51 Gegen die Herleitung von der Scrapie spricht aber, daß die Scrapie-Erkrankungen nicht vergleichsweise dramatisch angestiegen sind wie die BSE-Erkrankungen, vgl. **Robert Koch Institut**, EPIBUL 4/2001, S. 24.

52 Überblick bei **Jonas**, S. 34 f.. Der BSE-Erreger hat gänzlich andere Eigenschaften als der Scrapie-Erreger. In den USA finden ebenfalls Tiermehlverfütterungen statt, ohne daß ein vergleichsweiser Ausbruch von BSE zu verzeichnen wäre, vgl. **Robert Koch Institut**, EPIBUL 4/2001, S. 24.

53 **Jonas**, S. 32.

54 Die meisten BSE-Fälle waren im Jahr 1992 im Vereinigten Königreich zu verzeichnen. Rückgang von europaweit 37077 Fällen im Jahre 1992 auf 1907 im Jahre 2000. (Quelle: **Europäische Kommission**; Fn. 47).

55 **Lorenzen**, ZLR 2001, S. 1 (9).

Erhöhung der Muskelfleischmasse beiträgt. Nun existiert die Tiermehl-Fütterung schon seit langer Zeit, während BSE erst seit 1985 erkennbar bzw. epidemisch wurde. Es stellte sich aber heraus, daß die technischen Vorschriften in Großbritannien über das Verfahren zur Tiermehl-Herstellung in den Jahren 1981 und 1982 verändert wurden. Unter anderem wurde der vorgeschriebene Hitzegrad, welcher zur Abtötung von Erregern dienen sollte, abgesenkt und verkürzt. Außerdem wurde das Verfahren der Fettextraktion vereinfacht.[56] Diese Faktoren erlauben den maßgeblichen Erregern zu überleben. Grund für die Änderung der technischen Vorschriften waren neben der Einsparung von Kosten auch der Umweltschutz sowie die bessere Erhaltung der Futterproteine.[57]

Aufgrund der ursächlichen Verfütterung von Tiermehl wird in der Rechtsliteratur zum Teil die Subsumption von BSE unter den Begriff der Tierseuche abgelehnt. BSE sei ein allein durch Verfütterung entstehendes Problem und verbreite sich mithin nicht als Seuche, sondern durch gezieltes Zutun des Menschen.[58] Nach dem derzeitigen Erkenntnisstand ist diese Begründung auf den ersten Blick zwar bestechend, das Ergebnis dürfte allerdings etwas zu spitzfindig ausfallen. BSE könnte tatsächlich nur ein Krankheitsbild darstellen, ohne daß ein für eine Seuche im klassischen Sinne notwendiger Erreger (z.B. im Sinne eines sich vermehrenden und übertragenden Erregers) vorhanden ist. Allerdings dürfte bei dieser Sichtweise eher eine moralische Betrachtung als eine zweckmäßig Subsumption erfolgt sein. Eine vertiefte Diskussion erübrigt sich hier letztlich, da es für diese Untersuchung lediglich auf die real vorhandenen Gesundheitsgefahren der BSE für den Menschen ankommt.

1.1.2 Zusammenhang mit nVCJK

1.1.2.1 Creutzfeldt-Jakob-Krankheit (CJK)

Die Creutzfeldt-Jacob-Krankheit ist eine beim Menschen vorkommende seltene Enzephalopathie, d.h. Gehirnkrankheit. Das pathologische Erscheinungsbild eines erkrankten Gehirns ist wie das von BSE und Scrapie spongiform, d.h. schwammförmig. Die Krankheit wurde erstmals in Veröffentlichungen von H.G. Creutzfeldt im Jahre 1920 und von A. Jakob

---

[56] **Jonas**, S. 31. Leicht anders das Robert-Koch-Institut, welches von einer "stillen" Verbreitung des BSE-Erregers seit den 70er Jahren ausgeht, vgl. **Robert Koch Institut**, EPIBUL 4/2001, S. 24.

[57] **Jonas**, S. 31 f..

[58] Vgl. die Diskussion im Rahmen des deutschen Tierseuchenrechtes bei **Büge/Tünnesen-Harmes**, RdL 1997, S. 309 (312). Allgemeiner **Lorenzen**, ZLR 2001, S. 1 ff..

im Jahre 1921 charakterisiert. Allerdings prägte erst W. Spielmeyer 1922 den Begriff der Creutzfeldt-Jakob-Krankheit, indem er die beiden Veröffentlichungen wissenschaftlich in Verbindung brachte.[59] Die CJK gehört ebenfalls zur Gruppe der TSE.[60]

Die Ursachen der CJK sind bisher nicht restlos geklärt. Im wesentlichen gibt es drei „klassische" Formen der CJK, nämlich die sporadische, iatrogene und familiär-hereditäre Form. Im Vordergrund steht die sporadische Form, deren Ursachen weitgehend unbekannt sind.[61] Die Krankheit verläuft tödlich. Die durchschnittliche Überlebenszeit liegt bei 6 Monaten, 90% aller Patienten sterben innerhalb eines Jahres.[62]

1.1.2.2 Die neue Variante der CJK (nVCJK)

Im März 1996 wurde ein Studie über 10 Fälle einer bisher nicht bekannten Variante der CJK bekannt. Im Unterschied zu den klassischen Formen der CJK war hier der Krankheitsverlauf so verschieden, daß die klinischen Befunde keinen Anlaß zur Vermutung von CJK gegeben hätten. Beispielsweise war das Durchschnittsalter der Erkrankten wesentlich geringer als bei den klassischen Fällen.[63] Allerdings zeigte der neuropathologische Befund ebenfalls schwammartige Veränderungen des Gehirns, so daß CJK diagnostiziert werden konnte.[64]

Im Vereinigten Königreich sind derzeit 116 Fälle von wahrscheinlicher bzw. bestätigter nVCJK registriert.[65] In Deutschland ist offiziell bisher kein bekannter Fall von nVCJK aufgetreten.[66] Von dieser neuen Variante der Krankheit wird vermutet, daß sie durch denselben Erreger entstanden ist, der auch für BSE verantwortlich ist.[67]

---

59 **Jonas**, S. 18, m.w.N..

60 **Robert Koch Institut,** EPIBUL 4/2001, S. 24. Andere Erkrankungen des Menschen in dieser Gruppe sind: Gerstmann-Sträussler-Scheinker-Syndrom (GSS), fatale familiäre Insomnie und Kuru.

61 **Robert Koch Institut** , EPIBUL 8/2001, S. 55.

62 **Jonas**, S. 55 ff..

63 Die klassische CJK betrifft Fälle mit einem Durchschnittsalter von 65 Jahren, während die nVCJK bei 27 Jahren liegt, vgl. WHO-Fact-Sheet No. 180, im Internet unter "http://www.who.int/inf-fs/en/fact180.html".

64 **Jonas**, S. 20, 38.

65 Quelle: National CJD Surveillance Unit. Die von dieser Abteilung zur Verfügung gestellten Daten sind im Internet unter der Homepage "http://www.cjd.ed.ac.uk/figures.htm" abrufbar.

66 Die Erfassung der CJK arbeitet in Deutschland noch nicht optimal: **Robert Koch Institut,** EPIBUL 8/2001, S. 55.

67 Zu dieser Art der Vermutungs-Anstellungen kritisch FAZ vom 28.11.2001, S. N3 „Forschungsfalle BSE".

1.1.2.3 *Der BSE-Erreger*

Die Natur des BSE-Erregers ist nach wie vor unklar. Es gibt im wesentlichen drei Theorien: Virus-Theorie, Virino-Theorie und Prion-Theorie.[68] Die revolutionärste und gleichzeitig vielversprechendste Theorie ist wohl die Prion-Theorie. Für den Kontext dieser Arbeit sind die wissenschaftlichen Theorien über das Wesen des Trägers unwichtig. Entscheidend für die rechtliche Fragestellungen ist, ob und inwiefern BSE für die nVCJK verantwortlich sein kann. Molekularbiologisch läßt sich jedenfalls feststellen, daß ein körpereigenes Protein[69] in krankhafter Form[70] gefunden wird, welches für die Krankheit beweisend ist. Beide Proteine werden von demselben Gen kodiert, das in mehreren Spezies, u.a. auch bei Rindern und Menschen, vorhanden ist.[71] Die physiologische Funktion des Proteins ist unklar.[72]

Die medizinischen Grundlagen, auf denen die Ursache für CJK oder nVCJK mit der von BSE in Zusammenhang gebracht wird, sind spärlich. Hauptsächlich wird auf die Epidemiologie[73] verwiesen, da das Auftreten der nVCJK zeitgleich mit der Verbreitung von BSE festgestellt wurde.[74] Damit wird der Verdacht größtenteils „nur" auf medizinische Seuchenstatistik gegründet. Neuere Beweise ergeben sich aus der Tatsache, daß bei der nVCJK der erwähnte von den klassischen Formen der CJK unterschiedliche molekulare Marker vorhanden ist. Dieser Marker ähnelt der Form nach den Markern, die bei anderen Spezies vorhanden sind, auf die BSE übertragen wurde.[75] Das Grundproblem ist wohl, daß die Speziesbarrieren unterschiedlich hoch sind. So existiert zum Beispiel Scrapie bei Schafen schon seit ca. 250 Jahren, ohne daß eine Übertragung auf den Menschen nachweislich geschehen wäre.[76] Ein endgültiger Beweis der Übertragung von BSE auf den Menschen ist nach wie vor nicht vorhanden. Verschiedene Versuchsansätze konnten allerdings gewisse gleiche pathologische Bilder nachweisen und damit die Wahrscheinlichkeitsvermutung erhärten.[77] Der Hinweis, daß die CJK-Gesamtinzidenz

---

68 **Jonas**, S. 73 ff..

69 Es handelt sich um ein Eiweiß der Nervenzellmembran, auch als "Prion-Protein" oder "PrP" bezeichnet: **Jonas**, S. 73.

70 Bezeichnet als "PrPSc" oder "poteinase-K-resistente Form als Amyloid": **Jonas**, S. 73.

71 WHO Fact Sheet No. 180, vgl. Fn. 63.

72 **Kurth/Arnold/Löwer**, S. 1.

73 „Wissenschaft von der Entstehung und Verbreitung übertragbarer Krankheiten, besonders von der Übertragungsweise, den Überträgern und Zwischenwirten sowie der Klassifizierung und Bekämpfung der Erreger, einschließlich Seuchenstatistik und Seuchengeschichte". Aus: **Meyers Enzyklopädisches Lexikon**, Band 8, S. 26.

74 **Jonas**, S. 27.

75 **Jonas**, S. 28, 115 wortgleich wie das WHO Fact Sheet No. 180, vgl. Fn. 63.

76 **Jonas**, S. 116.

77 Kurzüberblick der Versuchsansätze bei **Jonas**, S. 116.

sich jedoch in den Mitgliedstaaten nur unwesentlich unterscheidet[78], dürfte aufgrund der ungenügenden Überwachung in einzelnen Staaten aber kein gewichtiges Gegenargument darstellen.[79]

Die Kommission bezeichnet die Entstehung der nVCJK durch den BSE-Erreger nach einer Mitteilung der britischen Regierung vom 20.3.1996 entsprechend der Stellungnahme des „BSE Advisory Committee" von Großbritannien als „wahrscheinlichste Erklärung".[80]

1.1.2.4 Folgerung

Bisher besteht eine durch Statistik und klinische Versuche indizierte Vermutung, daß die nVCJK durch Verzehr von oder Kontakt mit Fleisch aus Rindern mit BSE entsteht. Diese Vermutung wurde zwar noch nicht wissenschaftlich abschließend[81] bewiesen, es besteht aber aufgrund der Stärke der Indizien eine große Wahrscheinlichkeit, die zumindest nicht außer acht gelassen werden kann. Die Europäische Kommission erkennt dies seit 1996 offiziell an. Dies wird auch in den später darzustellenden verschiedenen vor den Europäischen Gerichtshof getragenen Rechtsstreitigkeiten nicht angegriffen, so daß sich im hier gegebenen Rahmen eine weitere wissenschaftliche Auseinandersetzung erübrigt. Allerdings wird die Tatsache, daß es sich bei der von BSE ausgehenden Gesundheitsgefahr für den Menschen um eine nicht abschließend geklärte Tatsache handelt, noch vertieft zu betrachten sein.

1.2 Schutzmaßnahmen der Europäischen Gemeinschaft

Die Schutzmaßnahmen der Europäischen Gemeinschaft haben sich parallel zu der Geschichte der Entdeckung von BSE und nVCJK entwickelt. Es lohnt sich, vorweg eine Chronologie dieser Entscheidungen zur Übersicht darzustellen. Zum einen wird durch eine übersichtliche Darstellung der Umfang und die Tiefe der europäischen Regelungen erst richtig deutlich. Zum anderen dient die Entwicklung der Maßnahmen als Grundlage der rechtlichen Analyse. Eine umfassende

---

78 So *Köhler*, in: **Hiepe**, S. 30.

79 Möglicherweise rührt das Argument aus dem ungenügenden Erkenntnisstand im Jahre 1996 her. Die Situation ist heute immer noch ungenügend für Deutschland (vgl. **Robert Koch Institut**, EPIBUL 8/2001, S. 56) im Vergleich zur dichten Überwachung im Vereinigte Königreich durch die National CJD Surveillance Unit, vgl. Fn. 65.

80 **Europäische Kommission**, *Vademekum*, S. 11.

81 Zu dem Versuch der Systematisierung des naturwissenschaftlichen Erkenntnisgewinns im Rahmen des Umwelt- und Gesundheitsrechts vgl. Kapitel 4 Abschnitt 2.2.

Darstellung der gemeinschaftlichen Schutzmaßnahmen wurde bislang noch nicht veröffentlicht.[82]

1.2.1 Chronologie der Schutzmaßnahmen

Nachdem BSE als Krankheit 1986 erstmals entdeckt worden war, dauerte es drei Jahre, bis auf europäischer Ebene die ersten Schutzmaßnahmen ergriffen wurden. Die folgende zeitliche Einteilung der Maßnahmen beruht jeweils auf Schnittpunkten, an denen eine umfassende Überarbeitung der bis dato bestehenden Maßnahmen erfolgte. Im Anhang findet sich ein chronologischer tabellarischer Überblick der Schutzmaßnahmen nebst deren Rechtsgrundlagen.[83]

1.2.1.1 Maßnahmen bis 1994

Im Juli 1989 stoppte die Kommission den Export von Rindern, die vor dem 18.7.1988 geboren worden waren oder von BSE-verdächtigen Kühen abstammten.[84] Die Rechtsgrundlage der Entscheidung war eine Richtline, die viehseuchenrechtliche Fragen regelt.[85] Grund für die Maßnahme war, Zusagen, die das Vereinigte Königreich an einzelne Mitgliedstaaten gemacht hatte, zu harmonisieren. Der Grund für das Datum des 18.7.1988 wurde in den Erwägungen der Entscheidung nicht direkt genannt:[86] Zu diesem Zeitpunkt war in Großbritannien ein Verbot zur Verfütterung von Tiermehl an Wiederkäuer ergangen, so daß der nach der „Kraftfutter-Hypothese" wahrscheinlichste Übertragungsweg gestoppt hätte sein

---

[82] Vgl. nur die „Kurzchronik" von **Krell/Görgen**, ZLR 2001, S. 23 (26-31), die die „wichtigsten Fakten" darstellt. **Berg**, S. 515 ff., bleibt in Bezug auf den tatsächlichen Umfang der Fakten in seinem Exkurs, wohl bedingt durch die frühe Abfassung bereits im Jahr 1996, entsprechend knapp. Aus dem nicht-juristischen Bereich **Heimann/Gröne**, S. 26 - 52.

[83] Eine laufend aktualisierte Liste über die wichtigsten Maßnahmen der Gemeinschaft stellt die Europäische Kommission im Internet unter "http://www.europa.eu.int/comm/food/fs/bse/index_en.html" zur Verfügung.

[84] Entscheidung 89/469/EWG der Kommission vom 28.7.1989 (ABl. L 225 vom 3.8.1989, S. 51).

[85] Richtlinie 64/432/EWG des Rates vom 24.6.1964 zur Regelung viehseuchenrechtlicher Fragen beim innergemeinschaftlichen Handelsverkehr mit Rindern und Schweinen (ABl. Nr. L 121 vom 29.07.1964 S. 1977), damals zuletzt geändert durch Richtlinie 89/360/EWG (ABl. L 153 vom 06.06.1989 S. 29).

[86] Es heißt in den Begründungserwägungen der Entscheidung 89/469/EWG, a.a.O., lediglich: „... haben die Behörden des Vereinigten Königreichs mehreren Mitgliedstaaten bestimmte Garantien geboten. Die betreffenden Maßnahmen müssen deshalb im innergemeinschaftlichen Handel zwischen allen Mitgliedstaaten angewandt werden."

müssen. Dazu fällt aber kritisch auf, daß z.B. das Verbot für Nordirland nicht am 18.7.1988, sondern erst am 28.11.1989 in Kraft trat.[87]

Im Juli 1990 aktualisierte die Kommission diese Entscheidung.[88] Entsprechend der neu zugänglichen Erkenntnisse in Bezug auf die Epidemiologie und die Verteilung der Seuchenherde wurde nun davon ausgegangen, daß alle Rinder über dem Alter von 6 Monaten, sowie solche, die von BSE-infizierten Kühen abstammen, gefährdet waren. Trotz dieser grundsätzlichen Erkenntnis galten in der Entscheidung jedoch Rinder, die außerhalb des Vereinigten Königreichs geboren und nach dem 18.7.1889 importiert wurden, als nicht gefährdet. Grund hierfür war die Annahme, daß nach dem Verfütterungsverbot von Tiermehl die Ursache der Infektion beseitigt worden sei.[89] Entgegen der ursprünglichen Entscheidung hatte hier aber das Vereinigte Königreich keine ähnliche Regelung vorweg getroffen. In den Erwägungsgründen führte die Kommission aus: „Angesichts der neuen Erkenntnisse (...) müssen diese Maßnahmen jedoch geändert werden." Damit läßt sich hier erstmalig eine Eigeninitiative der Kommission feststellen, die evtl. mitgliedstaatlichen Regelungen vorauseilt.

Im März 1990 wurde BSE als meldepflichtige Krankheit im Annex zu der Richtlinie 82/894/EWG eingetragen.[90] Diese Eintragung erfolgte also erst nach den ersten Schutzmaßnahmen. Im Nachhinein wurde diese Meldepflicht auf den 31.12.1997 [91] und dann auf den 31.12.2002 [92] verlängert. Interessant ist, daß die letzte Verlängerung am 23.4.1998 erst vier Monate nach Ablauf der von der Kommission sich selbst gesetzten Frist geschah. Dennoch wurde in den Erwägungen von „im Verzeichnis belassen" gesprochen, da diese Fristen lediglich in der Begründung der Entscheidung enthalten waren.

Im April 1990 [93] wurde die getrennte Schlachtung von BSE-verdächtigen Rindern angeordnet. Des weiteren wurde der Export von bestimmten Innereien untersagt.

---

87 Vgl. einen Überblick bei **Europäische Kommission**, *Vademekum*, Anhang über die wichtigsten Maßnahmen der britischen Regierung.

88 Entscheidung 90/059/EWG der Kommission vom 7.2.1990 (ABl. L 41 vom 15.2.1990, S. 23). Die Kommission hatte schon in der Entscheidung 89/469/EWG, a.a.O., Artikel 4, die Überwachung der Sachlage und die mögliche Aktualisierung der Entscheidung angekündigt.

89 Vgl. die Begründungserwägungen in der Entscheidung 90/059/EWG, a.a.O. Diese Fehleinschätzung wurde später korrigiert, vgl. unten S. 20.

90 Entscheidung 90/134/EWG der Kommission vom 6.3.1990 (ABl. L 76 vom 22.3.1990, S. 23).

91 Entscheidung 92/450/EWG der Kommission vom 30.7.1992 (ABl. L 248 vom 28.8.1992, S. 77).

92 Entscheidung 98/012/EWG der Kommission vom 15.12.1997 (ABl. L 4 vom 8.1.1998, S. 63).

93 Entscheidung 90/200/EWG der Kommission vom 9.4.1990 (ABl. L 105 vom 25.4.1990, S. 24).

Rechtsgrundlagen waren eine tierseuchenrechtliche Richtlinie[94] sowie eine Richtlinie über gesundheitliche Fragen beim Frischfleisch.[95] Ähnlich wie bei der ersten Entscheidung 89/469/EWG wurden damit lediglich die im Vereinigten Königreich und von einigen anderen Mitgliedstaaten bereits getroffenen Maßnahmen harmonisiert. Allerdings wurde in den Erwägungen erwähnt, daß die Maßnahmen im Vereinigten Königreich zum Schutz des Verbrauchers erlassen wurden. Hier erschien zum ersten Mal das Stichwort „Verbraucher“.[96] Zuvor war lediglich von der Gefahr der Verbreitung der Tierkrankheit gesprochen worden.

Kurz darauf wurde im Juni 1990[97] das Verbringen von Rindern, die über sechs Monate alt waren, aus dem Vereinigten Königreich untersagt. Zudem wurde der Export von frischem Rindfleisch eingeschränkt.[98] Die Regelung unterschied entbeintes Rindfleisch, das kein Nerven- und Lymphgewebe enthalten durfte, und Rindfleisch mit Knochen, das nicht mehr aus Betrieben mit BSE-Fällen in den letzten zwei Jahren stammen durfte. Rechtsgrundlage war wie zuvor die viehseuchenrechtliche Richtlinie.[99] Auch hier wurden lediglich die bereits getroffenen Maßnahmen einiger Mitgliedstaaten harmonisiert.[100] Zudem hatte der Rat die Kommission kurz zuvor aufgefordert, die geeigneten Maßnahmen in Bezug auf BSE zu erlassen.

Da bisher noch kein Verfahren zur Herstellung von Tiermehl bekannt war, welches die Scrapie- und BSE-Erreger zuverlässig inaktivieren kann, wurde 1991[101] eine Maßnahme zur Finanzierung einer Vergleichsstudie, die auf eine Entscheidung des Rates über Ausgaben im Veterinärbereich[102] gestützt war, erlassen. Damit reagierte die Kommission u.a. auch auf eine Entschließung des Parlaments[103], welche die Initiativen der Kommission (ebenfalls) nicht für ausreichend hielt und weitere Untersuchungen gefordert hatte.

---

94 Richtlinie 72/461/EWG des Rates vom 12. Dezember 1972 zur Regelung viehseuchenrechtlicher Fragen beim innergemeinschaftlichen Handelsverkehr mit frischem Fleisch, damals zuletzt geändert durch Richtlinie 89/662/EWG.

95 Richtlinie 64/433/EWG des Rates vom 26.6.1964 zur Regelung gesundheitlicher Fragen beim innergemeinschaftlichen Handelsverkehr mit frischem Fleisch, damals zuletzt geändert durch Richtlinie 89/662/EWG.

96 In den Erwägungsgründen der Entscheidung 90/200/EWG, a.a.O.: „Um für den Verbaucher auch minimale Risiken zu vermeiden, ...“.

97 Entscheidung 90/261/EWG der Kommission vom 8.7.1990 (ABl. L 146 vom 9.6.1990, S. 29).

98 Die genannte Entscheidung spricht ausdrücklich von „frischem“ Rindfleisch. Es ist nicht klar, ob oder warum z.B. konserviertes Rindfleisch nicht erfaßt werden sollte.

99 Richtlinie 72/461/EWG, a.a.O..

100 So die Erwägungsgründe der Entscheidung 90/261/EWG, a.a.O..

101 Entscheidung 91/089/EWG der Kommission vom 5.2.1991 (ABl. L 49 vom 22.2.1991, S. 31).

102 Entscheidung 90/424/EWG des Rates vom 26.6.1990 (ABl. L 224 vom 18.8.1990 S. 19).

103 Entschließung zur Rinderseuche (ABl. 1990 C 175, S. 173).

Im Mai 1992 [104] erließ die Kommission ein Verbot zum Export von Rinderembryonen aus dem Vereinigten Königreich. Das Verbot wurde auf eine viehseuchenrechtliche Richtlinie gestützt[105]. Neue Erkenntnisse bei Versuchen mit Schafen, die mit der Traberkrankheit infiziert wurden, legten die Vermutung nahe, daß auch bei Rinderembryonen „mehr als nur ein geringes Risiko besteht".[106] Das Vereinigte Königreich hatte bereits eigene Maßnahmen ergriffen, denen diese Entscheidung folgte und mit Regelungen über die innergemeinschaftlichen Gesundheitsbescheinigung für die Embryonen ergänzt.

1.2.1.2 Maßnahmen bis 1996

Im Juni und Juli 1994 erließ die Kommission ein Bündel neuer Maßnahmen: So wurde das Verbot der Verfütterung von Tiermehl an Wiederkäuer, das aus Säugetieren hergestellt wird, nun gemeinschaftsweit eingeführt.[107] Rechtsgrundlage war wieder eine veterinärrechtliche Richtlinie[108]. Die Kommission stützte sich darauf, daß zu der Zeit kein gewerblich nutzbares Herstellungsverfahren für Tiermehl festlegbar war, welches die Erreger völlig inaktivieren würde. Da das Tiermehl die einzige potentielle Ansteckungsgefahr darstelle[109], sei die Ansteckungsgefahr durch ein Verbot der Verfütterung „verringert".[110] Sofern das aus Wiederkäuern gewonnene Tiermehl produktionstechnisch getrennt werden konnte, durfte das Tiermehl, das aus allen anderen Tierarten hergestellt wurde, weiterhin verfüttert werden. Die Kommission behielt sich in Artikel 2 der Maßnahme die Überprüfung der Entscheidung im Lichte der wissenschaftlichen Studien vor. Damit hatte die Entscheidung vorläufigen Charakter.

Gleichzeitig legte die Kommission in einer Entscheidung[111] „vorläufige Parameter" für Herstellungsverfahren fest, unter denen die Inaktivierung des Erregers möglich ist. Die Standards sollten bis zum 1.1.1995 angewandt werden.

---

104 Entscheidung 92/290/EWG der Kommission vom 14.5.1992 (ABl. L 152 vom 4.6.1992, S. 37).

105 Richtlinie 90/425/EWG des Rates vom 26.6.1990 zur Regelung der viehseuchenrechtlichen und tierzüchterischen Kontrollen im innergemeinschaftlichen Handel mit lebenden Tieren und Erzeugnissen im Hinblick auf den Binnenmarkt (ABl. L 224 vom 18.8.1990, S. 29), damals zuletzt geändert durch Richtlinie 91/628/EWG (ABl. L 340 vom 11.12.1991, S. 17).

106 So die Erwägungsgründe der Entscheidung 92/290/EWG, a.a.O..

107 Entscheidung 94/381/EG der Kommission vom 27.6.1994 (ABl. L 172 vom 7.7.1994, S. 23).

108 Richtlinie 90/425/EWG, vgl. oben Fn. 105, nunmehr zuletzt geändert durch Richtlinie 92/118/EWG (ABl. L 62 vom 15.3.1993, S. 49).

109 Inzwischen gibt es Nachweise anderer Übertragungsmöglichkeiten, welche aber statistisch nicht sehr bedeutsam sind, vgl. **Jonas**, S. 102 f..

110 So die Erwägungen der Entscheidung 94/381/EG, a.a.O..

111 Entscheidung 94/382/EG der Kommission vom 27.6.1994 (ABl. L 172 vom 7.7.1994, S. 25).

Diese Entscheidung erscheint zunächst etwas widersprüchlich zu der ersten, da dort die Verfütterung verboten wurde. Allerdings konnte das Tiermehl von Säugetieren nach wie vor an andere Tierarten als an Wiederkäuer verfüttert werden. Außerdem sollte das Verbot im Lichte der wissenschaftlichen Studien über Verwertungssysteme überprüft werden. Damit zielte die Kommission also langfristig auf eine Wiederzulassung der Verfütterung ab, sobald die gewerblichen Herstellungsmethoden an die identifizierten und überprüften Parameter angepaßt sein würden, mit denen der Erreger völlig sicher abgetötet werden kann.

Unter Aufhebung der früheren Entscheidungen über die Schlachtung sowie den Export von Rindern und Rindfleisch traf die Kommission im Juli 1994 eine zusammenfassende Regelung.[112] Die Rechtsgrundlagen waren die bereits früher angewendeten viehseuchenrechtlichen Richtlinien. Neben klarstellenden Wiederholungen, u.a. des Exportverbots für Rinder im Alter über sechs Monaten und bestimmte Innereien und der getrennten Schlachtung von BSE-verdächtigen Tieren, wurde nun nicht entbeintes Rindfleisch nur aus Betrieben, bei denen seit sechs Jahren kein BSE-Fall gemeldet wurde, zum Export zugelassen. Der Export von entbeintem Rindfleisch war nach wie vor möglich, wenn das Nerv- und Lymphgewebe entfernt worden war.

Damit wurde neben kleineren Modifikationen in der Hauptsache lediglich die 'Quarantäne-Zeit' der BSE-verdächtigen Betriebe in Bezug auf nicht-entbeintes Rindfleisch von zwei auf sechs Jahre erweitert. Erstmals führt die Kommission in den Erwägungen aus, daß „das Verbot [der Tiermehl-Verfütterung durch das Vereinigte Königreich] das Auftreten von BSE bei Rindern, die zwischen Juli 1988 und Januar 1991 geboren worden waren, nicht verhindern konnte". Die Kommission hatte bis zu dieser Maßnahme mit dem Datum des 18.7.1988 immer den Zeitpunkt des Inkrafttretens des Verbots als Zeitpunkt, ab dem die Rinder wieder „sicher" sind, angenommen.[113] Hier hatte die Kommission also eine Fehleinschätzung korrigiert. Zum ersten Mal wurde auch die „Verbrauchergesundheit" in der Entscheidung selbst erwähnt[114], allerdings immer noch im Zusammenhang mit den vom Vereinigten Königreich selbst ergriffenen Maßnahmen.[115]

Bereits im Dezember 1994 hob die Kommission die Beschränkungen für Rinder, die nach dem 1.1.1992 geboren worden waren, auf.[116] Grund war, daß nach dem vorliegenden Zahlenmaterial die BSE- Seuche nunmehr zurück ging. Der Grund

---

[112] Entscheidung 94/474/EG der Kommission vom 27.7.1994 (ABl. L 194 vom 29.7.1994, S. 96).

[113] Vgl. die Ausführungen oben zur Entscheidung 89/469/EWG, a.a.O..

[114] Artikel 3 Buchstabe a) der Entscheidung 90/425/EG, a.a.O..

[115] Vgl. die in Fn. 93 zitierten Erwägungsgründe der Entscheidung 90/200/EG, a.a.O..

[116] Entscheidung 94/794/EG der Kommission vom 14.12.1994 (ABl. L 325 vom 17.12.1994, S. 10 sowie L 10 vom 14.1.1995, S. 10).

für das Datum war die schon in der vorigen Entscheidung eingeführte Erwägung, daß das britische Verfütterungsverbot „zunehmend Wirkung“ zeige, womit wohl der Zeitraum ab Ende 1992 gemeint war.[117] Allerdings beschränkte sich die Entscheidung nicht auf die epidemiologische Begründung, daß die Seuche zurückgehe und die Ursache beseitigt worden sei. Zudem hieß es jetzt: „Die Gefahr für den Mensch, durch Fleisch von nach dem 1.1.1992 geborenen Rindern mit dem BSE-Erreger in Berührung zu kommen, ist demnach sehr gering.“

Die letzten beiden Entscheidungen beziehen sich in den Erwägungen nicht mehr ausschließlich auf die Einschränkung der Tierseuche, sondern auch auf den Schutz der menschlichen Gesundheit. Langsam beginnt also der Gesundheitsschutz die rein markttechnischen Aspekte in den Hintergrund zu schieben.

Im Frühjahr 1995 ergingen zwei Entscheidungen[118], die die technischen Einzelheiten der Herstellung von Tiermehl betrafen und die bereits 1994 getroffene Regelung[119] änderten. Grund hierfür waren die neuesten Ergebnisse der wissenschaftlichen Studien. Allerdings stellte die Kommission fest, daß die gewerblichen Tiermehl-Herstellungsverfahren derzeit noch nicht die völlige Inaktivierung des BSE-Erregers garantieren können.[120] Für die lokale Vermarktung von Tierabfällen als Futtermittel in Irland wurde im Juni 1995 eine gesonderte Entscheidung des Rates erlassen, welche den Besonderheiten der traditionellen Abdeckereibetriebe in Irland Rechnung trägt.[121]

Im Juli 1995 wurden die Export-Beschränkungen weiter gelockert.[122] Rindfleisch von Tieren, die unter 30 Monaten alt waren, durfte nun vorbehaltlos exportiert werden. Die Beschränkungen für nicht-entbeintes Rindfleisch galten nur noch für ältere Tiere, die aus einem Betrieb mit in den letzten sechs Jahren gemeldeten BSE-Fällen stammten.

Zusätzlich wurden besondere BSE-Kontrollen bei der Schlachtung zur Feststellung des Alters der Tiere vorgeschrieben[123]. Die Begründung wiederholte lediglich schon früher gebrauchte Formulierungen, wie z.B.: „Es werden laufend neue Informationen zugänglich, und die Lage muß ständig überprüft werden.“ und „Aufgrund der im Vereinigten Königreich getroffenen Maßnahmen geht die Seuche immer weiter zurück.“, und berief sich auf die Empfehlungen eines

---

[117] Vgl. Fn. 54.

[118] Entscheidung 95/029/EG der Kommission vom 13.2.1995 (ABl. L 38 vom 18.2.1995, S. 43) und Entscheidung 95/060/EG der Kommission vom 6.3.1995 (ABl. L 55 vom 11.3.1995, S. 40).

[119] Änderungen an der Entscheidung 94/382/EG, a.a.O..

[120] Vgl. Argument i.R.d. Entscheidung 94/381/EG, a.a.O..

[121] Entscheidung 95/348/EWG des Rates vom 22.6.1995 (ABl. L 202 vom 26.8.1995, S. 8).

[122] Entscheidung 95/287/EG der Kommission vom 18.7.1995 (ABl. L 181 vom 1.8.1995, S. 40).

[123] ELISA-Tests: Artikel 1 der Entscheidung 95/287/EG, a.a.O..

Wissenschaftlichen Veterinärausschusses.[124] Zu diesen oft herangezogenen Empfehlungen muß allgemein angemerkt werden, daß diese den Entscheidungen nicht beigefügt werden.[125]

1.2.1.3 Maßnahmen seit 1996

Die wohl bekannteste Maßnahme stellte das im März 1996 getroffene Verbot des Exports aus dem Vereinigte Königreich für Rinder und alle Rindfleischprodukte dar.[126] Rechtsgrundlage waren die schon früher gebrauchten veterinärrechtlichen Richtlinien.[127] Die Erwägungen stützten sich auf den „Schutz der Gesundheit von Mensch und Tier". Das Vereinigte Königreich hatte die Kommission am 20. März auf neueste wissenschaftliche Untersuchungen hingewiesen, die die Entdeckung der nVCJK nebst ihrer möglichen Zusammenhänge zu BSE umfaßten.[128] Als Reaktion darauf hatte das Vereinigte Königreich die Trennung von Knochen und anhängendem Gewebe bei Rindern, die älter als 30 Monate waren, angeordnet, sowie die Verfütterung jeglichen Tiermehls von Säugetieren an alle in landwirtschaftlichen Betrieben gehaltene Tiere untersagt.[129] Weiter hatten einzelne Mitgliedstaaten Importverbote für Rinder und Rindfleisch erlassen.

Die Kommission bezeichnete ihre Maßnahme als „Dringlichkeitsmaßnahme" und begründete diese mit der unklaren wissenschaftliche Lage zur Übertragbarkeit des BSE-Erregers und den daraus resultierenden „erheblichen Besorgnissen" für den Verbraucher. Die Entscheidung sollte nach einer „Gesamtlageprüfung" überarbeitet werden.[130]

Damit hat die Kommission sich von der Einschätzung, wie sie das Vereinigte Königreich vorgenommen hatte, entfernt und sich inhaltlich den Mitgliedstaaten

---

[124] Die gleichen Formulierungen finden sich schon in den Entscheidungen 95/287/EG, 94/794/EG, 94/474/EG, a.a.O..

[125] Vgl. dazu die Ausführungen in Kapitel 4 Abschnitt 1.2.1.

[126] Entscheidung 96/239/EG der Kommission vom 28.3.1998 (ABl. L 78 vom 28.3.1996, S. 47).

[127] -) Richtlinie 90/425 des Rates vom 26.6.1990 zur Regelung der veterinärrechtlichen und tierzüchterischen Kontrollen im innergemeinschaftlichen Handel mit lebenden Tieren und Erzeugnissen im Hinblick auf den Binnenmarkt, damals zuletzt geändert durch Richtlinie 92/118.
-) Richtlinie 89/662 des Rates vom 11.12.1989 zur Regelung der veterinärrechtlichen Kontrollen im innergemeinschaftlichen Handel im Hinblick auf den gemeinsamen Binnenmarkt, damals zuletzt geändert durch Richtlinie 92/118.

[128] Vgl. **Robert Koch Institut**, EPIBUL 4/2001, S. 25.

[129] Vgl. Erwägungen der Entscheidung 96/239/EG, a.a.O..

[130] Artikel 1 der Entscheidung 96/239/EG, a.a.O., sowie dort die 7. Begründungserwägung.

angeschlossen, die eigenständig ein Importverbot verhängt hatten.[131] Die Frage, ob diese mitgliedstaatlichen Importverbote im Einklang mit den bisherigen gemeinschaftsrechtlichen Maßnahmen erlassen werden konnten, wurde deshalb nie problematisch.[132]

Umgekehrt aber hatte sich der EuGH mit der Frage der Rechtmäßigkeit des gemeinschaftlichen Exportverbots zu befassen. Er genehmigte zunächst im Eilverfahren sowie später im Urteil diese Dringlichkeitsmaßnahme.[133] Insbesondere bestätigte das Gericht aufgrund der unsicheren Lage, daß das Verbot in seiner Absolutheit zulässig ist. Auch z.B. Tierfelle und andere nicht zum Verzehr bestimmte Rinderprodukte waren erfaßt.

Drei Monate später wurde diese Dringlichkeitsmaßnahme geändert und der Export einzelner aufgezählter Rinderprodukte unter gewissen Sicherheitsmaßnahmen zugelassen.[134] Die Aufhebung betraf aber nicht Rinder oder Rindfleisch, sondern andere Nebenprodukte. Beispiele für solche Produkte sind z.B. Rindersperma, Tierfelle, Talg- und Gelatineerzeugnisse.[135] In den Erwägungsgründen führte die Kommission nunmehr umfassend die Ergebnisse der durchgeführten Konsultationen von „Wissenschaftlichen Ausschüssen" auf. Grund war, daß bei vielen Rinderprodukten durch die Einhaltung gewisser Mindestkriterien und durch die ordnungsgemäße Ermittlung der Herkunft des Materials die Verwendung der Erzeugnisse unbedenklich sei. Desweiteren wird nun nicht nur in den Erwägungen, sondern in der Entscheidung selbst die Vorläufigkeit der Maßnahme festgestellt.[136]

Nachdem auch erste BSE-Fälle in Portugal aufgetreten waren, legte Portugal im Juni 1996 einen Plan zur Bekämpfung vor. Dieser wurde von der Kommission genehmigt.[137] Der Plan sah unter anderem die rigorose Zwangsschlachtung aller Tiere aus einem Bestand und ggf. aller aus demselben Geburtsjahrgang vor, in dem BSE aufgetreten war. Die Kommission genehmigte das mit dem Hinweis, daß sie dies unter den besonderen Umständen Portugals akzeptiere, damit Portugal „das Vertrauen des Verbrauchers" wiedergewinne. Portugal hatte offenbar

---

[131] Das Europäische Parlament kritisierte in einer Entschließung vom 28.3.1996, daß die Mitgliedstaaten die Kommission vor ihren einseitigen Importverboten nicht informiert hatten (Ziffer 1), vgl. ABl. C 177 vom 1996, S. 55.

[132] Vgl. dazu aber Kapitel 2 Abschnitt 3.3.

[133] EuGH Rs. C-180/96 „BSE", Slg. 1996, S. I-3903. **Fischer**, Hans-Georg, RiA 1997, S. 105 (107 f.).

[134] Entscheidung 96/362/EG der Kommission vom 11.6.1996 (L 139 vom 12.6.1996, S. 17).

[135] Die Erzeugnisse werden in einem Anhang zur Entscheidung 96/362/EWG, a.a.O., aufgeführt.

[136] Artikel 1 der Entscheidung 96/362/EG, a.a.O..

[137] Entscheidung 96/381/EG der Kommission vom 20.6.1996 (ABl. L 149 vom 22.6.1996, S. 25).

wegen sehr verstreuter und kleiner Rinderbestände besonders Probleme mit der notwendigen Datenerfassung.[138]

Solche Genehmigungen wurden im folgenden auch erteilt für die Pläne des Vereinigten Königreichs[139], Frankreich[140] und Irland[141]. Diese beinhalteten mehr oder weniger umfassende Zwangsschlachtungen sowie strenge Überwachungsmaßnahmen. Bei diesen Genehmigungen der Pläne der Mitgliedstaaten handelt es sich um ein veterinärrechtlich übliches Verfahren gemäß der einschlägigen Richtlinien.[142]

Weiter wurden im Juli 1996 auch die Sicherheitsstandards für die Tierkörperbeseitigung neu festgelegt.[143] Diese Entscheidung ergänzte die vorläufigen Festlegungen der früheren Entscheidung 94/382/EG. Im Juli 1999 wurde diese Entscheidung erneut ergänzt.[144]

Der Rat erließ im April 1997 eine Verordnung, die ein neues System zur Kennzeichnung und Registrierung von Rindern und Rindfleisch einführte.[145] Das System umfaßt Ohrmarken, Rinderpässe für jedes Tier, Register für die Tiere in jedem Betrieb und die Speicherung in Datenbanken. Hinsichtlich der Etikettierung von Rindfleischerzeugnissen müssen alle am Handel beteiligten Betriebe eine Spezifikation vorlegen, aus der sich die Fleischerzeugnisse bis zu einem bestimmten Tier zurückverfolgen lassen. Die Verordnung (EG) Nr. 820/97 wurde eigens aus Anlaß der Vertrauenskrise der Verbraucher beim Kauf von Rindfleisch geschaffen[146] und dient damit auch dem Schutz der Gesundheit des Verbrauchers.[147] Die primärrechtliche Grundlage dieser Verordnungen war anfänglich umstritten und wurde schließlich vor dem EuGH geklärt.[148] Der Rat hatte die Verordnung auf Art. 43 EGV (heute 37 EG) gestützt, da es sich um die Verbesse-

---

138 Vgl. die Erwägungsgründe der Entscheidung 96/391/EG, a.a.O..

139 Entscheidung 96/385/EG der Kommission vom 24.6.1996 (ABl. 151 vom 16.6.1996, S. 39).

140 Z.B. Entscheidung 97/018/EG der Kommission vom 16.12.1996 (ABl. L 6 vom 10.1.1997, S. 43).

141 Z.B. Entscheidung 97/312/EG der Kommission vom 12.5.1997 (ABL. L 133 vom 24.5.1997, S. 38).

142 Richtlinie 90/425/EWG und 89/662/EWG, vgl. Fn. 127.

143 Entscheidung 96/449/EG der Kommission vom 18.7.1996 (ABl. L 184 vom 24.7.1996, S. 43).

144 Entscheidung 99/534/EG vom 19.7.1999 (ABl. L 204 vom 4.8.1999, S. 37).

145 Verordnung (EG) Nr. 820/97 des Rates vom 21.4.1997 zur Einführung eines Systems zur Kennzeichnung und Registrierung von Rindern und über die Etikettierung von Rindfleisch und Rindfleischerzeugnissen (ABl. L 322 vom 25.11.1997, S. 25).

146 Vgl. Nr. 4 der Erwägungsgründe: „Um das Vertrauen der Verbraucher in die Qualität von Rindfleisch zu erhalten und zu stärken und um Irreführungen der Verbraucher zu vermeiden..."

147 Vgl. Nr. 6 der Erwägungsgründe: „... insbesondere dem Schutz der öffentlichen Gesundheit..."

148 EuGH Rs. C-269/97 „EtikettierungsVO", Slg. 2000, S. I-2257.

rung der Transparenz der landwirtschaftlichen Märkte handelte und diese mittelbar durch die Wiederherstellung des Vertrauens des Verbrauchers sowie die Gewährleistung des Gesundheitsschutzes stabilisiert würden.[149] Das Europäische Parlament und die Kommission waren der Ansicht, daß das Hauptziel der Gesundheitsschutz sei und deshalb Art. 100 a EGV (heute 95 EG) herangezogen werden müsse, u.a. um dem Parlament die Mitsprache im Mitentscheidungsverfahren zu ermöglichen. Der EuGH entschied, daß Art. 43 EGV die richtige Rechtsgrundlage ist.[150] Die Verordnung wurde zwischenzeitlich durch eine Neufassung ersetzt, beruht inhaltlich aber nach wie vor auf den gleichen Erwägungen; Rechtsgrundlage sind numehr aber Art. 37 EG und Art. 152 Abs. 4 lit. b EG.[151] Hierzu wurden von der Kommission Durchführungsverordnungen zur Konkretisierung erlassen.[152] Diese Verordnung wurde inzwischen im Jahr 2000 „aus Gründen der Klarheit" durch eine neue Verordnung mit im wesentlichen gleichlautenden Regelungen ersetzt.[153]

Entsprechend den Empfehlungen einer von der WHO einberufenen Sachverständigengruppe erließ die Kommission im Juli 1997 eine umfassende Entscheidung über das Verbot der Verwendung von spezifiziertem Risikomaterial.[154] Im Vergleich zu den früheren Verboten wurden hiermit nicht nur bestimmte Innereien von Rindern, sondern auch von Schafen und Ziegen erfaßt.[155] Rechtsgrundlage waren veterinärrechtliche Richtlinien.[156] Die Begründung stützt sich u.a. auf die Empfehlungen der durch die WHO einberufenen Sachverständigengruppe, nach

---

149 EuGH Rs. C-269/97, a.a.O., Rdnr. 28.

150 EuGH Rs. C-269/97, a.a.O., Rdnr. 60.

151 Verordnung 1760/2000/EG des Europäischen Parlaments und des Rates vom 17.7.2000 zur Einführung eines Systems zur Kennzeichnung und Registrierung von Rindern und über die Etikettierung von Rindfleisch und Rindfleischerzeugnissen sowie zur Aufhebung der Verordnung Nr. 820/97 des Rates (ABl. L 204 vom 11.8.2000 S. 1).

152 Ursprünglich: Verordnung (EG) Nr. 2629/97 der Kommission vom 29.12.1997 (ABl. L 163 vom 6.6.1998 S. 19); nunmehr Verordnung (EG) Nr. 1825/2000 der Kommission (ABl. L 216 vom 26.08.2000 S. 8).

153 Verordnung (EG) Nr. 1760/00 des Europäischen Parlaments und des Rates vom 17.7.2000 zur Einführung eines Systems zur Kennzeichnung und Registrierung von Rindern und über die Etikettierung von Rindfleisch und Rindfleischerzeugnissen sowie zur Aufhebung der Verordnung (EG) Nr. 820/97 des Rates (ABl. L 204 vom 11.8.2000, S. 1).

154 Entscheidung 97/534/EG der Kommission vom 30.Juli 1997 (ABl. L 216 vom 8.8.1997, S. 95).

155 Artikel 1 der Entscheidung 97/534/EG, a.a.O..

156 -) Richtlinie 89/662/EWG vom 11.12.1989 zur Regelung der veterinärrechtlichen Kontrollen im innergemeinschaftlichen Handel im Hinblick auf den gemeinsamen Binnenmarkt, damals zuletzt geändert durch Richtlinie 92/118.
-) Richtlinie 90/425 des Rates vom 26.6.1990 zur Regelung der veterinärrechtlichen und tierzüchterischen Kontrollen im innergemeinschaftlichen Handel mit lebenden Tieren, damals zuletzt geändert durch Richtlinie 92/118.

denen keine Produkte von durch TSE gefährdeten Tierarten in die Nahrungs- und Futtermittelkette gelangen sollte. Damit wird neben BSE v.a. auch die bei Schafen und Ziegen vorhandene Scrapie erfaßt.

Ursprünglich sollte die Entscheidung ab 1.1.1998 gelten. Mit Entscheidungen im Dezember 1997 [157] , im März 1998 [158] sowie im Dezember 1998 [159] wurde der Zeitpunkt des Inkrafttretens um über ein Jahr auf den 31.12.1999 verschoben. Grund waren u.a. sachliche Schwierigkeiten der Umsetzung, da eine breite Produktpalette abgedeckt werden mußte.[160] Bemerkenswert ist, daß diese Entscheidung dann relativ bald im Juni 2000 wieder aufgehoben und durch eine neue Übergangsregelung ersetzt wurde, da sie inzwischen inhaltlich veraltet war.[161] Die letzten beiden Entscheidungen zur Verschiebung des Inkrafttretens wurden durch den Rat getroffen.[162] Die Kommission sprach insofern von einer Blockade durch den Rat.[163] Zwischenzeitlich wurden die Probleme des Exports von diesen Risikomaterialien durch Verbote teilweise durch die Mitgliedstaaten selbst geregelt.[164]

Nachdem für die Tiermehl-Herstellung sichere Verfahren zur Inaktivierung der BSE-Erreger festgelegt worden waren, wurden mit einer Entscheidung im September 1997 Schutzmaßnahmen beim Handel mit Tiermehl erlassen.[165] Die Schutzmaßnahmen umfaßten ein Exportverbot von nicht ordnungsgemäß hergestelltem Tiermehl, sowie entsprechende Kontrollmaßnahmen, damit das Tiermehl von der Erzeugung bis zur Verfütterung entsprechend verfolgt werden konnte. Rechtsgrundlage war eine veterinärrechtliche Richtlinie.[166] In den Erwägungen beruft sich die Kommission auf Kontrollen, die sachliche Schwierigkeiten einiger Mitgliedstaaten bei der Umsetzung der Vorgaben enthüllten.

---

157 Entscheidung 97/866/EG der Kommission vom 16.12.1997 (ABl. L 351 vom 23.12.1997, S. 69).

158 Entscheidung 98/248/EG des Rates vom 31.3.1998 (ABl. L 192 vom 2.4.1998, S. 26).

159 Entscheidung 98/745/EG des Rates vom 17.12.1998 (ABl. L 358 vom 31.12.1998, S. 14).

160 Vgl. die Erwägungen der Entscheidung 97/866/EG, a.a.O..

161 Entscheidung 00/418/EG der Kommission vom 29.6.2000 (L 158 vom 30.6.2000, S. 27).

162 Entscheidungen 98/248/EG und 98/745/EG, a.a.O..

163 Vgl. die im Urteil des EuGH aufgeführten Argumentationen der Kommission Rs. C-477/98 „Eurostock", Slg. 2000, S. I-10695, Rdnr. 45.

164 Vgl. EuGH Rs. 477/98, a.a.O.. Näher dazu später in Kapitel 2 Abschnitt 3.3.

165 Entscheidung 97/735/EG des Rates vom 21.10.1997 (ABl. L 294 vom 28.10.1997, S. 7).

166 Richtlinie 90/425 des Rates vom 26.6.1990 zur Regelung der veterinärrechtlichen und tierzüchterischen Kontrollen im innergemeinschaftlichen Handel mit lebenden Tieren, damals zuletzt geändert durch Richtlinie 92/118.

Mit einer weiteren Entscheidung im September 1997 wurden auch Schutzmaßnahmen zugunsten von Arbeitnehmern an durch BSE gefährdeten Arbeitsplätzen geregelt.[167]

Im Dezember 1997 wurde ein geänderter Plan des Vereinigten Königreich zur Bekämpfung von BSE genehmigt.[168] Der geänderte Plan war vom Vereinigten Königreich vorgelegt worden, nachdem eine Inspektion durch den Veterinärausschuß der Kommission festgestellt hatte, daß bestimmte Bestände als mögliche Infektionsquelle bisher bei der selektiven Schlachtung überhaupt nicht berücksichtigt worden waren.[169] Es handelte sich um spezielle Aufzuchtbestände, in denen getrennt von den Geburtsbeständen die frischgeborenen Kälber bis einschließlich zur ersten Raufutter-Verfütterung, d.h. durch Tiermehl-Produkte, gehalten wurden.

Im März 1998 wurden die vergangenen Entscheidungen über das Exportverbot umfassend neu geregelt.[170] Rechtsgrundlage waren die bereits bekannten veterinärrechtlichen Richtlinien. Die Exportverbote für Rinder aus dem Vereinigten Königreich wurden hierin unter Aufhebung der früheren Entscheidungen erneuert. Zudem wurde der Export aller Rinderprodukte, die in die Nahrungs- oder Futtermittelkette gelangen könnten, sowie aller Erzeugnisse, die für die Kosmetik-, Medizin- oder Arzneimittelprodukte verwendet wurden, untersagt. Allerdings wurden, im Gegensatz zu den früheren Entscheidungen, einzelne Ausnahmen zugelassen. Unter anderem wurde der Versand von BSE-infiziertem Material zu Forschungszwecken möglich. Der Export von gewissen Nebenprodukten wurde im Gegensatz zu früher nur unter strengen Voraussetzungen zugelassen, z.B. Gelatine u.ä..[171] Die Ausnahmen betrafen auch die Möglichkeit der Lockerung des Exportverbots für Rindererzeugnisse aus Nordirland, da nur dort das vom Vereinigten Königreich entwickelte Informationssystem[172] umfassend genug eingesetzt werden konnte.[173] Unter den Voraussetzungen dieses Informationssystems (sogenanntes „Export Certified Herd Scheme" - ECHS) wurde der Export

---

167 Richtlinie 97/65/EG vom 26.11.1997 zur dritten Anpassung der Richtlinie 90/679/EWG des Rates über den Schutz der Arbeitnehmer gegen Gefährdung durch biologische Arbeitsstoffe bei der Arbeit an den technischen Fortschritt (ABl. L 335 vom 6.12.1997, S. 17).

168 Entscheidung 97/870/EG der Kommission vom 16.12.1997 (ABl. L 353 vom 24.12.1997, S. 45).

169 So die Erwägungsgründe in der Entscheidung 97/870/EG, a.a.O..

170 Entscheidung 98/256/EG des Rates vom 16.3.1998 (ABl. L 113 vom 15.4.1998, S. 33) unter Änderung der Entscheidung 94/474/EG und Aufhebung der Entscheidung 96/239/EG.

171 Insoweit werden die früheren Voraussetzungen aus der Entscheidung 96/362/EG, a.a.O., verschärft.

172 Sog. „Export Certified Herd Scheme - ECHS".

173 Vgl. Erwägungsgrund Nr. 27 der Entscheidung 98/256/EG, a.a.O..

von Fleischerzeugnissen aus Herden[174] möglich, in denen acht Jahre kein BSE-Fall aufgetreten war. Diese Lockerung wurde im Mai 1998 nach umfassenden Tests des Informationssystems in Kraft gesetzt.[175]

Anlaß für die Neuregelung waren neue wissenschaftliche Erkenntnisse. Im September 1997 wurden neue Informationen veröffentlicht, die den Zusammenhang zwischen BSE und der nVCJK untermauerten. Nach der Ansicht des beratenden BSE-Ausschusses des Vereinigten Königreichs (SEAC) war nun der Beleg vorhanden, daß die Erreger von BSE und der nVCJK „identisch" sind.[176] Die detaillierten Neuregelungen bauten offenbar auf umfassenden Stellungnahmen des Wissenschaftlichen Veterinärausschusses sowie des Wissenschaftlichen Ausschusses für Kosmetologie und des Wissenschaftlichen Ausschusses für Arzneimittelspezialitäten der Kommission auf.

Auffällig ist, daß die in den Erwägungsgründen aufgeführten Stellungnahmen der wissenschaftlichen Ausschüsse bereits von 1996 her datieren. Beispielsweise wird in Bezug auf die Ausfuhr von Rindergelatine eine Stellungnahme vom 17.7.1996 angeführt, welche zur erneuten Überprüfung der Fakten anregt. Diese Stellungnahme war also schon kurz nach der Lockerung des totalen Exportverbots[177], welches vom 11.6.1996 datiert, abgegeben worden.

Kurz darauf wurden im April 1998 Regelungen zur epidemiologischen Überwachung von TSE getroffen.[178] Unter anderem wurden den Mitgliedstaaten Kriterien für ein Überwachungsprogramm sowie für behördliches Eingreifen vorgeschrieben. Da die Diagnose von TSE in-vivo nicht möglich ist, wurden Vermutungen für das Vorhandensein der Krankheit bei Auftreten von gewissen klinischen Symptomen statuiert, die zur Anordnung der Schlachtung und post-mortem-Untersuchung verpflichteten. Rechtsgrundlage für die Regelungen waren veterinärrechtliche Richtlinien. In den Erwägungsgründen wurde u.a. angeführt, daß Kontrollmaßnahmen nach wie vor Mängel insbesondere bei der Überwachung des Verfütterungsverbots von Tiermehl an Wiederkäuer vorhanden sind.[179] Inhaltlich

---

174 Die Begriffe „Fleischerzeugnisse" und „Herde" werden sehr detailliert geregelt.

175 Das Datum des Inkrafttretens wird in der Entscheidung 98/351/EG der Kommission vom 29.5.1998 (ABl. L 157 vom 30.5.1998, S. 110) auf den 1.6.1998 festgesetzt.

176 Vgl. Absatz 1 der Erwägungsgründe der Entscheidung 98/256/EG, a.a.O.. Diese Fomulierung bezieht sich offenbar auf die bereits erörterten wissenschaftlichen Grundlagen, daß ein in infizierten Mäusen gefundener molekularer Marker dem bei der nVCJ gefundenen ähnelt. Mithin handelt es sich bei diesem Erwägungsgrund inhaltlich tatsächlich nur um eine Schlußfolgerung, nicht etwa um das tatsächlich veröffentlichte wissenschaftliche Ergebnis.

177 Siehe oben die Entscheidung 96/239/EG der Kommission vom 27.3.1996, a.a.O..

178 Entscheidung 98/272/EG der Kommission vom 23.4.1998 (ABl. L 122 vom 24.4.1998, S. 59).

179 Ziffer 5 der Erwägungsgründe der Entscheidung 98/272/EG, a.a.O..

wurden vom wissenschaftlichen Veterinärausschuß Empfehlungen des Internationalen Tierseuchenamtes berücksichtigt.[180]

Den bedenklichen Zustand der bisherigen Überwachungslage durch die Mitgliedstaaten dokumentierte die Kommission eindrucksvoll in Artikel 1, nach dem die Mitgliedstaaten sicherzustellen hatten, daß das Personal der zuständigen Behörden, Untersuchungslabors, Tierärzte u.a. mit den klinischen Symptomen und den epidemiologischen sowie laborbefundlichen Kenntnissen über TSE vertraut ist. Bemerkenswert ist diese Anweisung deshalb, weil angesichts der wissenschaftlichen Erkenntnisse im Jahre 1998 eine solche Sicherstellung in den Mitgliedstaaten eigentlich etwas Selbstverständliches hätte sein sollen. Die Kommission hatte offensichtlich einen entsprechenden Grund zur Aufnahme dieser Passage in die Entscheidung.

Nicht als verbindliche Entscheidung, sondern in Form einer Empfehlung übermittelte die Kommission im Juli 1998 Kriterien, nach denen die Registrierung des epidemiologischen TSE-Status aller Mitgliedstaaten mittels entsprechender vorgegebener Anträge der Mitgliedstaaten erfolgen soll.[181] Diese Empfehlung stützt sich auf den damaligen Artikel 155 EGV (heute Art. 211 EG), der nur den Rechtsakt der Empfehlung[182] ermöglicht. In den Erwägungsgründen heißt es, daß im Rahmen einer umfassenden Regelung bei Einfuhren der TSE-Seuchenstatus eines Mitgliedstaates berücksichtigt werden sollte.

Mit dieser Empfehlung wurden die Mitgliedstaaten quasi zu einer Stellung eines solchen Antrags verpflichtet, auch wenn Artikel 1 der Empfehlung nur von einer „Aufforderung" die Rede ist. Aus dem Anhang zu dieser Empfehlung wird klar, daß die Kommission im Falle unzureichender Daten von einem „worst-case" Szenario ausgehen würde. Damit riskierten Mitgliedstaaten evtl. eine unvorteilhaftere Einstufung, sofern sie nicht die im Anhang umfassend geforderten Daten übermitteln würden. Der Hintergrund für diese Empfehlung wird aus den Erwägungsgründen nicht klar. Tatsächlich dienen die Daten dazu, einen „BSE-Status" der Mitgliedstaaten nach bestimmten vom Internationalen Tierseuchenamt und dem kommissionseigenen Wissenschaftlichen Lenkungsausschuß erarbeiteten Kriterien ermitteln zu können.[183] Ein solcher Status wurde dann im Juni 2000 auch für Deutschland veröffentlicht. Deutschland zählt danach zur Risikoklasse III von

---

[180] Ziffer 7 der Erwägungsgründe der Entscheidung 98/272/EG., a.a.O..

[181] Empfehlung 98/477/EG der Kommission vom 22.7.1998 (ABl. L 212 vom 30.7.1998, S. 58).

[182] Vgl. zweiter Spiegelstrich des Artikels 155 EGV (heute Artikel 211 EG).

[183] So die Erwägungen der Empfehlung. Zur Bedeutung der FAO, WHO und der diesen untergeordneten Codex-Alimentarius-Kommission kann im Rahmen dieser Arbeit nicht näher eingegangen werden. Vgl. für einen kurzen Überblick **Wetzig**, ZLR 2000, S. 11 (15).

vier möglichen Risikoklassen und befindet sich damit bis heute - wie die meisten Mitgliedstaaten - auf zweithöchstem Gefahrenniveau.[184]

Mit einer Entscheidung im Oktober 1998 erlaubte die Kommission den Export von BSE-Proben aus dem Vereinigten Königreich zu wissenschaftlichen Zwecken, wenn der Versand an amtlich zugelassene Institute erfolgte. Damit wurde die Entscheidung von März 1998 abgeändert.[185]

Im November 1998 wurde von der Kommission eine Dringlichkeitsmaßnahme zum Schutz vor BSE gegenüber Portugal erlassen.[186] Inhaltlich glich diese Maßnahme der gegenüber dem Vereinigten Königreich erlassenen[187], die Verbote wurden aber (zunächst) bis zum 1.8.1999 befristet. Der Versand von Rindern war untersagt. Rinderprodukte durften nicht ausgeführt werden, wenn sie in die Nahrungs- oder Futtermittelkette gelangen könnten oder zur Verwendung in Kosmetik-, Medizin- oder Arzneimittelprodukten bestimmt waren. Rechtsgrundlage waren veterinärrechtliche Richtlinien.[188] Grund für die Maßnahme war, daß in Portugal zwischen 1.1.1999 und 11.12.1999 insgesamt 66 BSE-Fälle gemeldet wurden. Die Entwicklung der Seuche sprach daher für ein Wiederaufleben des BSE-Erregers.[189] Die Kommission führte weiter aus, daß die Kontrollen über die Umsetzung der vorhandenen gemeinschaftlich vorgesehenen Maßnahmen einige Mängel ergeben hatten.[190] Sie stellte aber die Aufhebung des Exportverbotes nach Behebung der Mängel in Aussicht.[191]

Tatsächlich wurden die Verbote mit einer Entscheidung im Juli 1999 verlängert.[192] Allerdings wurden Voraussetzungen festgelegt, entsprechend derer

---

184 Europäische Kommission, Wissenschaftlicher Lenkungsausssschuß, "Report on the Assessment of the Geographical BSE-Risk of Germany". Abrufbar im Internet unter "http://www.europa.eu.int/comm/food/fs/bse/bse11_de.html".

185 Einscheidung 98/564/EG der Kommission vom 7.10.1998 (ABl. L 273 vom 9.10.1998, S. 37), welche die Entscheidung 98/256 vom 16.3.1998 abändert.

186 Entscheidung 98/653/EG der Kommission vom 18.1.1998 (ABl. L 311 vom 20.11.1998, S. 23).

187 Vgl. Entscheidung 98/256/EG, a.a.O..

188 -) Richtlinie 89/662/EWG vom 11.12.1989 zur Regelung der veterinärrechtlichen Kontrollen im innergemeinschaftlichen Handel im Hinblick auf den gemeinsamen Binnenmarkt, damals zuletzt geändert durch Richtlinie 92/118.
-) Richtlinie 90/425 des Rates vom 26.6.1990 zur Regelung der veterinärrechtlichen und tierzüchterischen Kontrollen im innergemeinschaftlichen Handel mit lebenden Tieren, damals zuletzt geändert durch Richtlinie 92/118.

189 Ziffer 2 der Erwägungen der Entscheidung 98/653/EG, a.a.O..

190 Ziffer 3 der Erwägungen der Entscheidung 98/653/EG, a.a.O..

191 Ziffer 6 der Erwägungen der Entscheidung 98/653/EG, a.a.O..

192 Entscheidung 99/517/EG der Kommission vom 28.7.1999 (ABl. L 197 vom 29.7.1999, S. 45).

Portugal wieder Tiermehl von Säugetieren zur Verbrennung exportieren durfte.[193] Das Startdatum sollte nach entsprechenden Kontrollen durch die Kommission festgesetzt werden. Außerdem durften bestimmte Futtermittel für Fleischfresser wieder exportiert werden, wenn deren Tiermaterial nicht aus Portugal stammt. Alle diese Lockerungen wurden unter der Voraussetzung strenger Überwachung durch die Behörden der Mitgliedstaaten gestellt. Grund für die Verlängerung der Verbote war, daß Portugal die erforderlichen Maßnahmen trotz beträchtlicher Fortschritte noch nicht vollständig umgesetzt hatte.[194] Der Export zur Verbrennung wurde deshalb wieder erlaubt, da Portugal nicht genügend Kapazitäten zur Beseitigung hatte.[195]

Bemerkenswert an dieser Entscheidung ist, daß sich die Kommission in den Erwägungsgründen auf einen Codex der Internationalen Tierseuchenamtes (abgekürzt: OIE-Codex) beruft, der am 21.5.1999 beschlossen worden war. Nach diesem Codex ist ein bestimmtes Verfahren zur Einstufung eines Landes oder Gebietes in eine Risikoklasse zu verwenden. Entsprechend der Risikoklasse sind nach dem Codex gewisse Mindestschutzmaßnahmen zu beachten. Portugal fiel nach diesem Verfahren in eine hohe Risikoklasse und konnte die Mindestschutzmaßnahmen im Sinne des Codex nicht gewähren. Damit verwendete die Kommission hier keine eigene Risikoklassifizierung, sondern übernahm eine völkerrechtlich-internationale Klassifizierung.[196]

Das Exportverbot gegenüber Portugal wurde durch eine Entscheidung im Januar 2000 weiter verlängert.[197] Es wurde kein neues Datum zur (automatischen) Beendigung des Verbots mehr festgesetzt. Stattdessen wurde lediglich der Passus eingefügt, daß dic Entscheidung spätestens am 18.5.2000 überprüft würde. Damit blieb die Entscheidung ohne entsprechende Aufhebung nach dem 18.5.2000 weiter in Kraft. Die Erwägungsgründe berufen sich darauf, daß die Inzidenzziffer Portugals, welche nach dem OIE-Codex zu berechnen ist, gewisse Schutzmaßnahmen erforderte, die in Portugal nach wie vor noch nicht vollständig verwirklicht sind. Portugal hatte zwar eine datumsgestütze Regelung vorgeschlagen, deren Wirkungsweise wollte die Kommission vor Aufhebung aber erst noch prüfen.

Portugal ging hiergegen mit einer Nichtigkeitsklage vor. Sie begründete diese im wesentlichen damit, daß die Verlängerung unverhältnismäßig sei und auch gegen

---

193 Der Export von Tiermehl war mit der Entscheidung 97/735/EG, a.a.O., geregelt worden: Danach war der Export zur Verbrennung von nicht sicherem Tiermehl erlaubt. Die Dringlichkeitsmaßnahmen in der Entscheidung 98/653/EG, a.a.O., gegenüber Portugal galten aber auch im Hinblick auf diese Regelung umfassend.

194 Vgl. Ziffer 6 der Erwägungsgründe der Entscheidung 99/517/EG, a.a.O..

195 Vgl. Ziffer 3 der Erwägungsgründe der Entscheidung 99/517/EG, a.a.O..

196 Vgl. die Empfehlung 98/477/EG, a.a.O., über Daten zur Ermittlung des "BSE-Status".

197 Entscheidung 00/104/EG der Kommission vom 31.1.2000 (ABl. L 29 vom 4.2.2000, S. 36).

den OIE-Codex verstoße.[198] Der EuGH wies die Klage ab, da die Verlängerung insbesondere im Einklang mit dem OIE-Codex gestanden habe und auch nicht unverhältnismäßig sei. Der Gerichtshof stellte hier aber klar, daß die Entscheidungen 98/653/EG und die angefochtene Entscheidung nicht auf den OIE-Codex gestützt sind, sondern auf die Richtlinien 90/425/EWG und 89/662/EWG. Er erläutert dazu: „Die Anführung des OIE-Codex in der angefochtenen Entscheidung ist darauf zurückzuführen, dass es sich bei ihm um einen Bezugstext handelt, der von einer wegen ihres Sachverstandes anerkannten internationalen Einrichtung erarbeitet worden ist.“[199] Der OIE-Codex spielt also für die Frage der Kompetenzen der Gemeinschaft im Bereich des Gesundheitsschutzes keine eigene Rolle.

Erst mit einer Entscheidung im April 2001 konnten die Dringlichkeitsmaßnahmen für Portugal gelockert werden, wobei der Export im Rahmen des etablierten datum-gestützten Exportsystems (DBES) wieder möglich sein sollte.[200] Das Startdatum für den Export wurde schließlich mit einer Entscheidung im Juli 2001 auf den 1.8.2001 festgelegt.[201]

Ebenfalls im November 1998 wurde das Exportverbot für Rindfleischerzeugnisse aus dem Vereinigten Königreich wieder gelockert.[202] Alle unter den Voraussetzungen des datum-gestützen Exportsystems („Date-Based Export Scheme“ - DBES) arbeitende Schlachthöfe durften entbeinte Fleischerzeugnisse von Rindern, die nach dem 1.8.1996 geboren worden sind, exportieren. Die Voraussetzungen und Kontrollen waren ansonsten sehr detailliert und ähnelten denen der bereits praktizierten ECHS-Regelung („Export Certified Herds Scheme“)[203] in Nordirland. Grund für die Lockerung war, daß die jüngsten Vorschläge des Vereinigten Königreichs den bis dahin bestehenden Bedenken des wissenschaftlichen Lenkungsausschusses[204] Rechnung trugen und insbesondere das Verbot der

---

198 EuGH Rs. C-365/99, Slg. 2001, S. I-5645. Gegenstand des Verfahrens war offenbar nur die erste verlängernde Entscheidung 99/517/EG. Die Urteilsgründe dürften aber auch auf die weitere verlängernde Entscheidung 00/104/EG (nach Einreichung der Klage am 4.10.1999 ergangen) übertragbar sein.

199 EuGH Rs. C-365/99, a.a.O., Rdnr. 34.

200 Entscheidung 01/376/EG der Kommission vom 18.4.2001 (ABl. L 132 vom 15.5.2001, S. 17). „datum-gestütztes Exportsystem“ ist die Übersetzung des englischen „date-based export scheme – DBES“.

201 Entscheidung 01/577/EG der Kommission vom 25.7.2001 (ABl. L 203 vom 28.7.2001 S. 27).

202 Entscheidung 98/692/EG der Kommission vom 25.11.1998 (ABl. L 328 vom 4.12.1998, S. 28).

203 Vgl. die Entscheidung 98/351/EG, a.a.O..

204 Dieser Ausschuß war aufgrund der BSE-Problematik neu eingerichtet worden. Er koordiniert die wissenschaftliche Beratung der Kommission in Bezug auf TSE/BSE, vgl. Kapitel 3 Abschnitt 2.2.

Tiermehl-Verfütterung mit einer entsprechenden Überwachung durchgriff.[205] Durch eine Entscheidung im Juli 1999[206] wurde das Startdatum für den Export von Rindfleischerzeugnissen aus Nordirland nach dem Datum gestützten Exportsystem („Date-Based Export Scheme" - DBES) festgelegt.

Gegen diese Lockerung des Exportverbots entstand in einigen Mitgliedstaaten, vor allem Frankreich und Deutschland, Widerstand.[207] Frankreich erhob eine Nichtigkeitsklage gegen eine schriftliche Ablehnung der Kommission, die genannte Entscheidung zurückzunehmen. Dies führte aus formellen Gründen nicht zum gewünschten Erfolg, da es sich bei der streitgegenständlichen Ablehnung lediglich um einen Brief des zuständigen Kommissars Byrne handelte, nicht aber um eine mit Rechtsmittel angreifbare Maßnahme.[208] Frankreich hielt in der Folgezeit aber trotz verschiedener Vermittlungsversuche der Kommission an ihren entgegenstehenden nationalen Vorschriften fest. In Folge hierzu erhob die Kommission am 4. Januar 2000 ein entsprechendes Vertragsverletzungverfahren beim Europäischen Gerichtshof.[209] Frankreich erhielt in dem Urteil teilweise Recht, da für eine bestimmte Gruppe von Erzeugnissen zum damaligen Zeitpunkt keine obligatorischen Vorschriften vorhanden gewesen waren, die eine entsprechende Rückverfolgbarkeit im Rahmen der Durchführung des oben genannten DBES gewährleisteten. Frankreich durfte insofern eigene Regeln erlassen.[210]

Entsprechend eines Gutachtens des Wissenschaftlichen Lenkungsausschusses wurde durch eine Entscheidung im Januar 1999 das Verfahren der Tiermehl-Verfütterung zugunsten von bestimmten aus Rinderhäuten gewonnen hydrolysierten Proteinen zugelassen.[211] Voraussetzung war die Einhaltung eines bestimmten technischen Standards sowie dessen Überwachung.

---

205 Vgl. Ziffer 7 der Erwägungsgründe der Entscheidung 98/692/EG, a.a.O..

206 Entscheidung 99/514/EG der Kommission vom 23.7.1999 (ABl. L 195 vom 28.7.1999, S. 42).

207 Vgl. einen Überblick über den damaligen Streitstand in Deutschland bei **Krell**, ZLR 2000, S. 1 (4 f.).

208 EuGH Rs. C-514/99, Slg. 2000, S. I-4705.

209 Inzwischen durch Urteil entschieden: EuGH Rs. C-1/00, Slg. 2001, S. I-10029. Bemerkenswert ist in diesem Kontext, daß z.B. nicht auch gegen Deutschland, welches ebenfalls nationale Exportbeschränkungen aufrecht erhielt, eine Klage erhoben wurde; eine entsprechende Verfahrensrüge Frankreichs wurde in dem Urteil abgewiesen, vgl. dort Rdnr. 75.

210 EuGH Rs. C-1/00, Slg. 2001, S. I-10029, Rdnr. 124, 128, 142. Der EuGH betrachtete diesen Mangel zwar mit den strengeren Etikettierungsvorschriften der Verordnung des Europäischen Parlaments und des Rates Nr. 1760/2000 (vgl. oben, Fn. 153) als behoben; diese Vorschriften galten allerdings erst ab dem 1.9.2000 und damit nicht zum Zeitpunkt der gerügten Vertragsverletzungen.

211 Entscheidung 99/129/EG des Rates vom 29.1.1999 (ABl. L 41 vom 16.2.1999, S. 14).

Portugal erhielt im Oktober 1999 eine Ausnahmeregelung vom Exportverbot für Kampfstiere.[212] Damit wurde der Export von lebenden Stieren für Stierkämpfe unter strengen Überwachungsvorschriften, die inhaltlich denen der oben genannten ECHS-Regelung gleichen[213] erlaubt, nachdem die Kommission deren Einhaltung überprüfen und dann ein Startdatum festsetzen würde. Grund für die Ausnahme war ein entsprechender Antrag Portugals. Zwar konnte eine BSE-Kontaminierung auch der Kampfstiere nicht ausgeschlossen werden, aber die Kontrollen und die anschließende unschädliche Beseitigung gewährleisteten, daß die Tierkörper nicht in die Nahrungs- und Futtermittelkette gelangten. Die Startdaten wurden von der Kommission in nachfolgenden Entscheidungen für Mai und Juni festgesetzt.[214] Diese Entscheidung nennt wie viele andere das Wort „Gesundheitsschutz“ oder „Verbraucherschutz“ nicht. Allerdings erscheint hier der Bezug zur „Nahrungskette“. Interessant zu beobachten ist, daß ab dieser Entscheidung nicht mehr Franz Fischler als Kommissar für den Bereich „Landwirtschaft“ die Entscheidungen für die Kommission zeichnet, sondern David Byrne als Kommissar für den Bereich „Gesundheits- und Verbraucherschutz“.[215]

Die Verfahren zur Überwachung von BSE/TSE wurden mit einer Entscheidung im Juni 2000 ergänzt.[216] Die Testverfahren wurden präzisiert und es wurde eine Liste von Referenzlaboratorien festgelegt. In den Erwägungen berief sich die Kommission auf neue wissenschaftliche Erkenntnisse bezüglich der Testverfahren, welche in früheren Berichten genauer erörtert wurden.[217] Bei der Einrichtung der Testverfahren richtete sich die Kommission wiederum nach Empfehlungen des bereits erwähnten Internationalen Tierseuchenamtes (OIE).

Wie bereits oben erwähnt, wurde im Juni 2000, also knapp sechs Monate nach Inkrafttreten der mehrfach verschobenen Entscheidung über das Verbot der Nutzung von bestimmten Risikomaterialien[218], unter Aufhebung dieser veralteten Entscheidung, ein auf neue wissenschaftliche Erkenntnissen gestütztes Verbot von bestimmten Risikomaterialien erlassen. Rechtsgrundlagen waren die bekannten

---

212 Entscheidung 99/713/EG der Kommission vom 21.10.1999 (ABl. L 281 vom 4.11.1999, S. 90); Änderung der Entscheidung 98/653/EG, a.a.O..

213 Siehe oben zu den Export-Voraussetzungen für Nordirland.

214 Entscheidung 00/345/EG der Kommission vom 22.5.2000 (ABl. L 121 vom 23.5.2000, S. 9) für den Export zur Verbennung. Entscheidung 00/371/EG der Kommission vom 6.6.2000 (ABl. L 134 vom 7.6.2000, S. 34) und Entscheidung 00/372/EG der Kommission vom 6.6.2000 (ABl. L 134 vom 7.6.2000, S. 35) für den Export der Kampfbullen.

215 Vgl. dazu die Hintergründe der "BSE-Krise" in Kapitel 4 Abschnitt 1.1.

216 Entscheidung 00/374/EG der Kommission vom 5.6.2000 (ABl. L 135 vom 8.6.2000, S. 27).

217 Bericht der Kommission vom 8.7.1999, vgl. die Ziffer 3 der Erwägungsgründe in der Entscheidung 00/374/EG, a.a.O..

218 Vgl. oben Entscheidung 97/534/EG, a.a.O., die zuletzt mit Entscheidung 98/745/EG, a.a.O., zum 31.12.1999 in Kraft treten sollte.

veterinärrechtlichen Richtlinien, allerdings zum Teil in erneuerter Form.[219] Kern der Entscheidung war nach wie vor, daß spezifiziertes Risikomaterial unschädlich beseitigt werden mußte und nur zum Zweck der Verbrennung exportiert werden durfte.[220]

Die Liste des Risikomaterials wurde mit einer Entscheidung im Dezember 2000 entsprechend der Ergebnisse eines wissenschaftlichen Gutachtens erweitert.[221] Eine weitere Erweiterung geschah mit einer Entscheidung im Dezember 2000, da gewisse verarbeitete Proteine noch nicht erfaßt gewesen waren.[222]

Die im Zuge der BSE/TSE-Überwachung eingeführten Testverfahren wurden im November 2000 noch umfassender geregelt.[223] In diesem Zusammenhang wurden den Mitgliedstaaten nun ausführliche Tests in zwei Phasen von Rindern über 30 Monaten vorgeschrieben. Grund hierfür war eine entsprechende Aufforderung des Rates, die Tests u.a. auch auf über 30 Monate alte Rinder auszudehnen. Die Kommission wies aber in den Erwägungen ausdrücklich darauf hin, daß die Tests zu Beginn der Inkubationszeit dennoch negativ ausfallen könnten, weswegen die anderen Vorsichtsmaßnahmen weiterhin in Kraft bleiben sollten.[224] Diese Entscheidung wurde im Dezember 2000 nochmals leicht geändert und aktualisiert.[225]

Zugleich mit dieser Ausweitung der Überwachung ließ der Rat mit einer Entscheidung im Dezember 2000 ein umfassendes Verbot der Verfütterung von tierischen Proteinen an alle Nutztiere, die zur Nahrungsmittelproduktion dienen.[226] Ausnahmen bestehen u.a. für Fischmehl sowie Milchprodukte. Die Tierabfälle, welche damit nicht mehr als Futter weiterverarbeitet werden können, sind entsprechend zu beseitigen. Rechtsgrundlage waren veterinärrechtliche Richtlinien.[227]

---

219 Richtlinien 89/662/EWG und 90/425/EWG, beide zuletzt geändert durch Richtlinie 92/118, sind dieselben geblieben. Die Richtlinie 97/78/EG der Rates vom 26.6.1990 "zur Festlegung von Grundregeln für die Veterinärkontrollen von aus Drittländern in die Gemeinschaft eingeführten Erzeugnissen" wird nun anstatt der damaligen gleichlautenden Richtlinie 90/675/EWG vom 10.12.1990 verwendet.

220 Artikel 3 der Entscheidung 00/418/EG, a.a.O..

221 Entscheidung 01/002/EG der Kommission vom 27.12.2000 (ABl. L 1 vom 4.1.2001, S. 21).

222 Entscheidung 01/009/EG der Kommission vom 29.12.2000 (ABl. L 2 vom 5.1.2001, S. 28).

223 Entscheidung 00/764/EG der Kommission vom 29.11.2000 (ABl. L 305 vom 6.12.2000, S. 35). Vgl. die vorige Änderung im Juni 2000 durch die Entscheidung 00/374/EG, a.a.O..

224 Erwägung in Ziffer 4 der Entscheidung 00/764/EG, a.a.O..

225 Entscheidung 01/008/EG der Kommission vom 29.12.2000 (ABl. L 2 vom 5.1.2001, S. 28).

226 Entscheidung 00/766/EG des Rates vom 4.12.2000 (ABl. L 306 vom 7.12.2000, S. 32).

227 Richtlinie 90/425 des Rates vom 26.6.1990 zur Regelung der veterinärrechtlichen und tierzüchterischen Kontrollen im innergemeinschaftlichen Handel mit lebenden Tieren, sowie Richtlinie 97/78/EG der Rates vom 26.6.1990 zur Festlegung von Grundregeln für die Veterinärkontrollen von aus Drittländern in die Gemeinschaft eingeführten Erzeugnissen (vgl. Fußnote 219).

Grund für das Verbot war, daß in einigen Mitgliedstaaten nach wie vor Systemmängel bei der Kontrolle der vorhandenen Gemeinschaftsvorschriften festgestellt wurden. Obwohl Inspektionen festgestellt hätten, daß die geforderten sicheren Tiermehl-Verarbeitungsverfahren in der Industrie jetzt angewendet würden, sei nach wie vor eine Gefahr der Kreuzkontamination mit nicht sicher hergestelltem Tiermehl vorhanden. Der Rat war der Ansicht, daß deshalb alle Nutztiere von der Verfütterung ausgeschlossen werden sollten. Einige Mitgliedstaaten hatten deswegen zusätzliche Schutzmaßnahmen ergriffen. Die vorläufige Entscheidung sollte nach einer gemeinschaftsweiten Neubewertung der Umsetzung der Gemeinschaftsvorschriften überarbeitet werden. Dafür waren die Ergebnisse der von der Kommission erweiterten BSE/TSE-Überwachung maßgebend. Für das ausgeweitete Testprogramm hat die Gemeinschaft durch eine Entscheidung ebenfalls im November 2000 entsprechende Finanzhilfen für die Mitgliedstaaten bewilligt.[228] Rechtsgrundlage war eine Entscheidung des Rates über bestimmte Ausgaben im Veterinärbereich.[229]

Das Verbot war vorläufig bis zum 31.6.2001 in Kraft.[230] Eine weitere Verlängerung war absehbar.[231] Neben diesem vorläufigen Verbot wurden im Dezember 2000 bestimmte tierische Nebenerzeugnisse abschließend verboten, die künftig nicht mehr Bestandteil von Tierfutter sein dürfen.[232] Diese Verbote wurden aber schließlich durch eine umfassende Verordnung vom Mai 2001 ersetzt: Diese Verordnung enthält zusammengefaßte Vorschriften bezüglich der Verhütung, Kontrolle und Tilgung von TSE.[233] In deren Artikel 7 Abs. 1 wird zum Beispiel ein durch umfangreiche Anhänge definiertes Verfütterungsverbot festgeschrieben. Die Verordnung zeichnet sich vor allem dadurch aus, daß viele technische Details geregelt und damit den Mitgliedstaaten zur Durchführung vorgegeben werden. Im Vergleich zu den früheren Entscheidungen, die lediglich auf einzelne veterinärrechtlichen Richtlinien basierten, verbleiben den Mitgliedstaaten kaum mehr Umsetzungsspielräume.

---

228 Entscheidung 00/773/EG der Kommission vom 30.11.2000 (ABl. L 308 vom 8.12.2000, S. 35).

229 Entscheidung 90/424/EWG des Rates vom 26.6.1990 über bestimmte Ausgaben im Veterinärbereich, zuletzt geändert durch die Verordnung Nr. 1258/1999.

230 Artikel 4 der Entscheidung 2000/766/EG, a.a.O..

231 Vgl. das Arbeitspapier der Kommission SANCO/1531/2001, nach der das Verbot bis zum Inkrafttreten einer Verordnung über das Verbot bestimmter tierischer Nebenerzeugnisse für den menschlichen Verzehr (Verordnungsvorschlag KOM(2000)574) verlängert werden sollte.

232 Entscheidung 01/025/EG der Kommission vom 27.12.2000 (ABl. L 6 vom 11.1.2001, S. 16).

233 Verordnung (EG) Nr. 999/2001 des Europäischen Parlaments und des Rates vom 22.5.2001 mit Vorschriften zur Verhütung, Kontrolle und Tilgung bestimmter transmissibler spongiformer Enzephalopathien (ABl. L 147 vom 31.5.2001, S. 1).

Diese Verordnung (EG) Nr. 999/2001 wurde zwischenzeitlich durch zwei weitere Verordnungen geändert.[234] Hierin wurden zum Teil die technischen und sachlichen Details in den Anhängen der Verordnung geändert. Die erste Änderungsverordnung hob weiter „der Klarheit halber“ zwei frühere Entscheidungen, welche ebenfalls die Überwachung und Kontrolle von BSE zum Gegenstand hatten, auf.[235] Tatsächlich war nach Inkrafttreten der TSE-Verordnung nicht ganz klar, welche der früheren Entscheidungen durch die Verordnung ersetzt wurden und welche Entscheidungen weiterhin neben der Verordnung ihre Gültigkeit behalten sollten. Die zweite Änderungsverordnung enthielt weitere derartige Klarstellungen.[236] Weiter hat die Kommission Änderungen der Anhänge der Verordnung in Bezug auf die spezifischen Risikomaterialien und die Überwachung vorgenommen.[237] Hierzu war sie in Artikel 23 f. der Verordnung (EG) Nr. 999/2001 ermächtigt worden.

Diese gemeinschaftliche Rechtssetzungstätigkeit ist zum gegenwärtigen Zeitpunkt wohl noch nicht abgeschlossen. Insbesondere scheint der Streit zwischen der Gemeinschaft und Frankreich bezüglich des Embargos von britischem Rindfleisch anzudauern. Nach einer Pressemitteilung der Kommission hat Frankreich bislang noch keine Maßnahmen ergriffen, die die durch das Urteil des EuGH festgestellten Vertragsverletzungen beenden.[238] Die Kommission hat deshalb ein weiteres Mahnschreiben an Frankreich gesandt. Sofern Frankreich weiter gegen Gemeinschaftsrecht verstößt, könnte die Kommission erneut den EuGH anrufen und ein Zwangsgeld verhängen lassen.

Die hier dargestellten Maßnahmen sind umfangreich und zum Teil technisch sehr detailliert. Sie stellen das Resultat gemeinschaftsrechtlicher Kompetenzen dar und bilden im vorliegenden Rahmen einen konkreten Ansatzpunkt für die Untersuchung der Kompetenzen der Europäischen Gemeinschaft. Nach einer im folgenden Abschnitt vorgenommenen Systematisierung der Regelungen wird zu fragen sein, welche Kompetenzen zu einem solchen Maßnahmenkatalog führen können und welche rechtlichen Probleme hierbei zu bewältigen sind.

---

234 Verordnung (EG) Nr. 1248/2001 (ABl. L 173 vom 27.6.2001, S. 12) und Verordnung (EG) Nr. 1326/2001 (ABl. L 177 vom 30.6.2001, S. 60).

235 Vgl. Art. 2 der Verordnung (EG) Nr. 1248/2001, a.a.O., sowie 15. Begründungserwägung, nach denen die o.g. Entscheidungen 98/272/EG und 00/764/EG, a.a.O., aufgehoben werden.

236 Vgl. Art 2 der Verordnung (EG) Nr. 1326/2001, a.a.O., und sämtliche Begründungserwägungen.

237 Verordnung (EG) Nr. 270/2002 der Kommission vom 14.2.2002 (ABl. L 45 vom 15.2.2002, S. 4).

238 Pressemitteilung der Europäischen Kommission vom 20.3.2002 (Dokument Nr. IP/02/446).

1.2.2 Systematisierung

Die Maßnahmen lassen sich von ihrer Zielrichtung her wie folgt einteilen:

- Handelsbeschränkungen und -verbote bezüglich lebenden Rindern, von Rindfleisch und von sonstigen Rinderprodukten
- Produktionsvorschriften über die Herstellung und Gebrauch von Tiermehl bzw. Tierproteinen als Futtermittel
- Vermarktungsvorschriften
- Überwachungsvorschriften

1.2.2.1 Handelsbeschränkungen

Handelsbeschränkungen machen den Großteil der über 60 Einzelfallmaßnahmen aus. Diese erstrecken sich auf eine detaillierte Bandbreite von Rinderprodukten sowie auf das Vieh selbst.

Insgesamt wurden zwei umfassende Exportverbote erlassen, die alles, was Rind ist oder vom Rind stammt, betreffen. Den Exportverboten gegenüber dem Vereinigten Königreich kam die Funktion eines Präzedenzfalles zu, da bisher noch nie eine Maßnahme mit einem solchen Umfang getroffen worden war. Die Erwägungsgründe der beiden Verbote waren allerdings grundsätzlich verschieden. Im früheren Verbot kam vor allem die Unsicherheit der wissenschaftlichen Lage zum Ausdruck, indem alle vorherigen europäischen Maßnahmen als auch die des Vereinigten Königreichs „bis zur Prüfung der Gesamtlage" durch das Verbot verdrängt wurden.[239]

Das Verbot gegen Portugal dagegen gründete auf die mangelnde Umsetzung von bereits vorhandenen europäischen Vorsichtsmaßnahmen durch Portugal. Nachkontrollen hatten ergeben, daß immer noch „Unzulänglichkeiten im Management der Risikofaktoren" fortbestanden.[240]

Bereits seit 1990 gab es gemeinschaftliche Exportverbote für lebende Rinder sowie für Rindfleischprodukte. Die Erwägungen für das Verbot des Exports von lebenden Rindern beriefen sich auf die Notwendigkeit, das Ausbreiten der Seuche

---

239 Artikel 1 der Entscheidung 96/239/EG, a.a.O., lautet: „In Erwartung einer Gesamtlageprüfung und unbeschadet der zum Schutz gegen BSE erlassenen gemeinschaftlichen Rechtsvorschriften wird der Versand ... untersagt."

240 Erwägungsgrund 3 der Entscheidung 98/653/EG, a.a.O..

zu verhindern.[241] Es ging also darum, Tiere, die den Erreger verbreiten könnten, zu isolieren. Anders war dies in Bezug auf Rindfleisch. Hier ging es um das Problem der möglichen Übertragbarkeit auf den Menschen durch die Nahrungskette.[242]

Es sei ergänzend vermerkt, daß neben den aufgeführten gesundheitsbezogenen Maßnahmen auch rein markttechnische Maßnahmen erlassen wurden. So hatten die entsprechenden Befürchtungen der Verbraucher Einbrüche des Rindfleischmarktes bewirkt. Die BSE-Krise hatte einen Rückgang des Rindfleischverbrauchs um 7,4% im Jahre 1996 verursacht. Die gemeinschaftlichen Maßnahmen umfaßten deshalb z.B. auch agrarrechtliche Stützkaufmaßnahmen. [243]

1.2.2.2 Produktionsvorschriften

Produktionsvorschriften wurden im Hinblick auf mehrere Produkte erlassen. Zunächst wurden im Rahmen der Handelsbeschränkungen nur solche Rinderprodukte zugelassen, die nach gewissen Vorschriften geschlachtet und verarbeitet wurden. Das galt für die getrennte Schlachtung von Risikotieren[244], als auch für den Versand von Rinderprodukten. Bei letzteren wurde anfänglich lediglich zwischen entbeintem und nicht-entbeintem Rindfleisch unterschieden.[245] Ab 1994 war dann eine wissenschaftlich erarbeitete Liste von bestimmten Risikomaterialien („SRM“) vorhanden.[246] Eine entsprechende Beschränkung wurde allerdings lange Zeit nicht in Kraft gesetzt.

Diese Beispiele zeigen, daß Handelsbeschränkungen mitunter nicht klar von reinen Produktionsvorschriften trennbar sind. Die Entwicklung zeigt aber, daß sich die Formulierungen verändern. Anfänglich gab es eher als Handelsvorschriften formulierte, später dann eher als Produktionsvorschriften formulierte Entschei-

---

241 So z.B. in den Erwägungen der Entscheidungen 90/59/EWG, 90/200/EWG, 92/290/EWG, (a.a.O.), u.v.a.. Beispielhaft ist die Formulierung in letzterer Entscheidung: „eine Gefahr für die Rinderbestände der anderen Mitgliedstaaten“.

242 So z.B. in den Erwägungen der Entscheidungen 90/200/EWG: „... um für den Verbaucher auch minimale Risiken zu vermeiden...“ oder 96/239/EG: „...Übertragbarkeit von BSE auf den Menschen“ und „...bei den Verbrauchern erhebliche Besorgnisse“ oder 97/534/EG: „...Risiko einer Übertragung auf den Menschen...“.

243 Vgl. die Information der Europäischen Kommission über die Reform der GAP, im Internet abrufbar unter "http://www.europa.eu.int/comm/agriculture/markets/beef/index_de.htm". (dort S. 9).

244 Entscheidungen 90/200/EWG sowie 94/474/EWG.

245 Entscheidungen 90/261/EWG, 94/474/EWG. Zusätzlich wurde allerdings bald erkannt, daß auch Rinder-Embryonen gefährlich waren, vgl. Entscheidung 92/290/EWG.

246 Vgl. Entscheidung 97/534/EG, a.a.O., die nachfolgend durch 00/418/EG, a.a.O., und schließlich durch die Verordnung Nr. 999/2000 i.V.m. der Änderungsverordnung Nr. 1326/2001, vgl. oben, ersetzt worden ist.

dungen.[247] Die anfänglich sich nur als faktische Folge aus den spezifischen Exportverboten ergebenden Beschränkungen der Produktion wurden nach und nach zu direkten Regelungen zur Herstellung, z.B. bei der Herstellung von Tiermehl[248] oder der Absonderung von Risikogewebe[249].

1.2.2.3 Vermarktungsvorschriften

Die Europäische Gemeinschaft erließ eine Verordnung zur Einführung eines Systems zur Kennzeichnung und Registrierung von Rindern und zur Etikettierung von Rindfleisch und Rindfleischerzeugnissen.[250] Hauptgrund für die Regelung war, den durch die BSE-Krise angeschlagenen Rinder- und Rindfleischmarkt transparenter zu gestalten und damit das Vertrauen der Konsumenten wieder herzustellen. Die Verordnung enthielt aber auch produktionstechnische Regelungen. Typisch für diese Mischvorschriften ist auch das vom Rat am 4.12.2000 erlassene umfassende Verbot der Verfütterung von Tiermehl an alle Nutztiere[251], welches das schon seit 1994 vorhandene Verbot der Verfütterung an alle Wiederkäuer verschärfte.[252] Damit wurde sowohl die Vermarktung von Tierfutter erfaßt, die Regelung betrifft letztlich aber auch die „Herstellung" von Rindfleisch.

1.2.2.4 Überwachungsvorschriften

Die für die Entscheidungen herangezogenen veterinärrechlichen Rechtsgrundlagen verpflichten die Mitgliedstaaten, potentielle Seuchenherde der Kommission anzuzeigen und die notwendigen Maßnahmen selbst zu erlassen. Die Kommission ist im Gegenzug berechtigt, notwendige Maßnahmen zu erlassen.[253] Die inhaltliche Entwicklung der BSE-Maßnahmen zeigt weiter, daß die Gemeinschaft angesichts der BSE-Problematik immer mehr dazu überging, wesentliche Eckpunkte

---

247 Z.B. Artikel 2 bzw. 3 der Entscheidungen 90/200/EWG, 94/474/EG: „Das Vereinigte Königreich darf ... nicht versenden: ...", über Artikel 4 Abs. 1 der Entscheidung 98/256/EG: „Versendung...genehmigen von ..., soweit ... hergestellt wurden." (Der Handel wird vom Herstellungszweck der Rinderprodukte abhängig gemacht.), bis zu Artikel 2 und 3 der Entscheidung 97/534/EG: „Die Verwendung ... ist verboten." und Artikel 3 der Entscheidung 2000/418/EG: „...entfernt und unschädlich beseitigt wird." und „... nur zur Verbrennung versendet werden."

248 Entscheidungen 94/381/EG, 94/382/EG, 95/29/EG, u.v.a. bis zu den heute gültigen 01/9/EG und 01/25/EG.

249 Vgl. Entscheidungen 97/534/EG, durch 2000/418/EG ersetzt wurde.

250 Verordnung (EG) Nr. 820/97 (ABl. L 322 vom 25.11.1997, S. 25).

251 Entscheidung 2000/766/EG.

252 Vgl. Entscheidung 94/381/EG.

253 Art. 10 der Richtlinie 90/425/EWG, Art. 9 der Richtlinie 89/662/EWG, a.a.O.. Vgl. Kapitel 2 Abschnitt 2.2.

selbst zu diktieren, anstatt diese der selbständigen Durchführung der Mitgliedstaaten zu überlassen. Den Abschluß dieser Entwicklung markiert eine umfassende Verordnung, die einige Entscheidungen zusammenfaßt, ohne jedoch auf deren urspüngliche Rechtsgrundlagen (die erwähnten veterinärrechtlichen Richtlinien) zu beruhen.[254] Stattdessen stützte sich die Verordnung nunmehr direkt auf den EG-Vertrag, nämlich den neuen Art. 152 Abs. 4 lit. b EG.

Mit der Verordnung wurde unter anderem das Überwachungsnetz über den BSE-Status der Mitgliedstaaten weiter formalisiert. Man könnte von einem gemeinschaftseigenen Überwachungssystem sprechen. Im Gegensatz zum vorherigen Überwachungszustand in der Gemeinschaft werden den Mitgliedstaaten nunmehr die Modalitäten der Überwachung diktiert. Da diese Verordnung auf der Rechtsgrundlage des neuen Art. 152 Abs. 4 lit. b EG beruht, liegt auf der Hand, daß der Regelungszweck der Verordnung nicht ausschließlich Probleme der Tiergesundheit und die damit verbundenen wirtschaftlichen Regelungserfordernisse umfaßt. Stattdessen handelt es sich um ein dem Gesundheitsschutz des Menschen dienendes System auf gemeinschaftlicher Ebene.

1.2.3 Folgerung

Es sind viele und tiefgreifende Auswirkungen der gemeinschaftlichen Maßnahmen auf das innerstaatliche Leben der einzelnen Mitgliedstaaten zu beobachten. Das sieht man nicht nur an den zwei umfassenden Exportverboten, sondern an der Vielzahl von Detailregelungen. Wie das Beispiel Frankreichs und Portugals zeigt, kann neben den gerichtlichen Möglichkeit (z.B. das Vertragsverletzungsverfahren gegen Frankreich) auch eine stärkere Schutzmaßnahme einen Mitgliedstaat zwingen, die gemeinschaftlichen Vorschriften einzuhalten (z.B. das Exportverbot gegen Portugal, weil das Land die Gemeinschaftsmaßnahmen nicht ausreichend umgesetzt hatte).

Weiter ist zu beobachten, daß neben dem Zweck der veterinärrechtlichen Harmonisierung im Laufe der Zeit immer mehr der Schutz der Gesundheit des Verbrauchers in den Vordergrund rückte. Die neueste Verordnung (EG) Nr. 999/2001 führt konkret zu der Frage, in welchem Umfang solche Regelungen zugunsten des Gesundheitsschutz des Menschen erlassen werden dürfen. Die inhaltliche Verlagerung - weg von Fragen der Tiergesundheit und den damit verbundenen wirtschaftlichen Grundlagen - auf den Gesundheitsschutz des Menschen, sowie der Regelungsgehalt der gemeinschaftlichen Maßnahmen beeinflußt nicht nur das innerstaatliche Wirtschaftsleben, sondern auch die nationalstaatlichen Regelungsspielräume.

---

254 Vgl. Art. 4 der Verordnung (EG) Nr. 999/2001, a.a.O..

Sowohl die als Einzelentscheidungen getroffenen Maßnahmen als auch die neueren Verordnungen können daher nicht nur als wirtschaftliche „Harmonisierungsmaßnahmen", sondern speziell als gesundheitliche „Schutzmaßnahmen" betrachtet werden.

2. Gesundheitsschutz im EG-Vertrag

Die Kompetenzen der Europäischen Gemeinschaft für Maßnahmen zum Gesundheitsschutz müssen aus den Artikeln des EG-Vertrages ermittelt werden, die im dritten Teil des Vertrages mit dem Titel „Politiken der Gemeinschaft" stehen. Es muß zunächst aber geklärt werden, was unter einer „Kompetenz" zu verstehen ist. Sodann sind als erste Anhaltspunkte die Artikel des EG-Vertrags auf das Schlagwort „Gesundheitsschutz" hin zu untersuchen.

2.1 Rechtsnatur der Kompetenzen

Nach Art. 5 Abs. 1 EG (früher Art. 3 b Abs. 1 EGV) wird die Gemeinschaft innerhalb der ihr im Vertrag zugewiesenen „Befugnisse" tätig. Das wird als Prinzip der begrenzten Einzelzuständigkeit oder Einzelermächtigung verstanden.[255] In der Literatur wird insofern festgestellt, es gäbe für die Gemeinschaft keine „Kompetenz-Kompetenz"[256] in dem Sinne, daß sie sich neue Aufgabenbereiche und/oder neue Handlungsermächtigungen schaffen könnte. Hinsichtlich des konkreten Umfangs der einzeln zugeteilten Handlungsmacht meinen aber z.B. Gündisch/Mathijsen, daß dieser Grundsatz „schwer handhabbar" sei.[257] Es stellt sich daher sich allgemein die Frage, in welchem Umfang jeweils eine „Befugnis", „Zuständigkeit" oder „Kompetenz" der Gemeinschaft zusteht.

2.1.1 Problem des Kompetenzbegriffs

Der Begriff „Kompetenz" ist nach Creifelds „ein in der Gesetzessprache kaum noch vorkommender zusammenfassender Begriff für die Aufgaben und Befugnisse eines Verwaltungsorgans".[258] Vielfach werde der Begriff gleichbedeutend mit Zuständigkeit gebraucht, z.B. Gesetzgebungskompetenz im Sinne einer Aufteilung der Zuständigkeit zur Gesetzgebung.[259] Damit ist aber nicht die eigentliche Bedeutung des Kompetenzbegriffs definiert worden.

---

255 **Gündisch/Mathijisen**, S. 113.
256 **Oppermann**, Rdnr. 905 sowie Rdnr. 513.
257 So **Gündisch/Mathijsen**, S. 115.
258 **Creifelds**, S. 769.
259 **Creifelds**, S. 769.

Als Kompetenz im Gemeinschaftsrecht könnte man „die den Gemeinschaftsorganen zugeteilte Handlungsmacht, in Verfolgung der durch die Gemeinschaftsverträge zugewiesenen Aufgaben, hoheitliche Akte festgelegter und genau bezeichneter Art zu setzen“ verstehen.[260] Mit dieser Definition wird einerseits zwischen einer Aufgabenzuweisung und der Einräumung einer konkreten Handlungsmacht an einzelne Organe getrennt. Andererseits werden die im Vertrag vorhandenen Begrenzungen der Kompetenzen der Mitgliedstaaten wie z.B. bei den „Grundfreiheiten“, nicht mit erfaßt.[261]

Pechstein geht hinsichtlich des Kompetenzbegriffs von zwei Betrachtungsweisen aus. Die eine sei die Frage der Qualität der Handlungsmöglichkeit als „können“ oder als „dürfen“. Die andere sei die Frage der Unterscheidung zwischen „Zuständigkeit“ und „Kompetenz“.[262] Für eine Untersuchung der Kompetenzen der Gemeinschaft besteht aber schon das Problem, daß der EG-Vertrag nirgends den Begriff „Kompetenz“ enthält, sondern nur von „Befugnissen“ und „Zuständigkeiten“ spricht, vgl. Art. 5 Abs. 1 und 2 EG. Dessen ungeachtet wird in der deutschen Literatur von „Kompetenzen“, „Kompetenznormen“, „Befugnissen“, „Aufgaben“ sowie von „Kompetenzgrundlagen“ gesprochen.[263] Hinsichtlich der konkreten Zuteilung einer derart bezeichneten Handlungsmacht wird dann von „Sachgebieten im Anwendungsbereich“ oder „materiellen Voraussetzungen“ gesprochen.[264] Steindorff weist zudem auf die Rechtsprechung des EuGH hin, die von Zuständigkeiten der Mitgliedstaaten spreche und damit Aufgaben und Befugnisse der Gemeinschaft verneine, und fügt wohl nicht ohne leisen Humor an: „Wir könnten von einem Durcheinander der Terminologie sprechen.“[265] Sein Werk ist im übrigen mit „Grenzen der EG-Kompetenzen“ betitelt.

Die staatsrechtstheoretischen Probleme des Kompetenzbegriffs seien hier nicht eigens dargestellt, da das ohne weiteres den gegebenen Rahmen sprengen würde.[266] Statt dessen soll hier lediglich die Begriffsverwendung gewissermaßen als Axiom für den weiteren Gang der Untersuchung geklärt werden.

---

260 So die Ausgangsdefinition bei **Berg**, S. 377.
261 **Berg**, S. 378.
262 **Pechstein**, S. 24 f..
263 *Hatje*, in: **Schwarze**, Art. 2 EGV, Rdnr. 7. *Lienbacher*, in: **Schwarze**, Art. 5 EGV, Rdnr. 1. *Ukrow*, in: **Calliess/Ruffert**, Art. 2 EGV, Rdnr. 26. *Callies*, in: **Calliess/Ruffert**, Art. 5 EGV, Rdnr. 9.
264 Vgl. die jeweilige „Übersicht“ bei *Herrnfeld*, in: **Schwarze**, Art. 95 EGV, und *Kahl*, in: **Calliess/Rufert**, Art. 95 EGV.
265 **Steindorff**, S. 19.
266 Vgl. einen Überblick bei **Pechstein**, S. 23-30.

Als Kompetenz soll hier das grundsätzliche „Können“ der Gemeinschaft verstanden werden, das sich aus dem sachlichen Inhalt einer vertraglichen Norm ergibt. Insofern kann jede einzelne Norm eine oder mehrere Kompetenzen enthalten.

Als Zuständigkeit sei hier das „Dürfen“ der Gemeinschaft im Sinne eines Nutzungsverhältnisses für die Ausübung einer gegebenen Kompetenz gegenüber den anderen Kompetenzträgern, nämlich den Mitgliedstaaten, verstanden. In diesem Sinne macht im Übrigen eine Diskussion um „ausschließliche Kompetenzen“[267] wenig Sinn.[268]

Die so definierte Zuständigkeit kann in vertikale Aspekte und horizontale Aspekte unterschieden werden. Vertikal ist die Frage zu beachten, wann die Gemeinschaft im Verhältnis zu den Kompetenzen der Mitgliedstaaten ihr „Können“ ausüben darf. Horizontal ist die Frage zu beachten, welches Organ der Gemeinschaft die gegebene Kompetenz ausüben darf. Die horizontale Zuständigkeitsfrage ist allerdings besser in Zusammenhang zu stellen mit dem Problem der „Konkurrenz“ mehrerer Kompetenznormen: Es geht hierbei um die Frage, wann eine gegebene gemeinschaftliche Kompetenz im Verhältnis zu einer anderen gegebenen gemeinschaftlichen Kompetenz herangezogen werden darf. Da unter Umständen verschiedene Erlaßverfahren vorgesehen sind, wird um diese Konkurrenzfrage regelmäßig nur dann gestritten, wenn verschiedene Organe der Gemeinschaft für den Erlaß einer Maßnahme horizontal zuständig sind. Damit bleibt für den Begriff „Zuständigkeit“ lediglich das Verhältnis zwischen der Gemeinschaft und den Mitgliedstaaten übrig.

2.1.2 Zuweisung einer Kompetenz

2.1.2.1 Zuweisung von Sachgebieten

In der Literatur gibt es verschiedenartige Erläuterungen zur Natur der gemeinschaftlichen Kompetenzen. Inhaltlich könne zwischen Grundsatznormen und sachgebietsbezogenen Vertragsvorschriften unterschieden werden.[269] Die Grundsatznormen sollen die allgemeinen Zielsetzungen der Gemeinschaft (Art. 2 EG), die daraus abgeleiteten grundsätzlichen Aufgaben (Art. 3 EG) und grundsätzlichen Prinzipien (Art. 10, 12 EG) umfassen, während andere Vorschriften die

---

267 Z.B. **Emmert**, S. 171.

268 So im Ergebnis auch **Pechstein**, S. 26, der allerdings grundsätzlich die Verwendung des Kompetenz-Begriffs ablehnt und als Konsequenz, S. 42, von einer „Dürfens-Abstufung“ ausgeht, die „selektiv und stufenweise“ zu erörtern sei.

269 **Oppermann**, Rdnr. 477 f..

„Grundsätze" der „gemeinschaftlichen Aktionen" regeln und somit insbesondere die Gemeinschaftskompetenz von den „insoweit weiterbestehenden mitgliedstaatlichen Zuständigkeiten" [270] abgrenzen. Es wird auch vertreten, daß im Recht der Verträge in weiten Teilen keine „substantiellen", sondern „funktionelle" Kompetenzzuweisungen enthalten sind.[271] So umfassen z.B. die Vorschriften zur Harmonisierung des freien Warenverkehrs alle möglichen Rohstoffe und Produkte und der freie Personenverkehr völlig verschiedene Berufssparten. Dabei seien dennoch Kompetenzen nicht „dinglich" übertragen worden.[272] Für eine Klärung des Umfangs der Handlungsmacht hilft die Deutung als „funktionelle" Kompetenz allein leider nicht.

Die hier verwendete Begrifflichkeit erfordert, daß ein sachlicher Umfang der Kompetenzen ermittelt werden muß. Der sachliche Umfang der Kompetenzen der Europäischen Gemeinschaft ist im EG-Vertrag offenbar anders gefaßt als im Rahmen der Verfassungen der Mitgliedstaaten.[273]

Es ist allerdings nicht ersichtlich, warum das oben erwähnte Beispiel des freien Warenverkehrs nicht als ein Sachbereich auf europäischer Ebene zu verstehen ist, der mehrere einzelne Sachbereiche auf der nationalen Ebene der Mitgliedstaaten berührt. Eine mit Rücksicht auf die Aufgabe und politische Funktion der Gemeinschaft stattfindende sachliche Kompetenzzuweisung muß im Vertrag vorhanden sein. Der Begriff „sachlich-funktionale Kompetenz" wäre adäquat, um eben diese andersartige Sachbereichszuweisung zu beschreiben. Die Handlungsmacht ist zum einen am „sachlichen" Ziel der Ermächtigungsnorm orientiert. Zum anderen ist die Handlungsmacht „funktional" zugewiesen. Der Begriff „funktional" wird in der Literatur zum Teil verwendet, um z.B. den Anwendungsbereich des Art. 94 und 95 EG zu beschreiben.[274] „Funktional" ist aber z.B. auch eine interne Geschäftsverteilung, die nach außen keine Auswirkungen hat. Der Begriff „sachlich-funktional" soll kennzeichnen, daß die sachlich andersartigen gemeinschaftlichen Kompetenzen neben den grundsätzlich weiter bestehen Kompetenzen der Mitgliedstaaten exisitieren. Die Mitgliedstaaten haben ihre eigenen Kompetenzen eben nicht „dinglich" übertragen.

Bezogen auf das obige Beispiel der Kompetenzen zur Rechtsangleichung bezüglich des Waren- und Personenverkehrs nach Art. 95 EG (früher 100a EGV) bedeutet das, daß alle Angelegenheiten des grenzüberschreitenden Waren- und Per-

---

[270] **Oppermann**, Rdnr. 478.
[271] **Berg**, S. 391 f..
[272] So **Berg**, S. 388, Fn. 72, mit Verweis auf verschiedene Theorien der Kompetenzausstattung.
[273] **Isensee**, S. 356.
[274] *Herrnfeld*, in: **Schwarze**, Art. 95 EGV, Rdnr. 4. *Kahl*, in: **Calliess/Ruffert**, Art. 94 EGV, Rdnr. 2.

sonenverkehrs sachlich-funktional der Gemeinschaft zugeordnet sind und damit eine „Kompetenz“ der Gemeinschaft besteht. Die Mitgliedstaaten haben grundsätzlich aber weiterhin eine Kompetenz in allen ihnen durch ihre Verfassung zugewiesenen Sachbereichen, auch wenn sie diese unter Umständen im Verhältnis zu der Europäischen Gemeinschaft innerhalb des sachlich-funktionalen Kompetenzbereichs von Art. 95 EG nicht mehr ausüben dürfen. Letzteres ist muß als eine von der grundsätzlichen Kompetenz getrennt zu betrachtende Frage der Zuständigkeitsverteilung behandelt werden.

Erst die Zuständigkeitsverteilung im vertikalen Sinne zwischen den Mitgliedstaaten und der Gemeinschaft[275] bestimmt, wann die Gemeinschaft die ihr gegebenen Kompetenzen im Verhältnis zu den Mitgliedstaaten ausüben darf und vice versa. Auf diese Zuständigkeitsverteilung ist sogleich genauer einzugehen.

2.1.2.2 Zuständigkeitsproblematik

Die Zuständigkeit behandelt im Sinne der zuvor dargelegten Grundannahmen die Frage, wann die Gemeinschaft im Verhältnis zu den Mitgliedstaaten handeln darf. Diese Problematik betrifft vor allem das Subsidiaritätsprinzip[276] und die hieran oftmals begründete Einteilung von „ausschließlichen“, „konkurrierenden“ und „parallelen“ Zuständigkeiten.[277] Die Frage, ob die Gemeinschaft eine Kompetenz für den betreffenden Sachbereich hat, muß hierfür aber bereits grundsätzlich geklärt sein. Damit kann Pechstein zugestimmt werden, nach dem der Begriff „ausschließliche Kompetenz“ wenig Sinn macht.[278] Entweder hat ein Subjekt die Kompetenz oder es hat sie nicht. Demgegenüber ist der Begriff „ausschließliche Zuständigkeit“ sinnvoll verwendbar, denn damit wird geklärt, unter welchen Voraussetzungen und in welchem Verhältnis zueinander mehrere kompetente Subjekte ihre Handlungsmacht nutzen dürfen.

Mit Einfügung des Subsidiaritätsprinzips durch den Vertrag von Maastricht in Art. 3 b Abs. 2 EGV (heute 5 Abs. 2 EG) wurde versucht, ein Regelungsprinzip zur Begrenzung der Gemeinschaftskompetenzen im Verhältnis zu den Mitglied-

---

275 Eine "horizontale Zuständigkeit" könnte in diesem Sinne allenfalls zwischen den drei europäischen Gemeinschaften EG, KS, und AG verteilt werden und spielt im Rahmen dieser Arbeit keine Rolle. Nicht zu verwechseln ist das dargestellte Modell mit den „horizontalen Aufgabenverteilungen“ zwischen den Organen der Gemeinschaft.

276 **Schima**, S. 13 ff., spricht von einer "Zuständigkeitszuweisung" bzw. "Zuständigkeitsausübungsregel". **Isensee**, S. 356, geht noch weiter und hält es grundsätzlich für "folgerichtig, dem Subsidiaritätsprinzip allein Relevanz für die Kompetenzausübung, nicht aber für die Kompetenzverteilung zuzuerkennen."

277 Für den Gesundheitsschutz wurde dies bereits ausführlich untersucht, vgl. **Von Dürckheim**, S. 1 ff..

278 **Pechstein**, S. 26.

staaten zu finden.[279] Mangels Nennung dieser Begriffe außerhalb des Art. 5 Abs. 2 EG und der deshalb nicht möglichen eindeutigen Aufgabenteilung innerhalb eines Sachbereiches - wie beispielsweise in Art. 72 -75 GG - muß eine solche Einteilung aus dem Gesamtzusammenhang des Vertrages abgeleitet werden. Insofern kann festgestellt werden, daß die Wahrnehmung der Gemeinschaftskompetenzen durch eine Zuständigkeitsbegrenzung durch das Subsidiaritätsprinzip noch komplizierter geworden ist.[280]

Nach den Vorschlägen der Kommission werden sowohl die Agrarpolitik als auch die Binnenmarktpolitik als ausschließliche Kompetenz angesehen.[281] Das wird in der Literatur abgelehnt: „Der Ausdruck 'ausschließliche Zuständigkeit' sollte restriktiv verstanden werden und die Agrar-, Binnenmarkt- und Wettbewerbspolitik nicht einbeziehen."[282]

Grund für die Ansicht der Kommission ist deren spezifische Rechtssystematik, nach der sie zwei Dinge unterscheidet: Ein funktionales Element, das der Gemeinschaft die alleinige Handlungsverantwortung zuteilt, und ein materielles Element, nach dem die Mitgliedstaaten das Recht, einseitig zu handeln, dann verlieren, wenn die Gemeinschaft aufgrund einer Kompetenz beschlossen hat, eine abschließende Regelung zu schaffen.[283] Die bunte Mischung an Ansichten zu diesem Themenbereich ist nur durch ein unterschiedliches rechtssystematisches Verständnis des Kompetenz- bzw. Zuständigkeitsbegriffes erklärbar. Insofern hilft es hier nicht weiter, auf spezifische einzelne Ansichten einzugehen.[284]

Die Untersuchung wird sich aber im konkreten Einzelfall des Konflikts von BSE-Schutzmaßnahmen mit mitgliedstaatlichen Maßnahmen teilweise mit diesem Zuständigkeitsproblem befassen müssen. Für die Untersuchung soll daher unter den Begriff der Zuständigkeit im engeren Sinne nur das Verhältnis der Kompetenzausübung zwischen Mitgliedstaaten und Gemeinschaft gefaßt werden.

2.1.2.3 Problem der Unterscheidung zwischen Konkurrenz und Kompetenz

Die Frage, wie die gemeinschaftsrechtlichen Kompetenznormen im Verhältnis zueinander abgegrenzt werden müssen, ist ein besonders vielschichtiges und un-

---

279 **Gündisch/Mathijsen**, S. 119.

280 **Oppermann**, Rdnr. 514. **Gündisch/Mathijsen**, S. 116ff. (S. 120). **Emmert**, S. 171.

281 Übersicht bei **Winter**, EuR 1996, S. 247 (256).

282 **Winter**, EuR 1996, S. 247 (269).

283 Vgl. *Calliess*, in: **Calliess/Ruffert**, Art. 5 EGV, Rdnr. 22, der diese Hinweise als „nur teilweise weiterführend" bezeichnet.

284 Vgl. eine Übersicht bei *Calliess*, in: **Calliess/Ruffert**, Art. 5 EGV, Rdnr. 23.

gelöstes Problem.[285] Diese vielleicht etwas theoretische Frage erlangt erhebliche praktische Bedeutung, wenn unterschiedliche Erlaßverfahren vorgesehen sind und der Modus der Beschlußfassung, vom einfachen Ratsbeschluß bis zum Mitentscheidungsverfahren, betroffen ist. Die Entscheidung über die richtige Rechtsgrundlage bedeutet dann jeweils auch eine Entscheidung über Demokratie und Machtverteilung in der Gemeinschaft.

Aus letzterer Überlegung heraus scheint es sich eher um ein in den Gang der Untersuchung bei der Durchführung des Gesundheitsschutzes einzuordnendes Problem zu handeln. Aber auch die Darstellung allein als Problem der Wahl der Rechtsgrundlage, was der erste Schritt im Rahmen Durchführung einer gesundheitsschützenden Maßnahme wäre, ist problematisch. Der EuGH hat die Wahl der Rechtsgrundlage von „objektiven, gerichtlich nachprüfbaren" Kriterien abhängig gemacht.[286] Klare Konkurrenzregeln wendet der Gerichtshof nur selten an. Statt dessen stellt der EuGH meist „Kompetenznormüberschreitungen auf Tatbestandsebene" fest.[287] Das bedeutet also, daß nur die eine oder die andere Kompetenznorm einschlägig sein soll. In diesem Fall wären keine Überschneidungen, die einer Konkurrenzregel bedürften, vorhanden.

Auch in der Literatur wird die Wahl der Rechtsgrundlage gelegentlich im Rahmen der Darstellung des Sachbereichs einer Kompetenz abgehandelt.[288] Andererseits wird die Prüfung zum Teil auch unter „Kompetenzabgrenzungen" durchgeführt, was den hier definierten „Konkurrenzen" nahekommt. In diesem Bereich werden die Begriffe der Subsidiarität und der Spezialität verwendet.[289] Oppermann allerdings meint zum Verhältnis von spezielleren zu allgemeineren Rechtsvorschriften, daß es sich nicht um „Spezialregelungen im üblichen Sinne" handele, da immer noch die allgemeinen Regelungen hinzutreten könnten, wenn die speziellen Regeln zur Sicherung der Funktionsfähigkeit des Gemeinsamen Marktes nicht ausreichen.[290]

---

285 Die Abgrenzungsansätze sind nach **Breier**, EuR 1995, S. 46, „facettenreich und kaum mehr überschaubar".

286 Ständige Rechtsprechung. Z.B. EuGH Rs. C-42/97, Slg. 1999, S. I-849, Rdnr. 36. EugH Rs.C-233/94, Slg. 1997, Slg. I-2405, Rdnr. 12. EuGH Rs. C-300/89 „Titandioxid", Slg. 1991, S. I-2867, Rdnr. 10. EuGH Rs. C-155/91, Slg. 1993, S. I-939, Rdnr. 7. EuGH Rs. 187/93, Slg. 1994, S. I-2857, Rdnr. 17.

287 So die Folgerung von **Nettesheim**, EuR 1993, S. 243 (247).

288 Z.B. *Herrnfeld*, in: **Schwarze**, Art. 95 EGV, Rdnr. 9-15, prüft im Rahmen des Sachgebiets das Verhältnis zu anderen Rechtsgrundlagen. **Nettesheim**, EuR 1993, S.243 spricht von „horizontalen Kompetenzkonflikten".

289 Z.B. *Kahl*, in: **Calliess/Ruffert**, Art. 95 EGV, Rdnr. 46. **Nettesheim**, EuR 1993, S. 243 (246).

290 **Oppermann**, Rdnr. 1220.

Die Problematik der systematischen Behandlung der Wahl der Rechtsgrundlage soll im Verlauf der weiteren Untersuchungen wie folgt behandelt werden: Die für das Verfahren problematische „Konkurrenz von Kompetenzen", in der Literatur zumeist als „doppelte Rechtsgrundlage" bezeichnet[291], ist als ein Problem der Durchführung von Gesundheitsschutz zu sehen und damit von dem zuvor zu ermittelnden Sachbereich einer Kompetenz getrennt zu behandeln. Diese Einordnung widerspricht möglicherweise anderen rechtssystematischen Einordnungen, die eher von einer den tatbestandlichen Umfang betreffenden „Konkurrenz von Sachbereichen" ausgehen, ist aber im Hinblick auf den hier vertretenen Kompetenzbegriff nur folgerichtig.[292]

2.1.3 Konsequenz

Die Rechtsnatur der Kompetenzen kann nicht durch die Zuweisung von aus nationalen Rechtsordnungen üblichen Sachbereichen charakterisiert werden. Daneben werden im Rahmen des Subsidiaritätsprinzips verschiedene Zuständigkeitsstufen aus dem Gesamtzusammenhang des Vertrags abgeleitet. Das hilft aber nicht weiter bei der Frage, unter welchen Voraussetzungen die Europäische Gemeinschaft in einem gegebenen Sachbereich eine Regelung des Gesundheitsschutzes erlassen kann.

Für den Bereich des Gesundheitsschutzes wurde die Frage, in welchem Zuständigkeitsverhältnis die Gemeinschaft gegenüber den Mitgliedstaaten Gesundheitsschutz-Maßnahmen erlassen kann, im Rahmen anderer Arbeiten bereits untersucht.[293] Letztlich wurde aber noch nicht die Frage beantwortet, in welchem sachlichen Umfang die Europäischen Gemeinschaft zu Regelungen im Gesundheitsschutz ermächtigt ist.

Die Tätigkeit der Gemeinschaft im Rahmen der BSE-Problematik dient hier als Ansatzpunkt, anhand derer beispielhaft die Reichweite der Kompetenzen der Gemeinschaft aufgezeigt wird.

---

291 Z.B. **Breier**, EuR 1995, S. 46 (51). *Ukrow*, in: **Calliess/Ruffert**, Art. 156 EGV, Rdnr. 3.

292 Das Problem wird sich vor allem bei Einordnung des Art. 152 Abs. 4 lit. b EG stellen, vgl. Kapitel 2 Abschnitt 1.4, sowie bei der Diskussion um den „Schwerpunkt" einer Maßnahme, vgl. Kapitel 2 Abschnitt 1.3 und Kapitel 3 Abschnitt 1.1.

293 Z.B. bei **Von Dürckheim**, S. 61 – 103. Umfassend bei **Berg**, S. 376 – 390.

2.2 Verankerung von Gesundheitsschutz im Vertrag

2.2.1 Umfang der Tätigkeit

Nach Art. 3 lit. p) EG (früher lit. o)) beinhaltet die Tätigkeit der Gemeinschaft "einen Beitrag zur Erreichung eines hohen Gesundheitsschutzniveaus".

Die Aufzählung der Politiken in Artikel 3 EG dient dazu, die Bereiche gemeinschaftlichen Handelns festzulegen. Damit wird unter anderem der Anwendungsbereich des Artikels 308 EG (früher 235 EGV) reduziert.[294] Die ausdrückliche Nennung von Gesundheitsschutz bedeutet, daß er fester Bestandteil der Aufgaben der Gemeinschaft ist. Durch die Einbeziehung des Gesundheitsschutzes wird dokumentiert, wie sich die ursprüngliche „Wirtschafts"-Gemeinschaft zu einer umfassenden Gemeinschaft entwickelt.[295]

Der Rechtscharakter der Aufzählung in Artikel 3 EG ist nicht klar definiert. In der Literatur wird lediglich festgestellt, daß es sich um „mehr als bloßen Programmsatz" handele.[296] Eine rechtssystematisch klare Anwendung im Rahmen einer zu erlassenden Maßnahme lässt sich so aber nicht erschließen.

So ist z.B. auch hier eine genaue Festlegung von ausschließlichen und konkurrierenden Zuständigkeiten nicht eindeutig erkennbar. Lenz führt zu Art. 3 EG aus: „Die Aufzählung hat vor allem die Bedeutung, die Wichtigkeit der genannten Bereiche für die Verwirklichung der Ziele des Art. 2 EG zu dokumentieren. Im übrigen müssen die einzelnen Ermächtigungsnormen für jeden Bereich in den anderen Teilen des EGV herangezogen werden."[297]

Am ehesten vergleichbar wäre Art. 3 EG wohl mit einer Art materieller „Aufgabeneröffnung"[298], die allerdings noch von einer entsprechenden Kompetenznorm ergänzt werden muß. Diese These läßt sich dadurch belegen, daß Empfehlungen und Stellungnahmen der Kommission gem. Art. 211, 249 EG (früher 155, 189 EGV) nicht auf eine besondere Befugnisnorm gestützt sein müssen, sondern „soweit sie es für notwendig erachtet" abgegeben werden können. Die Kommission kann aber auch ohne Befugnisnorm nur solche Empfehlungen und Stellungnahmen für notwendig erachten, die zu den Aufgaben der Gemeinschaft gemäß Art. 3 EG zählen.

---

294 *Lenz*, in: **Lenz**, Art. 3 EGV, Rdnr. 2.
295 So vergleichend *Lenz*, in: **Lenz**, Art. 3 EGV, Rdnr. 2.
296 Vgl. *Ukrow*, in: **Calliess/Ruffert**, Art. 3 EGV, Rdnr. 2.
297 *Lenz*, in: **Lenz**, Art. 3 EGV, Rdnr. 12.
298 Der Begriff ist z.B. im bayerischen Polizeirecht vorhanden, vgl. **Berner/Köhler**, S. 10.

Nach Ansicht der Literatur können die Vorschriften über die Vertragsziele aber auch die Kompetenznormen „konkretisierend ergänzen oder beschränken".[299] Eine genauere Untersuchung, ob und inwiefern hier eine Rechtssystematik von abstrakter Aufgabeneröffnung und konkreter Befugnisnorm entwickelt werden kann, ist für den gegebenen Rahmen allerdings ohne Belang, da die von der nVCJK ausgehende tödliche Gefahr für den Menschen jedenfalls den durch Art. 3 lit. o EG erfassten Aufgabenbereich berührt. Eine konkrete Kompetenz läßt sich allein hieraus aber noch nicht ableiten.

2.2.2 Grundfreiheiten

Im Rahmen der sogenannten „Grundfreiheiten"[300] des Warenverkehrs und der Personen können die Mitgliedstaaten nur noch dann einschränkende Regelungen erlassen, wenn u.a. Gründe des Gesundheitsschutzes dies rechtfertigen.

Art. 30 S. 1 EG (früher 36 S. 1 EGV) bestimmt, daß Handelsbeschränkungen, die dem Schutz der menschlichen Gesundheit dienen, gerechtfertigt sind. Art. 39 Abs. 3 EG (früher 48 Abs. 3 EGV) regelt, daß die Arbeitnehmerfreizügigkeit vorbehaltlich u.a. der aus Gründen der öffentlichen Gesundheit gerechtfertigten Beschränkungen gewährt wird. Ähnlich darf die Niederlassungsfreiheit gemäß Art. 46 Abs. 1 EG (früher 56 Abs. 1 EGV) durch Rechts- und Verwaltungsvorschriften, die "eine Sonderregelung für Ausländer vorsehen" und unter anderem aus Gründen "der öffentlichen Gesundheit" gerechtfertigt sind, eingeschränkt werden. Gleiches gilt für Art. 55 EG (früher 66 EGV) in Verbindung mit Art. 46 Abs. 1 EG (früher 56 Abs. 1 EGV). Die BSE-Problematik betrifft den Handel mit Rindfleisch und Rindfleischprodukten sowie den Handel mit Lebendvieh. Beide Sachbereiche fallen grundsätzlich unter die Warenverkehrsfreiheit. Damit ist hier Art. 28 EG (früher 30 EGV) im Zusammenhang mit der Ausnahmeregel des Art. 30 EG (früher 36 EGV) näher zu untersuchen.

Neben den Vorschriften über die Zollunion nach Art. 25 ff. EG (früher 12 ff. EGV), welche „Grundlage" der „Freiheit des Warenverkehrs"[301] sind, wird die Warenverkehrsfreiheit durch Art. 28 EG (früher Art. 30 EGV) definiert.[302] Danach sind alle mengenmäßigen Einfuhrbeschränkungen sowie Maßnahmen gleicher Wirkung verboten. Art. 30 EG (früher 36 EGV), der unter anderem den Gesundheitsschutz umfaßt, steht als Ausnahmetatbestand diesem grundsätzlichen Verbot gegenüber. Mit Art. 30 EG wird der Gesundheitsschutz aber nicht generell

---

299 *Ukrow*, in: **Calliess/Ruffert**, Art. 2 EGV, Rdnr. 26.
300 **Oppermann**, Rdnr. 1273; *Lux*, in: **Lenz**, Art. 28 EGV, Rdnr. 1; **Streinz**, Rdnr. 652 ff..
301 **Oppermann**, Rdnr. 1267; *Lux*, in: **Lenz**, Art. 23, Rdnr. 1 f.; **Streinz**, Rdnr. 657.
302 **Oppermann**, Rdnr. 1273; *Lux*, in: **Lenz**, Art. 28 EGV, Rdnr. 1; **Streinz**, Rdnr. 652 ff..

der Zuständigkeit der Gemeinschaft entzogen. Es handelt sich nur um eine eng begrenzte Ausnahmevorschrift.[303] Zur rechtlichen Systematik des Verhältnisses von Art. 28 EG zu Art. 30 EG besteht eine gefestigte Rechtsprechung des EuGH.[304] Diese erfordert im Rahmen der BSE-Problematik in einem späteren Kapitel nähere Ausführungen.[305]

2.2.3 Binnenmarktharmonisierung

Gesundheitsschutz wird bei dem Erlaß von Rechtsangleichungsmaßnahmen im Rahmen der Verwirklichung des Binnenmarkts in verschiedenen Kombinationen berücksichtigt.

Nach Art. 95 Abs. 3 EG hat die Kommission bei ihren Vorschlägen zur Rechtsangleichung u.a. in dem Bereich Gesundheit von einem hohen Schutzniveau auszugehen. Diese Bestimmung hat nach Röttinger „nicht nur programmatischen Charakter, sondern stellt eine Rechtspflicht für die Gemeinschaftsinstitutionen (...) dar."[306]

Oppermann bezeichnet die Sonderregeln der Art. 95 Absätze 4 bis 10 EG als „Escape Clause" und merkt zu Recht an, daß diese überaus kompliziert gestaltet sind.[307]

Nach Art. 95 Abs. 4 EG können die Mitgliedstaaten unter den Voraussetzungen des Art. 30 EG trotz Rechtsangleichung eine einzelstaatliche Bestimmung „beibehalten". Damit ist eine abweichende Einzelmaßnahme u.a. aus Gründen des Gesundheitsschutzes erlaubt, sofern diese zum Zeitpunkt der Harmonisierung bereits bestanden hat. Unklar ist insofern, ob ein Mitgliedstaat noch während einer Umsetzungsfrist eigene Maßnahmen setzen kann.[308] Nach Art. 95 Abs. 5 EG kann ein Mitgliedstaat sogar nach erfolgter Harmonisierung abweichende Einzelmaßnahmen vornehmen, wenn der Schutz der Umwelt oder Arbeitsumwelt dies erfordert. Dem Schutz der Umwelt sowie dem Schutz der Arbeitsumwelt sind eigene Artikel im Vertrag gewidmet. In diesen Artikeln wird der Gesundheitsschutz ausdrücklich vorgesehen: Art. 137 EG (früher 118 EGV) spricht insofern vom Schutz der Gesundheit der Arbeitnehmer. Nach Art. 174 EG (früher 130 r EGV) trägt der Umweltschutz zum Schutz der Gesundheit bei. Die Absätze 4 und 5 des Art. 95 EG

---

303 *Leible*, in: **Grabitz/Hilf**, Art. 30 EGV, Rdnr. 3.

304 Vgl. die Nachweise bei *Leible*, in: **Grabitz/Hilf**, Art. 30 EGV, Rdnr. 3.

305 Siehe S. 69 ff..

306 *Röttinger*, in: **Lenz**, Art. 95 EGV, Rdnr. 6.

307 **Oppermann**, Rdnr. 1215.

308 *Röttinger*, in: **Lenz**, Art. 95 EGV, Rdnr. 10, nach dem das den Mitgliedstaaten „wohl zuzugestehen" ist.

werden in der Literatur als „Schutzergänzungsklauseln", „Schutzverstärkungsklauseln" bzw. „opting-out-clauses" bezeichnet.[309]

Nach Art. 95 Abs. 6 EG kann die Prüfungsfrist der Kommission bezüglich der Einzelmaßnahmen nach Abs. 4 und 5 nur unter der Voraussetzung, daß keine Gefahr für die menschliche Gesundheit besteht, verlängert werden. Art. 95 Abs. 7 EG schreibt vor, daß die Kommission eine nach Absatz 6 genehmigte Einzelmaßnahme nach Möglichkeit anzupassen hat. Damit sollen also mögliche Einzelregelungen von Mitgliedstaaten minimiert werden. In diesem Sinne sieht Absatz 8 auch vor, daß ein etwaiges auftretendes „spezielles Gesundheitsproblem" nach Möglichkeit von der Kommission im Rahmen eines Vorschlags zur Rechtsangleichung zu lösen sind. Schließlich schreibt Absatz 10 vor, daß nach Möglichkeit jede Harmonisierungsmaßnahme mit einer Schutzklausel zugunsten der in Art. 30 EG (früher 36 EGV) genannten Gründe, also auch Gesundheitsschutz, zu verbinden ist. Bemerkenswert ist, daß diese Schutzklauseln nur zu vorläufigen Maßnahmen seitens der Mitgliedstaaten ermächtigen „sollen". Der Wortlaut zeigt, daß es sich nicht um eine (einklagbare) Pflicht der Kommission handelt, sondern um eine Art „Appell"[310].

Im Zusammenhang mit den BSE-Schutzmaßnahmen der Gemeinschaft ist unter anderem die Frage problematisch, ob und wann Art. 95 EG als Kompetenz für eine Maßnahme herangezogen werden kann.

2.2.4 Sonstige Politikbereiche

Der Arbeitsumweltschutz in Art. 137 EG (früher 118 EGV) dient u.a. auch dem Gesundheitsschutz. Nach Absatz 5 können die Mitgliedstaaten auch strengere Maßnahmen zum Schutz der Arbeitsumwelt treffen als in diesem Artikel vorgesehen. Der Gesundheitsschutz bei der Arbeit wird nochmals im Rahmen der sozialpolitischen Zusammenarbeit nach Art. 140 EG (früher 118 c EGV) erwähnt. Auch für den Arbeitsplatz sind Schutzvorschriften bezüglich des BSE-Erregers erlassen worden.[311] Diese gemeinschaftlichen Vorschriften betreffen Arbeitsplätze z.B. in Schlachthöfen. Aus diesem Teilbereich ergeben sich aber keine besonderen rechtlichen Probleme hinsichtlich der aus den Schutzmaßnahmen entstehenden BSE-Problematik.

---

309 *Kahl*, in: **Calliess/Ruffert**, Art. 95 EGV, Rdnr. 20.

310 *Röttinger*, in: **Lenz**, Art. 95 EGV, Rdnr. 16.

311 Richtlinie 97/65/EG vom 26.11.1997 zur dritten Anpassung der "Richtlinie 90/679/EWG des Rates über den Schutz der Arbeitnehmer gegen Gefährdung durch biologische Arbeitsstoffe bei der Arbeit" an den technischen Fortschritt (ABl. L 335 vom 6.12.1997, S. 17).

Art. 152 EG (früher 129 EGV) könnte eine für den Gesundheitsschutz zentrale Regelung darstellen. Nach Abs. 1 Unterabs. 1 ist in allen Gemeinschaftspolitiken ein hohes Gesundheitsschutzniveau sicherzustellen. Die Anwendung dieser sogenannten „Querschnittsklausel“ im Verhältnis zur Harmonisierung im Binnenmarkt ist unklar, da dafür bereits nach Art. 95 Abs. 3 EG (früher 100 a Abs. 3 EGV) der gleichlautende Grundsatz festgeschrieben wird. Inwieweit die Querschnittsklausel trotz der vermeintlich zentralen Bedeutung des Art. 152 EG für den Gesundheitsschutz überhaupt für die BSE-Problematik zur Anwendung kommt, wird später entsprechend zu untersuchen sein.

Art. 152 Absatz 1 Unterabsätze 2 und 3 EG bezeichnen die Verbesserung der Gesundheit, die Verhütung von Krankheiten und die Beseitigung von Gefährdungen der menschlichen Gesundheit als Tätigkeiten der Gemeinschaft, die die Politik der Mitgliedstaaten „ergänzt“. Die Gemeinschaft hat Krankheiten durch Erforschung und Gesundheitsinformation zu bekämpfen. Die Art. 152 Abs. 3 und 4 EG konkretisieren offenbar, wie diese ergänzende Tätigkeit zu erfolgen hat. Die Gemeinschaft „fördert die Zusammenarbeit“, die Mitgliedstaaten „koordinieren untereinander im Benehmen mit der Kommission“ in den genannten Bereichen. Die BSE-Schutzmaßnahmen überschreiten aber diesen lediglich ergänzenden Rahmen.

Art. 152 Abs. 4 EG schließlich erteilt dem Rat im Verfahren der Mitentscheidung die Handlungsmacht für „Maßnahmen“ in drei einzelnen Sachbereichen: Qualitäts- und Sicherheitsstandards in Bezug auf Blut und Organe, Maßnahmen im Veterinär- und Pflanzenschutzwesen, sowie allgemeine Fördermaßnahmen unter Ausschluß jeglicher Harmonisierung. Diese erst jüngst eingefügte Norm dürfte zumindest für künftige Maßnahmen im Kontext mit BSE von großer Bedeutung sein.

Art. 153 EG (früher 129a EGV) behandelt den Verbraucherschutz, der u.a. auch dem Schutz der Gesundheit des Verbrauchers dient. Die Gemeinschaft wird in Art. 152 Abs. 3 EG zu „Maßnahmen“ im Rahmen der Verwirklichung des Binnenmarkts ermächtigt (lit. a), sowie zu Maßnahmen der „Unterstützung, Ergänzung oder Überwachung“. Das Verhältnis zu den sonstigen gesundheitlichen Kompetenzen (Art. 95 Abs. 3 EG, Art. 152 Abs. 1 und 3 EG) ist klärungsbedürftig.

Der Umweltschutz in Artikel 174 EG (früher 113 r EGV) umfaßt auch den Schutz der menschlichen Gesundheit.[312] Im Rahmen der BSE-Problematik spielt Art. 174 Abs 1 Unterabs. 1 Satz 2 EG eine Rolle. Danach beruht die Umweltpolitik u.a. auf

---

312 *Breier/Vygen*, in: **Lenz**, Art. 174 EGV, Rdnr. 7, sieht dies als Ergänzung zu Art. 152 EG, da dem Gesundheitsschutz im Bereich der Umweltpolitik eine „selbständige Bedeutung“ zukomme.

den Prinzipien der Vorsorge und Vorbeugung. Die damit verknüpften Fragen werden vor allem durch eine Mitteilung der Kommission über die Anwendbarkeit des Vorsorgeprinzips aufgeworfen.[313]

In Art. 186 EG (früher 135 EGV) ist die Arbeitnehmerfreizügigkeit mit außereuropäischen Ländern im Sinne von Art. 182 EG (früher 131 EGV) u.a. vorbehaltlich der „Volksgesundheit" durch Abkommen zu regeln.

2.3 Zuordnung der BSE-Problematik

Art. 152 EG beschäftigt sich ausdrücklich mit dem „Gesundheitswesen". Die Gemeinschaft wird hier unter anderem im Bereich des Veterinärwesens zu „Maßnahmen" des Gesundheitsschutzes ermächtigt. Dieser junge Artikel existierte aber noch nicht zum Zeitpunkt der meisten früheren Schutzmaßnahmen. Daneben sind nach einigen Artikeln die Bedürfnisse des Gesundheitsschutzes in mehreren Sach- bzw. Politikbereichen zu berücksichtigen, ohne daß aber die Gemeinschaft jeweils „Maßnahmen" erlassen kann, die über Ergänzung, Überwachung oder Koordination hinausgehen.

Neben Art. 152 Abs. 4 EG sind keine weiteren Normen zu ermitteln, die mehr als ergänzende Maßnahmen erlauben. In der Literatur wird vertreten, daß der Gesundheitsschutz im Gegensatz z.B. zum Umweltschutz keinen besonderen Politikbereich der Gemeinschaft begründet.[314] Insofern ist die Gemeinschaft auch nicht in der Lage, eine "originäre Gesundheitspolitik" zu leisten.[315] Vergleicht man die im vorigen Abschnitt dargestellten BSE-Entscheidungen mit den untersuchten Normen des EG-Vertrages, so ergeben sich beim Versuch der inhaltlichen Zuordnung der BSE-Problematik zu einer bestimmten Norm des Vertrags Schwierigkeiten. Die Symptome hierfür zeigen sich in der Rechtsliteratur: Erläuterungen zur BSE-Problematik findet man teils unter den Stichworten des Verbraucherschutz[316], der Agrarpolitik[317] oder des Gesundheitsschutzes[318]. Sofern der Verbraucherschutz einschlägig ist, wäre Art. 153 EG in Verbindung mit Art. 95 EG die relevante Kompetenz. Andererseits könnte schon allein die Pflicht zur Aufrechterhaltung eines hohen Niveaus des Gesundheitsschutzes im Rahmen des Art. 95 Abs. 3 EG für die Vornahme von BSE-Schutzmaßnahmen genügen. Bemerkenswert ist, daß im Vertrag in der Landwirtschaftspolitik nach Art. 32 ff. EG (früher 38 ff. EGV) der Gesundheitsschutz nicht erwähnt wird. Dennoch hat sich

313 KOM2000/1/endg.; vgl. dazu Kapitel 4 Abschnitt 3.
314 So auch **Eckert**, ZLR 2000, S. 636 (639).
315 So aber **Von Schwanenflügel**, EuR 1998, S. 216 mit Verweis auf **Pitschas**, ZfR 1993, S. 469.
316 *Grub*, in: **Lenz**, Art. 153 EGV, Rdnr. 10. **Von Schwanenflügel**, S. 48.
317 **Oppermann**, Rdnr.1398.
318 **Berg**, S. 515 ff., **Von Dürckheim**, S. 15.

gezeigt, daß die BSE-Maßnahmen auf landwirtschaftlichen Ermächtigungsgrundlagen im Rahmen der BSE-Problematik beruhen. Insofern stellt sich die Frage, ob die Gemeinschaft hier, eventuell durch die Querschnittsklausel des Art. 152 EG, eine Kompetenz zum Gesundheitsschutz haben könnte.

Bei Oppermann findet sich diese Zuordnungsproblematik ebenfalls angedeutet: Die Gemeinschaft leiste einen nicht unerheblichen Beitrag zum Gesundheitsschutz über die Rechtsangleichung. Diese werde einerseits über Art. 152 Abs. 4 EG (früher 129 Abs. 4 EGV) ermöglicht, „andererseits aber in erheblichem Umfang i.V.m. anderen Vertragskompetenzen wie Landwirtschaft, freier Waren- und Personenverkehr, Arbeitsschutz, Forschung und Umwelt“.[319]

Die im Vertragstext vorgefundenen Anhaltspunkte zum Stichwort „Gesundheitsschutz“ bestätigen die im Rahmen der Frage nach der Rechtsnatur der gemeinschaftlichen Kompetenzen herausgearbeitete Problematik, daß die Sachbereiche der gemeinschaftlichen Kompetenzen inhaltlich anders als die im deutschen Recht für Kompetenzzuweisungen verwendeten Sachbereiche konzipiert sind.[320] Zum einen ist die Reichweite der vorhandenen Kompetenzen hinsichtlich der Möglichkeit zu Gesundheitsschutzmaßnahmen unklar. Der durch die Gemeinschaft sachlich regelbare Gesundheitsschutz muß daher erst noch ermittelt werden. Zum anderen bleibt mangels spezifischer Definitionen oder Tatbestände das schon im Rahmen des Art. 3 lit. p EG allgemein gehaltene „hohe“ Schutzniveau auch im Rahmen der Durchführung konkreter Maßnahmen unklar. Bei der Ausübung von gegebenen Kompetenzen besteht die grundsätzliche Frage, wann auf welche spezifische Ermächtigungsnorm des Vertrags zurückgegriffen werden muß.

319 **Oppermann**, Rdnr. 1257.
320 Vgl. Kapitel 1 Abschnitt 2.1.

3. Definition des Begriffs Gesundheitsschutz

Bevor im folgenden Kapitel die primär- und sekundärrechtlichen Kompetenzen untersucht werden, soll kurz die Problematik der Definition des Begriffs „Gesundheitsschutz“ dargestellt werden.

3.1 Ausgangslage

Eine Definition von Gesundheitsschutz wird in der Literatur nur selten vorgenommen.[321] Sofern eine solche erfolgt, genügt es den wenigen Verfassern meist, den Begriff der „Gesundheit“ zu definieren.[322] Dürckheim stellt gleich einleitend zu einer „Begriffsbestimmung“ fest: „Gesundheitsschutz ist als ein unbestimmter Rechtsbegriff zu kategorisieren, der der weiteren Ausformung im Einzelfall bedarf, und sich somit einer allgemeingültigen, abstrakten Definition im Grunde entzieht.“[323] Ähnlich bezweifelt Berg zunächst die Notwendigkeit einer Definition[324], erläutert dann aber wegen der Nennung des Begriffs in Art. 129 EGV (heute 152 EG) dennoch den Begriff der Gesundheit sowie auch des Gesundheitsschutzes[325].

3.2 Gemeinschaftlicher Gesundheitsschutz

Im Vertrag selbst wird der Gesundheitsschutz nicht definiert. Es liegt dennoch nahe, den Begriff nach gemeinschaftlichen Kriterien zu umgrenzen, solange es um die Ausgestaltung gemeinschaftsrechtlicher Vorschriften geht.[326]

3.2.1 Tätigkeitsbeschreibung in Art. 152 Abs. 1 EG

Einen Anhaltspunkt für eine Definition bieten die Ausführungen in Art. 152 Abs. 1 EG. Der Obersatz schreibt die Beachtung eines „hohen Gesundheitsschutzniveaus“ bei der Festlegung und Durchführung aller Gemeinschaftspoliti-

---

321 Z.B. bei *Fischer*, in: **Lenz**, Art. 153 EGV, Rdnr. 1, der lediglich feststellt, daß das "Gesundheitswesen" in Art. 152 EG (früher 129 EGV) "unmißverständlich" den Schutz der Gesundheit regelt; in Rdnr. 7 beschreibt er die Tätigkeitsfelder nach Art. 152 Abs. 1 EG. **Oppermann**, Rdnr. 2052 f., spricht von einer "allgemeinen EG-Gesundheitszuständigkeit" und beschreibt diese in ihren Inhalten.

322 Z.B. bei *Schmidt am Busch*, in: **Grabitz/Hilf**, Art. 152 EGV, Rdnr. 6, 41.

323 **Von Dürckheim**, S. 27f..

324 **Berg**, S. 40 - 45.

325 **Berg**, S. 57 ff. (S. 62).

326 So **Von Dürckheim**, S. 28 ff., der aber eine Definition für die "gemeinschaftliche Ebene" aus **Schell**, „Das Deutsche Gesundheitswesen von A – Z“, S. 31, zitiert.

ken vor. In den darauffolgenden Unterabsätzen 2 und 3 werden grundsätzliche Beschreibungen der Tätigkeit der Gemeinschaft geliefert.

Unterabsatz 2 Satz 1: Die Tätigkeit „ergänzt die Politik der Mitgliedstaaten und ist auf die Verbesserung der Gesundheit der Bevölkerung, die Verhütung von Humankrankheiten und die Beseitigung von Ursachen für die Gefährdung der menschlichen Gesundheit gerichtet."

Unterabsatz 2 Satz 2: Die Tätigkeit „umfaßt die Bekämpfung der weitverbreiteten schweren Krankheiten; dabei werden die Erforschung der Ursachen, der Übertragung und Verhütung dieser Krankheiten sowie Gesundheitsinformation und -erziehung gefördert."

Unterabsatz 3: „Die Gemeinschaft ergänzt die Maßnahmen der Mitgliedstaaten zur Verringerung drogenkonsumbedingter Gesundheitsschäden einschließlich Informations- und Vorbeugungsmaßnahmen."

Diese politisch-programmatischen Aussagen helfen wenig weiter. Es ist z.B. nicht deutlich, ob mit diesen Aussagen das „Gesundheitsschutzniveau" oder die Tätigkeit im Rahmen des „Gesundheitswesens" - so lautet die Überschrift des Titel XIII mit dem einzigen Artikel 152 EG - umschrieben wird. Allgemein kann aber festgehalten werden, daß die Beschreibungen des Art. 152 EG grundsätzlich und ungeachtet der Formulierung in Unterabsatz 2 Satz 2 („Bekämpfung") nur präventive Gesichtspunkte vorsieht. Schmidt am Busch weist zurecht darauf hin, daß damit ein Widerspruch zu der Titelüberschrift „Gesundheitswesen" besteht.[327] In der Rechtsliteratur habe sich deshalb der korrektere Begriff „öffentliche Gesundheit" eingebürgert.[328] Unabhängig von diesen begrifflichen Problemen stellt sich die Frage, ob der derzeitige Umfang eines „europäischen Gesundheitswesens" durch die Beschreibungen in Art. 152 Abs. 1 EG ausschließlich auf den Gesundheitsschutz beschränkt ist. Der Begriff der "Gesundheitsschutzpolitik" läge der Gesamtheit der gesundheitsbezogenen Tätigkeiten der Gemeinschaft näher.[329]

---

[327] *Schmidt am Busch*, in: **Grabitz/Hilf**, Art. 152 EGV, Rdnr 7. Der Begriff ist wohl auf eine schlechte Übersetzung des englischen "public health" zurückzuführen, **Berg**, S. 64. Offenbar sollte unter anderem auch der grundsätzlich, passende aber historisch negativ belegte Begriff der "Volksgesundheit" vermieden werden, **Berg**, S. 71 f.. Das ist aber inkonsequent, weil z.B. in Art. 186 EG (früher 135 EGV) dennoch von "Volksgesundheit" die Rede ist.

[328] *Schmidt am Busch*, in: **Grabitz/Hilf**, Art. 152 EGV, Rdnr. 7. **Berg**, S. 64ff. (S. 68), interpretiert den Gehalt dieses Begriffs in die Überschrift des Titels des EG-Vertrags „Gesundheitswesen".

[329] **Berg**, S. 77, 551.

3.2.2 Ausformungen im Sekundärrecht

Es gibt zahllose sekundärrechtliche Akte, die inhaltlich den Gesundheitsschutz erwähnen.[330] Von Entscheidungen über das Inverkehrbringen von genetisch veränderten Organismen enthaltende Produkte[331] bis zu „Entschließungen"[332] des Rates zur Förderung der psychischen Gesundheit[333] werden zahllose spezifische gesundheitliche Themenbereiche abgedeckt.[334]

Zwar könnten aus einigen Richtlinien oder Verordnungen wohl gute Anhaltspunkte für eine Definition gefunden werden. Allerdings würde dadurch eine punktuelle Gewichtung, basierend auf dem jeweiligen sachlichen Kontext, des Gesundheitsschutz-Begriffs stattfinden.[335] Ein solcher Ansatz wäre deshalb nicht umfassend genug.[336] Damit kann aus sekundärrechtlichen Ausformungen kein Ansatzpunkt für eine allgemeine rechtliche Definition gewonnen werden.

3.2.3 Gesundheitsschutz in der Rechtsprechung des EuGH

Der EuGH hatte sich einmal im Zusammenhang mit einer Auslegungsfrage im Rahmen der Art. 118, 118a EGV (heute 137, 138 EG) auf eine Definition von „Gesundheit" der Weltgesundheitsorganisation (WHO) bezogen.[337] Es ging um die Frage, ob die Verbesserung der Arbeitsumwelt zum Schutz der Gesundheit einen eng auszulegenden Gesundheitsbegriff erfordert. Damit ist eine erste wichtige Schlußfolgerung festzuhalten: Der EuGH bei der Klärung einer „Gesundheitsschutz"-Problematik eine Definition für „Gesundheit" heran.

Die von der WHO vorgenommene Definition stammt aus deren Satzung und lautet: „Health is a state of complete physical, mental and social wellbeing and not

---

330 Vgl. Register-Nr. 15.30 im Fundstellennachweis des geltenden Gemeinschaftsrechts, Amtsblatt der Europäischen Gemeinschaften, 38. Ausgabe, Luxemburg 2002.

331 Z.B. ABl. L 176 vom 9.7.1994, S. 23

332 Zur Rechtsnatur von Entschließungen vgl. **Oppermann**, Rdnr. 586 f..

333 ABl. C 86 vom 24.3.2001, S. 1

334 Die Internet-Seiten der Europäischen Union ("Europische Union Online") stellen ein auf CELEX basierendes analytisches Verzeichnis zur Verfügung; u.a. auch zum Thema Gesundheitsschutz "http://www.europa.eu.int/eur-lex/de/lif/reg/de_register_1530.html".

335 **Berg**, S. 56f., nimmt die Richtlinien 64/221/EWG, 90/270/EWG und 93/104/EG zum Anlaß, dem Gesundheitsbegriff nicht nur körperliche Aspekte zuzuschreiben.

336 **Berg**, a.a.O., schränkt im Hinblick der wenigen erwähnten Richtlinien deshalb auch richtigerweise ein, daß Gesundheit "jedenfalls im Rahmen von Art. 48, 56, 66 sowie 118 a EGV nicht auf rein körperliche Aspekte beschränkt ist." Bei den erwähnten Artikeln handelt es sich um die Rechtsgrundlagen der von ihm untersuchten Richtlinien.

337 EuGH Rs. C-84/94, Slg. 1996, S. I-5755, Rdnr. 15.

merely the absence of disease or infirmity".[338] Die Übersetzung lautet: Gesundheit ist ein Zustand des vollständigen körperlichen, geistigen und sozialen Wohlbefindens und nicht nur das Freisein von Krankheit und Gebrechen.[339] Diese Definition hat sich seit 1948 nicht verändert. Die deutsche Übersetzung an sich ist schon umstritten, da das Wort „wellbeing" allgemein mit „Wohlbefinden" übersetzt wird und sehr weit und unscharf ist.[340] Unabhängig von diesem Streit läßt sich als zweite Schlußfolgerung jedenfalls sagen, daß der Begriff „Gesundheit" vom EuGH durch die Verwendung der WHO-Definition allgemein definiert und weit ausgelegt wird.

Allerdings hat es der EuGH in vielen anderen Entscheidungen, in denen der Gesundheitsschutz eine Rolle spielt, offenbar nicht mehr für nötig gehalten, auf diese allgemeine Definition Bezug zu nehmen. Statt dessen wird eine Maßnahme des Gesundheitsschutz in engem Kontext mit dem jeweiligen Sachbereich erst subsumiert.[341]

In der Literatur wird eine allgemeine weite Auslegung des Gesundheitsbegriffs nach der erwähnten Entscheidung[342] auch im Rahmen des zwischenzeitlich durch den Vertrag von Amsterdam geänderten Art. 152 EG befürwortet.[343] Das ergebe sich klar aus dem Wortlaut des Art. 152 EG, der anders als der frühere Art. 129 EGV (heute 152 EG) nicht mehr nur auf Verhütung von Krankheiten, sondern auch die Verbesserung der Gesundheit und in sehr allgemeiner Weise auf die Vermeidung jeglicher Gesundheitsgefährdung gerichtet sei.

Für den Gesundheitsschutz kann aus den Entscheidungen des EuGH lediglich gefolgert werden, daß der Begriff „Gesundheitsschutz" nicht eigens definiert wird. Es genügt dem EuGH eine allgemeine Gesundheitsdefinition, auf die er aber dann bei der Subsumption des Einzelfalls meist nicht mehr erörtert.

---

338 Preamble to the Constitution of the World Health Organisation as adopted by the International Health Conference, New York, 19-22 June 1946; signed on 22 July by the representatives of 61 States (Official Records of the World Health Organisation, no. 2, p. 100) and entered into force on 7 April 1948.

339 *Schmidt am Busch*, in: **Grabitz/Hilf**, Art. 152 EGV, Rdnr. 6.

340 Näheres dazu bei **Berg**, S. 60.

341 Z.B. EuGH Rs. C-180/96, a.a.O., EuGH Rs. C-173/99 „BECTU", Slg. 2001, S. I-4881, Rdnr. 62, EuGH Rs. C-49/00, Urt. v. 15.11.2001, Rdnr. 12, 14.

342 Vgl. Fn. 337.

343 So *Schmidt am Busch*, in: **Grabitz/Hilf**, Art. 152 EGV, Rdnr. 6. **Berg**, S. 433, hat seine aus der WHO-Definition weiterentwickelte allgemeine Definition gerade im Hinblick auf Art. 129 EGV (heute 152 EG) geschaffen. **Von Dürckheim**, S. 29, hält die Übernahme der WHO-Definition im EuGH-Urteil Rs. C-84/94 offenbar für allgemein gültig.

3.3 Problem der allgemeinen WHO-Definition

Vor dem Hintergrund des deutschen Rechts stellen sich im Rahmen eines Definitionsversuches vor allem zwei Probleme:

In der deutschen Rechtsliteratur wird darauf hingewiesen, daß eine aus Art. 2 Abs. 2 GG abgeleitete Definition des Gesundheitsschutzes hinter der WHO-Definition zurückbleibt.[344] Die hierbei denkbaren Konflikte zwischen Gemeinschaftsrecht und nationalem Recht sind im vorliegenden Kontext allerdings nicht weiter relevant. Es genügt die Feststellung, daß der Gesundheitsschutz im Sinne des Gemeinschaftsrechts mindestens den gleichen Schutz wie im nationalen Recht umfaßt und daß die Bekämpfung der von BSE bzw. nVCJK ausgehenden tödlichen Gefahr ohne Zweifel unter jegliche Gesundheitsschutz-Definition fällt.[345]

Der Gesundheitsbegriff wurde vom EuGH durch Einführung der WHO-Definition wenigstens geringfügig konkretisiert. Der Umfang eines Schutzes der so definierten Gesundheit läßt sich hingegen nicht im Wege der Definition erschließen, da dieser Umfang von den einzelnen Kompetenzen der Gemeinschaft abhängig ist. Die eingangs zitierte Aussage Von Dürckheims[346] ist daher wie folgt zu korrigieren: Der Gesundheitsschutz der Europäischen Gemeinschaft orientiert sich an einer weit zu verstehenden allgemeinen Definition des Begriffs Gesundheit und stellt das Ergebnis der Ausübung der gemeinschaftsrechtlichen Kompetenzen dar.

---

[344] *Kunig*, in: **Kunig/vonMünch**, Art. 2 GG, Rdnr. 62.

[345] Ein im Rahmen der BSE-Problematik besonders relevantes Beispiel ist EuGH Rs. C-180-96 "BSE", Slg. 1996, S. I-2265, in der es um die Rechtfertigung des umfassenden Exportverbotes gegenüber dem Vereinigten Königreich ging. Der EuGH stellt lediglich fest, daß „von den Erfordernissen ... des Schutzes der Gesundheit und des Lebens von Menschen ... nicht abgesehen werden darf." (Rdnr. 120) und „Wenn das Vorliegen und der Umfang der Gefahren für die menschliche Gesundheit ungewiß ist, können die Organe Schutzmaßnahmen treffen, ohne abwarten zu müssen, daß das Vorliegen und die Größe der Gefahren klar dargelegt wird." (Rdnr. 99).

[346] Vgl. S. 57.

Kapitel 2: Rechtsgrundlagen des gemeinschaftlichen Gesundheitsschutzes

Die allgemeinen Ausführungen zum Gesundheitsschutz in der Literatur erfolgen meist im Zusammenhang mit dem Stichwort „Gesundheitspolitik" und finden im Zusammenhang mit dem Kapitel des EG-Vetrags „Gesundheitswesen" statt.[347] Die von der Gemeinschaft ergriffenen Maßnahmen zeigen aber, daß sich der Gesundheitsschutz in Bezug auf BSE fast ausschließlich auf veterinärrechtliche Richtlinien aus der Gemeinsamen Agrarpolitik (GAP) stützt. Das ist nach einem Blick auf die grundsätzlichen Kompetenzen des EG-Vertrags zu untersuchen. Schließlich muß auch das Zuständigkeitsverhältnis zwischen der Gemeinschaft und den Mitgliedstaaten erörtert werden.

1. Umfang der primärrechtlichen Kompetenzen

Die Normen der Gemeinsamen Agrarpolitik erwähnen den Gesundheitsschutz nicht. Deshalb muß zunächst allgemein untersucht werden, welche Kompetenzen sich aus den Politiken ergeben, in denen der Gesundheitsschutz ausdrücklich aufgeführt wird. Sodann ist zu untersuchen, woher sich die Gesundheitsschutz-Kompetenzen für die Gemeinsame Agrarpolitik ergeben.

1.1 Entwicklung von Gesundheitsschutz

Die Entwicklung des Gesundheitsschutzes in der Europäischen Gemeinschaft bildet einen wichtigen Hintergrund für die Analyse der heutigen besonderen Kompetenzverflechtungen. Hinsichtlich der Entwicklung der Gemeinsamen Agrarpolitik ist eine gesonderte Betrachtung erforderlich.

1.1.1 Allgemeine Entwicklungen in der Gesundheitspolitik

Soweit man in der Literatur auf Hinweise zum europäischen Gesundheitsschutz sucht, findet man solche oft im Rahmen von Erläuterungen zur europäischen „Ge-

[347] *Fischer*, in: **Lenz**, Art. 153 EGV, Rdnr. 4, spricht von "Maßnahmen gesundheitspolitischen Inhalts". **Opperman**, Rdnr. 2053, spricht im Rahmen von Art. 152 EG (früher 129 EGV) von einer "begrenzten EG-Mitzuständigkeit in der Gesundheitspolitik". Vgl. **Hanika**, MedR 1998, S. 193 f..

sundheitspolitik".[348] Man stößt dabei auf ein gängiges Entwicklungsmodell der „europäischen Gesundheitspolitik".[349]

Dieses Modell könnte hinsichtlich der allgemeinen Entwicklung des gemeinschaftsrechtlichen Gesundheitsschutzes als Abbild dienen.[350] Grund ist, daß auch heute noch das, was als „gemeinschaftliche Gesundheitspolitik"[351] bezeichnet wird, größtenteils lediglich das Ergebnis der Orientierung gemeinschaftlicher Maßnahmen an einem hohen Gesundheitsschutzniveau darstellt.[352] Eine Gesundheitspolitik im umfassenden Sinne geht weit über den gegenwärtigen gemeinschaftlichen Inhalt hinaus und verbleibt gemäß Art. 152 Abs. 5 EG bei den Mitgliedstaaten.

Mit Gründung der Europäischen Wirtschaftsgemeinschaft wurden keine Zuständigkeiten bezüglich einer Zusammenarbeit im Bereich der öffentlichen Gesundheit übertragen. In dieser ersten Phase dominierte die wirtschaftspolitische Rechtsangleichung in der Gemeinschaft. Gesundheitspolitische Maßnahmen erreichten bis in die 70er Jahre keine besondere Bedeutung.[353]

Die zweite Phase begann in den 70er Jahren und dauerte bis zur Unterzeichnung der Einheitlichen Europäischen Akte (EEA) am 28. Februar 1986. In dieser Phase entwickelten sich Bemühungen zum Krankenversicherungsschutz für Arbeitnehmer und Selbständige. Es ging im wesentlichen darum, die sozialen Sicherungssysteme in den verschiedenenen Mitgliedstaaten anzupassen, damit die Arbeitnehmerfreizügigkeit gewährleistet werden konnte.[354] Auch der Gesundheitsschutz am Arbeitsplatz wurde eine relevante Materie.[355] Daneben wurden gesundheitliche Probleme in politisch aktuellen Bereichen angegangen. So wurden z.B. die Aktionsprogramme „Europa gegen Krebs" und „Europa gegen AIDS" geschaffen. Zwar enthielten diese Programme keine Maßnahmen nach Art. 189 des EWG-Vertrages (heute 249 EG). Die Rechtsgrundlage für solche Programme war dennoch umstritten, da die gemeinschaftliche Kompetenz fraglich war.[356] Den Pro-

---

348 So z.B. bei **Von Schwanenflügel**, S. 10 f., sowie **Hanika**, MedR 1998, S. 193 ff..

349 **Berg**, S. 77, 551, weist zutreffend darauf hin, daß eigentlich von einer "Gesundheitsschutzpolitik" gesprochen werden müßte.

350 **Berg**, S. 79 f., orientiert sich bei seiner Analyse der Entwicklung von "gesundheitsbezogenen Maßnahmen" an dieser Einteilung, schränkt aber ein, daß für Teilbereiche durchaus andere Akzentuierungen möglich wären.

351 So z.B. auch *Schmidt am Busch*, in: **Grabitz/Hilf**, Art. 152 EGV, Rdnr. 4.

352 **Von Schwanenflügel**, EuR 1998, S. 211. *Fischer*, in: **Lenz**, Art. 153 EGV, Rdnr 7.

353 **Pitschas**, ZfS 1993, S. 471.

354 **Von Schwanenflügel**, S. 11.

355 Eine erste solche Richtlinie befasste sich mit dem Gesundheitsschutz für Arbeiter, die Vinylchloridmonomer ausgesetzt sind (ABl. L 197 vom 29.6.1978 S. 12).

356 *Schmidt am Busch*, in: **Grabitz/Hilf**, Art. 152 EGV, Rdnr. 2.

grammen lag auch kein einheitliches inhaltliches Konzept zugrunde.[357] Bemerkenswert ist weiter, daß 1984 erstmalig die Gesundheitsminister informell im Rat zusammen kamen.[358]

Die dritte Phase begann mit dem Inkrafttreten der EEA, nachdem durch den neu eingefügten Art. 100 a Abs. 3 EGV (heute 95 Abs. 3 EG) bei der Verwirklichung des Binnenmarktes von einem hohen Niveau in den Bereichen Gesundheit, Sicherheit, Umweltschutz und Verbraucherschutz auszugehen war. Bis 1992 wurden Richtlinien geschaffen, die zumindest teilweise gesundheitliche Aspekte mit regelten.[359] Besonders beispielhaft sind die Regelungen, die im Zuge der Regulierung des Arzneimittelmarktes erlassen wurden:[360] Diese Regelungen waren notwendig, da ansonsten die Mitgliedstaaten aufgrund der Ausnahme des Art. 30 EG (früher 36 EGV) das Recht zu eigenen und damit zumeist uneinheitlichen Marktregulierungen weiterhin wahrgenommen hätten.[361] Auch im Bereich des Lebensmittelrechts wurden entsprechende harmonisierende Regelungen verfaßt. Anfänglich wurden europaweit harmonisierte Rezepturvorschriften eingeführt. Dieser Ansatz trat später aber hinter dem Prinzip der gegenseitigen Anerkennung zurück.[362] Das Ziel des EG-Vertrags war lediglich, den Wegfall der Handelshemmnisse zu fördern und die Märkte gemeinschaftsweit zu integrieren. Mithin konnte keine „systematische Gesundheitspolitik" betrieben werden, auch wenn wohl gelegentlich gesundheitspolitische Maßnahmen basierend auf Art. 235 EGV erlassen wurden.[363]

Die vierte Phase begann mit dem Inkrafttreten des Vertrags von Maastricht am 1.11.1993. Der Vertrag über die Europäische Wirtschaftsgemeinschaft (EWG-Vertrag) wurde zum Vertrag zur Gründung der Europäischen Gemeinschaft (EGV) umbenannt. Diese Umformulierung zeigte deutlich eine neue Sichtweise, nach der die Gemeinschaft nicht nur an wirtschaftlichen Zielen ausgerichtet sein sollte. So wurde ein eigener Titel X „Gesundheitswesen" eingeführt. Die wohl herrschende Literaturmeinung ist der Ansicht, daß damit die Gesundheitspolitik

---

357 **Pitschas**, S. 472, spricht von unkoordinierten "Mosaiksteinen".

358 **Von Schwanenflügel**, S. 11, der insofern auf einen Bericht der Kommission verweist (KOM 93/559(endg.)). *Schmidt am Busch*, in: **Grabitz/Hilf,** Art. 152 Rdnr. 2, verweist auf eine erste "formelle" Sitzung der Gesundheitsminister im Jahre 1986,.

359 **Hanika**, MedR 1998, S. 194.

360 Vgl. dazu z.B. **Hart/Reich** mit einer Untersuchung zum Produkt- und Marktrecht der Gemeinschaft in Bezug auf Arzneimittel.

361 Vgl. **Hanika**, MedR 1998, S. 193 (194), der insofern aber mißverständlich schreibt, daß die Regulierung im Arzneimittelmarkt sich auf Art. 30, 36 EGV (heute 28, 30 EG) "stützte". Ausführlich zu den Auswirkungen der gemeinschaftlichen Regelungen auf den nationalen Arzneimittelmarkt vgl. **Thier**, S. 289 ff..

362 **Fischer/Köck**, S. 493. Vgl. umfassend **Nentwich**, S. 1 ff...

363 **Von Schwanenflügel**, S. 12.

nicht mehr nur bloße Annexmaterie anderer Politikbereiche darstellte, sondern der Gemeinschaft hierfür nunmehr eine eigenständige Kompetenz zugewiesen wurde.[364] Zudem wird zum Teil festgestellt, daß die Aufnahme einer Gemeinschaftskompetenz im Gesundheitswesen im wesentlichen „die Bestätigung einer mehrjährigen Praxis" darstelle.[365] Neben der Gewährleistung des „hohen Gesundheitsschutzniveaus" gem. Art. 3 lit. o EGV (heute Art. 3 lit. p EG) beschränkte sich dieses Mandat wegen des Verbots jeglicher Rechtsangleichung in Art. 129 Abs. 5 EGV (heute 152 Abs. 5 EG) jedoch auf „komplementäre" Tätigkeiten und überläßt die umfassende gesundheitspolitische Verantwortung nach wie vor den Mitgliedstaaten.[366] Für den Gesundheitsschutz besonders relevant war zum einen die Aufnahme eines „hohen Gesundheitsschutzniveaus" in den Aufgabenkatalog des Art. 3 EG, zum anderen die „Querschnittsklausel"[367] des Art. 129 EGV (heute neu formuliert in Art. 152 EG).

Unter anderem als Folge der BSE-Problematik wurde der Gesundheitsschutz in Art. 152 EG durch den Vertrag von Amsterdam weiter „aufgewertet".[368] Zum Beispiel wurde die Querschnittsklausel präziser formuliert, weil einige Mitgliedstaaten das Entstehen der BSE-Krise auf unzureichende gemeinschaftliche Kompetenzen im Gesundheitsschutz zurückgeführt hatten.[369] Da allerdings die Kompetenzen nur unwesentlich ausgedehnt wurden, ist fraglich, ob dies als fünfte Phase der Entwicklung einer Gesundheitspolitik angesehen werden kann. Zum Teil wird lediglich vertreten, daß die Änderung keine neuen Kompetenzen eröffnet habe und zudem der Komptenzumfang im Gesundheitsschutz „nicht unbedingt" an Klarheit gewonnen habe.[370] Vor diesem Hintergrund wird vor allem der neue Art. 152 Abs. 4 lit. b EG hinsichtlich seiner Abgrenzung zu anderen Bestimmungen später zu analysieren sein.[371] Für die BSE-Problematik liegt mit der neuen Fassung des Art. 152 EG zumindest eine verfahrenstechnische Neuheit vor.

---

[364] **Hanika**, MedR 1998, S. 193 (194). **Von Schwanenflügel**, EuR 1998, S. 210. **Oppermann**, Rdnr. 2051, spricht insofern von einer "vertraglich anerkannten Mitzuständigkeit".

[365] *Berg*, in: **Schwarze**, Art. 152 EGV, Rdnr. 3.

[366] *Schmidt am Busch*, in: **Grabitz/Hilf**, Art. 152 EGV, Rdnr. 3.

[367] Der Begriff erscheint – soweit ersichtlich - erstmals als Beschreibung der Klausel im gemeinschaftlichen Umweltrecht nach der EEA, vgl. z.B. **Scheuing**, EuR 1989, S. 152 ff. (176 f.) und wird inzwischen allgemein, d.h. im Rahmen verschiedener Politikbereiche, in der Rechtslehre verwendet, vgl. *Fischer*, in: **Lenz**, Art. 153 EGV, Rdnr. 5, *Schmidt am Busch*, in: **Grabitz/Hilf**, Art. 152 EGV, Rdnr. 3, **Oppermann**, Rdnr. 948, 1636, 2007, 2012, 2057, 2060.

[368] **Schleicher**, EVPS 1997, S. 13 (17).

[369] Vgl. auch *Schmidt am Busch*, in: **Grabitz/Hilf**, Art. 152 EGV, Rdnr. 4.

[370] So *Schmidt am Busch*, in: **Grabitz/Hilf**, Art. 152 EGV, Rdnr. 4.

[371] Vgl. S. 141 f..

Inzwischen sind mehrere Verordnungen erlassen worden, die auf der neuen Rechtsgrundlage des Art. 152 Abs. 4 lit. b EG basieren.[372]

1.1.2 Gesundheitsschutz in der Gemeinsamen Agrarpolitik (GAP)

Das in der Gemeinsamen Agrarpolitik (GAP) vorgefundene Sekundärrecht ist in Bezug auf den Gesundheitsschutz abweichend von den oben allgemein vertretenen Entwicklungsstufen zu beurteilen.

Das Sekundärrecht der GAP beinhaltet das umfassendste Regelwerk in der Gemeinschaft.[373] In Bezug auf die Kompetenzen für den Gesundheitsschutz stehen die Regelungen auf dem Rindfleischsektor auch beispielhaft für die übrigen Bereiche der GAP, wo Gesundheitsschutz eine Rolle spielt. Im folgenden soll ein kurzer Überblick über die Entwicklung der Regelungen des Gesundheitsschutzes auf dem Vieh- und Fleischsektor gegeben werden.

Die Richtlinie 64/432/EWG ist die älteste gesundheitliche Richtlinie und regelt den innergemeinschaftlichen Handel mit frischem Fleisch.[374] Diese Richtlinie wurde im Verlauf der Zeit mehrfach geändert und schließlich durch die Richtlinie 89/662/EWG ersetzt.[375] Die Richtlinie fällt also schon in die „erste Phase" der bereits dargestellten allgemeinen gesundheitspolitischen Entwicklung. In den Erwägungen der Richtlinie heißt es, daß der innergemeinschaftliche Handelsverkehr durch die derzeitigen Unterschiede zwischen den Gesundheitsvorschriften der Mitgliedstaaten für Fleisch behindert wird und deshalb neben den Verordnungen über die Einrichtung gemeinsamer Marktorganisationen einzurichten ist. Geregelt werden u.a. die hygienischen Bedingungen in Schlachthöfen sowie Verfahren im Rahmen einer „Genußtauglichkeitsbescheinigung". Den Mitgliedstaaten wird in diesem Rahmen aber weiter die Möglichkeit eingeräumt, den Import von genußuntauglichem Fleisch zu verbieten. Bei etwaigen Streitfällen wird ein gemeinschaftliches Streitbeilegungsverfahren vorgesehen. Diese Richtlinie wird im Übrigen in ihrer heutigen Fassung auch im Rahmen der BSE-Schutzmaßnahmen als Rechtsgrundlage herangezogen.[376]

---

372 Der derzeit umfassenste Rechtsakt, der auf der Basis des Art. 152 Abs. 4 lit. b) EG erlassen worden ist, dürfte die Verordnung (EG) Nr. 999/2001 („TSE-Verordnung") sein. Vgl. Fn. 233.

373 Nach **Oppermann**, Rdnr. 1375, beruht „ein gutes Drittel" des Sekundärrechts auf dem Primärrecht der Gemeinsamen Agrarpolitik.

374 Richtlinie 64/433/EWG (ABl. B 121 vom 29.7.1964, S. 2012 ff.).

375 ABl. L 395 vom 30.12.1989, S. 13. Diese Richtlinie wurde wiederum mehrach geändert; für eine Historie der Rechtsakte vgl. Fundstellennachweis des geltenden Gemeinschaftsrechts, Register-Nr. 03.50.30.

376 Vgl. Kapitel 2 Abschnitt 1.1.2 und 2.2.1.

Seitdem sind zahllose Richtlinien und Entscheidungen in Bezug auf gesundheitliche Fragen bei Vieh und Fleisch erlassen worden.[377] Erkennbar wird aus einer Sichtung der Materialien, daß gesundheitliche Fragen auf veterinärtechnischer Grundlage bereits seit 1964 auf Gemeinschaftsebene harmonisiert worden sind, also bereits vor den 70er Jahren.[378] Im Rahmen solcher Richtlinien wurden mehrere verschiedene Tierseuchen auf europäischer Ebene bekämpft.[379] Als weiteres den Gesundheitsschutz betreffende Thema wurde z.B. auch die Zulässigkeit von Rückständen von Tierarzneimitteln in Tieren geregelt.[380] Das zeigt, daß europäische Landwirtschaftspolitik von Beginn an notwendige veterinärrechliche Regelungen neben den wirtschaftlichen Erwägungen auch für den Gesundheitsschutz umfaßte. Allerdings überwogen wohl die wirtschaftlichen Gesichtpunkte, für die veterinärrechtliche Regelungen eine Grundvoraussetzung für die Etablierung der weitgehenden gemeinsamen Marktorganisation war. Dabei war es notwendig, den Wegfall der Grenzkontrollen durch Kontrollen am Abgangsort in den Mitgliedstaaten zu ersetzen.

Sofern von einer „Entwicklung" des Gesundheitsschutzes gesprochen werden kann, so tritt sie mit der Neuregelung des Art. 152 EG (früher 129 EGV) in eine neue Phase ein. Die Frage, ob es sich tatsächlich um eine rechtliche Weiterentwicklung und nicht nur um eine Veränderung der Betrachtung des Gesundheitsschutz-Aspektes handelt, wird später zu beantworten sein. Abgesehen davon war aber der gesundheitsspezifische Gehalt des Gemeinschaftsrechts, der sich allgemein erst im Rahmen einer dritten Phase der - in seiner Gänze nicht vorhandenen - „Gesundheitspolitik" für den Binnenmarkt entwickelte, im Bereich der GAP zwangsnotwendig bereits seit dem Beginn der Gemeinsamen Agrarpolitik vorhanden.

1.2 Gesundheitsschutz im Gemeinsamen Markt und im Binnenmarkt

Allgemein hat sich der „europäische" Gesundheitsschutz erst im Rahmen der fortschreitenden europäischen Integration entwickelt. Ein Blick auf den EG-Vertrag ergab aber, daß Gesundheitsschutz kein eigenständiger Politikbereich im Vertrag ist.[381] In der Literatur wird z.T. zwar mit der Einführung des Art. 129 EGV (heute

---

377 Vgl. **HER**, Liste der Rechtsakte, S. 1 ff..

378 Vgl. S. 64.

379 Z.B. Rinderbrucellose, Tuberkolose, enzootische Leukose bei Rindern, klassische Schweinepest, Tollwut, Maul- und Klauenseuche.

380 Vgl. die Verordnung 2377/90/EWG des Rates vom 26.6.1990 zur Schaffung eines Gemeinschaftsverfahrens zur Festsetzung von Höchstmengen für Tierarzneimittelrückstände in Nahrungsmitteln tierischen Ursprungs (Abl. L 224 vom 18.8.1990, S. 1).

381 So auch **Eckert**, ZLR 2000, S. 637 (639).

152 EG) festgestellt, daß nun ein „direktes Mandat“[382] vorläge bzw. daß eine „Bestätigung“[383] der langjährigen Praxis erfolgte. Diese Aussagen sind allerdings hinsichtlich der zentralen Frage, ob und inwieweit die Gemeinschaft Kompetenzen speziell zu Maßnahmen des Gesundheitsschutzes besitzt, bestenfalls unklar.

1.2.1 Der Binnenmarkt

Der Binnenmarkt umfaßt nach Art. 14 Abs. 2 EG „einen Raum ohne Binnengrenzen, in dem der freie Verkehr von Waren, Personen, Dienstleistungen und Kapital gemäß den Bestimmungen dieses Vertrages gewährleistet ist.“ Regelungen aus Gründen des Gesundheitsschutzes stehen oft in Konflikt mit diesen Zielen, und zwar sowohl im Rahmen der Grundfreiheit des Warenverkehrs nach Art. 28, 30 EG als auch bei der Harmonisierung der Rechtsvorschriften nach Art. 94, 95 EG.

1.2.1.1 Gesundheitsschutz und Warenverkehrsfreiheit

Die Problematik der Einschränkung des unbehinderten Warenverkehrs durch die Mitgliedstaaten, u.a. aus Gründen des Gesundheitsschutzes, ist von grundlegender Bedeutung. Im folgenden wird diese Problematik dargestellt, da dieselben Prinzipien auch grundsätzlich auf BSE-verseuchtes Fleisch, das Handelsware ist, anwendbar sind.

Art. 28 EG untersagt mitgliedstaatliche Verbote von mengenmäßigen Ein- und Ausfuhrbeschränkungen sowie von Maßnahmen gleicher Wirkung. Zu diesen Maßnahmen zählen auch Verbringungsverbote sowie Kontingentierungen, die die Ein- oder Ausfuhr einer Ware dauerhaft oder vorübergehend verbieten bzw. begrenzen.[384] „Maßnahmen gleicher Wirkung“ sind alle staatlichen Maßnahmen, die geeignet sind, unmittelbar oder mittelbar, tatsächlich oder potentiell den Handelsverkehr zwischen den Mitgliedstaaten zu behindern.[385] Diese Dassonville-Formel wurde schließlich vom Gerichtshof im Urteil „Keck“[386] in ihrer „tatbestandlichen Reichweite“[387] eingeschränkt: Unterschiedslos geltende Verkaufs- und Absatzmodalitäten sind keine Handelsbeschränkungen im Sinne der Dassonville-For-

---

[382] Vgl. oben Fn. 364.
[383] Vgl. oben Fn. 365.
[384] **Koenig/Haratsch**, Rdnr. 499.
[385] EuGH Rs. 8/74 „Dassonville“, Slg. 1974, S. 837.
[386] EuGH Rs. 267/91 und 268/91 „Keck“, Slg. 1993, S. I-6097.
[387] So die Formulierung bei *Epiney*, in: **Calliess/Ruffert**, Art. 28 EGV, Rdnr. 28.

mel.[388] Nach wie vor gelten aber produktbezogene Regelungen als Maßnahmen gleicher Wirkung.[389]

Neben dieser grundsätzlichen Beschränkung der Dassonville-Formel hatte der Gerichtshof bereits relativ früh[390] in seinem „Cassis de Dijon"-Urteil gewisse Schranken anerkannt, die die Anwendung von Art. 30 EGV (heute 28 EG) von vornherein ausschließen.[391] Die systematische Verortung ist schwierig.[392] Die Schranken liegen aber nur dann vor, wenn es keine gemeinschaftlichen Regelungen gibt, zwingende Erfordernisse des Gemeinwohls aber eine Beschränkung erfordern, und diese Beschränkung unterschiedslos für inländische wie ausländische Produkte gilt. Es geht also um Tatbestände nicht-wirtschaftlicher Art, die das hinter Art. 28 EG stehende Prinzip nicht in Frage stellen können. Solche zwingende Erfordernisse umfaßten nach der Cassis-Rechtsprechung auch Gründe des allgemeinwohlbezogenen Gesundheitsschutzes. Problematisch war diese Feststellung vor allem wegen der Überschneidung mit dem Ausnahmetatbestand des Gesundheitsschutzes in Art. 36 EGV (heute 30 EG). Zwar käme für reine Importrestriktionen im Gegensatz zu unterschiedslosen Restriktionen immer noch nur Art. 30 EG in Betracht.[393] In einem späteren Urteil hat der Gerichtshof aber klargestellt, daß der Gesundheitsschutz an sich nicht als „zwingendes Erfordernis" zu behandeln ist, sondern ausschließlich im Rahmen des Art. 30 EG zu prüfen ist.[394]

Neben diesen aus der Rechtsprechung entwickelten tatbestandsausschließenden „zwingenden Erfordernissen" bei Art. 28 EG sieht Art. 30 EG besondere abschließend aufgezählte Rechtfertigungsgründe vor, die eine Beschränkung entgegen Art. 28 EG rechtfertigen. Insbesondere sind Handelsbeschränkungen zulässig, wenn sie dem Schutz der menschlichen Gesundheit dienen. Soweit über den genauen Umfang der Gefahrenlage wissenschaftliche Unsicherheiten bestehen, gesteht der EuGH den Mitgliedstaaten einen weiten Bewertungsspielraum zu.[395] Bevor aber dieser Spielraum offen steht, müssen echte und ernsthafte Bedenken einer gesundheitlichen Gefahr vorhanden sein. Ausnahmetatbestände sind eng und abschließend auszulegen.[396] Zudem darf kein weniger in den innergemeinschaftlichen Handel eingreifendes Mittel möglich sein, weil es sich sonst um eine will-

---

388 Zu einer Analyse der Tendenzen der neueren Rechtsprechung vgl. **Busch**, ZEuS 2001, S. 349 (359).

389 **Koenig/Haratsch**, Rdnr. 508.

390 Das Keck-Urteil wurde erst 1993 gefällt, während das Cassis-Urteil schon aus 1978 stammt.

391 EuGH Rs. 120/78 "Cassis de Dijon", Slg. 1979, S. 649.

392 Vgl. **Busch**, ZEuS 2001, S. 349 (361).

393 Fischer/Köck, S. 495.

394 EuGH Rs. 97/83 „Melkunie", Slg. 1984, S. 2367, Rdnr. 10.

395 EuGH Rs. 104/75 „De Peijper", Slg. 1976, S. 613, Rdnr. 14/18.

396 Vgl. auch EuGH Rs. 113/80, Slg. 1981, S. 1625. 1. Leitsatz.

kürliche Diskriminierung oder eine verschleierte Handelsbeschränkung handeln würde.[397] Insofern hat der Gerichtshof in einer Reihe von Urteilen die von den Mitgliedstaaten angeführten Gründe des Gesundheitsschutzes als Schutzbehauptungen entlarvt, die in Wirklichkeit die heimische Produktion oder liebgewonnene Verbrauchergewohnheiten bewahren sollten.[398]

Die Aufzählung der Ausnahmetatbestände im Rahmen von Art. 30 EG ist erschöpfend und umfaßt nicht z.B. den Umweltschutz oder den Verbraucherschutz. Für letztere Bereiche verbleibt damit nur die Behandlung als „zwingendes Erfordernis" im Sinne des „Cassis"-Urteils.[399] Nach ständiger Rechtsprechung genügt im Bereich des Verbraucherschutzes, soweit es sich nicht um Gesundheitsschutz handelt, der Grundsatz, daß Verkehrsverbote für Erzeugnisse, die nicht nationalen Bezeichnungsvorschriften oder ähnlichem entsprechen, in der Regel gegen Art. 28 EG verstoßen.[400] Es handelt sich dann meist um unverhältnismäßige Mittel zum Verbraucherschutz, da der gleiche Schutzzweck - die Information des Verbrauchers - auch z.B. durch eine entsprechende Etikettierung erreicht werden kann.[401] Die Mitgliedstaaten haben bei der Beurteilung von gesundheitlichen Risiken einen weiten Spielraum, im Rahmen der Ausnahmeregelung des Art. 30 EG Handelsbeschränkungen zu erlassen.[402] Voraussetzung dafür sind echte und ernsthafte Erwägungen des Gesundheitsschutzes. Damit werden die Bedenken der Mitgliedstaaten einer strengen Prüfung unterzogen, bevor das ihnen zugestandene weite Ermessen zum tragen kommt. Für die BSE-Problematik bedeutet dies, daß trotz des grundsätzlich zu gewährleistenden freien Warenverkehrs die Mitgliedstaaten den Import von gefährlichem Fleisch als Handelsware beschränken können. Die Voraussetzung der ernsthaften Bedenken des Gesundheitsschutzes wäre durch die eindeutig erwiesene tödliche Gefahr der nVCJK erfüllt. Die Bewertung der tatsächlichen Gefahrenlage, hier also der Konsequenzen aus den bestehenden wissenschaftlichen Unsicherheiten bezüglich der Übertragbarkeit von BSE auf den Menschen, verbliebe im Ermessen des Mitgliedstaates.

---

397 *Becker*, in: **Schwarze**, Art. 30 EGV, Rdnr. 66.

398 So schon das Cassis-Urteil selbst, in dem es inhaltlich um eine Bezeichnungvorschrift zu "Likör" ging. Aber z.B. auch im bekannten Streit um das deutsche Reinheitsgebot bei Bier (EuGH Rs. 178/84, Slg. 1987, S. 1227) waren wohl keine echten gesundheitlichen Bedenken gegeben. Vgl. ausführlich **Landwehr**, S. 103 ff. (S. 129).

399 *Becker*, in: **Schwarze**, Art. 30 EGV, Rdnr. 44 - 49.

400 **Fischer/Köck**, S. 497.

401 EuGH Rs. C-210/89, Slg. 1991, S. I-1575, Rdnr. 17. EuGH Rs. C-407/85 „Drei Glocken", Slg. 1988, S. 4233, Rdnr. 16. EuGH Rs. C-383/97 „van der Laan", Slg. 1999, S. I-731, Rdnr. 24.

402 **Fischer/Köck**, S. 496.

1.2.1.2 Gesundheitsschutz im Rahmen der Rechtsangleichung

Wenn jeder Mitgliedstaat im Rahmen des oben dargestellten grundsätzlich eingeräumten gesundheitlichen Ermessens unterschiedliche Handelsbeschränkungen erlassen würde, wäre das Ziel des Gemeinsamen Marktes nicht zu verwirklichen. Aus der Warenverkehrsfreiheit selbst erhält die Gemeinschaft auch keine Kompetenzen zum Erlaß von europaweit einheitlichen Schutzmaßnahmen. Deshalb wurden der Gemeinschaft mit Art. 94 EG (früher 100 f. EGV) Kompetenzen zu Maßnahmen zur Angleichung solcher Handelsvorschriften übertragen. In diesem Rahmen gelten für das oben beschriebene Regel-Ausnahme-Verhältnis des freien Warenverkehrs andere Grundsätze: Besteht eine gemeinschaftliche Regelung, kann ein Mitgliedstaat sich nicht mehr auf die Schutzklausel des Art. 30 EG berufen. Wenn das entsprechende Rechtsgut schon durch die gemeinschaftliche Regelung geschützt wird, fehlt das Bedürfnis für einen Rückgriff auf Art. 30 EG.[403] Ansonsten würde das Gemeinschaftsrecht ausgehöhlt werden.[404] Sofern ein Mitgliedstaat eine andere Regelung wünscht, hat er sie auf europäischer Ebene durchzusetzen.

Mit Art. 100 a EGV (heute 95 EG) wurde eine auf Mehrheitsbeschluß basierende Harmonisierungskompetenz zur Verwirklichung des Binnenmarktes geschaffen. In dessen Anwendungsbereich sind unter den Voraussetzungen des Art. 95 Abs. 4 - 10 EG den Mitgliedstaaten eigenständige Maßnahmen möglich. Grund für die Einfügung der Abs. 4 und 5 war, daß die Einführung des Mehrheitsprinzips leichter Harmonisierungsmaßnahmen zuläßt. Bei einer auf reinen Mehrheitsbeschluß erfolgenden Harmonisierung sollten quasi als Ersatz zum Wegfall des Einstimmigkeitserfordernisses sowie des Vetorechtes des Art. 30 EG die Einreden des Abs. 4 und 5 einen Ausgleich schaffen. Einseitig dürfen nach Art. 95 Abs. 6 EG nur noch für den Bereich Umwelt oder Arbeitsumwelt geltende Maßnahmen erlassen werden, wenn neue wissenschaftliche Erkenntnisse dies rechtfertigen, oder bereits vorhandene Maßnahmen beibehalten werden, die unter einen grundsätzlichen Ausnahmetatbestand des Art. 30 EG fallen würden. Beides erfordert die Genehmigung der Kommission.

Nach Art. 95 Abs. 3 EG ist im Rahmen der Harmonisierungsmaßnahmen von einem hohen Gesundheitsschutz-Niveau auszugehen. Da die Mitgliedstaaten trotz erfolgter Harmonisierung nach Art. 95 Abs. 4 und 5 EG abweichende nationale Sondervorschriften aus Gründen des Gesundheitsschutzes rechtfertigen können, muß die Gemeinschaft selbst den erforderlichen Gesundheitsschutz verwirklichen,

---

[403] *Epiney*, in: **Calliess/Ruffert**, Art. 30 EGV, Rdnr. 9 f..

[404] EuGH Rs. 5/77 „Denkavit“, Slg. 1977, S. 1555, Rdnr. 33/85. Ständige Rechtsprechung, vgl. die Nachweise bei *Epiney*, in: **Calliess/Ruffert**, Art. 30 EGV, Rdnr. 9 f..

wenn sie erfolgreich harmonisierend tätig werden will. In der Literatur wird deshalb von einem „Funktionszusammenhang" gesprochen.[405] Art. 95 Abs. 3 EG wird als Verfahrensnorm gesehen.[406] Kahl meint, daß die„Spezialausprägung" zum einen den Art. 2 EG konkretisiere, zum anderen aber auch die Querschnittsklauseln der Art. 6, 152 Abs. 1 und 153 Abs. 2 EG.[407] Damit besteht jedenfalls eine Pflicht zur inhaltlichen Beachtung von Gesundheitsschutz.[408]

Wie schwierig jedoch die praktische Abgrenzung zwischen der (verfahrensmäßigen) inhaltlichen Beachtung von Gesundheitsschutz nach Art. 95 Abs. 3 EG und der aus Art. 95 Abs. 1 EG folgenden Kompetenzen zum sachlichen Zweck der Verwirklichung des Binnenmarktes sein kann, zeigt in jüngster Vergangenheit vor allem das Urteil des EuGH über die Tabakwerberichtlinie.[409] Verschärft wird die Problematik dadurch, daß nach Art. 152 Abs. 4 lit. c EG jegliche Harmonisierung im Bereich der Gesundheitspolitik ausdrücklich ausgeschlossen wurde. Das Problem wird weiter unten noch ausführlich behandelt.[410]

1.2.2 Gesundheitsschutz im Rahmen des Gesundheitswesens

Die Einfügung eines Artikels über das Gesundheitswesen in den Vertrag läßt eigentlich vermuten, daß unter dem Titel „Gesundheitswesen" die zentralen Vorschriften für den europäischen Gesundheitsschutz zu finden sind. Die bereits dargestellten Aspekte der Beachtung von Gesundheitsschutz im Bereich des Binnenmarkts lassen aber bereits daran zweifeln. In Art. 95 Abs. 3 EG (früher 100 a Abs. 3 EGV) wurde der Gesundheitsschutz ja schon eingefügt. Im übrigen hatte der EuGH im Rahmen der Rechtsprechung bezüglich Art. 30 EG dem Gesundheitsschutz den „ersten Rang" unter den Schutzgütern eingeräumt.[411] Es ist also zu fragen, ob Art. 152 EG noch zusätzliche Kompetenzen bietet.

---

405 *Herrnfeldt*, in: **Schwarze**, Art. 95 EGV, Rdnr. 34.

406 *Herrnfeldt*, in: **Schwarze**, Art. 95 EGV, Rdnr. 35.

407 *Kahl*, in: **Calliess/Ruffert**, Art. 95 EGV, Rdnr. 14.

408 *Kahl*, in: **Calliess/Ruffert**, Art. 95 EGV, Rdnr. 15. Unklar insoweit *Eiden*, in: **Bleckmann**, Rdnr. 2132.

409 EuGH Rs. C-376/98 und C-74/99 „Tabakrichtlinie", Slg. 2000, S. I-2247. Vgl. **Wägenbaur**, B., EuZW 2000, S. 549 (551).

410 Vgl. S. 88 ff..

411 EuGH Rs. 104/75 „de Peijper", Slg. 1976, S. 613, Rdnr. 14/18. EuGH Rs. C-320/93 „Ortscheid", Slg. 1994, S. I-5243, Rdnr. 16.

1.2.2.1 Umfang

Das Gesundheitswesen kann in drei Bereiche eingeteilt werden: Die Prävention, die Kuration und die Rehabilitation.[412] Der Anwendungsbereich des Art. 152 EG umfaßt Maßnahmen der allgemeinen Prävention.[413] Anders als der frühere Art. 129 EGV wird aber nicht mehr nur die „Verhütung" von Krankheiten, sondern auch die „Bekämpfung" mit umfaßt. Damit besteht eine gewisse Überlappung der Prävention mit der Kuration. Nach einer Ansicht wird in Art. 152 EG die Handlungsmacht der Gemeinschaft nicht abschließend aufgezählt, sondern lediglich eine „Prioritätensetzung" vorgenommen.[414] Das soll sich auch aus dem Wortlaut des Abs. 1 Unterabs. 2 ergeben: „Sie umfaßt...". Insofern sei der Anwendungsbereich letztlich bei allen Gesundheitsgefährdungen eröffnet.[415] Die frühere Formulierung der „weitverbreiteten Krankheiten" in Art. 129 EGV wurde durch „schwere" Krankheiten ersetzt. Damit fallen jetzt unstreitig jedenfalls auch selten auftretende Krankheiten wie z.B. die (nV)CJK unter den Anwendungsbereich.[416]

Unabhängig von den Fragen des Anwendungsbereichs werden aber für die Gemeinschaft Kompetenzen nur äußerst begrenzt begründet. Nach Art. 152 Abs. 1 Satz 2 EG soll die Tätigkeit der Gemeinschaft die Politik der Mitgliedstaaten „ergänzen". Nach Abs. 1 Satz 1 kann die Gemeinschaft in allen Politikbereichen tätig werden, um ein hohes Niveau im Gesundheitsschutz sicherzustellen. Nach Art. 152 Abs. 2 EG soll die Gemeinschaft nach innen die Politik der Mitgliedstaaten ergänzen und koordinieren und gemäß Abs. 3 nach außen die internationale Zusammenarbeit fördern. Zwar gleicht sich der Wortlaut des Abs. 2 mit dem von Abs. 1 („ergänzen"). Allerdings wird durch den ausdrücklichen Bezug auf die Politik der Mitgliedstaaten klar, daß hier der Gemeinschaft keinerlei eigenständige Gesaltungsmöglichkeiten zugewiesen sind. Die in Abs. 2 Unterabs. 2 Satz 2 erwähnte aktive Mitwirkung der Kommission ändert daran nichts: Die Kommission soll „in enger Verbindung mit den Mitgliedstaaten alle Initiativen ergreifen, die dieser Koordinierung [zwischen den Mitgliedstaaten] förderlich sind".[417] Ein Blick auf die Entwicklung der gesundheitlichen Aspekte zeigt, daß mit dieser Pas-

---

412 *Schmidt am Busch*, in: **Grabitz/Hilf**, Art. 152 EGV, Rdnr. 7 mit Verweis auf **Schell**, "Das deutsche Gesundheitswesen von A-Z"! Bemerkenswert ist insofern, dass das Gesundheitswesen des EG-Vertrags ohne weiteres mit dem deutschen Begriff gleichgesetzt wird.

413 Vgl. Kapitel 1 Abschnitt 2.2.4 und 3.2.1.

414 *Schmidt am Busch*, in: **Grabitz/Hilf**, Art. 152 EGV, Rdnr. 9.

415 *Schmidt am Busch*, in: **Grabitz/Hilf**, Art. 152 EGV, Rdnr. 14.

416 *Fischer*, in: **Lenz**, Art. 152 EGV, Rdnr. 7. *Schmidt am Busch*, in: **Grabitz/Hilf**, Art. 152, Rdnr. 11.

417 *Schmidt am Busch*, in: **Grabitz/Hilf**, Art. 152 EGV, Rdnr. 22, spricht insofern mißverständlich von einer aktiven Befugnis der Kommission.

sage vor allem die früher umstrittenen Aktionsprogramme der Gemeinschaft vertraglich legitimiert werden.[418]

Hinsichtlich des Umfangs des sich aus dem neuen Art. 152 EG eröffneten gemeinschaftlichen Aktionsbereiches hat die Kommission einen Vorschlag für ein Aktionsprogramm im Bereich der öffentlichen Gesundheit für den Zeitraum 2001-2006 vorgelegt.[419] Die Kommission geht dabei von einem weitgehend horizontalen Ansatz aus.

Nur in zwei Bereichen ist der Gemeinschaft gemäß Abs. 4 der Rückgriff auf „Maßnahmen" eingeräumt: Zum einen bei der Vorgabe von Qualitäts- und Sicherheitsstandards für Organe und Substanzen menschlichen Ursprungs sowie für Blut und Blutderivate (Lit. a). Zum anderen im Bereich des Veterinär- und Pflanzenschutzwesens (Lit. b). Der Wortlaut „Maßnahmen" erlaubt die volle Handlungsmacht nach dem Maßnahmenkatalog des Art. 249 EG.[420] Der letztere Bereich wird später im Zusammenhang mit den der Gemeinsamen Agrarpolitik genauer zu analysieren sein.[421]

1.2.2.2 Querschnittsklausel

Wegen der nur komplementären Zuständigkeiten der Art. 152 Abs. 2 und 3 EG kommt der Querschnittsklausel in Abs. 1 große Bedeutung zu. Die Anwendung der Querschnittsklausel wurde durch die Neuformulierung erheblich aufgewertet, indem Gesundheitsschutz nicht mehr lediglich „Bestandteil der übrigen Politiken" ist (so früher Art. 129 Abs. 1 EGV), sondern „ein hohes Schutzniveau sichergestellt" werden soll (nunmehr Art. 152 Abs. 1 EG).

Welche Rechtswirkung die Querschnittsklausel im einzelnen hat, haben nach Berg "die Gemeinschaftsgerichte" bislang nicht geklärt.[422] Neben der Pflicht zu Erwägungen des Gesundheitsschutzes in der Begründung eines Rechtsaktes dürfte wohl eine Pflicht zu „gesundheitsfreundlicher" Auslegung bzw. Interpretation gegeben sein. Für den vorliegenden Kontext ist jedenfalls feststellbar, daß durch die Querschnittsklausel keine Kompetenz zu Gesundheitsschutzmaßnahmen be-

---

418 Vgl. Kapitel 2 Abschnitt 1.1.1.

419 Vorschlag für einen Beschluß des Europäischen Parlaments und des Rates über ein Aktionsprogramm der Gemeinschaft im Bereich der öffentlichen Gesundheit (2001-2006), ABl. C 337 E vom 28.11.2000, S. 122. Derzeitiger Verfahrensstand: Gemeinsamer Standpunkt, ABl. C 307 v. 31.10.2001, S. 27.

420 *Schmidt am Busch*, in: **Grabitz/Hilf**, Art. 152 EGV, Rdnr. 28. *Fischer*, in: **Lenz**, Art. 153 EGV, Rdnr. 12.

421 Vgl. die einleitende Fragestellung dieses Abschnitts, nachdem hier zunächst die allgemeinen Gesundheitsschutz-Regeln außerhalb spezieller landwirtschaftlicher Bereiche dargestellt werden. Näher zu Art. 152 Abs. 4 lit. b EG vgl. Kapitel 2 Abschnitt 1.4.

422 *Berg*, in: **Schwarze**, Art. 152 EGV, Rdnr. 12.

steht. Weiterführende Fragen werden damit erst im Rahmen der Durchführung von Gesundheitsschutz relevant.[423]

1.2.3 Gesundheitsschutz im Rahmen des Verbraucherschutzes

Der Verbraucherschutz umfaßt nach Artikel 153 Abs. 1 EG (früher 129a EGV) auch den Schutz der Gesundheit. Im folgenden soll daher untersucht werden, inwieweit die Gemeinschaft zu Maßnahmen des Verbraucherschutzes, speziell im Hinblick auf den Gesundheitsschutz, ermächtigt wird. Die Untersuchung konzentriert sich durch den Bezug zur BSE-Problematik vor allem auf den Teilaspekt der Lebensmittelsicherheit.

Verbraucherschutz wurde von der Gemeinschaft schon vor der Schaffung einer entsprechenden Kompetenz im Vertrag ausgiebig praktiziert. Zu nennen wären beispielhaft die Verbraucherschutzprogramme von 1975[424] und von 1981[425]. Als Rechtsgrundlage für zahlreiche Rechtsakte zugunsten des Verbraucherschutzes konnte Art. 100a EGV (heute 95 EG) oder Art. 235 EGV (heute 300 EG) verwendet werden. Mit dem Vertrag von Maastricht wurde der Verbraucherschutz als eigenständige Politik der Gemeinschaft eingestellt.

Der Verbraucherschutz umfaßt nach Art. 153 Abs. 1 EG „einen Beitrag zum Schutz der Gesundheit, der Sicherheit und der wirtschaftlichen Interessen der Verbraucher". Weiter ist auch die „Förderung ihres Rechtes auf Information, Erziehung und Bildung von Vereinigungen zur Wahrung ihrer Interessen" mit erfaßt.

Die Kategorisierung in die fünf Verbraucherrechte nach Art. 153 Abs. 1 EG zeugt von einer gewissen Willkürlichkeit, da die genannten Aspekte sich öfters überschneiden.[426] Inhaltlich können die Rechtsakte unabhängig von einzelnen Aufgabenbereichen pauschal in zwei Gruppen eingeteilt werden.[427] Zum einen sollen die wirtschaftlichen Interessen und die Information der Verbraucher geschützt werden. Die andere Zielrichtung besteht im Schutz der Gesundheit und der Sicherheit des Verbrauchers.

Im Rahmen der BSE-Problematik beschränkt sich die Betrachtung des Verbraucherschutzes auf den Sachbereich des „Lebensmittelrechts". Dieser Sachbereich enthält umfangreiche Regelungen, die den Schutz der Gesundheit des Verbrau-

---

423 Vgl. Kapitel 3 Abschnitt 1.2.2.

424 „Erstes Programm für eine Politik zum Schutz und zur Unterrichtung der Verbraucher" (ABl. 1975 C 92, S. 1).

425 ABl. 1981 C 133, S. 1.

426 So **Oppermann**, Rdnr. 2046, der sich dennoch an die in Art. 153 EG vorgegebene Einteilung hält.

427 So *Fischer*, in: **Lenz**, Art. 153 EGV, Rdnr. 3.

chers bezwecken.[428] So ist z.B. die Lebensmittelsicherheit ein Bereich, in dem weitestgehende Harmonisierung betrieben wurde.

Hinsichtlich der Rechtsgrundlagen unterscheiden sich die Rechtsangleichungsmaßnahmen im Rahmen des Verbraucherschutzes nur unwesentlich, da größtenteils auf die Rechtsangleichungsmaßnahmen im Rahmen der Verwirklichung des Binnenmarkts (Art. 95 EG) verwiesen wird: Nach Art. 153 Abs. 3 lit. a EG ist der Verbraucherschutz durch Maßnahmen im Rahmen des Binnenmarktes nach Art. 95 EG zu verwirklichen. Zusätzlich sind nach Art. 153 Abs. 4 in Verbindung mit Abs. 3 lit. b EG Maßnahmen zur Ergänzung und Überwachung möglich. Mit dem Vertrag von Amsterdam wurde zusätzlich eine Querschnittsklausel als Art. 153 Abs. 2 EG eingefügt. Diese wurde der Querschnittsklausel des alten 129 a EGV (welche selbst allerdings in Art. 152 EG neu formuliert wurde) nachgebildet. Auch diese Querschnittsklausel stellt keine eigene Rechtsgrundlage für den Erlaß von Maßnahmen dar.[429]

Problematisch könnte hier allerdings die Abgrenzung zwischen gesundheitsbezogenem Verbraucherschutz und dem allgemeinem Gesundheitsschutz nach Art. 152 EG oder Art. 95 Abs. 3 EG sein. Darauf wird später im Rahmen der Durchführung des Gesundheitsschutzes noch genauer eingegangen werden.[430] Hier genügt zunächst die Feststellung, daß der Verbraucherschutz ebenfalls keine eigenständige Rechtsgrundlage bietet, um gemäß Art. 249 EG Maßnahmen zum Gesundheitsschutz vornehmen zu können.

1.2.4 Zwischenergebnis

Festzuhalten ist, daß im Gesundheitswesen grundsätzlich keine Kompetenz der Gemeinschaft für rechtsangleichende Maßnahmen besteht. Im Rahmen der Harmonisierung des Binnenmarktes besteht die Pflicht, bei der Durchführung ein hohes Gesundheitsschutzniveau sicherzustellen. Ansonsten bestehen lediglich ergänzende und koordinierende Befugnisse. Die Querschnittsklausel des Art. 152 Abs. 1 EG schreibt die Beachtung eines hohen Niveaus des Gesundheitsschutzes in allen (sonstigen) Politikbereichen vor. Hinsichtlich der Wirkungsweise der vorhandenen Querschnittsklauseln ist festzuhalten, daß sie lediglich das Vorhandensein von Gesundheitsschutzmotiven in einer Maßnahme rechtfertigen bzw. zur Beachtung solcher Motive verpflichten. Das heißt aber umgekehrt, daß für den Gesundheitsschutz im Rahmen des Art. 152 EG keine eigenständige Kompetenz vorhanden ist. Für die BSE-Problematik würde das bedeuten, daß eine aus-

---

428 Vgl. die Kurzübersicht bei *Fischer*, in: **Lenz**, Art. 153 EGV, Rdnr. 10.
429 Vgl. Kapitel 2 Abschnitt 1.2.2.2.
430 Kapitel 3 Abschnitt 1.2.3.

schließlich dem Gesundheitsschutz dienende Regelung grundsätzlich unwirksam wäre. Allerdings darf der Gesundheitsschutz im Rahmen einer sonstigen Kompetenz geregelt werden, z.B. aus den Kompetenzen zur Verwirklichung des Binnenmarkts. Im folgenden ist zu fragen, ob sich speziell aus der Gemeinsamen Agrarpolitik eigene und möglicherweise andere Kompetenzen für Maßnahmen des Gesundheitsschutzes ergeben.

1.3 Gesundheitsschutz in der Gemeinsamen Agrarpolitik

Bevor die Normen der Gemeinsamen Agrarpolitik untersucht werden, muß zunächst allgemein gefragt werden, wie diese im Verhältnis zu den oben untersuchten Politiken stehen. Sodann ist zu fragen, ob die oben festgestellten Grundsätze mangels ausdrücklicher Nennung des Gesundheitsschutzes in der Gemeinsamen Agrarpolitik auch hier anwendbar sind.

1.3.1 Abgrenzung der Gemeinsame Agrarpolitik zum Gemeinsamen Markt und zum Binnenmarkt

Das Verhältnis der Gemeinsamen Agrarpolitik zum übrigen Gemeinsamen Markt, insbesondere zum Binnenmarkt, ist umstritten. Zur Klärung müssen auch die Begriffe „Binnenmarkt“ und „Gemeinamer Markt“ erörtert werden.

1.3.1.1 Abgrenzung zwischen dem Gemeinsamen Markt und dem Binnenmarkt

Es bestehen Unsicherheiten hinsichtlich der Reichweite des Binnenmarktes im Verhältnis zum Gemeinsamen Markt.[431] Das hat auch Auswirkungen auf das Verständnis der Gemeinsamen Agrarpolitik, die nach Art. 32 EG vom Gemeinsamen Markt umfaßt wird.

Art. 100 EGV (heute 94 EG) stellte vor der EEA[432] die einzige Ermächtigung der Gemeinschaft zur Harmonisierung der nationalen Vorschriften dar und bezieht sich auf das „Funktionieren des Gemeinsamen Marktes“. Der Gemeinsame Markt war der Begriff, der die bis dato als „Wirtschaftsgemeinschaft“ verstandene Europäische Gemeinschaft rechtlich charakterisierte. Nicolaysen definiert den Rechtsbegriff des Gemeinsamen Marktes als „die Gesamtheit der Regelungen des Gemeinschaftsrechts für den Wirtschaftsverkehr im Gebiet der Gemeinschaft.“[433]

---

[431] *Thiele*, in: **Calliess/Ruffert**, Art. 32 EGV, Rdnr. 32.
[432] Einheitliche Europäische Akte vom 28.2.1982, in Kraft seit 01.07.1987; vgl. die Ausführungen in Kapitel 2 Abschnitt 1.1.
[433] **Nicolaysen**, S. 88.

Nach dem EuGH bezweckt der Gemeinsame Markt „die Beseitigung aller Hemmnisse im innergemeinschaftlichen Handel mit dem Ziele der Verschmelzung der nationalen Märkte zu einem einheitlichen Markt, dessen Bedingungen denjenigen eines wirklichen Binnenmarktes möglichst nahe kommen."[434]

Die genaue Abgrenzung zwischen dem Gemeinsamen Markt und insbesondere dem Binnenmarkt ist in der Literatur umstritten. Insgesamt werden alle möglichen Lösungsmöglichkeiten vertreten: Der Binnenmarkt gehe weiter als der Gemeinsame Markt (Erweiterungsthese), beide seien deckungsgleich (Synonymitätsthese), der Gemeinsame Markt sei umfassender (Einschränkungsthese).[435] Fest steht jedenfalls, daß der binnenmarktbezogene Art. 95 EG (früher 100 a EGV) lex specialis zu Art. 94 EG (früher 100 EGV), der den Gemeinsamen Markt betrifft, ist.[436] Davon ausgehend werden unterschiedliche Thesen vertreten:

Die Synonymitätsthese wird im wesentlichen damit begründet, daß die Einfügung des damaligen Art. 100 a EGV (heute 95 EG) lediglich eine neue integrationspolitische Stufe darstelle und beide Begriffe synonym im Vertrag verwendet werden.[437]

Für die Erweiterungsthese spräche die Interpretation des "Weißbuches zur Vollendung des Binnenmarktes" der Europäischen Kommission[438] sowie der Rechtsprechung des EuGH.[439] Die Anhänger der Erweiterungsthese argumentieren, daß der Binnenmarkt eine höhere Integrationsdichte aufweise und deshalb eine substantielle Erweiterung der ursprünglichen Zielsetzung des Gemeinsamen Marktes bedeute.[440] Die Systematik und der Sinn und Zweck der Art. 14 Abs. 2 EG und Art. 95 Abs. 2 EG zeigten, daß der Binnenmarkt die Vorschriften des Gemeinsamen Marktes mit umfasse: Nach Art. 14 Abs. 2 EG müsse der Binnenmarkt nach den Bestimmungen des gesamten Vertrags gewährleistet werden, also auch einschließlich derer des Gemeinsamen Marktes. Nach Art. 95 Abs. 2 bleibe die Rechtsangleichung für bestimmte Bereiche ausgeschlossen, die grundsätzlich eine Materie des Gemeinsamen Marktes sind. Diese Vorschrift wäre überflüssig,

---

434 EuGH Rs. 15/81 „Gaston/Schul", Slg. 1982, S. 1409, Rdnr. 33.

435 Vgl. *Kahl*, in: **Calliess/Ruffert**, Art. 14 EGV, Rdnr. 7-10. **Schröer**, EuR 1991, S. 357.

436 *Kahl*, in: **Calliess/Ruffert**, Art. 94 EGV, Rdnr. 13. *Herrnfeldt*, in: **Schwarze**, Art. 94 EGV, Rdnr. 20. *Röttinger*, in: **Lenz**, Art. 94 EGV, Rdn. 1. *Eiden*, in: **Bleckmann**, Rdnr. 2128. **Epiney**, JZ S. 567.

437 Z.B. *Eiden*, in: **Bleckmann**, Rdnr. 2127, 2114. **Von Schwanenflügel**, S. 13. Vgl. die Darstellungen bei *Hatje*, in: **Schwarze**, Art. 2 EGV, Rdnr. 28 und Art. 14 EGV, Rdnr. 7.

438 "Vollendung des Binnenmarktes - Weißbuch der Europäischen Kommission an den Rat" vom 28./29.6.1985, KOM(85)310, Rdnr. 4.

439 *Kahl* in: **Calliess/Ruffert**, Art. 14 EGV, Rdnr. 7.

440 **Schröer**, EuR 1991, S. 357. *Kahl*, in: **Calliess/Ruffert**, Art. 14 EGV, Rdnr. 11. Vgl. Nachweise ebenda, Art. 14 EGV, Rdnr. 7, 10, und bei **Epiney**, JZ 1992, S. 549 (566 Fn. 30).

wenn der Binnenmarkt nicht den Gemeinsamen Markt umfaßte.[441] Die Beseitigung aller Grenzkontrollen sei ein neuer zusätzlicher Aspekt des Binnenmarktes, entsprechend umfasse auch der Ansatz der Kommission mehr als die Elemente des Gemeinsamen Marktes.[442]

Ausgehend von dieser Struktur kann aber auch die Einschränkungsthese vertreten werden. Die Marktfreiheitsrechte könnten hiernach unter Art. 95 EG zu fassen sein, und die allgemeineren Marktgleichheitsrechte unter den insofern weiter zu verstehenden Begriff des Gemeinsamen Marktes nach Art. 94 EG.[443] Unter Marktfreiheitsrechten wären nach Epiney „die Verwirklichung des freien Zugangs zu ausländischen Märkten, also die Freiheit des Waren-, Personen-, Dienstleistungs- und Kapitalverkehrs“ zu verstehen.[444] Demgegenüber gewährleisten Marktgleichheitsrechte, „dass jeder Wirtschaftsteilnehmer auf den ausländischen Märkten gleiche Wettbewerbsbedingungen vorfindet“.[445]

Diesem Ansatz ist aber spätestens seit dem Titandioxid-Urteil[446] des EuGH nicht mehr zu folgen.[447] Die Einschränkungsthese kann nach Ukrow aber insofern vertreten werden, daß die Grundfreiheiten des Binnenmarkts nicht ohne gewisse Vorbedingungen wie z.B. Vertrags-, Wettbewerbsfreiheit, Gleichheit der Marktbürger, u.a. zu verwirklichen seien. Diese fallen unter die eigentlichen originären Grundfreiheiten des Gemeinsamen Marktes, ohne aber direkt unter den Binnenmarkt zu fallen.[448] Für eine solche These spricht beispielsweise, daß ansonsten Art. 94 EG oder viele sonstige Politiken des Vertrags auch unter Art. 95 EG fallen würden und alle anderen Artikel faktisch obsolet würden.[449]

Lenz ist vor dem Hintergrund der vertretenen Thesen der Ansicht, daß u.a. die Gemeinsame Agrarpolitik und die Wettbewerbsfreiheit Sektoren seien, die nicht vom Binnenmarkt erfaßt seien. Ebenso gehören auch die Gemeinsame Handels- und Verkehrspolitik zu den Grundlagen des Gemeinsamen Marktes, ohne daß diese dem Binnenmarkt zugehören könnten.[450]

---

441 *Hatje*, in: **Schwarze**, Art. 14 EGV, Rdnr. 7.

442 *Kahl*, in: **Calliess/Ruffert**, Art. 14 EGV, Rdnr. 11.

443 **Epiney**, JZ 1992, S. 564 (567).

444 **Epiney**, JZ 1992, S. 564 (567, Fn. 38). **Borchardt**, S. 245.

445 **Epiney**, JZ 1992, S. 564 (567, Fn. 39). **Borchardt**, S. 246.

446 EuGH Rs. C-300/89, Slg. 1991, S. I-2867.

447 **Schröer**, EuR 1991, S. 356f.. Kritik am Urteil deswegen bei **Epiney**, JZ 1992, S. 564 (567).

448 *Ukrow*, in: **Calliess/Ruffert**, Art. 2 EGV, Rdnr. 24.

449 So **Epiney**, JZ 1992, S. 564 (567).

450 *Lenz*, in: **Lenz**, Art. 14 EGV, Rdnr. 3. Allerdings hierzu unklar *ders.*, Art. 32 EGV, Rdnr. 3, als es dort heißt: "erkärt die Landwirtschaft ... als vom Gemeinsamen Markt/Binnenmarkt mitumfaßt".

1.3.1.2 Die Gemeinsame Agrarpolitik im Verhältnis zum Gemeinsamen Markt

Das Agrarrecht wird von Ipsen als „Rechtsmasse besonderer Art“ bezeichnet.[451] Der EG- Vertrag sieht für diese Materie besonders detaillierte Regelungen vor. Streinz erklärt dies damit, daß die Agrarprodukte aufgrund der Besonderheiten der landwirtschaftlichen Produktion und der besonderen Bedeutung der Nahrung als Existenzgrundlage nicht wie andere Waren behandelt werden können.[452]

Nach Art. 32 EG umfaßt der Gemeinsame Markt auch die Landwirtschaft und den Handel mit landwirtschaftlichen Erzeugnissen. Eine allgemeine Definition der Landwirtschaft wird nicht gegeben. Unter landwirtschaftlichen Erzeugnissen sind nach Art. 32 Abs. 1 Satz 2 EG die Erzeugnisse des Bodens, der Viehzucht und der Fischerei sowie die in unmittelbarem Zusammenhang stehenden Erzeugnisse der ersten Verarbeitungsstufe zu verstehen.

Die Gemeinsame Agrarpolitik (GAP) wird aber nicht für alle Erzeugnisse dieser allgemeinen Definition betrieben, sondern nur für solche, die im Anhang I des Vertrags aufgelistet werden. Kapitel 1 des Anhang I umfaßt „lebende Tiere“. In Kapitel 2 des Anhang I findet sich „Fleisch und genießbarer Schlachtabfall“. Sonstige Waren tierischen Ursprungs werden von Kapitel 5 Ziffer 5.15 des Anhang I erfaßt. Damit fallen also Regelungen über BSE-kranke Rinder sowie BSE-verseuchte Produkte unter die Gemeinsame Agrarpolitik.

Nach Art. 32 Abs. 2 EG (früher 38 Abs. 2 EGV) finden die Vorschriften für die Errichtung des Gemeinsamen Marktes auf die landwirtschaftlichen Erzeugnisse Anwendung, soweit sich aus den Artikeln 33 bis 38 EG (früher 39 bis 46 EGV) nicht etwas anderes ergibt. Nach herrschender Meinung gelten grundsätzlich auch auf den Agrarmärkten die Grundfreiheiten.[453] Dem ist insoweit zuzustimmen, als sich aus den Art. 32 ff. EG „nichts anderes ergibt“.

Etwas anderes ergibt sich möglicherweise aber aus dem besonderen Maßnahmenkatalog des Art. 37 EG. Insbesondere kann nach Art. 37 Abs. 3 EG (früher 43 Abs. 3 EGV) eine gemeinsame Marktorganisation die verschiedenen nationalen Organisationen ersetzen. Solche Marktorganisationen sind mittlerweile für fast alle Sektoren der GAP errichtet worden.[454] Diese Marktorganisationen erlauben inhaltliche Regelungen, die sehr speziell sind und über die sonstigen vertraglichen Ziele weit hinausgehen: Nach Art. 33 Abs. 1 EG (früher 39 Abs. 1 EGV) soll die

---

451 **Ipsen**, S. 836.

452 So **Streinz**, Rdnr. 776.

453 *Thiele*, in: **Calliess/Ruffert**, Art. 32 EGV, Rdnr. 33. *Hix*, in: **Schwarze**, Art. 32 EGV, Rdnr. 14. **Oppermann**, Rdnr. 1360.

454 Vgl. **Oppermann**, Rdnr. 1377, für eine Aufzählung der Marktorganisationen.

Gemeinsame Agrarpolitik die Produktivität der Landwirtschaft steigern (lit. a), der landwirtschaftlichen Bevölkerung dadurch eine angemessene Lebenshaltung gewähren (lit. b), die Märkte stabilisieren (lit. c), die Versorgung sicherstellen (lit. d) und für angemessene Verbraucherbelieferung und -preise sorgen (lit. e). Nach Art. 33 Abs. 2 EG (früher 39 Abs. 2 EGV) soll die besondere Eigenart der landwirtschaftlichen Tätigkeit (lit. a), eine stufenweise Anpassung (lit. b) und die enge Verflechtung mit der gesamten Volkswirtschaft (lit. c) berücksichtigt werden. Diese Regelungsbefugnisse gehen über einfache Harmonisierungsmaßnahmen hinaus.

1.3.1.3 Abgrenzung zwischen der Gemeinsamen Agrarpolitik und dem Binnenmarkt

Nach Art. 37 Abs. 3 lit. b EG haben die agrarpolitischen Maßnahmen im Rahmen des Handelsverkehrs Bedingungen sicherzustellen, die denen des Binnenmarkts entsprechen. Der Binnenmarkt umfaßt nach Art. 14 Abs. 2 EG „einen Raum ohne Binnengrenzen, in dem der freie Verkehr von Waren, Personen, Dienstleistungen und Kapital gemäß den Bestimmungen dieses Vertrags gewährleistet ist." Das stellt aber nicht die inhaltliche Konzeption des Binnenmarktes mit der Konzeption der Gemeinsamen Agrarpolitik gleich. Eine Unterscheidung läßt sich sowohl nach Regelungsinhalt als auch Regelungsbefugnis feststellen:

Die Gewährleistung der in Art. 14 Abs. 2 EG erwähnten Grundfreiheiten unterscheidet sich von der Verwirklichung der Ziele des Art. 33 Abs. 1 EG. Die zum Zeitpunkt der Integration der Agrarwirtschaft vorhandenen verschiedenen nationalen Interventionssysteme mußten besonderen Regeln folgen und konnten nicht unter die allgemeinen Regeln der vertraglichen Wirtschaftsverfassung fallen.[455] Dagegen beschränken sich die nach Art. 95 EG (früher Art. 100 a EGV) zulässigen Maßnahmen, mittels derer die Rechts- und Verwaltungsvorschriften der Mitgliedstaaten angeglichen werden, auf das bloße Funktionieren des Binnenmarktes. Eine gemeinsame Organisation der Märkte kann demgegenüber wesentlich tiefgreifendere Maßnahmen umfassen als die bloße Funktionsgewährleistung eines (Binnen-)Marktes. Das zeigt der Umfang und die Regelungstiefe des landwirtschaftlichen Sekundärrechts.[456] Man könnte auch von planwirtschaftlichen Elementen sprechen.

---

[455] Vgl. schon bei **Ipsen**, S. 835.

[456] **Ipsen**, S. 835 f.. Vgl. auch **Oppermann**, Rdnr. 1378, für eine Aufzählung der Regelungsmechanismen einer Marktorganisation wie z.B. einheitliche Preissysteme sowie Preisniveau u.v.a..

Nach Art. 14 Abs. 2 EG umfaßt der Binnenmarkt einen wesentlich breiteren Sachbereich als den der bloßen Landwirtschaft. In der Praxis ist es deshalb gelegentlich schwierig, den Anwendungsbereich der Befugnisse aus Art. 37 EG von denen des Binnenmarktes nach Art. 95 EG zu trennen.[457] Das ist später im Rahmen der Durchführungsfragen näher zu erörtern.

1.3.1.4 Stellungnahme

Vieles spricht dafür, daß der Binnenmarkt mit dem Gemeinsamen Markt nicht gleichgestellt werden kann, sondern lediglich ein Bestandteil desselben ist.[458] Das ergibt sich vor allem aus der Stellung der Gemeinsamen Agrarpolitik. Sie gehört zwar nach Art. 32 EG zum Gemeinsamen Markt, umfaßt aber Ziele und Befugnisse („Marktorganisation"), die von der Definition des Binnenmarkts nicht umfaßt sind.

Bemerkenswert ist, dass die Europäische Kommission dessenungeachtet in ihrem "Weißbuch zur Vollendung des Binnenmarktes" auch die Harmonisierung des Veterinär- und Pflanzenschutzrechts unter den Binnenmarkt zu fassen scheint: "Was den Gesundheitsschutz betrifft, dienen die Grenzposten meist zu Kontrollen der Gesundheit von Tieren und Pflanzen. (...)".[459] Das läßt sich aber damit erklären, dass in der Gemeinsamen Agrarpolitik nach Art. 32 Abs. 2 EG "die Vorschriften für die Errichtung des Gemeinsamen Marktes" Anwendung finden sowie nach Art. 37 Abs. 3 lit. b EG "Bedingungen, die denen eines Binnenmarkts entsprechen" sicherzustellen sind.

Bei diesen Ausführungen und insbesondere den in der Literatur gegenübergestellten Thesen ist aber zu bedenken, daß ein direkter Vergleich der gegenübergestellten Begriffe eigentlich gar nicht möglich ist.[460] Die beiden Begriffe stehen in systematischer Hinsicht auf verschiedenen Ebenen. Der Gemeinsame Markt stellt einen Maßstab der Anwendung des Gemeinsschaftsrechts aller Anwendungsformen dar.[461] Der Binnenmarktbegriff dagegen konzentriert sich auf inhaltliche Aspekte eines Marktverständnisses. Richtig ist zwar, daß er damit den Gemeinsamen Markt in einer bis dahin nicht gegebenen Weise konkretisiert[462] und insofern von den Mitgliedstaaten sicherlich kein „materieller Integrationsrückschritt

---

457 **Oppermann**, Rdnr. 1360.

458 So auch **Streinz**, Rdnr. 954.

459 "Vollendung des Binnenmarktes - Weißbuch der Europäischen Kommission an den Rat" vom 28./29.6.1985, KOM(85)310, Rdnr. 39 ff..

460 Nach **Herdegen**, S. 222, sollen die Unterscheidungen nicht überbewertet werden.

461 **Ipsen**, S. 551.

462 So nicht ganz eindeutig wohl auch **Fischer/Köck**, S. 454, nach denen der Binnenmarkt verschiedene Bereiche umfaßt, die „vom Gemeinsamen Markt vernächlässigt werden".

gegenüber dem Vertrag von Rom“ gewollt ist.[463] Dennoch gehören aber auch die neuen Binnenmarkt-Regelungen entsprechend der anfangs genannten Definition von Nicolaysen zur „Gesamtheit der Regelungen des Gemeinschaftsrechts für den Wirtschaftsverkehr im Gebiet der Gemeinschaft“. Die von den Anhängern der Erweiterungsthese genannten Urteile des EuGH und auch die Ausführungen der Europäischen Kommission in ihrem Weißbuch zur Vollendung des Binnenmarktes[464] sind vor diesem Hintergrund zu verstehen und widersprechen damit nicht der Ansicht, daß Gemeinsamer Markt und Binnenmarkt abgrenzbar und in diesem Sinne nicht deckungsgleich sind. Allerdings ist der Gemeinsame Markt keinesfalls als „ein Minus“[465] oder als inhaltliche Vorstufe des Binnenmarktes zu verstehen. Richtigerweise sind sowohl Agrarpolitik und Binnenmarkt nicht deckungsgleiche Bestandteile des Gemeinsamen Marktes.

1.3.2 Gesundheitsschutz nach den Kompetenzen der Gemeinsamen Agrarpolitik

Da die Gemeinsame Agrarpolitik ein vom Binnenmarkt unterscheidbarer Bereich des Gemeinsamen Marktes ist, ist zu fragen, ob deren Kompetenzen ebenfalls Gesundheitsschutzmaßnahmen ermöglichen. Andernfalls wäre zu fragen, inwieweit der Gesundheitsschutz über die sonstigen Kompetenzen des Gemeinsamen Marktes berücksichtigungsfähig wäre.

1.3.2.1 Zielverwirklichung nach Art. 33 Abs. 1, 37 Abs. 3 EG

Nach Art. 32 Abs. 2 EG (früher 38 Abs. 2 EGV) gehen die Art. 33 bis 38 EG (früher 39 bis 46 EGV) als Sonderregeln den allgemeinen Regeln des Gemeinsamen Markes im Rang vor. Der Wortlaut des Art. 33 EG benennt den Gesundheitsschutz nicht als Ziel der GAP.[466] Nach Art. 34 Abs. 1 EG sind die dort aufgezählten besonderen Organisationsformen der landwirtschaftlichen Märkte zu schaffen, „um die Ziele des Artikels 33 zu erreichen“. Art. 37 Abs. 3 EG erlaubt dem Rat, die in Art. 34 Abs. 1 EG vorgesehenen Organisationsformen einzurichten. Als Umkehrschluß wären die Art. 33 bis 38 nur einschlägig, wenn eines der Ziele des Art. 33 EG verwirklicht werden soll. Da der Gesundheits-

---

463 *Hatje*, in: **Schwarze**, Art. 14 EGV, Rdnr. 7.

464 "Vollendung des Binnenmarktes - Weißbuch der Europäischen Kommission an den Rat" vom 28./29.6.1985, KOM(85)310, Rdnr. 4, 39 ff..

465 Die Formulierung „ein Minus zu ...“ wird sowohl zur Beschreibung der Einschränkungsthese (*Hatje*, in: **Schwarze**, Art. 14 EGV, Rdnr. 6) als auch der Erweiterungsthese (*Kahl*, in: **Calliess/Ruffert**, Art. 14 EGV, Rdnr. 7) verwendet; sie ist daher mit Vorsicht zu verwenden.

466 Auch *Ruoff/Strohmeier*, in: **Strohmeier**, S. 69, erwähnen den Gesundheitsschutz nicht als Ziel der GAP.

schutz nicht genannt ist, müßten somit die allgemeinen Regeln des Gemeinsamen Marktes gelten. Nach den bereits dargestellten Ermächtigungen des Gemeinsamen Marktes kämen in Bezug auf den Gesundheitsschutz beim Handel von Rindern und Rindfleisch nur noch Art. 95 EG als Ermächtigung in Betracht. Das entspräche einer engen Auslegung der Art. 32 ff. EG.

Oppermann schlägt in Bezug auf die Abgrenzungsproblematik vor, nach der Intensitätsmethode auf das sachliche Schwergewicht einer Maßnahme abzustellen, um eine möglichst umfassende Geltung der allgemeinen Vertragsregeln zu gewährleisten.[467] So müßten allgemeine lebensmittelrechtliche Regelungen auf Art. 95 EG gestützt werden, das agrarspezifische Veterinär- und Pflanzenschutzrecht dagegen auf Art. 37 EG. Diese Ansicht kommt der oben dargelegten engen Auslegung der Art. 32 ff. EG nahe, da es für diese Kompetenzen nach Oppermann jeweils einer besonderen agrarspezifischen Begründung bedarf.[468] Eine solche Begründung könnte zunächst nur aus den Zielen des Art. 33 EG abgeleitet werden. Fraglich ist dann aber, inwiefern der Gesundheitsschutz indirekt bei der Verwirklichung der Ziele des Art. 33 EG, ggf. durch die Querschnittsklausel des Art. 152 Abs. 1 EG oder gar des Art. 153 Abs. 2 EG, verwendet werden darf.

In Bezug auf die BSE-Problematik hatte der Gerichtshof die Gelegenheit, die Anwendung der Art. 38 ff. EGV (heute 32 ff. EG) im Hinblick auf den Gesundheitsschutz zu beurteilen. Hinsichtlich einer Etikettierungsverordnung[469] bestand Streit, ob diese auf Art. 43 EGV (heute 37 EG) oder auf Art. 100 a EGV (heute 95 EG) in Verbindung mit 129 a Abs. 1 EGV (heute 153 Abs. 3 lit. a EG)[470] oder in Verbindung mit Art. 129 EGV (heute 152 EG)[471] zu stützen sei. Die Parteien stritten insbesondere über die Frage, ob der Schwerpunkt der Regelung im (ggf. verbraucherbezogenen) Gesundheitsschutz liege oder in einer Marktregulierung des Rindfleischmarktes.[472] Der Gerichtshof befaßte sich jedoch nicht mit einer Schwerpunktgewichtung, sondern prüfte lediglich die Frage, ob durch die Regelungen inhaltlich eine marktregulierende Wirkung für den Rindfleischmarkt vorhanden sei.[473] Das bejahte der Gerichtshof, da die Etikettierung die Transparenz des Rindfleischmarktes verbessere und dadurch geeignet sei, den durch die BSE-Krise destabilisierten Rindfleischmarkt wieder zu stabilisieren.[474] Für den EuGH

---

[467] **Oppermann**, Rdnr. 1360.
[468] **Oppermann**, Rdnr. 1360.
[469] Verordnung Nr. 820/97 des Rates (ABl. L 204 vom 11.8.2000 S. 1).
[470] So die Ansicht des Europäischen Parlaments im Verfahren vor dem EuGH, Rs. C-269/97 „EtikettierungsVO“, Slg. 2000, S. I-2257, Rdnr. 20.
[471] So die Ansicht der Kommission, vgl. EuGH Rs. C-269/97, a.a.O., Rdnr. 9.
[472] EuGH Rs. C-269/97, a.a.O., Rdnr. 9, 20, 28.
[473] EuGH Rs. C-269/97, a.a.O., Rdnr. 46 f..
[474] EuGH Rs. C-269/97, a.a.O., Rdnr. 53, 59.

kommt es bei der Frage der Rechtsgrundlage damit nicht auf die Subsumtion von Gesundheitsschutz-Erwägungen an. Der Gerichtshof prüft lediglich, ob die Wirkung einer Regelung - unabhängig davon, ob diese gesundheitsschützende Wirkung hat oder nicht - unter die Voraussetzungen der Art. 38 ff. EGV (heute 32 ff. EG) subsumiert werden kann.

1.3.2.2 Gesundheitsschutz im Verhältnis zur Zielverwirklichung

Streinz stellt fest, daß systembedingte Einschränkungen des freien Warenverkehrs im Rahmen der Gemeinsamen Agrarpolitik möglich sind, wenn sie zur Erreichung der Ziele erforderlich seien, unter anderem auch aus Gründen des Gesundheitsschutzes.[475] Er verweist - ohne weitere rechtssystematische Begründung - unter anderem auf das bekannte BSE-Urteil des EuGH, in der er ein umfassendes Exportverbot von Rindern und Rinderprodukten für rechtmäßig erklärte.[476] Demgegenüber beklagt jedoch Köhler, daß sich „die vertraglich festgelegten Ziele der Gemeinsamen Agrarpolitik unverändert auf dem Stand der Gründungsverträge befinden (...)". Daher mangele es „an der selbstverständlichen Verpflichtung der Agrarpolitik im EG-Vertrag auf das Ziel der Lebensmittelsicherheit (...)".[477] Dies führt zu der Frage, inwiefern die spezifischen Kompetenzen der Gemeinsamen Agrarpolitik zu Maßnahmen des Gesundheitsschutzes ermächtigen und ob diese Kompetenzen zur Wahrung der erforderlichen Lebensmittelsicherheit im gemeinschaftsweiten Handel ausreichend sind.

Eine Kompetenz könnte aus Art. 37 Abs. 3 lit. b EG resultieren, nach dem die agrarpolitischen Marktorganisationen im Rahmen des Handelsverkehrs Bedingungen sicherzustellen haben, die denen des Binnenmarkts entsprechen. Damit könnte über Art. 37 Abs. 3 lit. b EG die Beachtung von Gesundheitsschutz nach Art. 95 Abs. 3 EG in die Landwirtschaftspolitik jedenfalls dann „eingebaut" werden, wenn eine Gemeinsame Marktorganisation erlassen wurde. Das ist nach der Rechtsprechung des EuGH aber gar nicht erforderlich:

In seinem Urteil bezüglich der Etikettierungsverordnung stellte der Gerichtshof im Hinblick auf den mit der Maßnahme verwirklichten Gesundheits- und/oder Verbraucherschutz fest, daß die Erfordernisse im Bereich des Gesundheitsschutzes gemäß Art. 129 Abs. 1 Unterabs. 3 EGV (heute anders formuliert in Art. 152 Abs. 1 EG) Bestandteil der übrigen Politiken sind und auch bei der Verwirklichung der Ziele der GAP „nicht außer Acht gelassen werden dürfen".[478] Diesen

---

[475] **Streinz**, Rdnr. 780.
[476] EuGH Rs. C-180/96 „BSE", Slg. 1996, S. I-3903.
[477] **Von Danwitz**, ZLR 2001, S. 207 (214).
[478] EuGH Rs. C-269/97, a.a.O., Rdnr. 48.

Grundsatz hatte der EuGH auch im „BSE"-Urteil betont.[479] Weiterhin stellt der Gerichtshof im Etikettierungs-Urteil fest: „Im übrigen trägt der Gesundheitsschutz zur Verwirklichung der Ziele der gemeinsamen Agrarpolitik in Art. 39 Abs. 1 EGV [heute 33 Abs. 1 EG; der Verf.] bei, da die landwirtschaftliche Erzeugung insbesondere auf den Absatz beim Verbraucher unmittelbar angewiesen ist, dem seine Gesundheit zunehmend wichtiger wird." [480] Unabhängig von dieser etwas seltsam anmutenden Argumentation ist aus dem Urteil zu folgern, daß die Heranziehung von Art. 37 EG nicht in Frage gestellt wird, wenn sich eine Maßnahme positiv auf den Schutz der Gesundheit der Bevölkerung auswirkt.[481]

Bei näherem Hinsehen enthält das Urteil zwei grundsätzlich verschiedene Aussagen: Zum einen ist der Gesundheitsschutz schon als Annex im Rahmen der Gemeinsamen Agrarpolitik mitregelbar. Das entspricht - wie bereits im Rahmen der Entwicklung des gemeinschaftlichen Gesundheitsschutz dargestellt - der Rechtslage seit Beginn der GAP im Jahre 1964.[482] Zum anderen „kann" nicht nur, sondern „muß" der Gesundheitsschutz in der GAP durch die Querschnittsklausel des Art. 152 Abs. 1 EG beachtet werden.[483] Schon der erste Aspekt zeigt, daß die GAP zu Maßnahmen des Gesundheitsschutzes ermächtigt, obwohl der Gesundheitsschutz nicht ausdrücklich in den Artikeln 32 ff. EG erwähnt wird. Ein Rückgriff auf die Regelungen des übrigen Gemeinsamen Marktes gemäß Art. 32 EG ist damit nicht erforderlich. Insofern ist Hix zu widersprechen, der zwar die Vorschriften zur Verwirklichung des Binnenmarkts im Agrarsektor für anwendbar erklärt, die Harmonisierung von Rechtsvorschriften im Veterinär- und Pflanzenschutzrecht aber „im Rahmen der Verwirklichung des Binnenmarktes" stattfindet.[484] Entscheidend ist, daß auch eine umfassende europäische Gesundheitsschutz-Regelung für die Verwirklichung der Ziele des Art. 33 EG für das jeweilige Produkt möglich ist.[485] Sofern dies der Fall ist, ist eine Regelung zugunsten des Gesundheitsschutzes von den Kompetenzen der Gemeinsamen Agrarpolitik gedeckt.

---

479 EuGH Rs. C-180/96, a.a.O., Rdnr. 63.

480 Vgl. EuGH Rs. C-269/97, a.a.O., Rdnr. 61.

481 Vgl. *Hix*, in: **Schwarze**, Art. 37 EGV, Rdnr. 14. So auch im Ergebnis *Thiele*, in: **Calliess/Ruffert**, Art. 37 EGV, Rdnr. 6.

482 Vgl. oben zur Entwicklung der GAP Kapitel 2 Abschnitt 1.1.2.

483 *Berg*, in: **Schwarze**, Art. 152 EGV, Rdnr. 28. *Hix*, in: **Schwarze**, Art. 37 EGV, Rdnr. 14.

484 *Hix*, in: **Schwarze**, Art. 32 EGV, Rdnr. 14.

485 **Fluck/Hoffmann**, Agrarrecht 2002, S. 77

1.3.3 Zwischenergebnis

Sofern die Gemeinschaft im Rahmen von Gesundheitsschutz regelnd tätig werden will, kann sie das nur im Rahmen der vertraglichen Kompetenzen. Bis auf die Sonderregel des Art. 152 Abs. 4 lit. a, b EG gibt es keine Kompetenz für rechtsangleichende Gesundheitsschutzmaßnahmen. Für Schutzmaßnahmen im Rahmen der BSE-Problematik kommt die Rechtsangleichungskompetenz für den Binnenmarkt (Art. 95 EG) in Betracht. Entscheidend ist, ob durch eine Schutzmaßnahme eine positive Auswirkung auf den Binnenmarkt erreicht wird. Die Querschnittsklausel aus Art. 152 EG begründet erst in diesem Rahmen ein rechtliches „Müssen“, das beim Erlaß einer konkreten Maßnahme zu beachten ist.

Bei der Gemeinsamen Agrarpoltik handelt es sich aber um einen Teilbereich des Gemeinsamen Marktes, der nicht deckungsgleich mit dem Binnenmarkt ist. Auch der Binnenmarkt ist ein Teilbereich des Gemeinsamen Marktes. Der Rinder- und Rindfleischhandel unterfällt der Gemeinsamen Agrarpolitik. Auch der Schutz vor der durch BSE-verseuchtes Fleisch bestehenden Gesundheitsgefahr fällt unter deren Kompetenzen. Allerdings sind Gesundheitsschutz-Maßnahmen nur möglich, wenn die Ziele des Art. 33 Abs. 1 EG verwirklicht werden. Ein Rückgriff auf die Kompetenzen des Gemeinsamen Marktes über Art. 32 Abs. 2 EG (früher 38 Abs. 2 EGV) ist daneben nicht erforderlich.

1.4 Verhältnis zum Harmonisierungsverbot nach Art. 152 Abs. 4 lit. c EG

Nicht eindeutig geklärt scheint die Frage des Verhältnisses der bislang festgestellten Kompetenzen, in deren Rahmen der Gesundheitsschutz geregelt werden darf, zu dem Harmonisierungsverbot des Art. 152 Abs. 4 lit. c EG. Dieses Problem führte in jüngster Vergangenheit zu einem Rechtsstreit vor dem EuGH, der schon im Vorfeld in der Literatur – zum Teil recht heftig[486] - diskutiert wurde.[487] Es geht um den Streit im Rahmen der Tabakwerberichtlinie(n).

1.4.1 Die neuere Rechtsprechung zu Art. 95 EG („Tabakrichtlinien“-Urteil)

Am 6.7.1998 wurde eine erste Richtlinie zur Angleichung der Rechts- und Verwaltungsvorschriften der Mitgliedstaaten über Werbung und Sponsoring zuguns-

---

486 Vgl. **Schneider**, NJW 1998, S. 576, sowie NJW 1998, S. 2136, gegen **Reich**, NJW 1998, S. 1537, sowie NJW 1998, S. 2191.

487 Schon vor Erlaß des Urteils z.B. **Caspar**, EuZW 2000, S. 237 ff., **Stein**, EuZW 2000, S. 337 ff., **Wägenbaur**, B., EuZW 2000, S. 549 ff., **Wägenbaur**, B., EuZW 1999, S. 144ff..

ten von Tabakerzeugnissen[488] erlassen. Die Richtlinie enthielt ein allgemeines Verbot für Tabakwerbung und -sponsoring.[489] Das Argument für den Erlaß des Werbeverbots war, daß Handelshemmnisse und Wettbewerbsverzerrungen bestehen, die beseitigt werden müßten. Inhaltlich sei von einem hohen Schutzniveau auszugehen, weswegen sich grundsätzlich ein Werbeverbot zu dieser Beseitigung eigne. Gegen diese Richtlinie wurden zahlreiche Einwände erhoben, von denen fehlende Kompetenz sowie Unverhältnismäßigkeit die gravierendsten Vorwürfe darstellten.[490] Die wesentlichen Ansichten hierzu lassen sich wie folgt zusammenfassen:

Das Hauptargument gegen eine Kompetenz der Gemeinschaft zum Erlaß der Richtlinie nach Art. 95 EG war der Hinweis auf ihre eindeutige gesundheitspolitische Ausrichtung. Nach Art. 152 Abs. 4 lit. c EG ist aber speziell die gesundheitspolitische Rechtsangleichung ausgeschlossen.[491] Ein großer Teil der Literatur lehnt die Kompetenz der Gemeinschaft nach Art. 95 EG ab, da eine Maßnahme nur dann auf Art. 95 EG zu stützen sei, wenn sie nicht nur „nebenbei" einen Regelungseffekt zugunsten des Binnenmarktes bewirkt.[492] Im Falle der Tabak-Richtlinie lägen aber Zweck und Gegenstand „schwerpunktmäßig" im Gesundheitsbereich.[493] Zudem sei ein umfassendes Verbot grundsätzlich eine Behinderung, nicht aber eine Gewährleistung, des Funktionierens des Binnenmarktes.[494] Generalanwalt Fennelly hatte in seinen Schlußanträgen den Konflikt wie folgt gelöst: Das Harmonisierungsverbot des Art. 152 Abs. 4 lit. c EG beziehe sich nur auf die in Art. 152 EG angesprochenen Fördermaßnahmen, nicht jedoch auf Maßnahmen, die ohnehin schon auf Basis des Art. 95 EG möglich sind.[495] Kamann bezweifelte, ob der Gerichtshof mit seiner „eher konkreten Betrachtungsweise" in Einklang mit dieser These zu bringen wäre.[496] Zum Teil wurde aber auch in Anlehnung an das Titandioxid-Urteil[497] eine Kompetenz der Gemeinschaft aus Art. 95 Abs. 1 EG bejaht.[498] Im genannten Urteil hatte der EuGH im Rahmen von zwei grundsätzlich nebeneinander bestehenden Rechtsgrundlagen die Anwendung des allgemeineren Art. 100 a EGV (heute 95 EG) bejaht, da dort der Schwerpunkt der

---

488 Richtlinie 98/43/EG (ABl. L 213 vom 6.7.1998, S. 9).

489 Artikel 3 der Richtlinie 98/43/EG, a.a.O..

490 **Stein**, ZLR 1998 S. 209 (218). Vgl. bereits **Dauses**, EuZW 1994, S. 545.

491 Einen Überblick über den damaligen Streitstand bei **Eckert**, ZLR 2000, S. 638 f..

492 Vgl. *Herrnfeldt*, in: **Schwarze**, Art. 95 EGV, Rdnr. 11 mit weiteren Nachweisen.

493 **Schröder**, EuR 1999, S. 460, Fn. 47.

494 So z.B. **Schneider**, NJW 1998, S. 576.

495 Generalanwalt Fennelly, Rs. C-376/98 und C-74/99, a.a.O., Schlußanträge v. 15.6.2000, Rdnr. 71.

496 **Kamann**, ZEuS 2001, S. 39.

497 EuGH Rs. C-300/89 „Titandioxid", Slg. 1991, S. I-2867.

498 *Schmidt am Busch*, in: **Grabitz/Hilf**, Art. 152 EGV, Rdnr. 57.

Regelung läge. Im Fall der Tabakwerberichtlinie sei die Ablehnung der Binnenmarktkompetenz unter Berufung auf einen andersartigen Schwerpunkt der betreffenden Maßnahme nicht zulässig. Die Rechtsangleichung nach Art. 95 EG sei möglich, solange „Maßnahmen, die zumindest auch dem Gesundheitsschutz dienen, auch auf andere Rechtsgrundlagen gestützt werden können". Die Einräumung von äußerst begrenzten Zuständigkeiten im Gesundheitsbereich könne nicht dazu führen, daß nunmehr bestimmte Maßnahmen zur Rechtsangleichung des Binnenmarktes zu unterbleiben hätten. Auch hätte andernfalls Art. 95 Abs. 3 EG neben Art. 152 Abs. 1 EG keine eigenständige Bedeutung mehr.

Die eine gemeinschaftliche Kompetenz befürwortenden Argumente sind im Ergebnis wohl richtig. Die vertragliche Formulierung eines Harmonisierungsausschlusses in einer neu eingeführten, aber an sich nicht umfassend ermächtigenden, Kompetenznorm kann nicht dazu führen, daß der Anwendungsbereich einer zuvor bereits vorhandenen Kompetenz plötzlich verringert wird. Damit kann Art. 152 Abs. 4 lit. c EG nicht die grundsätzliche Möglichkeit, daß der Binnenmarkt auch durch Verbote aus Gründen des Gesundheitsschutzes gefördert werden kann, ausschließen. Dieses Ergebnis ergibt sich aber nicht aus dem Titandioxid-Urteil, dessen Feststellungen im übrigen in der Literatur umstritten sind.[499] Entscheidend dürfte nicht sein, welchen Regelungsschwerpunkt eine Regelung hat: So lehnte z.B. Von Danwitz die Rechtsgrundlage des Art. 95 Abs. 1 EG ebenfalls ab und kam mit seiner Argumentation wohl am nächsten an das später vom EuGH getroffene Urteil heran. Er merkte richtigerweise an, daß die Abgrenzung „wohl kaum in der Intensität der Einschränkungen des Binnenmarktes gesehen werden kann" und verwendet anstatt der in der Literatur allgemein gebrauchten Formel des „Schwerpunkts" die vom EuGH schon in früheren Urteilen aufgestellten tatbestandlichen Kriterien des Art. 95 EG, nämlich unmittelbarer Binnenmarktbezug, Hauptzweck und Inhalt, Wettbewerbswirkung, Spürbarkeit.[500]

Der EuGH hat die Richtlinie schließlich mit der Begründung für nichtig erklärt, daß die Gemeinschaft auf der Grundlage des Art. 100 a EGV (heute 95 EG) keine Kompetenz für die Richtlinie gehabt habe.[501] Der Gerichtshof wies darauf hin, daß der Gesundheitsschutz im Rahmen der Voraussetzungen einer Ermächtigungsgrundlage zwar maßgebend mit berücksichtigt werden darf.[502] Eine Abgrenzung zwischen Art. 95 EG und Art. 152 Abs. 4 EG spielte allerdings nicht die

---

[499] Vgl. **Epiney**, JZ 1992 S. 564 ff.. **Schröer**, EuR 1991, S. 356 ff.. **Everling**, EuR 1991, S. 179 ff.. **Eckert**, ZLR 2000, S. 648 f..

[500] **Von Danwitz**, EuZW 1999, S. 622 (625).

[501] EuGH Rs. C-376/98 und C-74/99 „Tabakrichtlinie", Slg. 2000, S. I-2247, Rdnr. 85, 116.

[502] EuGH Rs. C-376/98 und C-74/99, a.a.O., Rdnr. 88 f., 118.

entscheidende Rolle.[503] Der EuGH hat zwar betont, daß das Harmonisierungsverbot des Art. 152 Abs. 4 lit. c EG nicht durch die Heranziehung anderer Ermächtigungsgrundlagen umgangen werden darf.[504] Er stellte allerdings viel grundlegender fest, daß eine allgemeine Kompetenz unvereinbar mit dem Prinzip der begrenzten Einzelermächtigung nach Art. 3 b EGV (heute 5 EG) wäre.[505] Deshalb mußte eine auf Art. 100 a EGV (heute 95 EG) gestützte Rechtsangleichung die Errichtung bzw. das Funktionieren des Binnenmarkts zum Gegenstand haben. Der Gerichtshof stellte lediglich fest, daß Teile der Richtlinie nicht zur Beseitigung von Wettbewerbshindernissen geeignet seien und daher nicht auf die Verwirklichung des Binnenmarktes abzielen.[506] Die Richtlinie war deshalb mangels Möglichkeit zur Teilnichtigerklärung insgesamt für nichtig zu erklären.[507] Der EuGH orientierte sich also nicht an einem inhaltlichen „Schwerpunkt" der Richtlinie. Der Gerichtshof wies vielmehr darauf hin, daß ein totales Werbeverbot unter Beachtung der aufgestellten Grundsätze durchaus rechtens sein könnte.[508] Die Beseitigung der Hemmnisse für den freien Warenverkehr kann damit nach Ansicht des EuGH nicht nur durch liberalisierende Maßnahmen, sondern auch durch Verbotsmaßnahmen erfolgen. Da der eigentliche Sinn eines Werbeverbots letzlich nur im Gesundheitsschutz liegt, zeige deutlich, daß auch im Schwerpunkt dem Gesundheitsschutz dienende Regelungen von der Kompetenz des Art. 95 EG erfaßt sein können. Hierfür müsse aber auf europäischer Ebene - im Unterschied zu den nationalen Regelungen der Mitgliedstaaten selbst - eine Wettbewerbsverzerrung beseitigt werden können.

Es sei an dieser Stelle angemerkt, daß zwischenzeitlich eine zweite Tabakrichtlinie erlassen wurde, die sich unter anderem gerade auf diese Hinweise des EuGH stützt.[509]

---

503 So im Ergebnis wohl auch **Kamann**, ZEuS 2001, S. 23 (39), ohne aber eine klare Konsequenz zu ziehen (vgl. Fn 66 i.V.m. S. 29).

504 EuGH Rs. C-376/98 und C-74/99, a.a.O., Rdnr. 79.

505 EuGH Rs. C-376/98 und C-74/99, a.a.O., Rdnr. 83.

506 EuGH Rs. C-376/98 und C-74/99, a.a.O., Rdnr. 105: Die Richtlinie dient nicht zur Beseitigung von Hemmnissen für den freien Verkehr von Werbeträgern und der Dienstleistungsfreiheit. Rdnr. 114: Die Richtlinie dient nicht der Beseitigung von Wettbewerbsverzerrungen in der Werbe- oder Tabakbranche.

507 EuGH Rs. C-376/98 und C-74/99, a.a.O., Rdnr. 117.

508 EuGH Rs. C-376/98 und C-74/99, a.a.O., Rdnr. 117.

509 Vgl. insbesondere Ziffer 3 in der Begründung des Vorschlags der Kommission für eine Richtlinie des Europäischen Parlaments und des Rates zur Angleichung der Rechts- und Verwaltungsvorschriften der Mitgliedstaaten über Werbung und Sponsoring zugunsten von Tabakerzeugnissen, KOM(2001)283 endg. vom 30.5.2001. Auch diese zweite Tabakrichtlinie wurde Gegenstand eines Verfahrens vor den Europäischen Gerichtshof; aufgrund des Bearbeitungsstandes konnte das entsprechende Urteil nicht mehr berücksichtigt werden.

Die vom EuGH im Urteil „Titandioxid" aufgestellten Prinzipien wurden im Tabakurteil eigentlich gar nicht relevant.[510] Zwar wird auch im Tabak-Urteil die „Titandioxid"-Entscheidung erwähnt; dies aber ausschließlich im Rahmen der konkreten Subsumtion, nämlich bei der Frage, ob spürbare Wettbewerbsverzerrungen vorliegen, die beseitigt werden können.[511] Die „Titandioxid"-Entscheidung wird richtigerweise erst dann relevant, wenn für eine Regelung die Möglichkeit der Wahl zwischen mehreren, grundsätzlich einschlägigen Kompetenznormen besteht. In diesem Fall wäre auch zu prüfen, ob diese Wahl zwischen Rechtsgrundlagen nach einem „Schwerpunktkriterium" erfolgen kann.[512] Auf die „Titandioxid"-Entscheidung und die weitere Entwicklung der Rechtsprechung hierzu wird deshalb später noch im Detail im Rahmen des Kapitels über die Durchführung von Gesundheitsschutz eingegangen.

Nach Ansicht einiger Autoren hat das „Tabak"-Urteil der Gemeinschaft eine „schallende Ohrfeige" versetzt und dem „überbordenden Harmonisierungsbetrieb" ein „deutliches Stopp-Signal" gegeben.[513] Dagegen spricht zunächst, daß der Gerichtshof eine grundsätzliche Möglichkeit zur Begrenzung der Tabakwerbung im Rahmen der Kompetenz ausdrücklich anerkannt hat. Weiter weist z.B. Wägenbaur, B., darauf hin, daß der Gerichtshof sich nicht mit der Folgefrage der Verhältnismäßigkeit der Maßnahme auseinandersetzte, die in jedem Fall zu verneinen gewesen wäre.[514] Da der Gerichtshof die Frage der Verhältnismäßigkeit nicht aufgreifen mußte, kann wohl kaum von einer umfassenden Auswirkung auf die Art der gegenwärtigen Rechtsetzung gesprochen werden. Die Grenze zwischen der (erlaubten) inhaltlichen Gesundheitsschutz-Regelung und der Erfüllung der tatbestandlichen Zielvorgabe ist damit nach wie vor unscharf. Zur Unterscheidung muß darauf abgestellt werden, daß es hier nicht um die inhaltliche Frage geht, wie weit der Gesundheitsschutz zu berücksichtigen ist, sondern um die Voraussetzungen der Kompetenzgrundlage. Nur in diesem Sinne könnte ein eventuelles Stopp-Signal aus dem Tabak-Urteil hervorgehen.

1.4.2 Frage der Übertragbarkeit auf die Gemeinsame Agrarpolitik

Es stellt sich die Frage, ob die Rechtsprechung bezüglich der Tabakwerbe-Richtlinie auch Auswirkungen auf die Beurteilung der BSE-Maßnahmen hat. Die Rechtsprechung speziell zur Agrarpolitik deutet aber an, daß das „Tabak"-Urteil nicht so ohne weiteres übertragen werden kann. Der Gerichtshof hatte im BSE-

---

[510] So auch schon **Eckert**, ZLR 2000, S. 637 (650), vor dem Zeitpunkt des Urteils.
[511] Rs. C-376/98 und C-74/99, a.a.O., Rdnr.106.
[512] Siehe Kapitel 3 Abschnitt 1.1.
[513] **Schneider**, ZLR 2000, S. 894 (896). Ähnlich deutlich **Wägenbaur**, B., EuZW 2000, S. 701.
[514] **Wägenbaur**, B., EuZW 2000, S. 701 (702).

Urteil[515] entschieden, daß ein umfassendes Exportverbot von britischen Rinderprodukten nicht gegen Gemeinschaftsrecht verstößt. Der Fall ist insofern ähnlich gelagert, als auch hier für die Regulierung des Rinder- und Rindfleischmarktes sowie für eine Vielzahl an Folgeerzeugnissen eine umfassende Verbotsvorschrift aus Gründen des Gesundheitsschutzes erlassen wurde.

Das BSE-Urteil im Verhältnis zum Tabak-Urteil behandelt bei näherer Betrachtung aber eine rechtlich anders gelagerte Problemstellung. So wurde im BSE-Urteil die grundsätzliche Kompetenz zum Erlaß des umfassenden Exportverbots von vornherein gar nicht angezweifelt. Zudem wurde diese Kompetenz in der Gemeinsamen Agrarpolitik - wie bereits aufgezeigt - sekundärrechtlich durch eine im Prinzip seit 1964 bestehenden Regelung ausgefüllt und schon mehrfach im Rahmen der europaweiten Bekämpfung von Tierseuchen genutzt.[516] Die Rügen im Fall des Exportverbots stützten sich stattdessen wegen der Absolutheit des Verbots unter anderem auf Verstöße gegen das Verhältnismäßigkeitsprinzip und auf Begründungsmängel.

Das Tabak-Urteil gibt aber Anlaß, sich über den Unterschied im Umfang der Kompetenzzuweisung zwischen Art. 95 Abs. 1 EG und Art. 32 ff. EG klarzuwerden. Es wurde allgemein bereits festgestellt, daß Binnenmarkt und Gemeinsame Agrarpolitik als Teilbereiche des Gemeinsamen Marktes nebeneinander stehen. Für die GAP könnten mithin auch bei Maßnahmen des Gesundheitsschutzes andere Maßstäbe gelten, die nicht mit den übrigen Prinzipien des Gemeinsamen Markes vergleichbar sind.

1.4.2.1 Sachlich-gegenständliche und finale Kompetenz-Zuweisung

Zu fragen ist, ob die Kompetenzen der Gemeinsamen Agrarpolitik umfassendere Verbote aus Gründen des Gesundheitsschutzes möglich machen als die Binnenmarkt-Kompetenz. Das kann durch die Analyse der Tatbestände von Art. 95 EG im Verhältnis zu Art. 37 EG sowie deren Rechtsfolgen beantwortet werden. Wenn mit Art. 37 EG rechtssystematisch andersartige Tatbestände und/oder Rechtsfolgen verknüpft sind, kann das Tabak-Urteil nicht auf die Rechtsetzungstätigkeit im Rahmen der GAP übertragen werden.

---

515 EuGH Rs. C-180/96 „BSE", Slg. 1996, S. I-2265.

516 Vgl. Kapitel 2 Abschnitt 1.1.2.

1.4.2.1.1 Vergleich des Aufbaus

Art. 95 Abs. 1 EG könnte nach dem folgenden Schema, angelehnt an die Systematik von Kommentierungen in der Literatur, aufgebaut werden:[517]

- Angleichung
- Rechts- und Verwaltungsvorschriften
- Binnenmarkt
- Errichtung und Funktionieren

Die Kriterien werden unterschiedlich zusammengefaßt, zum Teil auch erweitert. Herrnfeldt z.B. prüft weiter, ob das Sachgebiet im Anwendungsbereich des Art. 95 EG liegt.[518]

Der Tatbestand des Art. 37 EG ist nicht so klar aufgebaut. Zumeist finden sich in der Literatur Ausführungen zur Abgrenzung zu anderen Rechtsgrundlagen, ohne daß aber die genauen Voraussetzung zu einer Maßnahme nach Art. 37 Abs. 2 UAbs. 3 EG systematisiert werden.[519] Das mag zum großen Teil durch die Verteilung der Tatbestandsvoraussetzungen[520] in den Art. 32-37 EG bedingt sein. Es ergeben sich folgende Voraussetzungen:[521]

- Landwirtschaftliches Erzeugnis
- Verwirklichung der Ziele nach Art. 33 Abs. 1 EG
- Besonderer Maßnahmenkatalog nach Art. 34, 37 EG

Im folgenden sollen die tatbestandlichen Voraussetzungen sowie die möglichen Regelungen, also die Rechtsfolgen, verglichen werden.

1.4.2.1.2 Vergleich der Tatbestände

Art. 95 Abs. 1 EG setzt das „Errichten und Funktionieren des Binnenmarktes" voraus. Der Binnenmarkt wird primärrechtlich in Art. 14 Abs. 2 EG definiert. Inhaltlich sollen die effektive Ausübung der Grundfreiheiten, die Beseitigung von

---

517 Vgl. *Kahl*, in: **Calliess/Ruffert**, Art. 95 EGV, Rdnr. 8-13. *Eiden*, in: **Bleckmann**, Rdnr. 2104-2120.

518 *Herrnfeldt*, in: **Schwarze**, Art. 95 EGV, Rdnr. 4-26.

519 Vgl. nur *Eiden*, in: **Bleckmann**, Rdnr. 2201-2226. *Thiele*, in: **Calliess/Ruffert**, Art. 37 EGV, Rdnr. 4-8.

520 *Thiele*, in: **Calliess/Ruffert**, Art. 37 EGV, Rdnr. 5.

521 So geht auch *Hix*, in: **Schwarze**, Art. 37 EGV, Rdnr. 4 vor.

Grenzkontrollen und Wettbewerbsverfälschungen sowie die Herstellung gleicher Wettbewerbsbedingungen gewährleistet werden.[522]

Für die Anwendung des Art. 37 EG ergeben sich die Voraussetzungen zum einen aus Art. 32 Abs. 3 EG in Verbindung mit dem Anhang I des EG-Vertrags. Die Frage des landwirtschaftlichen Erzeugnisses wird durch den Anhang I zum EG-Vertrag geklärt. Die Aufzählung ist grundsätzlich abschließend.[523] Für die BSE-Problematik ergibt sich möglicherweise ein Problem, wenn die Regelungen der Richtlinien 90/425 und 89/662 auch für sogenannte „Folgeerzeugnisse“ gelten sollen, die nicht in Anhang I vorkommen. Nach der Rechtsprechung des EuGH reicht es aber aus, daß primär Erzeugnisse des Anhang I betroffen sind. Sekundär können auch nicht in Anhang I aufgeführte Erzeugnisse erfaßt werden.[524]

Zum anderen wird der Tatbestand durch die Aufzählung des Art. 33 Abs. 1 EG umrissen: „Produktivität“, „Lebenshaltung“, „Stabilisierung“, „Versorgung“, „Verbraucherpreisniveau“. Eine Abgrenzung dieser verschiedenen Ziele zueinander wird erst dann notwendig sein, wenn die Ziele in ihrer Gegenläufigkeit in Konflikt geraten.[525]

Im Ergebnis können durch diese Gegenüberstellung vor allem zwei wesentliche Unterschiede innerhalb der Tatbestandsmerkmale festgestellt werden: Das Merkmal des Binnenmarkts erfaßt einen weiten finalen - d.h. im Hinblick auf das Ziel bestimmbaren - Sachbereich. Dagegen kann der von der Gemeinsamen Agrarpolitik erfaßte Sachbereich aufgrund der Zielbeschreibungen des Art. 33 Abs. 1 EG in Verbindung mit der Beschränkung auf Erzeugnisse des Anhang I zum EG-Vertrag eher als gegenständlich - d.h. durch Aufzählung eingegrenzt - beschrieben werden.

1.4.2.1.3 Vergleich der Rechtsfolgen

Die Rechtsfolgen des Art. 95 Abs. 1 EG sind wenig präzise. Bezüglich des Merkmals der Angleichung vermerkt Kahl, daß es sich nicht um eine völlige Rechtsvereinheitlichung handeln darf.[526] Dennoch bezeichnet er als „intensivste Form“ der Angleichung die „totale Angleichung“.[527] Herrnfeldt erläutert, daß „grundsätzlich nicht auf eine vollständige Vereinheitlichung“ gezielt werden

---

522 *Herrnfeldt*, in: **Schwarze**, Art. 95 EGV, Rdnr. 5 f.. Vgl. dazu auch "Vollendung des Binnenmarktes - Weißbuch der Kommission an den Europäischen Rat", 28./29.6.1985, KOM(85)310.

523 *Hix*, in: **Schwarze**, Art. 32 EGV, Rdnr. 5. *Thiele*, in: **Calliess/Ruffert**, Art. 32 EGV, Rdnr. 12.

524 Vertiefend dazu *Hix*, in: **Schwarze**, Art. 37 EGV, Rdnr. 5.

525 Vertiefend dazu *Hix*, in: **Schwarze**, Art. 33 EGV, Rdnr. 4-7.

526 *Kahl*, in: **Calliess/Ruffert**, Art. 95 EGV, Rdnr. 8 und Art. 94 EGV, Rdnr. 1.

527 *Kahl*, in: **Calliess/Ruffert**, Art. 95 EGV, Rdnr. 8 und Art. 94 EGV, Rdnr. 4.

solle, sofern dies „nicht ausnahmsweise erforderlich ist".[528] Ähnlich z.B. auch Eiden, der von „totaler" und „optioneller" Harmonisierung spricht.[529]

Die Abgrenzung des Merkmals von „Rechts- und Verwaltungsvorschriften" ist offenbar ebenso schwierig. Jedenfalls ist dieses Merkmal nach der Rechtsprechung des EuGH extensiv auszulegen; insbesondere werden auch Gebiete, in denen zunächst keine mitgliedstaatlichen Vorschriften bestehen, als harmonisierbar angesehen.[530]

Weiter muß das „Errichten" und das „Funktionieren" des Binnenmarkts erreicht werden. Nach Herrnfeld muß hinsichtlich der „Errichtung" ein wesentlicher Beitrag bewirkt werden, während das „Funktionieren" die Sicherung des fortdauernden Bestandes umfaßt.[531] Nach Kahl kann eine „substantielle und konkrete Auswirkung, sei es unmittelbarer oder mittelbarer Art" genügen, „ohne daß ein störender Effekt vorliegen muß".[532]

Der Umfang der Verwirklichung im Rahmen der GAP wird durch Art. 34 EG bestimmt. Möglich sind gemeinsame Wettbewerbsregeln, bindende Koordinierung oder eine europäische Marktordnung (Abs. 1). Inhaltlich können alle „erforderlichen" Maßnahmen getroffen werden, insbesondere Preisregelungen, Beihilfen, Ausgleichsmaßnahmen sowie Maßnahmen bezüglich Ein- und Ausfuhr. In der Literatur wird klargestellt, daß das freie Marktprinzip dabei grundsätzlich gewahrt bleiben soll.[533]

Aus diesem Vergleich ist zu sehen, daß die angleichenden Folgen des Art. 95 Abs. 1 EG selbst in ihren umstrittenen Formen inhaltlich weniger tiefgreifende Regelungsmöglichkeiten bieten, als die im Regelfall für die einzelnen landwirtschaftlichen Sektoren gewählte Gemeinsame Marktorganisation.[534]

1.4.2.2 Zwischenergebnis

Sowohl die Voraussetzungen (Tatbestand) als auch die mögliche Regelungsstärke (Rechtsfolgen) sind völlig unterschiedlich gestaltet. Nettesheim differenziert im Hinblick auf die Tatbestände zwischen „sachlich-gegenständlichen" und „finalen"

---

528 *Herrnfeldt*, in: **Schwarze**, Art. 95 EGV, Rdnr. 23.

529 *Eiden*, in: **Bleckmann**, Rdnr. 2162 f..

530 *Herrnfeldt*, in: **Schwarze**, Art. 95 EGV, Rdnr. 21. *Kahl*, in: **Calliess/Ruffert**, Art. 95 EGV, Rdnr. 6 f..

531 *Herrnfeldt*, in: **Schwarze**, Art. 95 EGV, Rdnr. 8.

532 *Kahl*, in: **Calliess/Ruffert**, Art. 95 EGV, Rdnr. 10.

533 Vgl. *Thiele*, in: **Calliess/Ruffert**, Art. 34 EGV, Rdnr. 8. Er schränkt allerdings ein, daß dieses Prinzip in vielen Einzelfällen durchbrochen wird.

534 Vgl. eine Übersicht bei *Thiele*, in: **Calliess/Ruffert**, Anhang zu Art. 34 EGV.

Normen.[535] Im Rahmen der Gemeinsamen Agrarpolitik erscheinen grundsätzlich auch weitreichendere gesundheitliche Regelungen als im Rahmen der Verwirklichung des Binnenmarktes möglich.

1.5 Die Bedeutung des neuen Art. 152 Abs. 4 lit. b EG

Nachdem festgestellt wurde, daß im Rahmen der Gemeinsamen Agrarpolitik umfassende Gesundheitsschutz-Maßnahmen möglich sind, ist zu fragen, welche Neuerungen der neue Art. 152 Abs. 4 lit. b EG bringt.

1.5.1 Zweck und Inhalt

Der neue Art. 152 Abs. 4 lit. b EG schreibt vor, daß abweichend von Artikel 37 EG (früher 43 EGV) in den Bereichen Veterinärwesen und Pflanzenschutz, die unmittelbar den Schutz der Gesundheit der Bevölkerung zum Ziel haben, Maßnahmen zur Verwirklichung der Ziele des Artikel 152 EG im Mitentscheidungsverfahren gemäß Artikel 251 EG (früher 189 b EGV) erläßt.

Die Mitentscheidung des Parlaments auch für den Gesundheitsschutz im Rahmen der Gemeinsamen Agrarpolitik einzubeziehen, stellt eine politische Entscheidung dar, die dem Parlament entgegenkommt. Das Parlament hatte im Rahmen des Ortega-Berichtes darauf hinweisen, daß bei einer Mitentscheidung durch das Europäische Parlament eine „BSE-Krise" vermieden worden wäre.[536] Zudem war im Hinblick auf die demokratische Legitimation lebensmittelrechtlicher Gemeinschaftsmaßnahmen die Einbeziehung des Europäischen Parlamentes in agrarrechtliche Fragen schon lange gefordert worden.[537]

Ausschlaggebend für die Vertragsänderung war vor allem die BSE-Problematik. Die Mitgliedstaaten, die die Änderung angeregt hatten, waren der Meinung, daß eine erweiterte Rechtsgrundlage für den Gesundheitsschutz geschaffen werden müsse.[538] Wie sich aus den bisherigen Untersuchungsergebnissen ergibt, hätten die bis dato vorhandenen Kompetenzen allerdings vollkommen ausgereicht.[539]

---

535 **Nettesheim**, EuR 1993, S. 248 f..

536 Vgl. dazu die bei **Europäisches Parlament**, *Ortega-Bericht*, Anhang, aufgeführten Entschließungen.

537 Schon **Streinz**, ZLR 1994, S. 537 (546), fragt generell, „ob die Beschränkung des Europäischen Parlaments auf eine Anhörung im Agrarbereich noch haltbar ist".

538 Vgl. die Erläuterungen bei *Schmidt am Busch*, in: **Grabitz/Hilf**, Art. 152 EGV, Rdnr. 4, 51.

539 Der juristische Dienst des Europäischen Parlaments gelangte 1996 zu demselben Ergebnis, vgl. **Europäisches Parlament**, *Ortega-Bericht*, Anlage 9.

1.5.2 Qualifizierung als Verfahrensnorm

Im Rahmen der „Etikettierungs"-Entscheidung hatte die Kommission argumentiert, die Weiterentwicklung des Art. 152 Abs. 4 lit. b EG (die damals noch nicht in Kraft getreten war) dokumentiere, daß Maßnahmen mit einem Bezug zur Landwirtschaft nicht automatisch Art. 43 EGV (heute 37 EG) zuzuordnen sind und deshalb die bisherige Rechtsprechung des EuGH neu überdacht werden solle.[540] Wenn man die Konsequenz dieser Argumentation der Kommission zu Ende führte, würde das bedeuten, daß Maßnahmen des Gesundheitsschutzes nicht mehr unter die besonderen Ermächtigungsgrundlagen des Art. 37 EG fallen sollen. Das würde bedeuten, daß Art. 152 Abs. 4 lit. b EG eine eigene Rechtsgrundlage bietet. Der Wortlaut der Norm ist insoweit nicht deutlich:

„Der Rat trägt gemäß dem Verfahren des Artikels 251 und nach Anhörung des Wirtschafts- und Sozialausschusses sowie des Ausschusses der Regionen mit folgenden Maßnahmen zur Verwirklichung der Ziele dieses Artikels bei: (...) b) abweichend von Artikel 37 Maßnahmen in den Bereichen Veterinärwesen und Pflanzenschutz, die unmittelbar den Gesundheitsschutz zum Ziel haben.".

In der Literatur wird vertreten, daß Art. 152 Abs. 4 lit. b EG eine neue Rechtsgrundlage sei, und insofern die Rechtsprechung des Europäischen Gerichtshofs bezüglich der Anwendung der Querschnittsklausel im Rahmen der Ziele der Gemeinsamen Agrarpolitik kaum noch praktische Bedeutung habe.[541] Dieser Aussage kann so nicht gefolgt werden:

Die historische Betrachtung macht deutlich, daß mit der Norm dem Europäischen Parlament lediglich zusätzlich das Mitentscheidungsverfahren zugestanden werden sollte. Wollte man in Art. 152 Abs. 4 lit. b EG eine neue, eigene Kompetenz sehen, wäre überhaupt nicht klar, ob Art. 152 Abs. 4 lit. b EG als eigenständige Rechtsgrundlage dann Maßnahmen zum Gesundheitsschutz als Marktregulierung (in Anlehnung an Art. 37 Abs. 3, 34 Abs. 1 EG) oder lediglich als Rechtsangleichung (wie in Art. 95 Abs. 1 EG) erlauben würde.[542] Sähe man die Norm als eigenständige Rechtsgrundlage, wäre sie also von den Zielen der Marktregulierung, die nach Art. 33, 34 EG für das Verfahren des Art. 37 Abs. 3 EG gilt, losgelöst worden. Außerdem wäre unklar, ob Art. 152 Abs. 4 lit. b EG nach wie vor nur für die in Anhang I des Vertrags festgelegten landwirtschaftlichen Erzeugnisse gilt. Im Umkehrschluß dazu wäre es wirklich überraschend, wenn plötzlich

---

540 EuGH Rs. C-269/97 „EtikettierungsVO", Slg. 2000, S. I-2257, Rdnr. 15 f..

541 *Berg*, in: **Schwarze**, Art. 152 EG, Rdnr. 28.

542 So z.B. unklar bei *Herrnfeld*, in: **Schwarze**, Art. 95 EGV, Rdnr. 10, der von „spezifischen Maßnahmen" spricht.

veterinärrechtliche Regelungen nur noch an Art. 95 EG anstatt an Art. 32 ff. EG gemessen werden sollten.

Im Ergebnis kann damit nicht der wohl herrschenden Auffassung in der Literatur gefolgt werden, nach der Art. 152 Abs. 4 lit. b EG eine eigene Rechtsgrundlage, d.h. Kompetenz, sein soll. Damit ist z.B. auch der Aussage von Mögele zu widersprechen, daß „das Veterinär- und Pflanzenschutzrecht nunmehr aus dem agrarpolitischen Kompetenzbestand herausgelöst" sei.[543] Der neue Art. 152 Abs. 4 lit. b EG ist vielmehr als unselbständige Verfahrensnorm zu qualifizieren. Berg sieht diese Konsequenz leider nicht, obwohl er richtigerweise feststellt, daß Art. 152 Abs. 4 lit. b EG sei aus Art. 37 EG „ausgeklammert", aber dennoch dessen Anwendbarkeit auf den Anhang I nebst Folgeerzeugnissen beschränkt sei.[544] Der Umfang der Maßnahmen im Bereich des Veterinärrechts und Pflanzenschutzes richtet sich auch bei unmittelbarem Gesundheitsschutz-bezug nach wie vor nach den Kompetenzen der Art. 32 ff. EG. Damit ist die jetzige Fassung des Art. 152 Abs. 4 lit. b EG mißverständlich. In der Formulierung sollte dementsprechend klargestellt werden. Ein Vorschlag dazu könnte lauten: Anstatt „b) abweichend von Artikel 37 Maßnahmen..." sollte stehen „b) im Rahmen der Art. 32 ff. abweichend von Artikel 37 Maßnahmen ...".

1.6 Ergebnis

Die Entwicklung des Gemeinschaftsrechts zeigt, daß der Gesundheitsschutz schon seit Beginn der Europäischen Wirtschaftsgemeinschaft bei der Durchführung des Gemeinschaftsrechts im Rahmen der damals vorhandenen Kompetenzen berücksichtigt wurde. Mit dem Vertrag von Maastricht wurde schließlich die Notwendigkeit, den Gesundheitsschutz zu beachten, im EG-Vertrag fixiert. Dessen ungeachtet hat der Gesundheitsschutz im Rahmen der Gemeinsamen Agrarpolitik keine nennenswerte Entwicklung durchgemacht. Dies hat sich allenfalls mit dem Vertrag von Amsterdam geändert, mit dem der neue Art. 152 Abs. 4 lit. b EG eingefügt wurde.

Grundsätzlich besteht auch in der gegenwärtigen Fassung des EG-Vertrages keine eigenständige Kompetenz für Maßnahmen des Gesundheitsschutzes. Dieser ist lediglich im Rahmen der sonstigen Kompetenzen berücksichtigungsfähig. Ohne nähere Betrachtung der Besonderheiten der Gemeinsamen Agrarpolitik ergibt sich folgendes Bild: Der Gesundheitsschutz ist von der Gemeinschaft deshalb „mit"-regelbar, weil sonst die Mitgliedstaaten im Rahmen von Art. 28 EG bzw. Art. 95 Abs. 4 - 10 EG in fast allen wirtschaftlichen Bereichen eigene gesundheitsschüt-

[543] **Mögele**, ZEuS 2000, S. 79 (95).
[544] *Berg*, in: **Schwarze**, Art. 152 EGV, Rdnr. 24.

zende Regelungen erlassen könnten oder müßten und damit das Ziel eines Gemeinsamen Marktes und eines Binnenmarktes gefährdet wäre. Die gesundheitsschützenden Querschnittsklauseln statuieren zusammen mit Art. 95 Abs. 3 EG zusätzlich die Verpflichtung, im Rahmen der gegebenen Kompetenzen tätig zu werden, wenn ein hohes Niveau des Gesundheitsschutzes nicht sichergestellt ist. Die Querschnittsklauseln sind damit für die Frage nach den Kompetenzen der Gemeinschaft unerheblich.

Die Kompetenzen der Gemeinsamen Agrarpolitik können wohl als die mächtigsten Kompetenzen des EG-Vertrages bezeichnet werden. Ebenso wie die Kompetenzen zur Errichtung des Binnenmarktes handelt es sich um Sonderregeln für einen Teilbereich des Gemeinsamen Marktes. Die Untersuchung ihrer inhaltlichen Reichweite zeigte, daß der Gesundheitsschutz auch im Rahmen dieser Sonderregeln mit-regelbar ist. Damit können gesundheitsschützende Maßnahmen nicht nur aufgrund des Art. 95 EG erlassen werden, sondern auch aufgrund der Art. 32 ff. EG.

Im Rahmen der jüngsten Diskussionen um Inhalt und Reichweite dieser gemeinschaftlichen Kompetenzen wurde vom EuGH ausdrücklich festgestellt, daß umfassende Verbote aus Gründen des Gesundheitsschutzes möglich sind. Wie das „Tabakrichtlinien"-Urteil zeigte, ergibt sich eine Beschränkung lediglich aus der Frage, ob die tatbestandlichen Vorgaben der Kompetenzen erfüllt werden. Im Übrigen ist unerheblich, ob die Regelung „im Schwerpunkt" gesundheitsschützend wirkt. Ein Vergleich ergibt, daß im Rahmen der Gemeinsamen Agrarpolitik - bedingt durch die umfassenderen Integrationsziele - grundsätzlich sogar tiefergreifende Maßnahmen des Gesundheitsschutzes möglich wären als im Rahmen der Rechtsangleichung im übrigen Gemeinsamen Markt und im Binnenmarkt.

Der neu eingefügte Art. 152 Abs. 4 lit. b EG begründet keine zusätzliche Kompetenz, sondern schreibt lediglich im Rahmen der bestehenden Kompetenzen der Gemeinsamen Agrarpolitik in allen unmittelbar gesundheitlichen Fragen des Veterinär- und Pflanzenschutzrechts das Mitentscheidungsverfahren vor. Die damit bei der Durchführung im Verhältnis zum Entscheidungsverfahren nach Art. 37 EG entstehenden Abgrenzungsprobleme sind später genauer zu betrachten.[545]

2. Sekundärrechtliche Rechtsgrundlagen

Die Gemeinschaft darf nach Art. 5 Abs. 1 EG (früher 3 b EGV) nur in den Grenzen der im Vertrag zugewiesenen Befugnisse und Ziele tätig werden. Dieser

---

545 Vgl. S. 141 ff..

Grundsatz wird auch das „Prinzip der begrenzten Einzelzuständigkeit“ genannt.[546] Damit muß jeder Rechtsakt auf einer vertraglich zugewiesenen Kompetenz beruhen. Da die meisten BSE-Schutzmaßnahmen lediglich Richtlinien als Rechtsgrundlagen anführen, ist dieser Grundsatz einer besonderen Prüfung zu unterziehen.

2.1 Normenhierarchie des Sekundärrechts

Zunächst ist auf die Rechtsnatur der gemeinschaftsrechtlichen Maßnahmen und die Struktur der sich in der sekundärrechtlichen Praxis ergebenden Normenhierarchie einzugehen.

2.1.1 Rechtsnatur der BSE-Schutzmaßnahmen

Auch innerhalb des Sekundärrechts sind bestimmte Handlungsformen festgelegt. Nach Art. 249 EG (früher 189 EGV) ist das Sekundärrecht in Form von Verordnungen, Richtlinien und Entscheidungen zu erlassen. Daneben können Empfehlungen oder Stellungnahmen abgegeben werden.

2.1.1.1 Verordnung

Die Verordnung hat allgemeine Geltung und gilt unmittelbar in jedem Mitgliedstaat. Allerdings ist dem Recht der Gemeinschaft die Unterscheidung zwischen „Gesetz“ und „Rechtsverordnung“ fremd. Die Verordnung erfüllt eine Doppelfunktion. Zum einen dient sie zu quasilegislativen Maßnahmen. Zum anderen kann sie auch als kurzlebige Durchführungsverordnung in Erscheinung treten.[547] Insofern ist die Übersetzung des englischen Begriffs der „regulation“ als „Verordnung“ ungeschickt.

Im Agrarbereich ist sowohl die allgemeine Verordnung zum Erlaß landwirtschaftlicher Marktordnungen anzutreffen, als auch die Durchführungsverordnung, um z.B. Preis- oder Abschöpfungsfestsetzungen vorzunehmen. Auch im Fall des im Rahmen der BSE-Problematik relevanten Rindfleischmarktes sind solche

[546] **Oppermann**, Rdnr. 513. **Borchardt**, S. 134.
[547] Vgl. EuGH Rs. 230/78 „Eridiana“, Slg. 1979, S. 2749, Rdnr. 6 - 8.

Verordnungen vorhanden.[548] Für den Gesundheitsschutz sind die Verordnungen allerdings weniger von Bedeutung, da diese nur den marktrechtlichen Rahmen durch finanzielle Regelungen betreffen. Neben den zahlreichen Verordnungen, die die Marktmechanismen für Rind und Rindfleischkäufe festlegen, gibt es im wesentlichen zwei Verordnungen, die für den Gesundheitsschutz im Rahmen von BSE eine Rolle spielen: Die Verordnung (EG) Nr. 820/97, zwischenzeitlich ersetzt durch Verordnung (EG) Nr. 1760/2000, regelt die Etikettierung von Rindern und Rindfleisch. Die Verordnung (EG) Nr. 999/2001 faßt viele der BSE-Schutzmaßnahmen, die in Form von Entscheidungen ergangen waren, zusammen und enthält Regelungen zur Überwachung und Bekämpfung von TSE.[549]

2.1.1.2 Richtlinie

Auch Richtlinien finden im nationalen Recht keine Entsprechung. Sie haben grundsätzlich keine unmittelbare Wirkung in den Mitgliedstaaten, sondern verpflichten lediglich zur Umsetzung eines in der Richtlinie vorgegebenen Ziels.[550] Im Hinblick auf diese allgemeine Beschreibung zeichnet die tatsächliche Wirkungsweise und Verwendung der Richtlinien im Rahmen der BSE-Schutzmaßnahmen ein ganz anderes Bild: Wie aus der Bestandsaufnahme ersichtlich, stützen sich Entscheidungen der Kommission auf Richtlinien anstatt auf Normen des EG-Vertrages. Damit setzt im Grunde die Europäische Gemeinschaft ihre eigenen Richtlinien um, obwohl dies eigentlich die Sache der Mitgliedstaaten wäre.

Von grundsätzlicher Bedeutung für die BSE-Problematik ist die Richtlinie 89/662/EWG und die Richtlinie 90/425/EWG. Die Rechtsgrundlage dieser beiden Richtlinien ist Art. 43 EGV (heute 37 EG) und stammt damit aus dem Bereich der Gemeinsamen Agrarpolitik.

---

548 Statt vieler seien hier nur beispielhaft die neuesten Verordnungen für den Rindfleischmarkt aufgeführt:
-) Verordnung (EG) Nr. 1254/1999 des Rates vom 17. Mai 1999 über die gemeinsame Marktorganisation für Rindfleisch (ABl. L 160 vom 26.06.1999, S. 21), zuletzt geändert durch Verordnung Nr. 1512/2001 des Rates vom 23.7.2001 (ABl. L 201 vom 26.7.2001, S. 1)
-) Verordnung (EG) Nr. 562/2000 der Kommission vom 28. Oktober 1999 mit Durchführungsvorschriften zu der Verordnung (EG) Nr. 1254/1999 des Rates (ABl. L 068 vom 16.03.2000, S. 22), zuletzt geändert durch Verordnung Nr. 492/2002 der Kommission vom 19.3.2002 (ABl. L 77 vom 20.3.2002, S. 4).

549 Vgl. ausführlich zu beiden Verordnungen oben Kapitel 1 Abschnitt 1.2.1.3.

550 *Hetmeier*, in: **Lenz**, Art. 249 EGV, Rdnr. 9.

2.1.1.3 Entscheidung

Die Entscheidung dient der verbindlichen Regelung eines Einzelfalls. Es handelt sich also um ein typisches exekutives Handeln.[551] Das typische Organ für den Erlaß von Entscheidungen ist die Kommission, da sie meist als ausführende Instanz tätig ist. Sofern die Entscheidung an Private gerichtet ist, kann sie daher mit einem Verwaltungsakt des deutschen Rechts verglichen werden. Sofern die Entscheidung an einen Mitgliedstaat gerichtet ist, ähnelt der normative Effekt eher dem einer Richtlinie.

Alle unmittelbaren Gesundheitsschutzmaßnahmen wurden als Entscheidungen erlassen, die jeweils an alle Mitgliedstaaten gerichtet sind. Inhaltlich werden Ge- oder Verbote formuliert, um dann durch Ausnahme- und Kontrollvorschriften ergänzt zu werden. Durch die Adressierung der Entscheidungen jeweils an „alle Mitgliedstaaten" wird die Abgrenzung zu einer Richtlinie oder gar Verordnung schwierig.[552] Es darf durchaus angezweifelt werden, ob und wie eine Unterscheidung von Verordnungen einerseits und Entscheidungen andererseits in der Praxis überhaupt noch möglich ist. Als Beispiel mag die neue TSE-Verordnung dienen, die inhaltlich viele zuvor in Form von Entscheidungen ergangenen Regelungen ersetzt.[553]

2.1.1.4 Empfehlung und Stellungnahme

Empfehlungen und Stellungnahmen haben keinen rechtsverbindlichen Charakter. Dennoch werden sie von den Organen der Gemeinschaft gerne und oft verwendet. Sie dienen der Kommunikation von politischen Zielvorstellungen sowie für Diskussionen hinsichtlich der rechtlichen Weiterentwicklung des Gemeinschaftsrechts. Insofern wird ihnen zum Teil eine „politisch-psychologische" Wirkung zugesprochen.[554] Auch wenn Empfehlungen und Stellungnahmen keine rechtliche Bindungswirkung entfalten, handelt es sich um offizielle Verlautbarungen der Gemeinschaft. Deshalb könnte auch deren Inhalt im Rahmen der in Artikel 10 EG (früher 5 EGV) festgelegten Loyalitätspflicht der Mitgliedstaaten als eine Art „soft law" relevant sein.[555] Der eingangs erwähnte Grundsatz der begrenzten Einzelzuständigkeit wird insofern gelockert.

---

551 **Oppermann**, Rdnr. 563.

552 So auch *Hetmeier*, in: **Lenz**, Art. 249 EGV, Rdnr. 6.

553 Die neue TSE-Verordnung wird in Kapitel 3 Abschnitt 2.1.2 näher analysiert.

554 **Oppermann**, Rdnr. 571. *Nettesheim*, in: **Grabitz/Hilf**, Art. 249 EGV, Rdnr. 216.

555 **Oppermann**, Rdnr. 571. **Snyder**, S. 5 ff.. *Nettesheim*, in: **Grabitz/Hilf**, Art. 249 EGV, Rdnr. 209, spricht von „weicher Rechtsangleichung". Zur Berücksichtigung bei der Auslegung nationaler Rechtsvorschriften vgl. *Ruffert*, in: **Calliess/Ruffert**, Art. 249 EGV, Rdnr. 119. **Streinz**, S. 169.

Im Rahmen der BSE-Problematik gibt es eine Empfehlung, in der die Europäische Kommission den Mitgliedstaaten „empfiehlt", bestimmte technische und statistische Angaben zu übermitteln.[556] Als Grund für die Empfehlung führt die Kommission aus, daß die Vorbereitung der Anträge auf Anerkennung des TSE-Status vereinfacht wird, wenn die Länder „die erforderlichen Informationen im Sinne des genannten wissenschaftlichen Gutachtens mitteilen".[557] Der wissenschaftliche Lenkungsausschuß hatte in besagtem Gutachten Kriterien zur Feststellung eines TSE-Status erarbeitet. Die Kommission fügt an, daß sie sich auf Gutachten des Wissenschaftlichen Lenkungsausschusses stützen wird.[558] Fehlende oder unvollständige Daten werde die Kommission durch „worst-case-Annahmen" ersetzen.[559]

Damit waren die Mitgliedstaaten mehr als nur „gut beraten", wenn sie der Empfehlung folgten. Der Empfehlung kann also tatsächlich die beschriebene Wirkung als „soft law" zukommen, und das sogar, ohne die „Loyalitätspflicht" der Mitgliedstaaten heranziehen zu müssen.

2.1.2 Stufenverhältnis der Rechtsakte

Die in der Chronologie aufgeführten BSE-Schutzmaßnahmen sind größtenteils nicht auf eine primärrechtliche Kompetenznorm gestützt worden, sondern vor allem auf Sekundärrecht. In der Literatur findet sich die Aussage, daß die Handlungsformen des Art. 249 EG nach „allgemeinen rechtstheoretischen Grundsätzen" sowie „praktischen Bedürfnissen" in einer gewissen Hierarchie angeordnet seien.[560] So seien z.B. legislativ wirkende Verordnungen wohl vorrangig vor einer lediglich durchführenden Verordnung, obwohl es grundsätzlich keine Rolle spiele, ob die Kommission oder der Rat einen Rechtsakt erlassen wird.

Die Abstufungen ergeben sich im wesentlichen daraus, daß viele grundlegenden sekundärrechtlichen Rechtsakte der weiteren durchführenden Rechtsakte durch die Gemeinschaft bedürfen. Diese Delegationsbefugnis scheint auf den ersten Blick dem Grundsatz zu widersprechen, daß die Mitgliedstaaten für die Durchführung des Gemeinschaftsrechts zuständig sind. Dennoch war bereits im Vertrag von Rom in Art. 155 Abs. 4 EWG-Vertrag festgelegt, daß die Kommission be-

---

556 Empfehlung der Kommission vom 22.7.1998 über die mit den Anträgen auf Anerkennung des TSE-Status eines Landes zu übermittelnden Informationen (ABl. L 212 vom 30.7.1998 S. 58 ff.).

557 Erwägung Nr. 5 der o.g. Empfehlung.

558 Erwägung Nr. 6 der o.g. Empfehlung. Der Wissenschaftliche Lenkungsausschuß veröffentlichte das Gutachten über den BSE-Status von Deutschland im Juni 2000 unter "http://www.europa.eu.int/ comm/food/fs/sc/ssc/out113_en.pdf".

559 Einleitungssatz des Anhangs der o.g. Empfehlung.

560 **Oppermann**, Rdnr. 512.

stimmte ihr vom Rat übertragene Befugnisse wahrnimmt. In der Praxis führte dies bereits in den 60er Jahren dazu, daß der Rat zu seiner Arbeitsentlastung im Agrarbereich Einzelbefugnisse übertrug.[561] Diese Praxis führt faktisch zu einer dreistufigen Hierachie von sekundärrechtlichen Maßnahmen:

Der Grundfall einer sekundärrechtlichen Maßnahme ist, daß diese nach der primärrechtlichen Kompetenz der Art. 32 ff. EG im von Art. 37 EG vorhergesehenen Verfahren vom Rat erlassen wird. Im Bereich der GAP handelt es sich zumeist um Grundverordnungen oder Preisbeschlüsse.[562] Diese Maßnahmen können als Grund- oder Basisrechtsakte zum Erlaß von spezifischeren Maßnahmen dienen.

Auf zweiter Stufe stehen die Durchführungsmaßnahmen, die der Rat aufgrund einer Ermächtigung aus einem Basisrechtsakt erster Stufe heraus erläßt. Da der Rat regelmäßig auch für den Erlaß des Basisrechtsakts zuständig ist, nimmt er dadurch eine Delegation „an sich selbst" vor. Der zulässige Umfang dieser Selbstdelegation war vor allem wohl deshalb umstritten, weil das Europäische Parlament seine Anhörungsrechte, die es nur im Rahmen des Erlaßverfahrens zum Basisrechtsakt hat, umgangen sah. Der Gerichtshof billigte aber diese Form der Delegation, sofern eine spezifische Begründung vorhanden war.[563] Primärrechtlich ist dieses Verfahren seit der EEA in Art. 145 EGV (heute 202 EG) als Ausnahmefall mit spezifischer Begründungspflicht ausdrücklich zulässig.

Auf einer dritten Stufe stehen die durchführenden Maßnahmen, deren Ausarbeitung und Erlaß der Rat an die Kommission überträgt.[564] Auch diese Form der Delegation war zunächst vor der EEA umstritten. Das Europäische Parlament war der Ansicht, daß das Gewaltenteilungsprinzip und dessen Aufsichtsrecht verletzt sei und forderte insofern auch eine Beteiligung an der Überwachung der Kommission im Rahmen solcher delegierten Befugnisse.[565] Mit der EEA wurde die Delegation aber zum Regelfall der Durchführung in Art. 145 EGV (heute 202 EG) gemacht, ohne daß sich die Beteiligungsrechte des Europäischen Parlaments verbessert hätten.[566]

Eine Delegation muß zwei Voraussetzungen erfüllen: Erstens, die durch den Basisrechtsakt delegierten Befugnisse dürfen nicht über den Rahmen des Basis-

---

561 *Voß*, in: **Joerges/Voß**, S. 20.

562 *Thiele*, in: **Calliess/Ruffert**, Art. 37 EGV, Rdnr. 20.

563 EuGH Rs. 16/88 Kommission/Rat, Slg. 1989, S. 3457, Rdnr. 10.

564 *Thiele*, in: **Calliess/Ruffert**, Art. 37 EGV, Rdnr. 22. Näher zu den Ausschußverfahren im Rahmen der Untersuchung der Durchführung von Gesundheitsschutz, Kapitel 3 Abschnitt 2.2.1.

565 **Demmke/Haibach**, DÖV 1997, S. 710 (711).

566 Dieser Streit betrifft im wesentlichen das Verfahren zum Erlaß einer Maßnahme und wird später im Rahmen der Durchführung von Gesundheitsschutz in Kapitel 3 Abschnitt 2.1.1.2 erörtert werden.

rechtsaktes hinausgehen;[567] zweitens müssen die wesentlichen Grundzüge müssen bereits vom Basisrechtsakt festgelegt worden sein.[568] Der EuGH stellte klar, daß die Durchführung solcher Delegationen sowohl die Ausarbeitung von Durchführungsvorschriften als auch die Anwendung von Vorschriften für den Einzelfall durch den Erlaß individueller Rechtsakte erfaßt.[569]

Die meisten BSE-Schutzmaßnahmen sind Entscheidungen und beruhen im wesentlichen auf Ermächtigungen des Rates an die Kommission und stehen damit in der Hierarchie auf der dritten Stufe. Dagegen beruht z.B. die neue TSE-Verordnung direkt auf der Kompetenz des Art. 152 Abs. 4 lit. b EG und stellt damit einen Rechtsakt auf der ersten Stufe dar.

2.2 Überprüfung der BSE-Entscheidungen

Die meisten untersuchten BSE-Schutzmaßnahmen sind Entscheidungen, die aufgrund einer Richtlinie erlassen wurden. Zur Überprüfung ihrer Rechtmäßigkeit müssen mehrere Schritte erfolgen. Die BSE-Schutzmaßnahmen müssen zum einen den Voraussetzungen des Basisrechtsaktes genügen. Zum anderen muß der Basisrechtsakt die Voraussetzungen sowohl einer zulässigen Delegation als auch der zugrundeliegenden primärrechtlichen Kompetenz genügen.

2.2.1 Delegation mittels „Schutzklausel" bzw. „Notkompetenz"

Seit den Anfängen der Gemeinsamen Agrarpolitik waren mehrere veterinärrechliche Richtlinien vorhanden, die im Verlauf der Zeit durch zahllose sich überlagernde Änderungsrichtlinien flankiert wurden. Die sich daraus ergebende Tatsache, daß die veterinärrechlichen Vorschriften weit verstreut und schwer zugänglich sind, wird von Mögele als „nicht untypischer Zustand" bezeichnet.[570] Im Fall der BSE-Schutzmaßnahmen sind heute die wesentlichen Verfahrensvorschriften in den Richtlinien 89/662/EWG bzw. 90/425/EWG enthalten.

Artikel 9 Abs. 1 der Richtlinie 89/662/EWG bestimmt, daß Mitgliedstaaten unverzüglich die Kommission sowie die anderen Mitgliedstaaten zu informieren haben im Falle des Auftretens von Zoonosen, Krankheiten und anderen Ursachen, die eine Gefahr für die Tiere oder die menschliche Gesundheit darstellen können. Nach Absatz 4 der Norm hat die Kommission „notwendige Maßnahmen" für die von der Richtlinie in Artikel 1 erfaßten Erzeugnisse, und, falls die Umstände es erfordern, auch für Ursprungserzeugnisse sowie Folgeerzeugnisse zu erlassen.

---

567 *Thiele*, in: **Calliess/Ruffert**, Art. 37 EGV, Rdnr. 21, 22.
568 *Hix*, in: **Schwarze**, Art. 37 EGV, Rdnr. 36, 38.
569 EuGH Rs. 16/88, a.a.O., Rdnr. 11.
570 **Mögele**, ZLR 1998, S. 177 (181).

Nach Artikel 10 Abs. 1 der Richtlinie 90/425/EWG bestehen für die Mitgliedstaaten entsprechende Mitteilungspflichten. Absatz 4 regelt die Befugnis der Kommission zu Maßnahmen über die erfaßten Erzeugnisse und Folgeerzeugnisse. Die beiden Richtlinien gleichen sich in weiten Teilen im Wortlaut.

Soweit ersichtlich, wird der Begriff "Schutzklausel" in Bezug auf die Tatbestände der Artikel 9 bzw. 10 der Richtlinien 89/662/EWG bzw. 90/425/EWG im „BSE"-Urteil verwendet; der Begriff „Schutzklausel" wird konkret wohl auf die aufgeführten Harmonisierungskompetenzen der Kommission in den jeweiligen Absätzen 4 bezogen. [571] Die Literatur scheint den Begriff auch so zu übernehmen.[572] Damit würde es sich bei einer „Schutzklausel" um eine Kompetenz für einen unmittelbaren gemeinschaftlichen Vollzug handeln, der zu „Schutzzwecken" die Ausnahme eines gemeinschaftlichen Handelns oder gar eines gemeinschaftlichen Vollzugs darstellt.[573]

Teilweise wird aber unter „Schutzklausel" aber auch die Befugnis der Mitgliedstaaten verstanden, trotz grundsätzlich abschließender gemeinschaftsrechtlicher Regelung dennoch aus eigener Initiative tätig werden zu dürfen.[574] Diese Schutzklauseln finden sich oft im Zusammenhang mit agrarrechtlichen Regelungen. Ihre Einfügung wurde für den Fall von Marktstörungen wegen des Wegfalls der bisherigen Instrumente zum Schutz der Landwirtschaft erforderlich.[575] Es scheint damit, daß ursprünglich nur Zuständigkeiten zugunsten der Mitgliedstaaten in einem sonst harmonisierten Bereich von dem Begriff „Schutzklausel" gemeint waren. Deshalb erscheint es sachgerechter, die Tatbestände, die der Kommission den Erlaß von Dringlichkeitsmaßnahmen erlauben, als sekundärrechtliche „Notkompetenzen" zu bezeichnen.

2.2.2 Voraussetzungen der Notkompetenzen

Die Entscheidungen der Kommission, die sich auf die veterinärrechtlichen Richtlinien stützen, müssen den in der Richtlinie festgelegten Voraussetzungen genügen.

Bei Entscheidungen, die nur bezüglich Rindfleisch und sonstigen Rinderprodukten gelten, wurde die Richtlinie 89/662/EWG verwendet.[576] Soweit bei Entscheidungen nur die Verfütterung von Tiermehl betroffen war, kam lediglich die

---

571 EuGH Rs. C-180/96 „BSE", Slg. 1996, S. I-2265, Rdnr. 44.

572 Vgl. *Hix*, in: **Schwarze** ,Art. 32 EGV, Rdnr. 38.

573 Allgemein zum insofern bestehenden "Europäischen Verwaltungsrecht" z.B. **Streinz**, Rdnr. 464.

574 **König/Haratsch**, Rdnr. 121 f., „Schutzklauseln" und „Notstandsklauseln".

575 **Gottsmann**, Abschnitt I A 11/4, S. 14.

576 Z.B. die Entscheidung 98/692/EG vom 25.1.1998, u.a..

Richtlinie 90/425/EWG zur Anwendung.[577] Erstere Richtlinie bezweckt in ihren Erwägungsgründen den Schutz der Gesundheit von Mensch und Tier, letztere nennt als Zweck nur die Tiergesundheit. Abgesehen davon beinhalten die beiden Richtlinien fast wortgleiche Regelungen. So auch die Artikel 9 bzw. 10 der Richtlinien, die das Verfahren im Falle von „auftretenden Tierkrankheiten" regeln: Nach Absatz 4 der Artikel 9 bzw. 10 der Richtlinien 89/662/EWG und 90/425/EWG „prüft die Kommission im Ständigen Veterinärausschuß so bald wie möglich die Lage" und erläßt nach dem Verfahren des Artikel 17 der jeweiligen Richtlinien die „notwendigen Maßnahmen".

Die jeweiligen Begründungserwägungen der Richtlinien waren unterschiedlichen Zielen gewidmet:

Richtlinie 89/662/EWG: „Um dieses Ziel zu erreichen, müssen die Anforderungen an die **Gesundheit von Mensch und Tier** harmonisiert werden.", und

Richtlinie 90/425/EWG: „Um dieses Ziel zu erreichen, müssen die Anforderungen an den **Schutz der Tiergesundheit** harmonisiert werden."[578]

Damit schien lediglich die Richtlinie 89/552/EWG einen Bezug zum Gesundheitsschutz des Menschen zu beachten. Die inhaltliche Unterscheidung zwischen Schutz der menschlichen Gesundheit und Eindämmung von Tierseuchen wurde aber leider verwischt, indem in den Artikeln 9 Abs. 1 bzw. 10 Abs. 1 gleichermassen von „Gefahr für die Tiere oder die menschliche Gesundheit" zu lesen ist. Eine qualitative Unterscheidung hinsichtlich der Voraussetzungen und der Reichweite der möglichen Maßnahmen wird damit tatbestandlich offenbar nicht mehr gemacht.

Das Merkmal der „notwendige Maßnahmen" stellt eine Rechtsfolge, nicht aber die Voraussetzung einer Notkompetenz dar. Der Tatbestand zur Anwendung dieser Rechtsfolge muß sich durch die Formulierung „prüft ... die Lage" aus dem sonstigen Inhalt der Richtlinie ergeben. Absatz 1 des Artikel 9 der Richtlinie 89/662/EWG regelt allgemein einen Verfahrensablauf im Fall des Auftretens von „Krankheiten gemäß der Richtlinie 82/894/EWG" sowie „allen Zoonosen, Krankheiten und anderen Ursachen, die eine Gefahr für die menschliche Gesundheit darstellen können".

Dabei haben die Mitgliedstaaten alle „von der Gemeinschaftsregelung vorhergesehenen Gegenmaßnahmen" und „vorbeugenden Maßnahmen", „insbesondere darin vorgesehene Schutzgebiete" und schließlich „sonstige [ihm] angemessen scheinende Maßnahmen" zu treffen. Das alles aber nur, „solange die nach Absatz 4 zu ergreifenden Maßnahmen noch ausstehen". Damit handelt es sich um eine

[577] Z.B. die Entscheidung 97/735/EG (ABl. L 294 vom 28.10.1997 S. 7).

[578] Hervorhebungen eingefügt.

typische Schutzklausel zugunsten der Mitgliedstaaten. Die gemeinschaftliche Notkompetenz des Absatz 4 folgt inhaltlich denselben Voraussetzungen, weil die „notwendigen Maßnahmen" sobald wie möglich die einzelstaatlichen Übergangslösungen ersetzen sollen.

Die Voraussetzungen der Notkompetenz an sich waren anläßlich des „BSE"-Urteils des EuGH nicht umstritten.[579] Angesichts der Weite der vorgefundenen Formulierungen dürfte es allerdings auch schwierig sein, eine Maßnahmen zu treffen, die nicht mehr gedeckt wäre. Die Rügen in dem „BSE"-Rechtstreit beschränkten sich zum Teil auch wohl deshalb auf den Vorwurf der Unverhältnismäßigkeit des Exportverbotes. Es war nicht nur der Export von Rindfleisch, sondern von allen Rinderprodukten verboten worden. Der EuGH hielt die Maßnahme in seinem Urteil aber auch für verhältnismäßig.[580]

2.2.3 Voraussetzungen der Delegation

Die Notkompetenzen in den Richtlinien müssen auf zwei Aspekte geprüft werden. Zum einen muß die durch sie erfolgte Delegation primärrechtlich zulässig sein. Dazu müssen die Grundzüge der Notkompetenz in den Richtlinien festgeschrieben sein und der Umfang der Notkompetenz im Rahmen der Richtlinien liegen. Zum anderen müssen die Richtlinien von einer primärrechtlichen Kompetenz gedeckt sein.

2.2.3.1 Grundzüge der Notkompetenz in der Veterinär-Richtlinie

Zunächst ist zweifelhaft, ob die Richtlinie die Grundzüge der Notkompetenz hinreichend festlegt. Der Wortlaut des Artikel 9 Abs. 4 der Richtlinie 89/662/EWG ist insofern zu ungenau, da dort nur von „Prüfen der Lage" sowie vom Erlaß „notwendiger Maßnahmen" die Rede ist. Offenbar ist aber die unscharfe Formulierung bislang nicht kritisiert worden. Das mag zum großen Teil an der finalen Ausrichtung liegen: Aus dem Zusammenhang des gesamten Artikel 9 der Richtlinie wird deutlich, daß die Regelungen allesamt auf den Fall des Auftretens von Tierkrankheiten, die eine Gefahr für die menschliche Gesundheit darstellen, bezogen sind. Hinsichtlich des letzteren Merkmals wird auf die Richtlinie 82/894/EWG Bezug genommen, die eine Liste von Krankheiten enthält, bei denen diese Gesundheitsgefahr vermutet wird. Die Einbeziehung dort nicht genannter Krankheiten ist als „Härtefallklausel" grundsätzlich nicht zu beanstanden, da auch neue Krankheitsgefahren erfaßt werden müssen, um den beabsichtigten Gesundheitsschutz effektiv gewährleisten zu können.

---

579 EuGH Rs. C-180/96 „BSE", Slg. 1996, S. I-2265.

580 Dazu genauer im Kapitel 3 über die Durchführung von Gesundheitsschutz.

Allerdings dürfte die festgestellte Unschärfe der Unterscheidung zwischen der Tiergesundheit und dem Schutz der menschlichen Gesundheit erhebliche Bedenken hinsichtlich der Bestimmheit der Artikel der jeweiligen Richtlinien bergen. Wie oben bereits erwähnt, wurde jedoch immer die Richtlinie 89/662/EWG als Kompetenz herangezogen, wenn mit dem Verkauf von Rindfleisch und sonstigen Verbraucherprodukten Fragen des Schutzes der menschlichen Gesundheit betroffen waren.[581] Damit wurde das Problem der Unterscheidung zwischen Tier- und Menschengesundheit in diesen Fällen praktisch nicht relevant.

Weiter dürfte in der Unschärfe der Voraussetzungen beider Notkompetenzen sicherlich eine der Ursachen für die Streitigkeiten zwischen Mitgliedstaaten und der Gemeinschaft hinsichtlich der erlaubten Reichweite von gemeinschaftlichen Schutzmaßnahmen zu sehen sein. Es ist vor diesem Hintergrund auch kein Wunder, wenn sich rechtliche Rügen - wie z.B. das Vereinigte Königreich in der bereits erwähnten Rechtsache „BSE" vorbrachte - kaum systematisieren lassen und schließlich in Fragen der Verhältnismäßigkeit niederschlagen.

2.2.3.2 Veterinärrechtlicher Rahmen der Notkompetenz

Neben den tatbestandlichen Voraussetzungen der Notkompetenz ist zusätzlich zu prüfen, ob die in der Notkompetenz zugewiesene Handlungsmacht über den Rahmen des veterinärrechtlichen Inhalts der Richtlinie hinausgeht.

Zunächst bezieht sich der Inhalt der Richtlinie 89/662/EWG nur auf die Regelung der veterinärrechtlichen Kontrollen im innergemeinschaftlichen Handel, also „grenzüberschreitenden" Handel. Eine umfassende Ermächtigung zu Maßnahmen paßt aber insofern in den Rahmen der Kontrollrichtlinie, als entsprechende aus der Kontrolle folgende Konsequenzen geregelt werden müssen. Die Artikel 7 und 8 harmonisieren die Konsequenzen, die ein Mitgliedstaat bei einer festgestellten Krankheit ziehen darf. Artikel 9 tritt als gemeinsame Bestimmung hinzu und ergänzt die Kontrollregelungen durch eine Mitteilungspflicht der Mitgliedstaaten untereinander und gegenüber der Kommission. Durch die Verpflichtung der Kommission, die Lage zu prüfen, wird die Notkompetenz in den Rahmen der harmonisierten Kontroll- und Mitteilungspflichten eingebunden. Die Auslegung dieser Artikel der Richtlinie ergibt, daß die Notkompetenz also nur insoweit ausgeübt werden darf, als eine gemeinschaftsweit harmonisierte Abwehr der Krankheitsgefahr sachgerecht ist. Das wird im Regelfall dann der Fall sein, wenn die in der Richtlinie normierten Export-Kontrollen positiv verlaufen.

---

[581] Vgl. dazu den tabellarischen Überblick der BSE-Schutzmaßnahmen im Anhang zu dieser Arbeit.

Im Ergebnis überschreiten die Notkompetenzen damit wohl nicht den gegebenen veterinärrechtlichen Rahmen. Dennoch wäre es im Sinne der Rechtsklarheit wünschenswert, die sekundärrechtliche Notkompetenz konkreter auszugestalten, damit diese nicht erst durch eine Gesamtdeutung der Richtlinie erschlossen werden muß. Diese Gesamtdeutung sollte lediglich als Maßstab für die Voraussetzungen der Notkompetenz dienen.

2.2.4 Agrarrechtliche Kompetenz für die Veterinär-Richtlinien

Schließlich darf eine Notkompetenz nicht über den Inhalt der primärrechtlichen Kompetenz hinausreichen, auf die sich die übergeordnete Richtlinie stützt.

Die veterinärrechtlichen Richtlinie wurde auf der Rechtsgrundlage des Art. 43 EWG (heute 37 EG) erlassen. Damit ist zu prüfen, ob zum einen die Regelung für die in Anhang I des EG-Vertrages aufgeführten landwirtschaftlichen Erzeugnisse gilt, und ob zum anderen die Regelungen zur Verwirklichung der in Art. 33 Abs. 1 EG festgelegten Ziele beiträgt.[582] Dabei kann auf die bereits im ersten Abschnitt dieses Kapitels entwickelten Grundsätze zurückgegriffen werden.

Die Richtlinien müssen unter die Ziele des Art. 33 Abs. 1 EG zu subsumieren sein. Die Richtlinien 89/662/EG und 90/425/EG stützen sich auf folgende Begründungen: „Das reibungslose Funktionieren der gemeinsamen Marktorganisation für tierische Erzeugnisse und Erzeugnisse tierischen Ursprungs erfordert die Beseitigung veterinärrechtlicher Hindernisse, die der Entwicklung des innergemeinschaftlichen Handels mit den betreffenden Erzeugnissen im Wege stehen. Der freie Verkehr mit landwirtschaftlichen Erzeugnissen ist ein Grundbestandteil der gemeinsamen Marktorganisationen; er soll die rationelle Entwicklung der Agrarerzeugung und den optimalen Einsatz der Produktionsfaktoren ermöglichen."

Inhaltlich haben die Richtlinien zum Ziel, die veterinärrechtlichen Kontrollen auf den Abgangsort zu beschränken. Damit wird deutlich, daß die Harmonisierung gewisser Vorschriften Voraussetzung für die Verwirklichung der speziellen Ziele der Gemeinsamen Agrarpolitik nach Art. 33 Abs.1 EG ist.

Auch die Möglichkeit, daß sich die Notkompetenz - wie im Fall des Embargos gegen das Vereinigte Königreich - auf Folgeerzeugnisse erstrecken kann, spricht nicht gegen die agrarrechtliche Rechtsgrundlage. Neben den primärrechtlich erfaßten Ursprungserzeugnissen können auch deren Folgeerzeugnisse unter eine Regelung der GAP fallen.[583]

---

582 Vgl. oben. *Hix*, in: **Schwarze**, Art. 37 EGV, Rdnr. 4.

583 Vgl. S. 95.

Im übrigen wurde bereits festgestellt, daß eine Gesundheitsschutz-Regelung von den landwirtschaftlichen Kompetenzen des Vertrags gedeckt ist, sofern ein Regelungsinhalt zur Verwirklichung der Ziele des Art. 33 Abs. 1 EG gegeben ist. Vorliegend ist die Notkompetenz zum Gesundheitsschutz des Menschen dadurch gerechtfertigt, daß durch eine einheitliche Kontrolle und einheitliche Reaktion die Ziele des Art. 33 Abs. 1 EG gefördert werden.

2.3 Ergebnis

Soweit die BSE-Schutzmaßnahmen in Form von Entscheidungen erlassen wurden, stammen deren Rechtsgrundlagen unmittelbar aus dem Sekundärrecht. Dies ist Folge von primärrechtlich zulässigen Delegationen des Rates an die Kommission. Die Entscheidungen müssen in mehreren Schritten auf ihre Vereinbarkeit mit dem Primärrecht überprüft werden.

Zunächst ist die konkrete Entscheidung auf ihre Vereinbarkeit mit ihrer unmittelbaren sekundärrechtlichen Rechtsgrundlage zu überprüfen. Im Fall der BSE-Entscheidungen sind dies Notkompetenzen in Art. 9 Abs. 4 der Richtlinie 89/662/EWG und Art. 10 Abs. 4 der Richtlinie 90/425/EWG. Der häufig verwendete Begriff „Schutzklausel" bezeichnet demgegenüber nur die Befugnisse der Mitgliedstaaten, im Rahmen einer sekundärrechtlichen Regelung tätig zu werden. Die Notkompetenzen stellen dagegen Durchführungsbefugnisse der Kommission dar, die ihr vom Rat übertragen worden sind. Diese Notkompetenzen sind hinsichtlich ihrer Voraussetzungen derart weit gefaßt, daß die BSE-Entscheidungen in jedem Fall von diesen rechtlich gedeckt sind.

In einem zweiten Schritt ist zu prüfen, ob es sich bei den Notkompetenzen um zulässige Delegationen des Rates an die Kommission handelt. Hier ist trotz der fast konturlosen Formulierung der Notkompetenzen aus dem Regelungsziel der Richtlinie der Umfang der Notkompetenz in seinen wesentlichen Grundzügen bestimmbar. Die der Kommission zugewiesene Ermächtigungen umfassen zumindest im Fall der Richtlinie 89/662/EWG die Harmonisierung von Vorschriften zur Eindämmung solcher Tierkrankheiten, die eine Gefahr für die menschliche Gesundheit sind. Auch der von den Richtlinien gesteckte veterinärrechtliche Rahmen wird nicht überschritten, da die Richtlinie die veterinärrechtlichen Kontrollen regelt und die Auslegung der Notkompetenz ergibt, daß die notwendigen Konsequenzen im Falle von auftretenden Tierkrankheiten geregelt werden sollen.

Im dritten Schritt werden die Richtlinien inhaltlich auf ihre Vereinbarkeit mit einer primärrechtlichen Kompetenz geprüft. Die wohl speziell für den Gesundheitsschutz des Menschen relevante veterinärrechtliche Richtlinie 89/662/EWG wurde auf die Rechtsgrundlage des Art. 43 EGV (heute 37 EG) gestützt. Die erfolgten

Harmonisierungsmaßnahmen zur Eindämmung von BSE, die inhaltlich den Gesundheitsschutz betreffen, dienen der Verwirklichung des Warenverkehrs der gemeinsamen Agrarmärkte. Damit regeln sie die Grundvoraussetzungen für die Verwirklichung der Ziele aus Art. 34 EG und sind insofern von den Kompetenzen der Gemeinsamen Agrarpolitik gedeckt.

Die Entwicklung dieser Prüfschritte und die gefundenen Ergebnisse sind insofern bemerkenswert, als in der Literatur in Zusammenhang mit BSE der primärrechtliche Bezug zu der Gemeinsamen Agrarpolitik und damit auch die eingesetzten sekundärrechtlichen Delegationen in Form von Notkompetenzen meist ignoriert werden.[584] Sofern die BSE-Schutzmaßnahmen zur Sprache kommen, wird lediglich der Aspekt des Gesundheitsschutzes oder des Verbraucherschutzes hervorgehoben, ohne aber die rechtlichen Besonderheiten der Gemeinsamen Agrarpolitik ausreichend zu würdigen.

3. Zuständigkeitsverhältnis zwischen der Gemeinschaft und den Mitgliedstaaten

Im Fall der BSE-Krise gingen die Gemeinschaftsmaßnahmen manchen Mitgliedstaaten oftmals nicht weit genug. Gerade in Deutschland wurde im Jahre 1994 im Rahmen der BSE-Problematik die Rechtsfrage relevant, inwieweit die Gemeinschaft durch Gesundheitsschutzmaßnahmen in die Souveränität der Mitgliedstaaten eingreifen darf. Umgekehrt war ebenso umstritten, wann nationale Schutzmaßnahmen neben bereits vorhandenen gemeinschaftlichen Regeln erlassen dürfen.[585] Es handelt sich insgesamt um eine Frage einer Ausübungsbefugnis der gemeinschaftlichen Kompetenzen im Verhältnis zu den Mitgliedstaaten. Dieses Problem ist vom sachlich-funktionalen Inhalt der gemeinschaftlichen Kompetenzen trennbar.

3.1 Umstrittene Zuordnungsregeln

Die Frage der Zuständigkeit der Gemeinschaft im Verhältnis zu den Mitgliedstaaten wird einzig durch Art. 5 Abs. 2 EG behandelt, der eigens zum Zweck der Begrenzung gemeinschaftlicher Kompetenzausübung geschaffen wurde.[586] Art. 5

---

584 *Schmidt am Busch*, in: **Grabitz/Hilf**, Art. 152 EGV, Rdnr. 32f., erörtert im Rahmen von BSE ausschließlich die Abgrenzung von Art. 95 EG zu Art. 152 EG hinsichtlich möglicher eigener Maßnahmen der Mitgliedstaaten. **Von Schwanenflügel**, S. 48, erörtert BSE im Hinblick auf die Anwendung des Art. 36 EGV (heute 30 EG). **Berg**, S. 515 ff., geht auf BSE lediglich im Rahmen eines Exkurses über das "Problem der Risikenbewältigung" ein.

585 Vgl. **Berg**, S. 529 ff..

586 Vgl. dazu **Calliess** "Subsidiaritätsprinzip und Solidaritätsprinzip in der EU", S. 35 ff..

Abs. 2 EG legt fest: „In den Bereichen, die nicht in ihre ausschließliche Zuständigkeit fallen, wird die Gemeinschaft nach dem Subsidiaritätsprinzip nur tätig, sofern und soweit die Ziele der in Betracht gezogenen Maßnahmen auf Ebene der Mitgliedstaaten nicht ausreichend erreicht werden können und daher wegen ihres Umfangs oder ihrer Wirkung besser auf Gemeinschaftsebene erreicht werden können." Sofern also eine „ausschließliche Zuständigkeit" besteht, wird die Gemeinschaft in vollem Umfang ihrer zugeteilten Handlungsmacht, d.h. ihrer Kompetenzen, tätig; andernfalls nur in den Grenzen des Subsidiaritätsprinzips.[587] Diese Einschränkung der Kompetenzausübung ist schon vom Ansatz her rechtssystematisch problematisch: Einerseits setzt die Anwendung des Subsidiaritätsprinzips eine Zuordnung in ausschließliche und sonstige Zuständigkeiten voraus. Andererseits ist das Subsidiaritätsprinzip nur bei sonstigen Zuständigkeiten anwendbar und stellt damit die einzige im Vertrag ersichtliche rechtliche Differenzierung zwischen der Ausübung von ausschließlichen und der Ausübung von sonstigen Zuständigkeiten dar. Das Kriterium der ausschließlichen Zuständigkeit wäre damit sowohl Tatbestand als auch Rechtsfolge - ein rechtssystematisches Paradoxon.

In der Literatur wird dieses Problem wohl auch gesehen, wenn es häufig heißt, daß die Einteilung der Zuständigkeiten in ausschließliche und sonstige aus dem Gesamtzusammenhang des Vertrags abzuleiten sei.[588] Thiele prüft zum Beispiel zwei Fragen, bevor er zur Anwendung des Subsidiaritätsprinzips kommt: Erstens, ob die Gemeinsame Agrarpolitik nach primärrechtlichem Verständnis eine ausschließliche Zuständigkeit der Gemeinschaft im Sinne des Art. 5 Abs. 2 EG begründet. Zweitens, ob andernfalls eine durch Erlaß einer Regelung wahrgenommene Kompetenz zu einer solchen Ausschließlichkeit führt.[589]

Im folgenden sollen die umstrittenen Zuordnungsregeln dargestellt und die Bedeutung des Subsidiaritätsprinzips in diesem Spannungsfeld untersucht werden. Vor diesem Hintergrund muß dann auch die oft übersehene Frage erörtert werden, inwiefern den Mitgliedstaaten die Zuständigkeit für Gesundheitsschutzmaßnahmen, z.B. nach Art. 30 EG oder Art. 95 Abs. 4 EG, verbleibt.

3.1.1 Zuordnungssystem

Vor allem in der deutschen Literatur wird eine Einteilung in ausschließliche, konkurrierende und parallele Zuständigkeiten vertreten. Gerade eine solche Einteilung führt wegen der Anlehnung an die Sachbereichszuweisungen des deutschen Grundgesetzes (Art. 72-75 GG) zu vielen systematischen Mißverständnissen.

---

[587] Näher hierzu vgl. S. 119 ff..
[588] **Gündisch/Mathijsen**, S. 116.
[589] *Thiele*, in: **Calliess/Ruffert**, Art. 37 EGV, Rndr. 9.

Streinz formuliert das etwas vorsichtiger: „Wenn in der Literatur eine Kategorisierung der Gemeinschaftsmaterien nach ausschließlichen, konkurrierenden und Rahmenkompetenzen der Gemeinschaft versucht wird, ist dies keine vertragliche („verfassungsgesetzliche") Vorgabe, sondern ein Erkenntnisbehelf mit z.T. fließenden Abgrenzungen."[590] Calliess weist darauf hin, daß die Rechtsprechung des EuGH praktisch nur zwischen „ausschließlicher" und „konkurrierender" Zuständigkeit zu unterscheiden scheint.[591] Das stellt rechtswissenschaftlich die wohl korrekteste Methode dar, da Art. 5 Abs. 2 EG nur den Hinweis zur Existenz von ausschließlichen und nicht-ausschließlichen Zuständigkeiten enthält. Letztere wird gelegentlich mißverständlich gleichlautend wie der im deutschen Staatsrecht bekannte Begriff als „konkurrierend" bezeichnet.

Eine weitere Unterscheidung der Zuständigkeiten ist nicht erforderlich. Sofern vor allem in der deutschen Literatur noch eine parallele Zuständigkeit unterschieden wird[592], ist diese für eine Verteilung der Ausübungserlaubnis unerheblich, da bei parallelen oder nebeneinander ausgeübten Kompetenzen keine Zuständigkeitsregeln für die Kompetenzausübung notwendig sind. Es ist nach dem Wortlaut des Art. 5 Abs. 2 EG zwar grundsätzlich möglich, daß das Subsidiaritätsprinzip auch auf lediglich ergänzende und koordinierende Tätigkeiten der Gemeinschaft angewendet werden kann, da diese jedenfalls keine „ausschließliche Zuständigkeit" sein können.[593] Allerdings ist unklar, inwiefern sich bei solchen ergänzenden Kompetenzen noch Raum für die Anwendung des Subsidiaritätsprinzips ergibt; es scheint bei diesen Normen vielmehr schon immanent zu sein. Berg formuliert insofern: „Im Einklang mit dem Subsidiaritätsprinzip bringt Art. 152 das komplementäre Verhältnis der Gemeinschaftsmaßnahmen zur Gesundheitspolitik der Mitgliedstaaten zum Ausdruck."[594] Eckert geht schon etwas weiter: „Insofern ist 152 EG ein klassisches Beispiel für das für die Abgrenzung der Zuständigkeit zwischen der Gemeinschaft und den Mitgliedstaaten bedeutsame Subsidiaritäts-

590 **Streinz**, Rdnr. 128.

591 *Calliess*, in: **Calliess/Ruffert**, Art. 5 EGV, Rdnr. 20.

592 Vgl. die Nachweise bei *Calliess*, in: **Calliess/Ruffert**, Art. 5 EGV, Rdnr. 20 Fn. 53. *Lienbacher*, in: **Schwarze**, Art. 5 EGV Rdnr. 11, hält das ohne weiteres für die „herrschende Lehre".

593 Hier zeigt sich die Unsicherheit der Terminologie: In gewisser Weise kann „ausschließlich" die Gemeinschaft die Tätigkeit der Mitgliedstaaten ergänzen, weil ein Mitgliedstaat sich nicht selbst „ergänzen" muß. Die Gemeinschaft ist damit gewissermaßen „auschließlich Zuständig". Es ist deshalb wichtig, klar definierte Begriffe im weiter oben erörterten Sinne zu verwenden. Die Gemeinschaft hat also richtigerweise die „Kompetenz" zur Koordinierung. Diese Kompetenz kommt wegen ihrer beschränkten sachlichen Reichweite ohne weitere Zuordnungsregeln im Sinne einer „Zuständigkeit" aus.

594 *Berg*, in: **Schwarze**, Art. 152 EGV, Rdnr. 4.

prinzip".[595] In diesen Fällen bedarf es nach der hier vertretenen Rechtssystematik gar keiner Zuordnung der Kompetenzausübung im Verhältnis zu den Mitgliedstaaten mehr. Mithin handelt es sich um gar keine Frage der „Zuständigkeit" im hier vertretenen Sinne.[596] Sofern es zum Konflikt kommt, ist lediglich die materielle Rechtswidrigkeit wegen Kompetenzüberschreitung zu überprüfen, oder das Ausübungsverhältnis durch das Subsidiaritätsprinzip zu entscheiden. Streinz will weiter noch eine „Rahmenkompetenz" unterscheiden, in die alle koordinierenden und ergänzenden Befugnisse fallen sollen.[597] Der Verstoß gegen eine lediglich koordinierende Handlungsmacht ergibt aber ebenfalls schon eine materielle Überschreitung.

Im Ergebnis ist damit lediglich die Herausarbeitung der Merkmale einer ausschließlichen Zuständigkeit erforderlich, um eine binäre Unterscheidung zu den nichtausschließlichen Zuständigkeiten zu ermöglichen. Es spricht aber vieles dafür, daß außer dem dogmatischen Paradoxon des Subsidiaritätsprinzips keine Kriterien für die Abgrenzung einer „auschließlichen" Zuständigkeit vorhanden sind. Insofern wäre sogar denkbar, alle Zuständigkeitsfragen im hier vertretenen Sinne durch das Subsidiaritätsprinzip zu entscheiden.[598]

3.1.2 Problem der Zuordnung der ausschließlichen Zuständigkeit

Das Subsidiaritätsprinzip findet keine Anwendung, wenn eine ausschließliche Zuständigkeit vorliegt. Damit muß geklärt werden, wann das Merkmal „ausschließlich" gegeben ist.

In der Literatur wird darauf hingewiesen, daß die Rechtsprechung bisher noch keine Entscheidung hierzu treffen mußte, da das Subsidiaritätsprinzip bisher für das Zustandekommen von Rechtsakten nie ausschlaggebend gewesen sei.[599] Die Gemeinschaftsorgane gehen davon aus, daß eine ausschließliche Zuständigkeit schon dort gegeben sei, wo die Gemeinschaft eine abschließende Regelung getroffen hat. Insbesondere die gemeinsame Organisation der Agrarmärkte und die Beseitigung von Hindernissen im Binnenmarkt sollen deshalb ausschließliche Zuständigkeiten begründen.[600]

---

595 **Eckert**, ZLR 2000, S. 637 (639).

596 Vgl. Kapitel 1 Abschnitt 2.1.2.3.

597 **Streinz**, Rdnr. 134.

598 Nach **Stewing**, DVBl 1992, S. 1516 (1517), können die Kompetenzen der Gemeinschaft nur „konkurrierend" sein. Er kommt so zu dem Ergebnis (S. 1518), daß das Subsidiaritätsprinzip die „Aufgabenverteilung" zwischen Mitgliedstaaten und Gemeinschaft strukturiert.

599 *Lienbacher*, in: **Schwarze**, Art. 5 EGV, Rdnr. 29.

600 Vgl. die Zusammenfassung bei *Calliess*, in: **Calliess/Ruffert**, Art. 5 EGV, Rdnr. 22.

Lienbacher kritisiert, daß die offenen und weiten Bereichsformulierungen praktisch zu einer „Delegation von Rechtsetzungsbefugnissen“ führt. Allerdings rechnet er selbst wohl den „gemeinsamen Binnenmarkt“ mittels Verweis auf eine herrschende Lehre zur ausschließlichen Zuständigkeit.[601] Der Ansatz der Gemeinschaftsorgane ist insgesamt problematisch, da kein rechtssystematischer Ansatz vorhanden ist, sondern nur aus konkreten Erwägungen heraus argumentiert wird. Als Beispiel mag dienen, daß rein rechtssystematisch bei einer ausschließlichen Zuständigkeit zur Verwirklichung des Binnenmarkts über Querschnittsklauseln faktisch jeder Bereich in das Feld der ausschließlichen Zuständigkeit gezerrt werden könnte.[602]

Nach Calliess ist die ausschließliche Zuständigkeit wohl da anzunehmen, „wo die Mitgliedstaaten unabhängig vom konkreten Tätigwerden der Gemeinschaft nicht handlungsbefugt sind“.[603] Dies deckt sich mit den wenigen Aussagen des EuGH über ausschließliche Zuständigkeiten, die eindeutig allein aus dem Wortlaut der jeweiligen Vertragsnormen begründet sind. Es handelt sich um die gemeinsame Handelspolitik nach Art. 133 EG, die Erhaltung der Fischbestände nach Art. 102 Beitrittsakte 1972, das interne Organisations- und Verfahrensrecht, die Festlegung des Zolltarifs und das materielle Zollrecht.[604]

Im Zusammenhang mit diesen Ausführungen, daß eigentlich außer dem Subsidiaritätsprinzip keine Zuständigkeitsunterscheidung vorhanden ist, könnte man allerdings die hier genannten ausschließlichen „Zuständigkeiten“ auch als „Kompetenzen“ sehen, die schon sachlich-funktional nur von der Europäischen Gemeinschaft als Ganzes, nicht aber von einem einzelnen Mitgliedstaat ausgeübt werden können und somit gar keiner Ausübungsbeschränkung im Sinne einer Zuständigkeitsverteilung zwischen der Gemeinschaft und den Mitgliedstaaten bedürfen.[605] Die genannten „auschließlichen Zuständigkeitsbereiche“ stellen eigentlich nur die gemeinschaftliche Handlungsmacht dar, die ein einzelner Mitgliedstaat schon Kraft der Sache gar nicht haben kann.

Nach der hier vertretenen Systematik ist es im übrigen nicht möglich, durch eine Frage der „Zuständigkeit“ das Merkmal „ausschließlich“ anhand einer für die Gemeinschaft in den verschiedenen Politiken festgelegten „Kompetenz“ zu beantworten.

---

[601] *Lienbacher*, in: **Schwarze**, Art. 5 EGV, Rdnr. 13.

[602] *Calliess*, In: **Calliess/Ruffert**, Art. 5 EGV, Rdnr. 24.

[603] *Calliess*, In: **Calliess/Ruffert**, Art. 5 EGV, Rdnr. 25.

[604] Vgl. die Nachweise der Rechtsprechung bei *Calliess*, In: **Calliess/Ruffert**, Art. 5 EGV, Rdnr. 21.

[605] Insofern wird aber den Mitgliedstaaten eine Notkompetenz als Sachwalter des gemeinschaftlichen Interesses zugesprochen, vgl. dazu unten Kapitel 3 Abschnitt 3.4.1.1.

Diese Diskussion muß im Rahmen dieser Arbeit aber nicht vertieft werden: Jedenfalls fällt nach allen Ansichten, außer der hier kritisierten und abgelehnten Ansicht der Kommission, die Gemeinsame Agrarpolitik nicht in den Bereich der „ausschließlichen Zuständigkeit". Die Zuständigkeit der Gemeinschaft bzw. der Mitgliedstaaten für BSE-Schutzmaßnahmen ist damit jedenfalls auch durch das Subsidiaritätsprinzip zu klären.

3.1.3 „Ausschließende" Zuständigkeit aus materieller Sperrwirkung eines Rechtsaktes

Umstritten ist die Frage, ob eine von der Gemeinschaft durch Erlaß einer Maßnahme ausgeübte Kompetenz eine ausschließliche (eine „ausschließende") Zuständigkeit begründet. Die Folge wäre, daß auch bei einer ursprünglich nicht-ausschließlichen Zuständigkeit die Änderungs- oder Folgemaßnahmen, sowie die hierarchisch nachgeordneten Durchführungsmaßnahmen des Basisrechtsaktes, nicht mehr den aus dem Subsidiaritätsprinzip folgenden Zuordnungsregeln folgen müßten. Unbestritten ist, daß ein Vorrang bzw. eine Sperrwirkung entsteht, so daß die Veränderung und Anpassung der geregelten Materie nur noch durch die Gemeinschaft erfolgen kann.[606] Die Subsidiaritätsprüfung aber mit dem Hinweis auf eine so „ausschließende" Regelung abzulehnen, würde letztlich eine Rechtsfolgenvoraussetzung mit dem Hinweis auf die Rechtsfolge begründen wollen.[607] Daraus würde ein „perpetuum mobile" von ausschließenden Maßnahmen entstehen, was gegen den Sinn und Zweck des Art. 5 Abs.2 EG schließlich alle Bereiche der Zuordnungsregel des Subsidiaritätsprinzips entziehen könnte. Calliess wirft entsprechenden Literaturmeinungen vor, daß diese einer „begrifflichen Verwechslung" unterlägen, „indem sie die Frage nach dem Vorrang und der Sperrwirkung des Gemeinschaftsrechts mit der nach den ausschließlichen Zuständigkeiten vermischen".[608]

Eine Sperrwirkung eines gemeinschaftlichen Rechtsaktes darf im Ergebnis also nicht die Anwendung des Subsidiaritätsprinzips verhindern.[609] Eine vorangegangene Regelung derselben Materie hindert grundsätzlich nicht, bei einer Veränderung eines Rechtsaktes das Subsidiaritätsprinzip anzuwenden. Sofern sich heraus-

---

606 *Herrnfeldt*, in: **Schwarze**, Art. 94 EGV, Rdnr. 66. *Calliess*, in: **Calliess/Ruffert**, Art. 5 EGV, Rdnr. 29 f..

607 *Herrnfeldt*, in: **Schwarze**, Art. 94 EGV, Rdnr. 18, erläutert insofern, daß die notwendige Zielbestimmung aus Art. 5 Abs. 2 EG nicht im Hinblick auf eine Rechtsangleichung stattfinden kann, da sie nicht Selbstzweck, sondern Mittel sei. Anderer Ansicht aber offenbar *Hix*, in: **Schwarze**, Art. 37 EGV, Rdnr. 24, der bereits ausgeübte Zuständigkeiten als in den Bereich der „ausschließlichen Zuständigkeit" übergegangen sieht.

608 **Calliess**, EuZW 1995, S. 693 (699).

609 So im Ergebnis auch *Calliess*, in: **Calliess/Ruffert**, Art. 5 EGV, Rdnr. 31.

stellte, daß die Änderung oder Anpassung des Rechtsaktes inhaltliche Regelungen wieder im Sinne des Subsidiaritätsprinzips für die Mitgliedstaaten „freigeben“ kann, wäre der Rechtsakt von der Gemeinschaft entsprechend aufzuheben oder einzuschränken.[610] Das bedeutet konkret, daß allein durch die bereits erlassenen gemeinschaftlichen BSE-Schutzmaßnahmen an sich nicht die grundsätzliche ausschließliche Zuständigkeit der Gemeinschaft begründet worden ist. Die Zuständigkeit der Gemeinschaft ist mithin für jede neu zu erlassene Maßnahme erneut nach dem Subsidiaritätsprinzip zu beurteilen.

3.2 Subsidiaritätsprinzip

Es ist zu klären, inwieweit das Subsidiaritätsprinzip die Zuständigkeitsverteilung im hier verstandenen Sinn regelt. Das Subsidiaritätsprinzip wird allgemein als Kernsatz aus der katholischen Soziallehre angesehen.[611] Die weitgehend anerkannte klassische Formulierung findet sich in der Enzyklika "Quadragesimo anno" Papst Pius XI. vom 15.5.1931.[612] In Deutschland fand das Prinzip u.a. aufgrund dieser Herkunft lange keinen Eingang in das Grundgesetz.[613] Nach der Einführung durch den Vertrag von Maastricht wurde es dann aber in Art. 23 Abs. 1 Satz 1 GG berücksichtigt. Das Subsidiaritätsprinzip wurde vor allem auf Betreiben Deutschlands und insbesondere dessen Bundesländern in den EG-Vertrag mit dem Ziel aufgenommen, die um sich greifende Regelungstätigkeit der Europäischen Gemeinschaft einzuschränken.[614] Unbeachtet seiner Herkunft dürfte die Interpretation des Subsidiaritätsprinzips in Art. 5 Abs. 2 EG im Gemeinschaftsrecht nicht mehr auf den historischen Kontext angewiesen sein.[615] Entscheidend für die Interpretation ist der mit der Einfügung verfolgte Zweck einer Begrenzung der gemeinschaftlichen Regelungstätigkeit im Verhältnis zu den Mitgliedstaaten. Hierzu wurde dem Vertrag von Amsterdam u.a. ein Protokoll über die Anwendung der Grundsätze der Subsidiarität beigefügt.[616] Trotzdem herrschen unterschiedliche Auffassungen über die praktische Anwendung.[617]

---

610 So im Ergebnis auch **Calliess**, EuZW 1995, S. 693 (699).
611 Vgl. aber auch **Schima**, S. 2 Anmerkung 4 und S. 4 Anmerkung 9.
612 Im einzelnen hierzu vgl. **Isensee**, S. 18 ff..
613 **Isensee**, S. 143.
614 **Callies**, "Subsidiaritätsprinzip und Solidaritätsprinzip in der EU", S. 35 ff., 56 ff..
615 **Isensee**, S. 336 f.. **Schima**, S. 3, 21, geht dennoch ausführlich auf die klassische Formulierung aus der Enzyklika "Quadragesimo anno" ein.
616 Protokoll Nr. 30 zum EG-Vertrag.
617 Vgl. einen Überblick bei *Hitzler*, in: **Strohmeier**, S. 123 ff..

3.2.1 Kompetenzausübungsschranke

Streinz bezeichnet sowohl das Subsidiaritätsprinzip als auch das Verhältnismäßigkeitsprinzip als „Kompetenzausübungsschranke“.[618] Nach dem hier vertretenen Verständnis bedeutet „Kompetenzausübung“ soviel wie „Zuständigkeit“.[619] Unklar ist, ob und wie sich eine solche Bezeichnung auf die vertikale Zuständigkeit einerseits und auf das „Wie“ im Einzelfall andererseits bezieht.

Die Justitiabilität des Prinzips wird generell als schwierig angesehen, obwohl Einigkeit dahingehend herrscht, daß das Prinzip eine (irgendwie geartete) Rechtspflicht begründet.[620] Im folgenden ist daher nur zu untersuchen, welche Ausübungsschranken das Subsidiaritätsprinzip bieten kann, um Hintergrund für die im Rahmen der tatsächlich bei der BSE-Problematik aufgetretenen Zuständigkeitsfragen zu sein.

3.2.2 Verteilung der Zuständigkeiten

Lienbacher meint, daß Art. 5 Abs. 2 EG kein komplexer Abwägungsmechanismus mit vertikaler, rechtlich durchsetzbarer Begrenzungswirkung unterstellt werden darf, da die Vertragspartner insofern keine Hinweise für ein Anwendungskonzept implementiert hätten.[621] Nach Hitzler „geht es nicht nur darum zu entscheiden, ob eine Regelung erlassen werden soll oder nicht, sondern *welchen Inhalt und welche Tragweite* eine Regelung haben sollte.“[622] Ähnlich meint Lienbacher, es sei ein „ordnendes Prinzip“, das bei „offensichtlich rechtsmißbräuchlichen Handlungen“ eine Nichtigerklärung durch den EuGH möglich mache und ansonsten im Konfliktfall Orientierung biete.[623] Borchmann beschreibt das Subsidiaritätsprinzip als „schillernde Formulierung“ und betont, daß „die zentrale Ebene [d.h. die Gemeinschaft] auf die Wahrnehmung derjenigen Aufgaben zu beschränken ist, die grenzüberschreitenden Charakter und europaweite Bedeutung haben“.[624]

Diese übergeordnete Funktion des Subsidiaritätsprinzips wirkt sich aber zwangsläufig auf das Verhältnis der Kompetenzausübung zwischen der Europäischen Gemeinschaft und den Mitgliedstaaten, die Zuständigkeit[625], aus. Wenn eine

---

618 **Streinz**, Rdnr. 145a, 145b.

619 **Streinz**, Rdnr. 132, 794, scheint aber nicht konsequent zwischen den Begriffen zu unterscheiden; einmal spricht er von „konkurrierenden Zuständigkeiten“ (Rdnr. 132), einmal von „konkurrierenden Kompetenzen“ (Rdnr. 794).

620 *Lienbacher*, in: **Schwarze**, Art. 5 EGV, Rdnr. 30 f.. **Pipkorn**, EuZW 1992, S. 697 (700).

621 *Lienbacher*, in: **Schwarze**, Art. 5 EGV, Rdnr. 22.

622 *Hitzler*, in: **Strohmeier**, S. 124.

623 *Lienbacher*, in: **Schwarze**, Art. 5 EGV, Rdnr. 30 f.

624 Vgl. **Borchmann**, EuZW 1996, S. 641. Ähnlich **Schima**, S. 156, und **Isensee**, S. 385.

625 Zur Grundsätzlich zur Verwendung des Begriffs siehe oben S. 43 ff..

Maßnahme erlassen werden soll, ist jedoch als erstes die zuständigkeitsbegrenzende Funktion - oder besser: zuständigkeitsverteilende Funktion - des Subsidiaritätsprinzips entscheidend.

Wesentliches Merkmal des Subsidiaritätsprinzips ist das „Besser"-Kriterium: Kann die Gemeinschaft oder aber ein Mitgliedstaat einen Sachverhalt besser regeln? Diese Frage kann im EG-Vertrag nur durch die Normen bestimmt werden, die auch die grundsätzliche Kompetenz der Gemeinschaft bestimmen. Dies gilt gerade und besonders für das Beispiel des Art. 95 EG. Aus ihm ergibt sich, daß die Gemeinschaft die Kompetenz zu Harmonisierungsmaßnahmen für den Binnenmarkt hat. In Verbindung mit dem Subsidiaritätsprinzip muß sich aber aus derselben Norm auch ergeben, wann die Harmonisierung „besser" als eine mitgliedstaatliche Regelung den Binnenmarkt errichtet bzw. fördert. Ähnlich wie z.B. Schmidhuber/Hitzler kann deshalb festgestellt werden, daß im Falle einer Kompetenz der Gemeinschaft „auch" unter dem Gesichtspunkt des Subsidiaritätsprinzips häufig die Zuständigkeit für eine Gemeinschaftsregelung gegeben sein wird.[626] Im Ergebnis ist das Subsidiaritätsprinzip damit nicht nur eine einseitige Beschränkung der Harmonisierungstätigkeit der Gemeinschaft, sondern eine beidseitig offene Zuständigkeitsverteilung zwischen den Mitgliedstaaten und der Gemeinschaft. Allerdings kann wegen des erst im konkreten Einzelfall bestimmbaren "Besser"-Kriteriums Isensees Einschränkung zugestimmt werden: „Die angestrebte Kompetenzordnung ist jedoch so unfertig, daß sich der wirkliche Umfang der Zuständigkeiten erst aus der Praxis ergibt".[627]

3.2.3 Einzelfallerwägung bei der Durchführung

Das Subsidiaritätsprinzip als übergeordnetes Prinzip beeinflußt auch den Inhalt und die Tragweite einer zu erlassenden Regelung, ist also auch als Einzelfallerwägung bei der Durchführung zu berücksichtigen. Aus der Existenz der ergänzenden bzw. koordinierenden Befugnisse - z.B. aus Art. 152 EG - die von vornherein gar keiner vertikalen Zuständigkeitsregel bedürfen, folgt, daß das Subsidiaritätsprinzip nicht nur eine Zuständigkeitsregel sein kann, sondern auch ein inhaltliches Kriterium vorgeben muß, wann die konkrete Durchführung von Gesundheitsschutz zu erfolgen hat. Wie das Zitat von Berg andeutet, ist eine rechtssystematische Abgrenzung aber zumindest schwierig. Gleiches gilt hinsichtlich der rechtssystematischen Unterscheidung zu Art. 5 Abs. 3 EG. Das belegt die Aussage von Calliess, der das Verhältnismäßigkeitsprinzip des Art. 5 Abs. 3 EG

626 Vgl. **Schmidhuber/Hitzler**, EuZW 1993, S. 8 (10).
627 **Isensee**, S. 356 f..

als „prozedurale Subsidiarität" bezeichnet.[628] Diese Fragen werden aber erst im Rahmen der Durchführung des Gesundheitsschutzes relevant. Hier ist zunächst lediglich festzuhalten, daß das Subsidiaritätsprinzip neben einer grundsätzlichen Zuständigkeitsregel auch eine Durchführungsregel im Rahmen einer konkreten Einzelmaßnahme darstellen kann.

3.3 Die umgekehrte Zuständigkeitsproblematik

Der die Zuständigkeitszuordnung betreffende Aspekt des Subsidiaritätsprinzips wird zumeinst nur auf die Frage angewendet, wann die Gemeinschaft tätig werden darf. Der umgekehrte Fall betrifft die Frage, wann die Mitgliedstaaten ihre Kompetenzen im Verhältnis zu (bestehendem) Gemeinschaftsrecht (noch) ausüben dürfen. Hix geht für das Agrarrecht hinsichtlich dieser Frage, die er als „Kompetenzabgrenzung" behandelt, lediglich kurz auf eine Unterscheidung zwischen „(materiellem) Agrarrecht" und „(formellen) Durchführungsrecht" ein und beschränkt sich dann auf Ausführungen zum Subsidiaritätsprinzip.[629] Das zeigt, daß die Frage einer systematisch klarstellenden Untersuchung bedarf.

3.3.1 Sperrwirkung bis zum Inkrafttreten einer gemeinschaftlichen Maßnahme

Grundsätzlich können Mitgliedstaaten eigene Regelungen schaffen. Etwas anderes gilt für den Bereich der „ausschließlichen Zuständigkeit", da hier den Mitgliedstaaten schon primärrechtlich die Zuständigkeit fehlt.[630] Den Mitgliedstaaten wird für solche Fälle aber eine Art Gesetzgebungsnotstand zugestanden, der die Mitgliedstaaten als „Sachwalter des gemeinschaftlichen Interesses" bei Ratsuntätigkeit, dringendem Regelungsbedarf und nach Absprache mit der Kommission zu Regelungen befugt.[631] Anlaß für die Diskussion einer solchen Sachwalterschaft waren Seefischerei-Erhaltungsmaßnahmen gewesen, die die Gemeinschaft trotz Ablaufes einer sechsjährigen Übergangsfrist nicht vorgenommen hatte.[632] Dieses Regelungsvakuum wurde mit der genannten Notkompetenz zugunsten der beteiligten Mitgliedstaaten gefüllt. Unter Berücksichtigung der oben bereits dargestellten systematischen Überlegungen zur Brauchbarkeit des aus Art. 5 Abs. 2 EG ergebenden Paradoxons der Zuständigkeitseinteilung könnte diese Situation aber

---

628 *Calliess*, in: **Calliess/Ruffert**, Art. 5 EGV, Rdnr. 52.

629 *Hix*, in: **Schwarze**, Art. 37 EGV, Rdnr. 23.

630 *Langguth*, in: **Lenz**, Art. 5 EGV, Rdnr. 19. Vgl. umfassende Analyse der Rechtsprechung des EuGH bei **Pechstein**, S. 47 - 96.

631 **Pechstein**, S. 17 - 20. *Lenz*, in: **Lenz**, Art. 10 EGV, Rdnr. 7. *Hatje*, in: **Schwarze**, Art. 10 EGV, Rdnr. 24 ff..

632 **Pechstein**, S. 17. Ein Kurzüberblick bei *Kahl*, in: **Calliess/Ruffert**, Art. 10 EGV, Rdnr. 38 f..

auch als reine Kompetenzfrage betrachtet werden: Eine Kompetenz einzelner Mitgliedstaaten war nicht gegeben. Allerdings konnten die betroffenen Mitgliedstaaten gemeinsam die Kompetenz der Gemeinschaft gewissermaßen in Vertretung wahrnehmen.

3.3.2 Sperrwirkung ab Inkrafttreten einer gemeinschaftlichen Maßnahme

Die Frage der Zuständigkeit der Gemeinschaft stellt sich nur bis zu dem Zeitpunkt, an dem eine Maßnahme in Kraft getreten ist. Dann entfaltet die Maßnahme eine Sperrwirkung für Maßnahmen der Mitgliedstaaten, deren Umfang sich aus der gemeinschaftlichen Maßnahme ergibt. Diese Sperrwirkung wird von den Gemeinschaftsorganen und zum Teil auch in der Literatur rechtssystematisch verfehlt als Fall der „ausschließlichen Zuständigkeit" behandelt.[633]

Diese Sperrwirkung wird in der Literatur meist unter dem Stichwort „Vorrang des Gemeinschaftsrechts" behandelt: Das Gemeinschaftsrecht ist in den einzelnen nationalen Rechtsräumen einheitlich zu verwirklichen; nationale Besonderheiten können nicht entgegengehalten werden.[634] Diese konkrete Wirkung des Gemeinschaftsrechts im nationalen Rechtsbereich wird eigentlich erst relevant, wenn die Vorfrage geklärt wurde, ob ein Mitgliedstaat keine andere als die gemeinschaftliche Regelung treffen oder beibehalten darf. Der Vorrang des Gemeinschaftsrechts setzt daher voraus, daß keine anderweitige nationale Regelung getroffen werden darf.

Der EuGH hatte hinsichtlich der Sperrwirkung des Gemeinschaftsrechts eine Randfrage im Zusammenhang mit der BSE-Problematik zu entscheiden.[635] Im Zusammenhang zu der immer wieder verschobenen Richtlinie bezüglich des Verbots bestimmter Risikomaterialien[636] hatte das Vereinigte Königreich von sich aus die Einfuhr von Rinderköpfen untersagt, bevor die Richtlinie - die den Import im übrigen ebenfalls verbot - in Kraft getreten war. Der Gerichtshof stellte fest, daß diese Maßnahme des Vereinigten Königreich unter die Notfallklausel des Art. 9 Abs. 1 der Richtlinie 89/662/EWG fiel. Der EuGH hat vor allem zwei Dinge rechtssystematisch klargestellt: Erstens, eine noch nicht in Kraft getretene Entscheidung wirkt nicht „abschließend" (hat also keine „Sperrwirkung"), so daß

---

633 Vgl. oben Kapitel 2 Abschnitt 3.1.3.

634 Vgl. dazu z.B. **Streinz**, Rdnr. 171 - 178. **Calliess**, EuZW 1995, S. 693 (699), **Oppermann**, Rdnr. 615ff..

635 EuGH Rs. C-477/98 "Eurostock" Slg. 2000, S. I-10695.

636 Vgl. oben Entscheidung 97/534/EG vom 30.7.1997, die zuletzt mit Entscheidung vom 17.12.1998 (98/745/EG) zum 31.12.1999 in Kraft treten sollte.

noch Raum für mitgliedstaatliche Maßnahmen vorhanden ist.[637] Zweitens, die Frage nach der Zuständigkeit für (zusätzliche) Gesundheitsschutzmaßnahmen neben bereits gemeinschaftsrechtlich geregelten Bereichen braucht nicht beantwortet werden, weil die Richtlinie 89/662/EG ausdrücklich die Voraussetzungen für solche Maßnahmen festlegt.[638] Es sind also abweichende nationale Regelungen möglich, wenn ein Sachbereich nicht von einer gemeinschaftlichen Regelung erfaßt wird oder die gemeinschaftliche Regelung abweichende nationale Regelungen erlaubt.

3.3.3 Sperrwirkung nach Aufhebung einer gemeinschaftlichen Maßnahme

Ein bisher ganz ungeklärtes Problem betrifft die Frage, ob nach der Aufhebung einer gemeinschaftlichen Maßnahme die Mitgliedstaaten befugt sind, eine gleiche oder andere Regelung an deren Platz zu stellen. Grundsätzlich wäre das zu bejahen, wenn die Gemeinschaft durch die Aufhebung ein Sachgebiet freigibt, indem sie beispielsweise ein Verbot aufhebt. Es erscheint dann aber fraglich, ob die Mitgliedstaaten anstelle des bisherigen gemeinschaflichen Verbots ein nationales Verbot stellen können.

Die Frage war und ist im Rahmen der BSE-Problematik derzeit ein Zankapfel zwischen Frankreich und der Kommission. Ausgangspunkt hierfür waren die Aufhebung der umfassenden gemeinschaftlichen Exportbeschränkungen gegenüber dem Vereinigten Königreich. Frankreich hatte zunächst vor dem EuGH eine Absage des Kommissar Byrne auf eine entsprechende Anfrage durch Frankreich attackiert.[639] Die Absage betraf die Forderung Frankreichs, eine Aufhebung von Handelsbeschränkungen gegenüber dem Vereinigten Königreich (aufgrund der von Frankreich vorgelegten wissenschaftlichen Bedenken) zurückzunehmen und mithin wieder das ältere, umfassende Verbot einzusetzen.[640] Frankreich wollte das umfassende Embargo der Gemeinschaft weiter in Kraft wissen. Der EuGH hatte die Klage aber schon mangels Zulässigkeit der Klage abgewiesen, da kein Rechtsakt der Europäischen Gemeinschaft angegriffen worden war.

Nachdem diese Aufforderungen an die Kommission gescheitert waren, hielt Frankreich eigene Import-Beschränkungen gegenüber dem Vereinigten Königreich aufrecht und erhielt in jüngster Vergangenheit vor dem EuGH teil-

---

637 EuGH Rs. C-477/98, "Eurostock" Slg. 2000, S. I-10695, Rdnr. 70, 73.

638 EuGH Rs. C-477/98, "Eurostock" Slg. 2000, S. I-10695, Rdnr. 79 f..

639 EuGH Rs. C-514/99 Frankreich/Kommission, Slg. 2000, S. I-4705.

640 Es ging um die Entscheidungen der Kommission 1999/514/EG und 98/256/EG. Vgl. auch den chronologischen Kontext in Kapitel 1 Abschnitt 1.2.1.

weise Recht.[641] Frankreich meinte, daß es unter den Voraussetzungen des Art. 30 EG berechtigt gewesen sei, die Einfuhr britischen Rindfleisches abzulehnen.[642] Das würde voraussetzen, dass die Aufhebung des Embargos dieses Regelungsgebiet wieder „freigegeben“ hätte und damit keine Sperrwirkung für nationale Regelungen entfalten würde. Der EuGH argumentierte aber in eine ganz andere Richtung: Das Begehren Frankreichs sei dahin zu verstehen, „daß damit die Rechtmäßigkeit der dieser Regelung zugrunde liegenden Entscheidung, also der Entscheidung 98/692 in der zu diesem Zweck durch die Entscheidung 98/256 geänderten Fassung im Hinblick auf das Vorsorgeprinzip in Frage gestellt wird“.[643] Frankreich hätte aber die entsprechenden Regelungen, die die Aufhebung des Embargos zur Folge haben, vor dem EuGH gemäß Art. 230 EG angreifen können. Der EuGH stellte mithin fest: „Ein Mitgliedstaat kann sich daher bei Fehlen einer Vertragsvorschrift, die ihn dazu ausdrücklich ermächtigt, nicht mit Erfolg auf die Rechtswidrigkeit an ihn gerichteter Entscheidungen als Verteidigungsmittel gegen eine auf die Nichtdurchführung dieser Entscheidungen gestützten Vertragsverletzungsklage berufen“.[644]

Im Ergebnis hat sich der EuGH nicht materiell auf die Rüge Frankreichs eingelassen, sondern hat sie durch prozessuale Argumente umgangen. Dennoch erlaubt das Urteil folgende Schlußfolgerung: Mit der Aufhebung des britischen Embargos ist die Regelungsmaterie nicht für die Mitgliedstaaten freigegeben worden. Vielmehr hat die Gemeinschaft das Embargo durch eine weniger strenge Regelung[645] ersetzt, die nach wie vor eine Sperrwirkung für abweichende nationale Regelungen entfaltet. Unbeschadet der inhaltlichen Beurteilung des erlassenen Sekundärrechts kann ein Mitgliedstaat sich nicht mehr auf Art. 30 EG berufen, wenn sie formal abschließend vorliegt und diese nicht vom Mitgliedstaat angegriffen wurde. Nach Weiß war daher die Feststellung einer Vertragsverletzung „vorauszusehen“.[646]

Es ergibt sich aus dem Urteil jedoch nicht, daß „eine andere Risikobeurteilung durch einen Mitgliedstaat nicht zählt“.[647] Der Gerichtshof hatte Frankreich ja teilweise recht gegeben. Die Frage, ob nach einer aufgehobenen gemeinschaftlichen Maßnahme wieder nationale Regelungen zulässig sind, bleibt damit aber weiter offen. Offenbar ist es eine Sache der Auslegung, inwieweit eine völlige

---

641 EuGH Rs. C-1/00, Urteil vom 31.12.2001. Vgl. dazu auch oben Kapitel 1 Abschnitt 1.2.1.3.

642 Vgl. EuGH Rs. C-1/00, Urteil vom 31.12.2001, Rdnr. 94.

643 Vgl. EuGH Rs. C-1/00, Urteil vom 31.12.2001, Rdnr. 100.

644 Vgl. EuGH Rs. C-1/00, Urteil vom 31.12.2001, Rdnr. 101.

645 Das Embargo wurde unter den Voraussetzungen des „Date Based Export Scheme - DBES“ aufgehoben; vgl. Kapitel 1 Abschnitt 1.2.1.3.

646 **Weiß**, ZLR 2002, S. 352 (353).

647 So aber **Weiß**, ZLR 2002, S. 352 (353).

Aufhebung oder nur eine inhaltliche Abschwächung einer Regelung stattfindet. Wie weit die Auslegung einer Maßnahme als „abschließend“ gehen kann, deutet sich schon an im Urteil des Europäischen Gerichtshofs zum Rinderkopf-Fall[648]: „Etwas anderes gälte nur, wenn das Inkrafttreten der gemeinschaftlichen Schutzmaßnahme ausdrücklich mit der Begründung aufgeschoben würde, dass vor diesem Zeitpunkt keine nationalen oder gemeinschaftlichen Maßnahmen erforderlich seien. Dann wäre nämlich das Aufschieben des Inkrafttretens der Gemeinschaftsregelung als an die Mitgliedstaaten gerichtetes Verbot aufzufassen, bis zum Inkrafttreten der Gemeinschaftsmaßnahmen selbst vorsorgliche Maßnahmen zu erlassen.“[649]

3.3.4 Folgerung

Die Literatur behandelt zumeist nur die Frage, wann die Gemeinschaft im Verhältnis zu den Mitgliedstaaten eine Regelung erlassen darf. Die Zuständigkeitsfrage umfaßt aber auch die umgekehrte Frage. Es muß neben der Frage, wann die Gemeinschaft ihre Kompetenzen ausüben darf, unweigerlich auch gefragt werden, wann ein Mitgliedstaat im Verhältnis zu der Gemeinschaft seine Kompetenzen ausüben darf. Diese Frage kann als „umgekehrte“ Zuständigkeitsproblematik bezeichnet werden.

Bis zum Inkrafttreten einer gemeinschaftlichen Regelung sind die Mitgliedstaaten zuständig, eigene Regelungen zum Gesundheitsschutz zu erlassen. Die Frage, ob mitgliedstaatliche Regelungen im Falle einer bestehenden gemeinschaftlichen Regelung erlassen werden können, wird allgemein unter dem Gesichtpunkt der „Sperrwirkung“ abgelehnt. Eine Art wiedereröffnete Zuständigkeit nach Aufhebung durch die Gemeinschaft ist zwar theoretisch möglich, die untersuchten Urteile haben aber ergeben, daß eine aufhebende Maßnahme als neue Maßnahme ausgelegt werden kann, die ebenfalls eine „Sperrwirkung“ auslöst.

3.4 Lösungsversuch der umgekehrten Zuständigkeitsproblematik

Die umgekehrte Zuständigkeitsproblematik betriff damit vor allem die Frage, wann Mitgliedstaaten trotz einer bestehenden gemeinschaftlichen Regelung eigene Maßnahmen, z.B. aus Gründen des Gesundheitsschutzes, erlassen dürfen. Leider ergeben sich aus dem Subsidiaritätsprinzip hierfür keine weiterführenden Hinweise.

---

648 Vgl. oben S. 123.
649 EuGH Rs. C-477/98, Rdnr. 60.

3.4.1 Tatbestand für eine Notzuständigkeit als Sachwalter

In der Literatur werden mitgliedstaatliche Regelungen unter dem Gesichtspunkt der „Sachwalter des gemeinsamen Interesses" für möglich gehalten. Der EuGH erkennt eine solche Letztkompetenz der Mitgliedstaaten als Sachwalter gerade im Agrarbereich ausdrücklich an.[650] Berg exerziert den Tatbestand der Sachwalterschaft für den Fall durch, daß die Gemeinschaft im Fall der BSE-Problematik kein genügend hohes Gesundheitsschutzniveau sicherstellt.[651] Er lehnt sie mit dem Hinweis ab, daß die Gemeinschaft ein ebenso weites gesundheitsbezogenes Ermessen, das im Rahmen des Art. 36 EG den Mitgliedstaaten zugestanden wurde, ausüben können muß.[652]

Dabei ist aber zunächst zu bedenken, daß die Sachwalterschaft vom EuGH primär für Fälle der ausschließlichen Zuständigkeit der Gemeinschaft konzipiert wurde. Sofern rechtssystematisch mit dem Modell einer „ausschließlichen Zuständigkeit" gearbeitet werden soll, ist sie richtigerweise nicht für die Bereiche des Agrar- und Binnenmarkts anzunehmen. Sofern, wie hier vertreten, das Modell der „ausschließlichen Zuständigkeit" völlig abzulehnen ist, kann die Sachwalterschaft - so wie sie in den Urteilen des EuGH zum Ausdruck kommt - allenfalls als Vertretung der Gemeinschaft durch die Mitgliedstaaten auf einem Gebiet gemeinschaftlicher Kompetenz gesehen werden, auf dem ein Mitgliedstaat jedenfalls keine alleinige Kompetenz für eine rechtsverbindliche Maßnahme hat.[653] Damit könnten im Falle einer BSE-Schutzmaßnahme die Mitgliedstaaten jedenfalls nur gemeinsam als Sachwalter auftreten.

Weiter ist für eine Sachwalterschaft der Mitgliedstaaten Voraussetzung, daß die Gemeinschaft trotz vorhandener Kompetenz nicht tätig wird und ein entsprechender dringender Regelungsbedarf vorhanden ist.[654] Hier geht es aber gerade darum, daß bereits eine gemeinschaftliche Regelung vorhanden ist. Insofern ist das Modell der Sachwalterschaft auf die Situation bis zum Inkrafttreten einer gemeinschaftlichen Maßnahme beschränkt. Die Frage, ob ein einzelner Mitgliedstaat eine strengere Gesundheitsschutzmaßnahme erlassen darf, kann im Ergebnis also nicht durch eine Zuständigkeit als Sachwalter geklärt werden.

650 Vgl. EuGH Rs. 804/79 Kommission/Vereinigtes Königreich, Slg. 1981, S. 1045, Rdnr. 30f.. EuGH Rs. 124/80 Slg. 1981, Rz. 10.
651 **Berg**, S. 532-535.
652 **Berg**, S. 533.
653 Vgl. oben Kapitel 2 Abschnitt 3.1. und 3.2.
654 Dieses Thema wurde ausführlich von **Pechstein**, S. 1 ff., untersucht.

3.4.2 Anwendung der Art. 95 Abs. 4,5 EG iVm Art. 152 Abs. 4 lit. b EG

Der EG-Vertrag sieht gewisse Ausnahmen vor, die eine Zuständigkeit der Mitgliedstaaten begründen. Das gilt sowohl für die allgemeine Regelung im Rahmen der Warenverkehrsfreiheit nach Art. 30 EG als auch für besondere Abweichungen im Rahmen der Harmonisierung nach Art. 95 EG. Eine solche Ausnahmezuständigkeit könnte auch im Fall der BSE-Problematik abweichende nationale Regelungen der Mitgliedstaaten erlauben.

Schmidt am Busch wirft die Frage auf, ob eine nach Art. 152 Abs. 4 lit. b EG beschlossene „Harmonisierungsmaßnahme" noch strengere Gesundheitsschutz-Regelungen der Mitgliedstaaten gemäß Art. 95 Abs. 4 und 5 EG zuläßt. Neben dem Hinweis auf den Wortlaut des Art. 152 Abs. 4 lit. a EG, der als einziger strengere Maßnahmen ausdrücklich zuläßt, wird dies mit folgender Begründung abgelehnt: Hintergrund für die Abweichmöglichkeit im Binnenmarktrecht sei, daß „bei Maßnahmen nach Art. 95 [EG] gerade andere Ziele im Vordergrund stehen und daher dem Gesundheitsschutz unter Umständen nicht voll Rechnung getragen werden kann".[655] Dagegen ist schon grundsätzlich einzuwenden, daß Art. 152 Abs. 4 lit. b EG Ansicht nur eine besondere Verfahrensnorm und insofern nur eine Ausnahme zum Erlaßverfahren nach Art. 37 Abs. 3 EG ist, während nach wie vor die Kompetenzen der Art. 32 ff. EG vorliegen.

Mithin bezieht sich die Verfahrensvorschrift des Art. 152 Abs. 4 lit. b EG gar nicht auf die Kompetenzen aus Art. 95 EG. Mit einer Verfahrensnorm kann grundsätzlich auch nicht einer in Art. 95 Abs. 4 und 5 EG erfolgenden Zuständigkeitsverteilung an die Mitgliedstaaten entgegengetreten werden. Auch die Gefahr einer Umgehung des in Art. 152 EG vorgesehenen Verfahrens der Mitentscheidung ist kein Argument: Art. 95 EG sieht das Mitentscheidungsverfahren vor, ohne daß die Zuständigkeit der Mitgliedstaaten nach Abs. 4 und 5 deswegen unanwendbar wären.

Festzuhalten ist also, daß im Rahmen der Gemeinsamen Agrarpolitik nicht ohne weiteres auf Art. 95 Abs. 4 und 5 EG zugegriffen werden kann, weil die Art. 32 ff. EG als lex specialis vorrangig anzuwenden sind. Die hinter Art. 95 Abs. 4, 5 EG stehenden Rechtsgedanken sind jedoch eine nähere Untersuchung wert.

---

655 *Schmidt am Busch*, in: **Grabitz/Hilf**, Art. 152 EGV, Rdnr. 33.

3.4.3 Wertung der Art. 95 Abs. 4, 5 EG über Art. 32 Abs. 2, 37 Abs. 3 lit. b EG

Brenner bezeichnet es als „sehr befremdlich", wenn im Lichte der gegenwärtigen Krisen ein unzureichender Schutz für die menschliche Gesundheit durch die Gemeinschaft geboten wird und dennoch - im Gegensatz zum Fall von gänzlich ausbleibenden Schutzmaßnahmen – keine „Reservekompetenz" der Mitgliedstaaten vorhanden sei.[656] In diesem Sinne ist die Idee, die hinter Art. 95 Abs. 4, 5 EG stehenden Wertungen zu berücksichtigen, grundsätzlich zu begrüßen. Schleicher ist offenbar aber der Ansicht, daß dies nicht ohne weiteres möglich ist: „Auch Art. 100a i.V.m. Art. 36 des EG-Vertrages [heute Art. 95 i.V.m. Art. 30 EG], der unter bestimmten Voraussetzungen nationale Ausnahmen ′zum Schutz der Gesundheit des Lebens von Menschen, Tieren oder Pflanzen′ zuläßt, ist nach einschlägigen Rechtsgutachten nicht anwendbar."[657] Schleicher bezeichnet die erwähnten Rechtsgutachten leider nicht näher.

Es stellt sich die Frage, ob die Grundsätze des Art. 95 Abs. 4 und 5 EG im Rahmen der Gemeinsamen Agrarpolitik einfließen können. Fraglich ist, ob eine analoge Anwendung möglich ist. Das Prinzip der begrenzten Einzelermächtigung schließt analoge Anwendungen nicht grundsätzlich aus, da durch die Analogie nicht unbedingt ein „mehr" an Kompetenzen bzw. Zuständigkeiten entstehen muß. Damit ist eine Analogie grundsätzlich möglich. Berg ist der Ansicht, daß Art. 95 Abs. 4 und 5 EG Ausnahmevorschriften seien, die als solche grundsätzlich nicht analogiefähig sind.[658] Es ist aber fraglich, ob diese Überlegungen überhaupt angestellt werden müssen: Eine Analogie ist erforderlich, wenn eine nach dem Gesamtregelungszweck ungewollte Regelungslücke vorhanden ist und eine Rechtsnorm billigerweise sich auch auf diese Lücke erstrecken müßte.[659] Rüthers stellt hierzu fest, daß "bereits die Lückenfeststellung ein wertender Akt" sei.[660] Damit muß zunächst festgestellt werden, daß im Falle des Gesundheitsschutzes keine Regelung besteht, die eine Zuständigkeit der Mitgliedstaaten erlaubt. Eine solche Regelungslücke ist hier aber nicht gegeben:

Über Art. 32 Abs. 2 EG sind die allgemeinen Grundsätze des Gemeinsamen Marktes anwendbar. Auch der Binnenmarkt ist nach richtiger Auffassung ein Teil des gemeinsamen Marktes.[661] Auch nach Art. 37 Abs. 3 lit. b EG muß der Handelsverkehr innerhalb einer Marktorganisation den Bedingungen eines Binnen-

---

656 **Brenner**, ZLR 2001, S. 359 (369).
657 **Schleicher**, ZLR 1995, S. 728.
658 **Berg**, S. 531.
659 Vgl. allgemein **Larenz/Canaris**, S. 193. "Billigerweise" nur bei **Zippelius**, S. 68 f..
660 **Rüthers**, S. 514.
661 Vgl. oben Kapitel 2 Abschnitt 1.2.1.

markts entsprechen. Damit ist Art. 95 Abs. 4, 5 EG auch in der Gemeinsamen Agrarpolitik einschlägig. Nach Art. 95 Abs. 4 EG sind im Rahmen eines Binnenmarktes unter engen Voraussetzungen eigene Abweichungen der Mitgliedstaaten zugunsten schärferer Regeln des Gesundheitsschutzes möglich.

Im Ergebnis ist also keine Regelungslücke vorhanden, weil der Wortlaut der erwähnten Normen auch die Anwendung der Grundsätze aus Art. 95 Abs. 4, 5 EG auch in der Gemeinsamen Agrarpolitik abdeckt.

3.4.4 Sekundärrechtlich zugestandener Zuständigkeitsrahmen

In den relevanten veterinärrechtlichen Richtlinien des Agrarrechts sind den Mitgliedstaaten ausdrücklich Spielräume zum Erlaß vorläufiger Notfallmaßnahmen eingeräumt. Insofern bestimmt Artikel 9 Abs. 1 der Richtlinie 90/425/EG:

„Solange die nach Absatz 4 zu ergreifenden Maßnahmen [der Gemeinschaft] noch ausstehen, kann der Bestimmungsmitgliedstaat bei Vorliegen schwerwiegender Gründe betreffend den Schutz der Gesundheit von Mensch und Tier vorsorgliche Maßnahmen gegen die betreffenden Betriebe oder - im Fall einer Viehseuche - in Bezug auf die von der Gemeinschaftsregelung vorgesehenen Schutzgebiete ergreifen."

So auch Artikel 10 Abs. 1 der Richtlinie 89/662/EG mit fast gleichem Wortlaut.

Die Frage nach strengeren Maßnahmen durch die Mitgliedstaaten stellt sich damit für die BSE-Problematik innerhalb des gemeinschaftlichen Sekundärrechts. Das Vorhandensein einer eigens vorgesehenen Ausnahmeregel zeigt, daß mit der Ausnahmeklausel eine Zuständigkeitsverteilung zwischen der Gemeinschaft und den Mitgliedstaaten von der gemeinschaftlichen Regel materiell mit erfaßt ist. Im Ergebnis wurde durch die Notfallklauseln der Richtlinie 90/425/EG die Wertung der Art. 95 Abs. 4 und 5 EG sekundärrechtlich konkretisiert.[662] Heitsch sieht dieses Ergebnis bereits durch das Urteil des Europäischen Gerichtshofs im Rinderkopf-Fall[663] bestätigt.[664]

3.4.5 Abgrenzung von der materiellen Reichweite einer Regelung

Neben den erläuterten möglichen Ausnahmezuständigkeiten zugunsten der Mitgliedstaaten ist zu fragen, ob schon durch den begrenzten materiellen Regelungs-

---

662 Vgl. Art. 37 Abs. 3 lit. b EG und die Ausführungen in Kapitel 2 Abschnitt 3.4.1.3.

663 Zum Rinderkopf-Urteil siehe oben S. 123 f..

664 **Heitsch**, ZLR 2001, S. 294 (297). Heitsch ist aber insofern zu widersprechen, als er in diesen Notfallklauseln „einen gewissen Ausgleich dafür" sieht, „daß in der Agrarpolitik nicht schon das Primärrecht nationale Ausnahmen zuläßt." Nach der hier vertretenen Auffassung sind Art. 95 Abs. 4, 5 EG in der Agrarpolitik anwendbar. Siehe S. 129.

gehalt einer gemeinschaftlichen Regelung einzelne Regelungbereiche nicht von der Sperrwirkung erfaßt sind. Allerdings ist die Abgrenzung zu der Frage, ob eine gemeinschaftliche Maßnahme möglicherweise den Gesundheitsschutz nicht ausreichend berücksichtigt und so die Zuständigkeit der Mitgliedstaaten nach Art. 95 Abs. 4, 5 EG eröffnet wird, schwierig. Letzlich geht es um dieselben inhaltlichen Erwägungen. Die Kernfrage ist, ob eine Regelung bestimmte gesundheitliche Gefahren ausreichend berücksichtigt.

Im bereits erwähnten Rechtsstreit zwischen Frankreich und der Kommission[665] hatte der EuGH entgegenstehende nationale Regelungen teilweise gebilligt, weil die gemeinschaftlichen Regelungen, die das britische Embargo teilweise aufgehoben und ersetzt hatten, in Teilbereichen unzureichend waren. Grund war, daß die Rückverfolgbarkeit von Rinder-Exporten im Rahmen des DBES Systems mangels verbindlicher Überwachungsvorschriften nicht gewährleistet war. Der EuGH stellte fest: „Es war damit Sache der Mitgliedstaaten, aus eigener Initiative die angemessenen Maßnahmen zu ergreifen, um ein System der besonderen Kennzeichnung und der Rückverfolgbarkeit der der DBES-Regelung unterliegenden Erzeugnisse zu schaffen."[666] Damit kann jedenfalls festgehalten werden, daß bestehende gemeinschaftliche Regelungen die Mitgliedstaaten nicht grundsätzlich davon abhalten, die Sachlage selbst zu prüfen und gegebenenfalls aus Gründen des Gesundheitsschutzes erforderliche Regelungen zu erlassen. Es spricht auch vieles dafür, daß der EuGH nicht lediglich die materielle Reichweite der gemeinschaftlichen Regelung begrenzt sah, sondern die Regelung inhaltlich für unzureichend hielt. Damit hat der EuGH im Ergebnis auch die Zuständigkeit Frankreichs - trotz einer an sich materiell abschließenden gemeinschaftlichen Regelung und der damit an sich gegebenen „Sperrwirkung" - nach den Rechtsgedanken der Art. 95 Abs. 4, 5 EG bejaht.

3.5 Zusammenfassung

Das Subsidiaritätsprinzip bietet den einzigen Anhaltspunkt für die Frage, wie eine gegebene Kompetenz im Verhältnis zwischen der Gemeinschaft und den Mitgliedstaaten ausgeübt werden darf.

Ein generelles Problem besteht aber schon hinsichtlich des in Art. 5 Abs. 2 EG aufgeführten Merkmals der „ausschließlichen Zuständigkeit". Die in der Literatur an das Merkmal der „ausschließlichen Zuständigkeit" angeknüpften Zuständigkeitszuweisungen kranken an uneinheitlichen rechtssystematischen Überlegungen. Jedenfalls aber kann nicht durch die Ausübung einer Kompetenz eine „aus-

---

665 EuGH Rs. C-1/00, Slg. 2001, S. I-10029.

666 EuGH Rs. C-1/00, Slg. 2001, S. I-10029, Rdnr. 124.

schließliche Zuständigkeit" begründet werden, da damit wiederum eine Voraussetzung zur Rechtsfolge gemacht würde. Unabhängig von den sonstigen systematischen Zweifeln an der Brauchbarkeit des Merkmals der „ausschließlichen Zuständigkeit" fällt nach richtiger Ansicht die Zuständigkeitsverteilung im Rahmen der Gemeinsamen Agrarpolitik unter das Subsidiaritätsprinzip. Damit sind auch die BSE-Schutzmaßnahmen unter dem Gesichtspunkt des Subsidiaritätsprinzips zu treffen.

Weiter ist festzustellen, daß die Formulierung des Subsidiaritätsprinzips sich einseitig auf die Voraussetzungen im Hinblick auf ein Tätigwerden der Gemeinschaft bezieht. Die umgekehrte Zuständigkeitsproblematik entsteht aus der Frage, ob die Mitgliedstaaten trotz einer vorhandenen gemeinschaftlichen Maßnahme schärfere Gesundheitsschutzmaßnahmen erlassen dürfen. Das Subsidiaritätsprinzip gibt hierfür keine Antwort. Eine überschießende Zuständigkeit der Mitgliedstaaten wird allgemein wegen des Vorrangs des Gemeinschaftsrechts und der damit implizierten „Sperrwirkung" einer gemeinschaftlichen Regelung abgelehnt. Auch eine aufhebende Regelung entfaltet in der Praxis eine solche „Sperrwirkung": Nach der Auffassung des EuGH in der Sache Frankreich/Kommission über die Aufhebung des britischen Embargos[667] war die Aufhebung des Embargos durch eine neue (weniger strenge) Regelung ersetzt worden. Damit war die Zuständigkeit der Mitgliedstaaten für einseitige Regelungen jedenfalls nicht durch eine entsprechend freigebende Entscheidung eröffnet.

Sofern eine gemeinschaftliche Regelung besteht, gibt es im Primärrecht die Ausnahmetatbestände des Art. 95 Abs. 4 und 5 EG, nach denen die Mitgliedstaaten trotz einer bestehenden gemeinschaftlichen Regelung u.a. auch aus Gründen des Gesundheitsschutzes eigene Maßnahmen beibehalten können. Dieser Rechtsgedanke ist über Art. 32 Abs. 2 EG sowie Art. 37 Abs. 3 lit.b EG auch im Rahmen der Kompetenzen der GAP anwendbar. Die im Rahmen der BSE-Problematik anwendbaren sekundärrechtlichen Schutzklauseln entsprechen im übrigen diesen Rechtsgedanken.

Neben diesen Ausnahmetatbeständen sind die Mitgliedstaaten jedenfalls aber ausserhalb der materiellen Reichweite der Sperrwirkung zu eigenen Regelungen befugt. Damit sind die Mitgliedstaaten zur Beseitigung von Gesundheitsgefahren zuständig, wenn eine gemeinschaftliche Maßnahme diese Gesundheitgefahr von vornherein nicht mit seinem materiellen Regelungsgehalt erfaßt.

In der oben genannten Sache Frankreich/Kommission um die Aufhebung des britischen Embargos hat der EuGH bestätigt, daß die Mitgliedstaaten eigene Maß-

---

667 EuGH Rs. C-1/00, Slg. 2001, S. I-10029.

nahmen ergreifen können, wenn eine gemeinschaftliche Regelung tatsächlich nicht ausreicht. Das deckt sich im Ergebnis mit der hier vertretenen Auffassung.

Die umgekehrte Zuständigkeitsproblematik ist also dadurch zu lösen, daß es nach den Rechtsgedanken des Art. 95 Abs. 4, 5 EG in der Zuständigkeit der Mitgliedstaaten verbleibt, eigene Maßnahmen zu treffen. Voraussetzung ist allerdings, daß ein Mitgliedstaat tatsächliche Gesundheitsgefahren nachweisen kann, die von den vorhandenen gemeinschaftlichen Regelungen nicht ausreichend geschützt werden.

Kapitel 3: Durchführung des gemeinschaftlichen Gesundheitsschutzes

Aus den Ergebnissen des vorigen Kapitels ergeben sich Fragen, die die Durchführung des gemeinschaftlichen Gesundheitsschutzes betreffen. Sofern eine konkrete Gesundheitsschutz-maßnahme erlassen werden soll, ergeben sich mehrere spezifische Probleme, die sowohl auf primärrechtliche als auch sekundärrechtliche Unklarheiten zurückzuführen sind.

1. Primärrechtliche Aspekte

Als primärrechtliche Aspekte sind im Rahmen der BSE-Problematik vor allem zwei grundsätzliche Probleme zu analysieren. Zum einen geht es um die Frage, in welchem Konkurrenzverhältnis die ermittelten Kompetenzen zueinander stehen. Danach ist zu prüfen, nach welchen Kriterien der Gesundheitsschutz konkret im Rahmen der jeweils ausgeübten Kompetenz beim Erlaß einer Maßnahme berücksichtigungsfähig ist.

1.1 Problem bei doppelten Rechtsgrundlagen

Die Untersuchungsergebnisse aus dem zweiten Kapitel zeigten, daß gesundheitsschützende Maßnahmen nach Art. 37 EG (früher 43 EGV) für den Agrarbereich und nach Art. 95 EG (früher 100a EGV) für den Binnenmarkt erlassen werden können. Die Gemeinsame Agrarpolitik weist aber eine Vielzahl von Überschneidungen mit dem Binnenmarkt auf. Möglicherweise könnten also „doppelte Rechtsgrundlagen" im Sinne von mehreren nebeneinander stehenden Kompetenznormen vorliegen. Dieses allgemeine Problem stellt sich auch dann, wenn eine Maßnahme inhaltlich gesundheitsschützende Auswirkungen haben soll.

1.1.1 Sachstand

Nach welchen Kritierien eine bestimmte Kompetenznorm bei der Durchführung einer konkreten Maßnahme zur Anwendung kommt, ist oftmals nicht klar zu bestimmen. Lösungsansätze der Literatur finden sich unter dem Schlagwort der „doppelten Rechtsgrundlage".[668] Treffender wäre es wohl, von einer „Konkurrenz" von Kompetenznormen zu sprechen.

---

[668] *Ukrow*, in: **Calliess/Ruffert**, Art. 156 EGV Rdnr. 3 (Überschrift). **Breier**, EuR 1995, S. 51 („doppelte Kompetenzgrundlage").

In einem Teil der Rechtsliteratur findet sich die Ansicht, daß der Vertrag eine möglichst umfassende Geltung der allgemeinen Vertragsregeln auch im Agrarbereich anstrebt; insofern müßten die Sonderregeln der Art. 32 ff EG (früher 38 ff. EGV) „zurückhaltend“ ausgelegt werden.[669] Zur Abgrenzung wird in der Literatur vorgeschlagen, auf den inhaltlichen und sachlichen Schwerpunkt der Maßnahme abzustellen.[670] Allerdings deuten die Urteile des EuGH auch auf eine unterschiedliche Handhabung im Rahmen der verschiedenen Politiken hin.

1.1.2 Schwerpunktkriterium

Die Literatur schreibt dem EuGH bei seiner Rechtsprechung allgemein die Tendenz zu, den Schwerpunkt hinsichtlich Ziel und Inhalt einer Regelung zu bilden und die entsprechende Rechtsgrundlage anzuwenden.[671] Bei gleichgewichtigen Sachbereichen seien beide Rechtsgrundlagen heranzuziehen, es sei denn, unterschiedliche Erlaßverfahren fänden Anwendung.[672] Hix führt hierzu aus, daß insoweit auf den „Schwerpunkt“ einer Maßnahme „im Lichte des Ziels und Inhalts“ abzustellen sei. Stütze sich die Maßnahme hauptsächlich auf einen Politikbereich, so sei sie allein auf dessen einschlägige Rechtsgrundlage zu stützen, selbst wenn sich die Maßnahme nebenbei auf andere Politikbereich auswirke. Hix meint weiter, daß, sofern die Maßnahme in gleicher Weise für mehrere Politikbereiche wesentlich sei, alle betroffenen Rechtsgrundlagen heranzuziehen seien.[673] Für letztere These stützt sich Hix auf die Schlußanträge des Generalanwalts Saggio im Streit um die Etikettierungsverordnung Nr. 820/97 in einer die BSE-Schutzmaßnahmen betreffenden Sache.[674] Darauf ist später noch speziell einzugehen.[675]

Es ist fraglich, ob eine tatbestandliche Abgrenzung mittels eines „Schwerpunktes“ geeignet ist, die Frage der Konkurrenz mehrerer Kompetenzen zu lösen. Auf den ersten Blick könnte eine solche Abgrenzung aus der vom EuGH oft verwendeten

---

669 **Oppermann**, Rdnr. 1360.

670 **Oppermann**, Rdnr. 1360. Die Unterscheidung nach Schwerpunkt so auch aufgefaßt bei *Hix*, in: **Schwarze**, Art. 37 EGV, Rdnr. 7. Anders offenbar *Thiele*, in: **Calliess/Ruffert**, Art. 3 EGV, 7 Rdnr. 6.

671 *Kahl*, in: **Calliess/Ruffert**, Art. 95 EGV, Rdnr. 48 und 54. *Herrnfeldt*, in: **Schwarze**, Art. 95 EGV, Rdnr 11 und Art. 94 EGV, Rdnr 21. **Schweitzer/Hummer**, Rdnr. 336.

672 So *Hix*, in: **Schwarze**, Art. 37 EGV, Rdnr. 7 (wohl speziell zu Art. 37). *Kahl*, in: **Calliess/Rufert**, Art. 95 EGV, Rdnr. 50. **Breier**, EuR 1995, S. 46 (51).

673 *Hix*, in: **Schwarze**, Art. 37 EGV, Rdnr. 7. Ähnlich *Thiele*, in: **Calliess/Ruffert**, Art. 37 EGV, Rdnr. 8, für „Bereiche in gleicher Intensität“.

674 *Hix*, in: **Schwarze**, Art. 37 EGV, Rdnr. 7 mit Verweis auf die Schlußanträge des Generalanwalts Antonio Saggio vom 18.5.1999 in der Rs. C-269/97 „EtikettierungsVO“, Slg. 2000, S. I-2257.

675 Vgl. S. 141.

Formulierung „nicht nur nebenbei" resultieren.[676] Die „nicht nur nebenbei" Formulierung wird vom EuGH aber immer nur dann angewendet, um zu prüfen, ob eine Regelung überhaupt vom Anwendungsbereich der Norm erfaßt wird. Z.B. mußte im bereits analysierten „Tabakrichtlinien"-Urteil die Regelung „tatsächlich den Zweck haben, die Voraussetzungen für die Errichtung und das Funktionieren des Binnenmarktes zu verbessern".[677] Damit handelt es sich tatsächlich um ein „Kompetenz"-Kriterium, nicht aber um ein „Konkurrenz"-Kriterium. Ein „Schwerpunkt" wird - soweit ersichtlich - vom EuGH so nicht erwähnt; es handelt sich offenbar um die Interpretation der Literatur.[678]

Ein etwas anderes Wahlkriterium wird von Schweitzer/Hummer charakterisiert: Bei unterschiedlichen Verfahrensarten sei „die umfassendere und abschließendere" Kompetenzgrundlage einschlägig.[679] Eine solche Unterscheidung zieht nicht den Inhalt der einzelnen Maßnahme für eine Unterscheidung heran, sondern stellt einen abstrakten Vergleich zwischen den beteiligten Kompetenzen an. Allerdings werden damit die Kompetenznormen schon auf tatbestandlicher Ebene voneinander abgegrenzt. Welche Probleme hierbei aber auftreten können, zeigt das umstrittene Titandioxid-Urteil des EuGH.

1.1.3 Titandioxid-Urteil und die weitere Rechtsprechung

Die Wahl der Rechtsgrundlage hat besonders im Rahmen des „Titandioxid"-Urteils[680] Aufsehen erregt: Hinsichtlich der Anwendung der Binnenmarkt-Kompetenzen (Art. 100 a EGV, heute 95 EG) im Verhältnis zu der umweltpolitischen Kompetenzen (Art. 130 r und 130 s EGV, heute 174, 175 EG) hatte der EuGH hier dem allgemeineren Art. 100 a EGV (heute Art. 95 EG) „mit einer Absolutheit, die sonst bisher kaum vertreten wurde"[681] den Vorzug gegeben. Der EuGH mußte diese Entscheidung fällen, weil er die gleichzeitige Heranziehung von zwei Kompetenzen wegen unterschiedlicher Erlaßverfahren für unstatthaft hielt.[682] Das

---

676 Vgl. z.B. die zitierten Urteile bei **Ullrich**, ZEuS 2000, S. 243 (262 - 283).
677 EuGH Rs. C-376/98 und C-74/99, a.a.O., Rdnr. 84.
678 Vgl. **Breier**, EuR 1995, S. 50: „Im übrigen stellt der Gerichtshof in seinen Urteilen offensichtlich eine Art Schwerpunktbetrachtung an,..."; er bezieht sich damit direkt auf das Kriterium „nicht nebenbei". Ähnlich *Herrnfeld*, in: **Schwarze**, Art. 94 EGV, Rdnr 21. **Ullrich**, ZEuS 2000, S. 243 (270), statuiert gar: „Das Schwerpunktkriterium kann deshalb als allgemeingültiges Abgrenzungskriterium des EuGH für jeden Fall von Kompetenznormkonflikten verstanden werden".
679 **Schweitzer/Hummer**, Rdnr. 336.
680 EuGH Rs. 300/89, Slg. 1991, S. I-2867.
681 **Everling**, EuR 1991, S. 179 (180).
682 Vgl. **Schröer**, EuR 1991, S. 359.

vom EuGH gefundene Ergebnis wurde in der Literatur stark kritisiert.[683] Nettesheim meint, daß sich hinter der „logisch defizitären Begründung" des EuGH die „unausgesprochene" Aussage verstecke, „daß im Überschneidungsbereich 'final' definierter Kompetenznormen die integrationsfreundlichere Norm einschlägig sei".[684] Man könnte aber auch unabhäng von der Frage des Verfahrens im Einklang mit der Charaktierisierung von Schweitzer/Hummer[685] feststellen, daß der EuGH die umfassendere und abschließendere Kompetenz gewählt hat.

Das Titandioxid-Urteil ist aber schwer in die weitere Rechtsprechung des EuGH einzuordnen. So hat der Gerichtshof in einem im selben Jahr gefällten Urteil zur Rechtsgrundlage einer Verordnung festgestellt, daß eine „nur nebenbei" erfolgte Auswirkung auf die Bedingungen für den freien Warenverkehr nicht zur Anwendung des damaligen Art. 100a EWG (heute 95 EG) führt.[686] Ähnlich zeigte sich die Rechtsprechung in weiteren Urteilen, ohne daß jemals aber die Grundsätze des Titandioxid-Urteil ausdrücklich aufgeben wurden: In der Rechtssache C-155/91 stellte der Geruchtshof fest, daß sich die dort angegriffene Richtlinie von der, die Gegenstand des Titandioxid-Urteils war, unterscheidet, und daß für eine Regelung, die „nur nebenbei" eine Förderung des Binnenmarktes bewirke, der Rückgriff auf Art. 100a EWG (heute 95 EG) nicht gerechtfertigt sei.[687] In der Rechtssache C-187/93 bezeichnete der Gerichtshof es als „ständige Rechtsprechung" (unter Verweis auf das oben genannte Urteil in der Rechtssache C-155/91), „daß die bloße Tatsache, daß die Errichtung oder das Funktionieren des Binnenmarktes betroffen ist, nicht genügt (...)".[688] Insofern kann von einer Fortentwicklung der Rechtsprechung im Verhältnis zum Titandioxid-Urteil gesprochen werden.

Dem EuGH ist unabhängig von dieser Entwicklung folgender Vorwurf zu machen: Die Wahl der Rechtsgrundlage hat nach eigener Rechtsprechung „objektiven Kriterien" zu folgen, die gerichtlich nachprüfbar sind.[689] Diese Überprüfung nach objektiven Kriterien ergibt in manchen Fällen eine Regelung, die von verschiedenen Kompetenzen erfaßt werden kann. Weil in manchen Fällen aber verschiedene Erlaßverfahren gelten, schließt der Gerichtshof plötzlich aus „objekti-

---

683 Vgl. **Epiney**, JZ 1992, S. 564 ff.. **Schröer**, EuR 1991, S. 356 ff.. **Everling**, EuR 1991, S. 179 ff.. **Eckert**, ZLR 2000, S. 637 (648 f.).

684 **Nettesheim**, EuR 1993, S. 249. Auf die von ihm getroffene Unterscheidung zwischen „sachlich-gegenständlich" und „final" soll hier nicht näher eingegangen werden; unter erstere solle z.B. die GAP fallen, unter letztere z.B. die Binnenmarktharmonisierung. Insofern stimmt die Unterscheidung mit der in Kapitel 2 Abschnitt 1.3.2 herausgearbeiteten „Speziesbarriere" überein.

685 Vgl. Fn. 679.

686 EuGH Rs. C-70/88, Slg. 1991, S. I-4529, Rdnr. 17.

687 EuGH Rs. C-155/91, Slg. 1993, S. I-939, Rdnr. 20.

688 EuGH Rs. C-187/93, Slg. 1994, S. I-2857, Rdnr. 25.

689 Vgl. Fn. 286.

ven" Gründen eine von zwei derart einschlägigen Kompetenzen tatbestandlich aus. Das wäre bei einem einheitlichen objektiven Maßstab gar nicht möglich. Dennoch entscheidet sich der EuGH offenbar für die „größere Hälfte" im Sinne des strengeren Verfahrens oder im Sinne der tatbestandlich näheren Kompetenz.[690] Es kann daher festgestellt werden, daß der EuGH die Frage der Konkurrenz im Rahmen der tatbestandlichen Subsumtion umgeht, wenn dies wegen unterschiedlicher Erlaßverfahren erforderlich wird. Die tatbestandliche Reichweite von grundsätzlich wohl konkurrierenden Kompetenzen wird aber nur dann eingeschränkt, wenn nur ein einziges Erlaßverfahren angewendet werden kann.

1.1.4 Rechtsprechung in Bezug auf die Gemeinsame Agrarpolitik

Schon früh war die Abgrenzung der Rechtsgrundlage des Art. 37 EG (früher 43 EGV) von der Rechtsgrundlage des Art. 94 EG (früher 100 EGV) ein umstrittenes Thema: Vor Inkrafttreten der EEA hatte der Rat harmonisierende Vorschriften bei entsprechenden Regelungen sowohl auf Art. 43 EGV (heute 37 EG) als auch Art. 100 EGV (heute 94 EG) gestützt.[691] Der EuGH entschied jedoch anders und betrachtete alleine Art. 43 EGV (heute 37 EG) als anwendbar, auch wenn neben den Zielen der GAP noch andere Politiken einschlägig waren.[692] Diese vom EuGH aufgestellte Grundsätze sind auch für das Verhältnis zum heutigen Art. 95 EG anwendbar.[693] In der Literatur wird zum Teil geäußert, daß der Gerichtshof in die Richtung einer „lex specialis" Regelung tendiert[694] beziehungsweise der Agrarpolitik grundsätzlichen Vorrang einräumt.[695]

Dagegen wird in der Literatur aber auch festgestellt, daß kein genereller Vorrang des Art. 37 EG vor anderen spezifischen Rechtsgrundlagen bestehe.[696] Eine Aussage des Gerichtshofs in der Sache „Waldschutzverordnungen" spricht ebenfalls gegen die These, der Agrarpolitik werde grundsätzlich Vorrang eingeräumt. Dort heißt es: „Was die gemeinsame Agrarpolitik und die gemeinschaftliche Umwelt-

---

690 Vgl. die Analysen bei **Breier**, EuR 1995, S. 46 (50 - 52).

691 *Hix*, in: **Schwarze**, Art. 37 EGV, Rdnr. 10. Unklar bei **Oppermann**, Rdnr. 1222, der Zusammenhang mit EuGH Rs. 5/77 („Denkavit").

692 EuGH Rs. 68/86 Vereinigtes Königreich/Rat, Slg. 1988, S. 855, Rdnr. 15. Hierzu Wortgleich EuGH Rs. 131/86 Vereinigtes Königreich/Rat, Slg. 1988, S. 905, Rdnr. 20. EuGH Rs. 280/93 BRD/Rat, Slg, 1994, S. I-4973, Rdnr. 54. EuGH Rs. 106/97 „DADI", Slg. 1999, S. I-5983, Rdnr. 41.

693 *Hix*, in: **Schwarze**, Art. 37 EGV, Rdnr. 10. *Kahl*, in: **Calliess/Ruffert**, Art. 95 EGV, Rdnr. 54. *Thiele*, in: **Calliess/Rufert**, Art. 37 EGV, Rdnr. 5-7. *Eiden*, in: **Bleckmann**, Rdnr. 2219, 2225.

694 **Schröer**, EuZW 1992, S. 207 (208f.). *Hix*, in: **Schwarze**, Art. 37 EGV, Rdn. 7. Z.B. EuGH Rs. 68/86, Slg. 1988, S. 855, Rdnr. 14 - 16.

695 Vgl. **Oppermann**, Rdnr. 1397.

696 *Thiele*, in: **Calliess/Ruffert**, Art. 37 EGV, Rdnr. 8. Thiele geht möglicherweise von trennbaren Sachverhalten aus.

politik angeht, so ist der Rechtsprechung kein rechtlicher Anhaltspunkt dafür zu entnehmen, daß grundsätzlich der einen Politik Vorrang vor der anderen einzuräumen wäre."[697] Der Gerichtshof kommt in der Rechtssache zu dem Ergebnis, daß die Kompetenzen des Umweltschutzes und nicht die Kompetenzen der Gemeinsamen Agrarpolitik die richtige Rechtsgrundlage bilden. Bei diesem Urteil ist allerdings zu bedenken, daß der Gerichtshof „Bäume und Wälder" nicht grundsätzlich als landwirtschaftliche Erzeugnisse einstufte und schon deshalb die Gemeinsame Agrarpolitik als insgesamt nicht einschlägig betrachtete.[698]

Aus den aufgeführten Beispielen ergibt sich, daß der Gerichtshof bei - eigentlich konkurrierenden - Kompetenznormen ausschließlich tatbestandliche Abgrenzungen vornimmt und regelmäßig feststellt, es sei „nur nebenbei" der Tatbestand der jeweils ausgeschlossenen Kompetenznorm betroffen. Sofern eine Systematisierung von Kompetenzen auf Konkurrenzebene vorgenommen werden würde - was, wie gesagt, in der Rechtspraxis nicht geschieht -, spräche vieles dafür, daß den Kompetenznormen der Gemeinsamen Agrarpolitik ein grundsätzlicher Vorrang („lex specialis") einzuräumen wäre. Jedenfalls aber ist eine Tendenz festzustellen, nach der die Kompetenzen aus der Gemeinsame Agrarpolitik meist den Vorzug vor anderen Rechtsgrundlagen, vor allem vor der Harmonisierungskompetenzen aus Art. 95 EG, erhält.[699]

1.1.5 Gesundheitsschutz bei doppelten Rechtsgrundlagen

Es wurde in den vorigen Abschnitten dargestellt, wie das Vorliegen von mehreren Rechtsgrundlagen in der Rechtsprechung gehandhabt wird, wenn mit den verschiedenen Kompetenzen auch verschiedene Erlaßverfahren verbunden sind. Dies bildet den Hintergrund zu der Frage, welche Kompetenznorm herangezogen wird, wenn eine Maßnahme des Gesundheitssschutzes getroffen werden soll, die unter mehrere Kompetenznormen fällt.

In Bezug auf den Gesundheitsschutz ging es im Rahmen der BSE-Problematik im „EtikettierungsVO"-Urteil des EuGH[700] um die Frage, ob nach Art. 95 EG das Mitentscheidungsverfahren anzuwenden war, oder lediglich eine Ratsentscheidung nach Art. 37 EG zu treffen war. In diesem Zusammenhang hat gerade die Einführung des neuen Art. 152 Abs. 4 lit. b EG mehr Probleme geschaffen als gelöst.

---

697 EuGH Rs. C-164/97 und C-165/97 „Waldschutzverordnungen", Slg. 1999, S. I-2257, Rdnr. 15.

698 EuGH Rs. C-164/97 und C-165/97, „Waldschutzverordnungen", Slg. 1999, S. I-2257, Rdnr. 16 ff..

699 Vgl. Fußnote 692.

700 EuGH Rs. C-269/97 "EtikettierungsVO", Slg. 2000, S. I-2257.

1.1.5.1 *EtikettierungsVO-Urteil*

Im Streit um die richtige Rechtsgrundlage bezüglich der Etikettierungsverordnung Nr. 820/97 hatte die Kommission argumentiert, daß zumindest hilfsweise sowohl Art. 43 EGV (heute 37 EG) als auch Art. 100 a EGV (heute 95 EG) herangezogen werden müßten, da in wesentlichen Teilen der Gesundheitsschutz betroffen und deshalb das Parlament einzubeziehen sei.[701] Der Rat argumentierte, es könne nicht dargelegt werden, daß der Rechtsakt zwei verschiedene Ziele verfolge.[702] Der Generalanwalt Antonio Saggio hatte in seinem Schlußantrag die These der Kommission gestützt, allerdings mit der Begründung, daß die Etikettierungsverordnung zwei getrennte Sachverhalte regele.[703] Zum einen würden durch Registrierung und Kennzeichnung von Rindern Regelungen auf der landwirtschaftlichen Ebene der Erzeugung getroffen. Zum anderen würde durch die Etikettierung von Rindfleisch und Rindfleischprodukten die Information des Verbrauchers im Rahmen der Vermarktung geregelt. Deshalb umfasse die Verordnung inhaltlich zwei Teile, die jeweils einer anderen Rechtsgrundlage zu folgen haben. Diese Argumente wurden wohl vor dem Hintergrund entwickelt, daß der Verordnung Nr. 820/97 ursprünglich zwei entsprechend getrennte Verordnungen vorausgingen.[704]

Der Gerichtshof ging in der Urteilsbegründung nicht auf die vom Generalanwalt getroffene Unterscheidung ein. Er wies lediglich die Begründung der Kommission ab, indem er klarstellte, daß der bloße Wunsch eines Organs an einem Rechtsakt beteiligt zu sein, ohne Bedeutung sei. Diese Aussage entspricht der ständigen Rechtsprechung, nach der die Wahl der Rechtsgrundlage nicht allein von der nach der Überzeugung eines Organs zu wählenden Rechtsgrundlage abhängt.[705]

Der Generalanwalt versuchte, im Gegensatz zur ersten Argumentation der Kommission, die Rechtsgrundlagen eben nicht als „doppelt“, sondern getrennt nebeneinander für zwei verschiedene inhaltliche Teile, die lediglich unter einem Dach der Verordnung zusammengefaßt sind, herauszuarbeiten. In der Literatur findet die Ansicht des Generalanwalts wohl Zustimmung.[706] Der EuGH aber hat diese Betrachtungsweise offenbar nicht akzeptiert und nur die Rechtsgrundlage der Gemeinsamen Agrarpolitik als einschlägig erachtet., weil die Verordnung „im

[701] Rs. C-269/97, a.a.O., Rdnr. 18.

[702] Rs. C-269/97, a.a.O., Rdnr. 41.

[703] Schlußanträge des Generalanwalts Antonio Saggio vom 18.5.1999, Rs. C-269/97, a.a.O., Rdnr. 79 ff..

[704] Beide ursprünglichen Vorschläge wurden aber auf Art. 42 EWG gestützt. Näheres zur Vorgeschichte bei **Mögele**, ZEuS 2000, S. 79 (87).

[705] Vgl. die Rechtsprechung in Fn. 286.

[706] *Hix*, in: **Schwarze**, Art. 37 EGV, Rdnr. 7, der allerdings nicht ausdrücklich auf eine inhaltliche Trennbarkeit einer Maßnahme abstellt und insofern unklar bleibt.

wesentlichen bezweckt, die Ziele des Art. 39 EG, insbesondere die Stabilisierung des Marktes, zu erreichen".[707]

Im Ergebnis hat der EuGH damit konsequent zu seiner sonstigen Rechtsprechung verhindert, daß die Verordnung insgesamt auf einer „doppelten Rechtsgrundlage" von Art. 43 EGV (heute 37 EG) und 100 a EGV (heute 95 EG) beruht.

1.1.5.2 Problem Schwerpunktkriterium nach Art. 152 Abs. 4 lit. c EG

Wie bereits festgestellt wurde, erlauben die Kompetenzen im Agrarrecht umfassende Regelungen. Nun ist aber nach Art. 152 Abs. 4 lit. c EG bei einem „unmittelbaren" Bezug zum Gesundheitsschutz „abweichend" von Art. 37 Abs. 3 EG das Mitentscheidungsverfahren einschlägig. Damit stellt sich die Frage, unter welchen Kriterien eine einzelne Maßnahme des Veterinärrechts „unmittelbar" den Schutz der Gesundheit zum Ziel hat.

Schmidt am Busch meint hierzu, daß eine Abgrenzung kaum möglich sei, da ein hohes Gesundheitsschutzniveau schon über die Querschnittsklausel des Art. 152 Abs. 1 EG bei jeder Regelung über die Anforderungen an die Qualität eines landwirtschaftlichen Produkts sicherzustellen sei.[708] Insofern sei ein Schwerpunktkriterium hier nicht praktikabel.[709] Tatsächlich wird durch die Einführung des Art. 152 Abs. 4 lit. b EG nun erstmalig die Bildung eines Regelungsschwerpunktes notwendig: Das Wort „unmittelbar" bedeutet, daß schwerpunktmäßig der Gesundheitsschutz erfaßt sein muß. Das Normerlaßverfahren wird hierdurch komplizierter, ohne aber den Kompetenzumfang irgendwie zu erweitern.[710] Insofern ist die Befürchtung von Schmidt am Busch begründet, daß die Wahl des Verfahrens entweder nach Art. 37 Abs. 3 EG oder nach Art. 152 Abs. 4 lit. b EG ein politisches „Geschachere"[711] auslöst, ohne eine hilfreiche Auswirkung auf die eigentlichen Sachfragen zu haben. Der EuGH kann sich in Zukunft nicht mehr darauf beschränken, eine positive Regelungswirkung zugunsten eines landwirtschaftlichen Marktes festzustellen. Er muß zudem untersuchen, ob Regelungen auch „unmittelbar" bzw. im „Schwerpunkt" dem Gesundheitsschutz dienen. Das muß

---

707 Rs. C-269/97, a.a.O., Rdnr. 59.

708 *Schmidt am Busch*, in: **Grabitz/Hilf**, Art. 152 EGV, Rdnr. 51.

709 *Schmidt am Busch*, in: **Grabitz/Hilf**, Art. 152 EGV, Rdnr. 51; das Schwerpunktkriterium bezieht sich hier auf eine Stellungnahme eines Ausschusses des Europäischen Parlaments. Allerdings steht das Schwerpunktkriterium offenbar auch im Zusammenhang zu dem Vorwurf an den EuGH, bei der Rechtsgrundlage auf den Schwerpunkt einer Maßnahme abzustellen. Vgl. Rdnr. 57.

710 Wie bereits oben angesprochen, stellt sich durch die unglückliche Formulierung sogar die Frage einer Kompetenzbeschränkung auf rein rechtsangleichende Maßnahmen außerhalb der Sonderregeln der Art. 32 ff. EG, vgl. Kapitel 2 Abschnitt 1.4.

711 So *Schmidt am Busch*, in: **Grabitz/Hilf**, Art. 152 EGV, Rdnr. 51.

er lediglich deshalb tun, um das richtige Verfahren ermitteln zu können. Berg spricht der Norm unter dieser Prämisse einen „tendenziell weiten Anwendungsbereich" zu.[712] Ein Unterscheidungskriterium ist aber noch nicht gefunden worden. Faktisch werden wohl fast alle zukünftigen veterinär- und pflanzenschutzrechtlichen Maßnahmen mit Auswirkungen auf den Gesundheitsschutz im Mitentscheidungsverfahren nach Art. 152 Abs. 4 lit. b EG erlassen. Ein Beweis hierfür mag sein, daß sogar die Änderungsrichtlinie 2000/15/EG [713] auf Art. 152 Abs. 4 lit. b EG gestützt wird, obwohl diese lediglich die Richtlinie 64/432/EWG ändert, welche ausschließlich die Bekämpfung von „Tierseuchen" regelt.[714] Auch die neue Verordnung (EG) Nr. 999/2001 stützt sich auf Art. 152 Abs. 4 lit. b EG.

1.1.6 Ergebnis

Nach der Literatur hat die Wahl zwischen mehreren möglichen Kompetenzen nach dem Schwerpunkt des Regelungsgehalts zu erfolgen. Das Schwerpunktkriterium deckt sich aber nicht mit der Rechtsprechung des EuGH. Der EuGH grenzt doppelte Rechtsgrundlagen vorwiegend auf der tatbestandlichen Ebene ab. Dadurch entstehen aber weitreichende Unklarheiten über die tatbestandliche Reichweite der jeweiligen Kompetenzen. Insgesamt sind die bestehenden Probleme wohl darauf zurückzuführen, daß die tatbestandliche Subsumtion unter eine Kompetenz nicht von der Frage der Konkurrenz mehrerer einschlägiger Kompetenzen unterschieden wird. Für die Kompetenzen der Gemeinsamen Agrarpolitik herrscht allerdings eine klarere Rechtsprechung, die als „lex specialis"-Regelung zugunsten der Kompetenzen der Gemeinsamen Agrarpolitik zu interpretieren ist.

Im Fall des „EtikettierungVO"-Urteils ging der EuGH ebenfalls von der Vorrangigkeit der Gemeinsamen Agrarpolitik aus. Insbesondere wurden speziell verbraucherschützende Maßnahmen nicht als eigenständige Regelungsteile unter dem Dach der gleichen Maßnahme gesehen, obwohl sich das angeboten hätte.

Allerdings wird diese Rechtsprechung durch den neuen Art. 152 Abs. 4 lit. b EG künftig in Frage gestellt. Sofern Art. 152 Abs. 4 lit. b EG als neue Kompetenz zu sehen wäre, könnte die Gemeinsame Agrarpolitik nicht mehr generell als „lex specialis" vorrangig sein. Zudem wird wegen des Kriteriums „unmittelbar" nunmehr eine Schwerpunktbetrachtung erforderlich. Das führt zu Unklarheiten hinsichtlich der tatbestandlichen Reichweite. Nach der hier vertretenen Ansicht läßt

---

712 *Berg*, in: **Schwarze**, Art. 152 EGV, Rdnr. 27.

713 Richtlinie 2000/15/EG des Europäischen Parlaments und des Rates vom 10. April 2000 zur Änderung der Richtlinie 64/432/EWG des Rates zur Regelung viehseuchenrechtlicher Fragen beim innergemeinschaftlichen Handelsverkehr mit Rindern und Schweinen (ABl. L 105 vom 3.5.2000, S. 34).

714 Vgl. den Hinweis bei *Hix*, in: **Schwarze**, Art. 32 EGV, Rdnr. 35.

sich die neue Vorschrift aber in die Rechtsprechung zur Vorrangigkeit der Gemeinsamen Agrarpolitik integrieren. Da es sich nach richtiger Ansicht bei Art. 152 Abs. 4 lit. b EG nur um eine besondere Verfahrensvorschrift handelt, sind nach wie vor die agrarpolitischen Kompetenzen einschlägig. Die Agrarkompetenzen können dadurch auch im Gesundheitsschutz weiterhin vorrangig angewendet werden. Die Besonderheit des Art. 152 Abs. 4 lit. b EG besteht im Ergebnis darin, daß er erstmals auch im Bereich der Gemeinsamen Agrarpolitik dem Europäischen Parlament die Mitbestimmung ermöglicht.

1.2 Verhältnismäßigkeitsprinzip

Wie die Rügen des Vereinigten Königreichs in der Rechtssache „BSE“ [715] zeigten, ist die Einbeziehung von Gesundheitsschutz-Erwägungen hauptsächlich als eine Frage der Verhältnismäßigkeit problematisiert worden. Es ist also zu untersuchen, inwieweit der Gesundheitsschutz im Rahmen des Verhältnismäßigkeitsprinzips berücksichtigungsfähig ist.

1.2.1 Gemeinschaftlicher Aspekt der Verhältnismäßigkeit

Fraglich ist, ob das deutsche Rechtsverständnis des Verhältnismäßigkeitsprinzips auch für die gemeinschaftliche Rechtssystematik verwendet werden kann. Die Aussage, daß die allgemeinen Abwägungsgrundsätze in der Gemeinschaft immanent seien, wäre für sich etwas zu pauschal.[716] Eine gemeinschaftsrechtliche Anlehnung an das Prinzip der Verhältnismäßigkeit ergibt sich aber aus Art. 5 Abs. 3 EG (früher 3 b Abs. 3 EGV), nach dem sich die Gemeinschaft auf das „erforderliche Maß“ zu beschränken habe.[717] Weiterhin hat sich der EuGH an Kriterien orientiert, die denen der deutschen Verhältnismäßigkeitslehre entsprechen.[718] Dies ist auch der Fall bei den Ausführungen des EuGH in den bereits erörterten Urteilen.[719]

---

715 EuGH Rs. C-180/96 „BSE“, Slg. 1996, S. I-2265.

716 **Berg**, S. 436, nimmt dies an und stützt sich dann im wesentlichen auf Grundsätze aus dem deutschen Rechtsverständnis, vgl. Fn. 372 und 373.

717 Vgl. auch das Protokoll Nr. 30 zum Vertrag über die Anwendung der Grundsätze der Subsidiarität und der Verhältnismäßigkeit. Nach Nr. 1 wird aber auch nur auf „das erforderliche Maß“ Bezug genommen.

718 Vgl. z.B. EuGH Rs. C-331/88 „Queen/Minister of Agriculture“, Slg. 1990, S. I-4023, Rdnr. 13. **Oppermann**, Rdnr. 521, deklariert das Verhältnismäßigkeitsprinzip in Erfüllung der bekannten Unterkriterien Geeignetheit, Erforderlichkeit und Verhältnismäßigkeit im engeren Sinne als vom EuGH als allgemein anerkannten Rechtsgrundsatz. Vgl. aber **Schwarze**, Europäisches Verwaltungsrecht, S. 841.

719 EuGH Rs. C-376/98 und C-74/99 „Tabakrichtlinie“, Slg. 2000, S. I-8419, Rdnr. 88. EuGH Rs. C-269/97 „EtikettierungsVO“, Slg. 2000, S. I-2257, Rdnr. 48 f..

Schwarze stellt allerdings fest, daß es sich bei der Verhältnismäßigkeitsprüfung um ein „höchst variables Kontrollinstrument“ handele, das als „Einzelfallkorrektiv kaum streng kalkulierbar erscheint“.[720] Besonders deutlich zeigt sich das in dem Urteil anläßlich des umfassenden Exportverbots der Gemeinschaft für Rind und Rinderprodukte aus dem Vereinigten Königreich. Dort hatte das Vereinigte Königreich unter anderem gerügt, daß gegen den Grundsatz der Verhältnismäßigkeit verstoßen worden sei.[721] Der Gerichtshof stellte hierzu fest: „Nach dem Grundsatz der Verhältnismäßigkeit, der zu den allgemeinen Grundsätzen des Gemeinschaftsrechts gehört, dürfen die Handlungen der Gemeinschaftsorgane nicht die Grenzen dessen überschreiten, was zur Erreichung der mit der fraglichen Regelung zulässigerweise verfolgten Ziele geeignet und erforderlich ist. Dabei ist, wenn mehrere geeignete Maßnahmen zur Auswahl stehen, die am wenigsten belastende zu wählen; ferner müssen die verursachten Nachteile in angemessenem Verhältnis zu den angestrebten Zielen stehen.“[722]

Damit kann - mit aller Vorsicht - das deutsche Rechtsverständnis der Verhältnismäßigkeit auf die gemeinschaftliche Ebene übertragen werden. Schwarze bezeichnet den Verhältnismäßigkeitsgrundsatz als wesentlichen Bestandteil des europäischen „ius commune“.[723] Speziell in Bezug auf die Anwendung des Verhältnismäßigkeitsgrundsatzes als allgemeinen Rechtsgrundsatz im Rahmen eines „europäischen Verwaltungsrechts“ stellt Schwarze aber fest, daß in der Terminologie des EuGH „keine hinreichende Klarheit herrscht“.[724]

Es bietet sich daher an, von einem gemeinschaftlichen „Aspekt“ der Verhältnismäßigkeit zu sprechen, zumal Art. 5 Abs. 3 EG auch nur das Stichwort „erforderlich“ nennt. Im folgenden soll ein solcher Aspekt der Verhältnismäßigkeit im Hinblick auf Gesundheitsschutz-Maßnahmen untersucht werden.

1.2.2 Querschnittsklausel als Aspekt der Verhältnismäßigkeit.

Im Rahmen der Untersuchung der Kompetenzen des Gesundheitsschutzes wurde festgestellt, daß Maßnahmen Regelungen zum Gesundheitsschutz enthalten dürfen, sofern der Tatbestand einer Kompetenz erfüllt wird. Nach Art. 152 Abs. 1 Unterabs. 1 EG sowie nach Art. 3 Abs. 1 lit. p EG ist ein „hohes Gesundheitsschutzniveau“ sicherzustellen. In der Literatur wird teilweise darauf hingewiesen, daß zwar ein „hohes“, aber nicht ein „höchstes“ Gesundheitsschutz-

---

720 **Schwarze**, Europäisches Verwaltungsrecht, S. 841.
721 EuGH Rs. C-180/96, a.a.O., Rdnr. 76 ff..
722 EuGH Rs. C-180/96, a.a.O., Rdnr. 96.
723 **Schwarze**, EuR 1997, S. 419 (425).
724 **Schwarze**, Europäisches Verwaltungsrecht, S. 831.

niveau sicherzustellen ist.[725] Dennoch deutet die Rechtsprechung auf eine Vorrangigkeit des Gesundheitsschutzes gegenüber allen anderen Zielen hin.[726] Im folgenden ist daher zu erörtern, inwieweit Gesundheitsschutz-Regelungen in einer Maßnahme enthalten sein dürfen.

1.2.2.1 Bestandteil der Verhältnismäßigkeitsprüfung

Die Querschnittsklausel des Gesundheitsschutzes soll zu einer „Gesundheitsverträglichkeitsprüfung" verpflichten.[727] Zum Teil wird die Ansicht vertreten, daß die Querschnittsklausel bei der „Interpretation" von Gemeinschaftsrechtsakten zu berücksichtigen und „gesundheitsfreundlich" auszulegen sei.[728] Es handele sich um einen Prüf- und Handlungsauftrag in dem Sinne, daß die übrigen Politiken und Maßnahmen auf Übereinstimmung mit einem hohen Schutzniveau geprüft und inhaltlich entsprechend gestaltet werden.[729] Im Fall eines Zielkonflikts mit der angewendeten Kompetenz bestehe ein „Optimierungsgebot", nach dem inhaltlich das Bestmögliche für den Gesundheitsschutz herauszuholen sei.[730] Den Gemeinschaftsorganen sei ein gewisser Beurteilungs- und Ermessensspielraum gegeben, dessen Überschreitung aber gerichtlich nachprüfbar sei.[731]

Diese Aussagen deuten darauf hin, daß die Querschnittsklauseln als eine im Rahmen einer konkreten Güterabwägung im Einzelfall besondere Berücksichtigungspflicht verstanden werden.[732] Auch die Formulierungen des EuGH scheinen darauf hinzudeuten, daß der Gesundheitsschutz im Rahmen der Verhältnismäßigkeit überprüft wird.[733]

Die Kriterien der Geeignetheit und Erforderlichkeit beziehen sich jeweils auf das Verhältnis der getroffenen Regelung zum durch die Kompetenz vorgegeben Ziel. Insofern haben dort Gesundheitsschutz-Erwägungen keinen Raum. Das verortet die Querschnittsklauseln zum Prüfungsschritt der konkreten Güterabwägung im

---

725 *Fischer*, in: **Lenz**, Art. 153 Rdnr. 5. **Berg** S. 435.

726 So deutlich z.B. in EuGH Rs. C-183/95 „Affish", Slg. 1997, S. I-4315 Rdnr. 43, EuG Rs. T-70/99 „Alpharma", Slg. 1999, S. II-2027, Rdnr. 152, Rs. T-136/95 „Industria", Slg. 1998, S. II-3301, Rdnr. 58.

727 *Schmidt am Busch*, in: **Grabitz/Hilf**, Art. 152 EGV, Rdnr. 44.

728 *Berg*, in: **Schwarze**, Art. 152 EGV, Rdnr. 12.

729 *Fischer*, in: **Lenz**, Art. 153 Rdnr. 5.

730 *Schmidt am Busch*, in: Grabitz/Hilf, Art. 152 EGV, Rdnr. 45 mit Verweis auf *Wichard*, in: **Calliess/Ruffert**, Art. 152 EGV, Rdnr. 23.

731 *Schmidt am Busch*, in: **Grabitz/Hilf**, Art. 152 EGV, Rdnr. 46.

732 So auch *Lenz*, in: **Lenz**, Art. 32 EGV, Rdnr. 26 im Zusammenhang mit der Agrarpolitik.

733 Vgl. z.B. EuGH Rs. C-157/96 „National Farmers Union", Slg. 1998, S. I-2211, Rdnr. 63, Rs. C-193/95 „Affish" Slg. 1997, S. 4315, Rdnr. 43, EuG Rs. T-133/95 „Industria", Slg. 1998, S. II-3301, Rdnr. 58.

Rahmen der Verhältnismäßigkeit im engeren Sinne, rechtssystematisch auch unter den Begriffen „Proportionalität" oder „Angemessenheit" bekannt.

1.2.2.2 Konkrete Abwägung

Die meisten Beurteilungen der Querschnittsklausel in der Literatur lassen kein klares rechtliches Schema zur Einbringung des Gesundheitsschutzes erkennen. Im folgenden soll versucht werden, die rechtliche Bedeutung des Gesundheitsschutzes im Rahmen der oben verorteten systematischen Stelle der konkreten Einzelfallprüfung („Angemessenheit") zu umreißen.

Berg meint, daß bei Zielkonflikten drei Ergebnisse denkbar seien: Nach-, Gleich- oder Vorrangigkeit des Gesundheitsschutzes. Mit dem hohen Schutzniveau werde einerseits ein Vorrang gegenüber nicht privilegierten Zielen statuiert, insofern sei ein „Optimierungsgebot" gegeben. Andererseits sei der Gesundheitsschutz mit anderen ebenfalls privilegierten Zielen abzuwägen und insofern nicht optimal zu berücksichtigen, sondern nur in seiner Verhältnismäßigkeit; insofern sei dann aber das „Bestmögliche" herauszuholen, ohne daß dem Gesundheitsschutz grundsätzlich Priorität einzuräumen sei.[734]

Nach der Rechtsprechung des EuGH nimmt der Gesundheitsschutz „ersten Rang" ein.[735] Die Urteile erwähnen das meist aber nur im Zusammenhang mit bestimmten Normen des Vertrags, die den Gesundheitsschutz ausdrücklich erwähnen.[736] Daneben wird gelegentlich darauf hingewiesen, daß der Gesundheitsschutz höchstes Gut einer jeden Rechtsordnung sei, daher immanent und überall mit zu berücksichtigen sei.[737] Gegen Gesundheitsschutz-erwägungen stehen aber die Interessen, die sich aus den sachlichen Zielen der gemeinschaftlichen Maßnahme ergeben.

Eine Sichtung der in Bezug auf die BSE-Problematik relevanten Urteile des EuGH[738] zeigt, daß vor einer Güterabwägung mit Gesundheitsschutz-erfordernissen vor allem die Geeignetheit und Erforderlichkeit für das eigentliche Ziel der Maßnahme - d.h. entweder der Förderung der Agrarmärkte im Sinne des Art. 33 EG oder dem Funktionieren des Binnenmarkts im Sinne des Art. 14 Abs. 2 EG - problematisch ist.

---

734 **Berg**, S. 436 f..

735 Vgl. einen Überblick über die Rechtsprechung bei *Epiney*, in: **Calliess/Ruffert**, Art. 30 Rdnr. 31.

736 Es geht vornehmlich um die Ausnahmetatbestände des Art. 30 EG (früher 36 EGV).

737 **Berg**, S. 435.

738 Es sei vor allem auf drei bereits in anderem Kontext besprochene Urteile verwiesen: EuGH Rs. C-376/98 und C-74/99 „Tabakrichtlinie", Slg. 2000, S. I-8419, EuGH Rs. C-269/97 „EtikettierungsVO", Slg. 2000, S. I-2257. EuGH Rs. C-180/96 „BSE", Slg. 1996, S. I-2265.

Auch im Urteil über die Tabakrichtlinie hatte der Gerichtshof teilweise die „Geeignetheit“ einiger Regelungen der Richtlinie verneint: „... denn diese Verbote fördern den Handel mit den betroffenen Erzeugnissen nicht.“[739] Bezüglich anderer Teile ließ der Gerichtshof es offenbar an der „Erforderlichkeit“ scheitern: „Derartige Verzerrungen [es ging um vorhandene Wettbewerbsverzerrungen; der Verf.], die die Heranziehung des Art. 100 a EG-Vertrag [heute 95 EG; der Verf.] für die Untersagung bestimmter Formen des Sponsoring begründen könnten, rechtfertigen es jedoch nicht, diese Rechtsgrundlage für ein allgemeines Werbeverbot, wie es die Richtlinie vorsieht, zu verwenden.“[740]

In dem Urteil über das Exportverbot gegenüber dem Vereinigten Königreich finden sich ebenfalls Ausführungen über die Verhältnismäßigkeit. Dort stellt der Gerichtshof fest, daß Art. 40 und Art. 43 EGV (heute 34 und 37 EG) einen weiten politischen Spielraum ermöglichen.[741] Die Ausfuhrverbote für Rinder und Rindfleisch seien „nicht offensichtlich ungeeignet“ gewesen.[742] Des weiteren führt der Gerichtshof hinsichtlich der von dem Vereinigten Königreich angeführten möglichen Alternativmaßnahmen aus: „... ein globales Ausfuhrverbot ... zu verhängen, [ist] jedoch nicht offensichtlich ungeeignet.“[743] Entgegen dem Wortlaut handelt es sich hier inhaltlich nach deutschem Rechtsverständnis um die Prüfung der „Erforderlichkeit“.

Schließlich stellt der EuGH aber auch fest: „Wenn das Vorliegen und der Umfang der Gefahren für die menschliche Gesundheit ungewiß ist, können die Organe Schutzmaßnahmen treffen, ohne abwarten zu müssen, daß das Vorliegen und die Größe der Gefahren klar dargelegt sind.“[744] Es spricht vieles dafür, daß es sich hier um eine Prüfung der Verhältnismäßigkeit im engeren Sinne handelt. Die Verortung zur Angemessenheitsprüfung liegt deswegen nahe, weil hier die inhaltlichen Überlegungen ähnlich wie im deutschen Recht zum „Übermaßverbot“ im Rahmen der Angemessenheitsprüfung stattfinden.[745] In den genannten Fällen kam der Gerichtshof zu der Feststellung, daß die Kommission wegen der unklaren Sachlage dem Gesundheitsschutz zwar Vorrang eingeräumt hat, aber nicht im Übermaß in die konkrete Abwägung eingestellt hat.

---

739 EuGH Rs. C-376/98 und C-74/99, a.a.O., Rdnr. 99.

740 EuGH Rs. C-376/98 und C-74/99, a.a.O., Rdnr. 111.

741 EuGH Rs. C-180/96, a.a.O., Rdnr. 97. Das entspricht dem Ergebnis der Untersuchungen der Kompetenzen im zweiten Kapitel.

742 EuGH Rs. C-180/96, a.a.O., Rdnr. 103 und 106.

743 EuGH Rs. C-180/96, a.a.O., Rdnr. 110.

744 So z.B. EuGH Rs. C-180/96, a.a.O., Rdnr. 99. Ähnlich EuGH Rs. C-157/96, a.a.O., Rdnr. 63, sowie T-70/99, a.a.O., Rz. 153.

745 Vgl. dazu den Vorwurf der Klägerin in EuGH Rs. C-180/96 Rdnr. 83: „das beschlossene Verbot sei übermäßig“.

1.2.2.3 Konsequenzen

Außerhalb der Kompetenzfrage besteht die Problematik des Gesundheitsschutzes auch im Rahmen der Verhältnismäßigkeitsfrage. Die in diesem Abschnitt aufgezeigten systematischen Überlegungen könnten bei künftigen Diskussionen helfen, die Frage der Rechtsgrundlage von der der inhaltlichen Ausformung eines Aktes zu trennen. Eine in der Literatur zum Teil geforderte inhaltliche Checkliste[746] müßte sich an folgender Systematik im Rahmen der Verhältnismäßigkeit orientieren:

Da keine Kompetenz zum Gesundheitsschutz besteht, ist die angemessene oder proportionale Beachtung von Gesundheitsschutz im Rahmen einer konkreten Maßnahme bei der Verhältnismäßigkeitsprüfung vorrangig zu beachten. Liegt der Schwerpunkt einer Maßnahme auf begründeten gesundheitlichen Erwägungen, hat das Vorrang vor sonstigen politischen Zielen oder wirtschaftlichen Erwägungen. Freilich müssen nach wie vor die Maßnahmen im Hinblick auf die Voraussetzungen der gemeinschaftlichen Kompetenzen „geeignet" und „erforderlich" sein, bevor es zu dieser konkreten Güterabwägung im Einzelfall kommen kann. Ein notwendiger Gesundheitsschutz ist nur dann gemeinschaftlich regelbar, wenn damit in geeigneter und erforderlicher Weise die Ziele z.B. der Gemeinsamen Agrarpolitik verwirklicht werden können. Ansonsten muß es bei gesundheitspolitischen oder polizeilichen Eingriffen durch die Mitgliedstaaten selbst sein Bewenden haben. Nur deshalb - so kann man der Literatur wohl auch zustimmen - geht es in der Europäischen Gemeinschaft nur um ein „hohes", nicht aber das „höchste" Schutzniveau.[747]

1.2.3 Varianten der Gesundheitsschutz-Klauseln

Die BSE-Problematik wird in der Literatur gerne als ein Problem des verbraucherpolitischen Gesundheitsschutzes gesehen.[748] Das Lebensmittelrecht erfordert aber neben Rechtsangleichungen des Binnenmarktes, in die der Verbraucherschutzes gemäß Art. 153 Abs. 2 lit. a EG eingestellt werden darf, auch agrarpolitische Regulierungen gemäß der Art. 32 ff EG. Insofern stellt sich die Frage, ob und wie zwischen Gesundheitsschutz als Querschnittsbereich aus Art. 152 EG und Gesundheitsschutz als Teilbereich des Verbraucherschutzes aus Art. 153 EG unterschieden werden kann und wie die beiden Aspekte im Rahmen der unterschiedlichen Kompetenzen (Art. 95 EG bzw. Art. 37 EG) eingebracht werden können.

---

746 *Schmidt am Busch*, in: **Grabitz/Hilf**, Art. 152 EGV, Rdnr. 47.

747 Vgl. Fn. 725 und Fn. 734.

748 So z.B. *Grub*, in: **Lenz**, Art. 153, Rdnr 10 und **Von Schwanenflügel**, S. 46, 48.

1.2.3.1 *Abgrenzungsversuch*

Eine Abgrenzung zwischen den genannten Querschnittsklauseln ist in der Literatur so nicht zu finden.[749] In der Praxis haben das Europäische Parlament sowie die Europäische Kommission einen Ausschuß für den Umwelt-, Verbraucher- und Gesundheitsschutz bzw. eine Generaldirektion für Gesundheits- und Verbraucherschutz eingerichtet.

Ein inhaltlicher oder rechtlicher Vorrang einer der beiden Querschnittsklauseln wird in keiner der beiden Normen formuliert. Der einzige Unterschied läßt sich an dem Zielsubjekt des Art. 153 EG, also dem „Verbraucher", feststellen. Art. 152 EG hat kein solches Zielsubjekt. Insofern bietet sich an, den „Verbraucher" als Anlaß für eine Zuordnung zu Artikel 153 EG zu verwenden. Ein Problem wäre, daß der Verbraucherbegriff je nach Regelungszusammenhang von der Gemeinschaft uneinheitlich ausgefüllt worden ist.[750] Das hindert allerdings nicht daran, Art. 153 EG dennoch von der insofern subjektlosen Querschnittsklausel des Art. 152 EG unterscheiden zu können. Nach Bleckmann dient der Schutz der Verbraucher „nach internationalem Sprachgebrauch solchen Personen, denen Waren oder Dienstleistungen zum privaten Verbrauch geliefert werden."[751] Es läßt sich einwenden, daß die Orientierung am Verbraucher letztlich jede Handelsware, die ja schließlich an einen wie auch immer definierten Verbraucher gelangen wird, erfaßt. Damit wäre die Querschnittsklausel des Art. 152 EG aus allen Bereichen des Gemeinsamen Marktes, wo es um Handelsware geht, verdrängt. Das widerspräche aber der Konzeption einer Querschnittsklausel, die „in allen Politikbereichen" gelten soll. Insofern wäre der Verbraucherbegriff zur Abgrenzung eher weniger praktikabel.

Ein weiterer möglicher Ansatz wäre die indirekte Anknüpfung des Verbraucherschutzes an die Vermarktung eines Produkts oder einer Dienstleistung an den Endkunden. Im Gegensatz zu dem vorigen Ansatz wären dadurch aber die Vorstufen vor der eigentlichen Vermarktung aus dem Bereich des Verbraucherschutzes ausgegliedert. Das wären vor allem die Vorstufen der Produktion und des Handels oder der Dienstleistung an einen Nicht-Endkunden, also nicht einen Privat-

---

[749] Folgende seien nur als typische Beispiele genannt: **Fischer/Köck**, S. 493ff., behandeln in einem exkursorischem Abschnitt die Bereiche „Gesundheitsschutz, Verbraucherschutz und Lebensmittel". *Pieper*, in: **Bleckmann**, § 33, behandelt „Gesundheitswesen und Verbraucherschutz". **Oppermann**, Rdnr. 2046, nennt die BSE-Krise und die Tabakrichtlinie unter den Gesundheitsschutz-Aspekten des Verbraucherschutzes.

[750] *Grub*, in: **Lenz**, Art. 153 Rdnr. 4.

[751] *Pieper*, in: **Bleckmann**, Rdnr. 2716, aber gleichzeitig mit Verweis auf Schwierigkeiten und Unterschiede der unterschiedlichen Definitionen in unterschiedlichen Rechtsordnungen, vgl. die dortige Fn. 5.

verbraucher. Diese Vorstufen müßten dann unter die allgemeinere Querschnittsklausel des Art. 152 Abs. 1 EG anstatt der des Verbraucherschutzes in Art. 153 Abs. 3 EG gefaßt werden. Verbraucherschutz und Gesundheitsschutz sind nach diesem Ansatz also nur noch dort deckungsgleich, wo es um die Vermarktung eines Produktes an den Verbraucher geht. Sofern aber die Produktion der Lebensmittel und der darauf bezogene Großhandel betroffen sind, ist der Verbraucherschutz nur indirekt betroffen. Wenn es dann z.B. noch um die Fütterung von Vieh geht, das später als Nahrung dienen soll, dann wäre der Verbraucherschutz nur noch durch weite Kausalitätsbetrachtungen einschlägig. Grenzbereiche wären dann wohl die Dienstleistungen, die zur Verwertung der Nahrungsrohstoffe zu Lebensmitteln erforderlich sind.

Aus diesen Überlegungen wird ersichtlich, daß mit dem Schutzsubjekt „Verbraucher" kaum alle Sachbereiche abgedeckt werden können, die schließlich in ihrer Gesamtheit zum Endverbraucher führen. Insofern erweist sich vor allem die „Lebensmittelsicherheit" als ein Bereich, der weit über den Verbraucherschutz hinausgeht. Es bleibt aber auch bei diesem Modell dabei, daß eine Abgrenzung zwischen Gesundheitsschutz und Verbraucherschutz für den einen gewissen Teilbereich nicht möglich ist. Deshalb müßten grundsätzlich sowohl die Querschnittsklausel des Art. 152 EG als auch die des Art. 153 EG für Maßnahmen zum Gesundheitsschutz beachtet werden. Es spricht aber viel dafür, daß der Verbraucherschutz als speziellere Vorschrift die allgemeine Gesundheitsschutz-Querschnittsklausel des Art. 152 EG (früher 129 EGV) dann verdrängt, wenn es um die direkte Vermarktung an den Verbraucher geht. Dagegen spricht auch nicht das Urteil über die Etikettierungsverordnung[752], nach dem auch die direkte Vermarktung eines landwirtschaftlichen Produkts an den Verbraucher noch unter Art. 37 EG fiel.[753] Der Verbraucherschutz kann auch im Rahmen der Gemeinsamen Agrarpolitik über die allgemeine Querschnittsklausel (Art. 153 Abs. 2 EG) oder über Art. 32 Abs. 2 EG in Verbindung mit Art. 153 Abs. 3 lit. a und 95 EG[754] einfließen. Die beiden Querschnittsklauseln fallen dann aber auseinander, wenn nicht mehr nur die Vermarktung an den Verbraucher betroffen ist, sondern beispielsweise lediglich die Produktion oder der Handel zwischen Nichtendverbrauchern. Dafür wäre nur die Querschnittsklausel des Art. 152 Abs. 1 EG einschlägig.

[752] EuGH Rs. C-269/97 „EtikettierungsVO", Slg. 2000, S. I-2257.

[753] Vgl. Kapitel 3 Abschnitt 1.2.1.

[754] Nach dem EuGH umfaßt Art. 37 EG alle relevanten Bereiche. Nach **Oppermann**, Rdnr. 1360, sollen dagegen die allgemeinen Regeln möglichst umfassend gelten.

1.2.3.2 Anforderung an das Schutzniveau

Bezüglich der Schutzstärke ist trotz leicht unterschiedlicher Formulierung der Querschnittsklauseln nicht ersichtlich, inwiefern sich die Verpflichtung zu einem hohen Gesundheitsschutzniveau von der Verpflichtung zum Schutz der Gesundheit des Verbrauchers unterscheiden könnte. In diesem Zusammenhang ergeben sich auch aus allen anderen Vertragsnormen, die das Stichwort Gesundheitsschutz nennen, keine anderen Erkenntnisse. Vor allem interessant wäre insofern auch die Abgrenzung zum Schutzniveau nach Art. 95 Abs. 3 EG. Berg meint, daß qualitativ die Anforderungen an das Schutzniveau identisch seien.[755] Im Grunde hätte der Art. 100 a Abs. 3 EGV (heute 95 Abs. 3 EG) sogar gestrichen werden können.[756]

Im Ergebnis ist Berg sicherlich zu folgen. Zunächst spricht gegen unterschiedliche Anforderungen an das Schutzniveau, daß dann der Gesundheitsschutz an sich unterschiedlich definiert werden müßte. Die Entwicklung der Querschnittsklauseln zeigt aber, daß ursprünglich gleiche Formulierungen vorhanden waren. Zudem wird aus der allgemeinen Entwicklung des Gesundheitsschutzes ersichtlich, daß damals Art. 129 EGV (heute Art. 152 EG) am Ende einer nur wirtschaftlich verstandenen Gemeinschaft vertraglich implementiert wurde. Ein durchgreifendes Argument ergibt sich schließlich aus der Aufgabeneröffnung im Rahmen des mit „Grundsätze" überschriebenen ersten Teils des Vertrags: Durch die Klammer der Zielbeschreibungen des Art. 3 lit. p EG gilt für alle Bereiche ein hohes Schutzniveau für die menschliche Gesundheit. Damit ergibt sich für alle Bereiche des Gemeinschaftsrechts die Verpflichtung zu einem einheitlichen hohen Schutzniveau.

1.2.4 Ergebnis

Innerhalb einer Rechtsgrundlage ist der Gesundheitsschutz erst bei der konkreten Güterabwägung bevorzugt zu berücksichtigen, nachdem zuvor die Geeignetheit und Erforderlichkeit der Maßnahme im Hinblick auf das Ziel - z.B. der Markregulierung im Sinne des Art. 33 Abs. 1 EG oder das Funktionieren des Binnenmarkts im Sinne des Art. 14 Abs. 2 EG - festzustellen ist. Wie die Rechtsprechung des EuGH zeigt, kann eine gesundheitsschützende Regelung freilich auch in diesem Sinne „geeignet" und „erforderlich" sein. Die Querschnittsklauseln der Art. 152 Abs. 1 EG und Art. 153 Abs. 2 EG verpflichten aber erst bei der konkreten Abwägung im Rahmen der Verhältnismäßigkeitsprüfung zu einer vorrangigen

---

[755] **Berg**, S. 435.

[756] **Berg**, S. 435. Er fügt in Fn. 364 an, daß diese Konsequenz gelegentlich nicht vom Gemeinschaftsgesetzgeber gezogen wird und verweist auf das Beispiel des Art. 57 Abs. 3 EGV (heute 47 Abs. 3 EG).

Beachtung von Gesundheitsschutz. Diese Systematik sollte in der Praxis als Grundlage für eine Gesundheitsschutz-„Checkliste“ beachtet werden.

Die Querschnittsklauseln des Verbraucher- bzw. des Gesundheitsschutzes setzen sich insofern voneinander ab, als der Verbraucherschutz grundsätzlich keine Regelungen bezüglich der Produktion umfaßt, sondern lediglich solche der Vermarktung. Die genaue Abgrenzung zwischen diesen beiden Kriterien ist schwammig. Es wird sich in Zukunft zeigen, inwieweit hier die Ladentheke als Grenzlinie zum verbraucherspezifischen Gesundheitsschutz taugt.[757] Für die BSE-Schutzmaßnahmen reicht aber wegen der hauptsächlich betroffenen landwirtschaftlichen Primärproduktion die Querschnittsklausel des Verbraucherschutzes allein nicht aus. Da die Anforderungen an den Gesundheitsschutz bei beiden Querschnittsklauseln durch die Klammer des Art. 3 lit. p EG gleich hoch anzusetzen sind, handelt es sich bei der Abgrenzungsfrage aber nur um eine rein akademische Frage.

2. Sekundärrechtliche Aspekte

Im Kapitel 2 wurde eine Untersuchung der primärrechtlichen Ausgangslage vorgenommen. Diese wurden auf Basis der sekundärrechtlichen Richtlinien untersucht, die für die einzelnen BSE-Schutzmaßnahmen herangezogen wurden. Nachdem die Rechtmäßigkeit der gesundheitlich/veterinärrechtlichen Richtlinien auf Basis des Art. 37 EG (früher 43 EGV) im vorigen Kapitel festgestellt wurde, muß nunmehr untersucht werden, wie die Entscheidungsverfahren im Sekundärrecht gestaltet wurden. Die Kernfrage ist hierbei, ob diese Verfahren den Gesundheitsschutz nach den primärrechtlichen Vorgaben ausreichend berücksichtigen.

2.1 Verfahren im Sekundärrecht

Aus den vorangegangenen Untersuchungen ergab sich, daß es sich bei den Rechtsgrundlagen der BSE-Schutzmaßnahmen um veterinärrechtliche Richtlinien handelt, welche ihrerseits auf Art. 43 EGV (heute 37 EG) beruhen. Im folgenden soll deren Konzeption im Hinblick auf den Gesundheitsschutz untersucht und das genaue Verfahren dargestellt werden.

2.1.1 Die bisherigen Richtlinien

Nach Absatz 4 der Artikel 9 bzw. 10 der Richtlinien 89/662/EWG und 90/425/EWG prüft die Kommission „im Ständigen Veterinärausschuß“ so bald

757 Vgl. dazu unten Kapitel 4 Abschnitt 4 das neue Gesamtkonzept der Kommission zur europäischen Lebensmittelsicherheit.

wie möglich die Lage und erläßt nach dem Verfahren des Artikels 17 der jeweiligen Richtlinien die „notwendigen“ Maßnahmen. Dabei können nicht nur die in Artikel 1 der Richtlinie aufgezählten Erzeugnisse, sondern auch Ursprungs- und Folgeerzeugnisse erfaßt werden. Die Kommission ist verpflichtet, die Entwicklung der Lage zu verfolgen und die Maßnahmen entsprechend zu ändern oder aufzuheben. Damit werden die Richtlinien den primärrechtlichen Anforderungen nach Art. 37 Abs. 3 lit. b EG in Verbindung mit Art. 95 Abs. 3 EG gerecht, nach denen die Kommission „alle auf wissenschaftliche Ergebnisse gestützten neuen Entwicklungen“ zu berücksichtigen hat.

Das in den jeweiligen Artikeln 17 der Richtlinien 89/662/EWG und 90/425/EWG geregelte Verfahren sieht vor, daß der Ständige Veterinärausschuß die Lage prüft und eine Stellungnahme innerhalb einer nach dem jeweiligen Dringlichkeitserfordernis durch den Vorsitzenden bestimmbaren Frist abgibt. Die Stellungnahme wird innerhalb des Ausschusses durch qualifizierten Mehrheitsbeschluß nach Art. 148 Abs. EGV (heute 205 Abs. 2 EG) festgelegt. Die Kommission kann dann Maßnahmen erlassen, die mit dieser Stellungnahme übereinstimmen. Sofern keine Stellungnahme vorliegt oder die Kommission andere Maßnahmen als die empfohlenen erlassen möchte, muß sie den Rat damit befassen. Sofern dieser dann innerhalb von 15 Tagen keinen Beschluß mit ebenfalls qualifizierter Mehrheit faßt, kann die Kommission von sich aus handeln, es sei denn der Rat hat sich mit einfacher Mehrheit gegen die beabsichtigten Maßnahmen ausgesprochen.

Die BSE-Schutzmaßnahmen wurden im Regelfall entsprechend der Stellungnahme des Ständigen Veterinärausschusses ergriffen. Einige Male handelte die Kommission entgegen der Stellungnahme oder ohne sie, da auch der Rat keinen Beschluß gefaßt hatte.[758] Es ist in diesen Ausnahmefällen allerdings schwer nachzuvollziehen, ob eine anderslautende Stellungnahme des Ständigen Veterinärausschusses vorhanden war oder ob der Ausschuß z.B. wegen zu enger Fristen gar keine Stellungnahme abgegeben hatte.[759]

2.1.2 Die neue EG-Verordnung zur Bekämpfung transmissibler spongiformer Enzephalopathien

Die Europäische Gemeinschaft hat eine Verordnung (EG) Nr. 999/2001 zur Bekämpfung transmissibler spongiformer Enzephalopathien (TSE) erlassen, welche

---

[758] So bei den Entscheidungen 90/059/EWG, 96/362/EG, 97/534/EG, 98/692, 99/534, 00/418. Damit wurden etwa 10% der BSE-Schutzmaßnahmen entgegen bzw. ohne der Stellungnahme des Ständigen Veterinärausschusses von der Kommission erlassen.

[759] Der Wortlaut in den Erwägungen in den Entscheidungen lautet meist: "... hat keine befürwortende Stellungnahme abgegeben.".

am am 1.7.2001 in Kraft getreten ist.[760] Inhaltlich besteht die Verordnung aus mehreren Kapiteln, in denen u.a. die Feststellung des BSE-Status der Mitgliedstaaten, TSE-Verhütung, TSE-Kontrolle und TSE-Tilgung, Inverkehrbringen und Ausfuhr sowie Referenzlabore festgelegt werden. Die TSE-Vorschriften gelten nur hinsichtlich solcher Produkte, die die Gesundheit von Mensch und Tier dadurch gefährden, daß sie als Nahrungs-, Futter- oder Düngemittel verwendet werden.[761]

Die Verordnung faßt die meisten der bereits erfolgten Einzelmaßnahmen unter dem Dach der Verordnung zusammen. Der Regelungsinhalt der Verordnung ist das Ergebnis der Erfahrungen, die die Kommission von den ersten Schutzmaßnahmen im Jahre 1989 an gesammelt hat. Die Verordnung regelt folgende Bereiche:

Die bereits vorhandene Klassifizierung der Mitgliedstaaten nach einem „BSE-Status" wird nun nach den wissenschaftlichen Kriterien eines Anhangs der Verordnung vorgenommen.[762] Hierbei wird mit dem Internationalen Tierseuchenamt zusammengearbeitet, um auch die Einschätzung von Drittländern vornehmen zu können. Auch fließen die in Zusammenarbeit mit internationalen Organisationen entwickelten Grundsätze mit ein. Inhaltlich ergeben sich aber wenig Neuerungen hinsichtlich der einheitlichen Einschätzung aller Gebiete. So ist z.B. die Feststellung des BSE-Status der Mitgliedstaaten erst im Jahre 1998 durch den Wissenschaftlichen Lenkungsausschuß erarbeitet worden.[763]

Die TSE-Verhütung wird mittels mehrerer Mechanismen betrieben. Zum Beispiel werden ein Überwachungsprogramm sowie Schnelltests in den Mitgliedstaaten vorgeschrieben. Weiterhin wird das bereits exsistierende Tiermehl-Verfütterungsverbot für alle Wiederkäuer in die Verordnung aufgenommen.[764] Gleiches geschieht mit dem bereits existierenden Verbot der Verwertung bestimmter Risikomaterialien.[765] Für andere tierische Erzeugnisse werden strenge Produktionsvor-

---

760 Verordnung (EG) Nr. 999/2001 des Europäischen Parlaments und des Rates vom 22. Mai 2001 mit Vorschriften zur Verhütung, Kontrolle und Tilgung bestimmter transmissibler spongiformer Enzephalopathien (ABl. L 147 vom 31.05.2001, S. 1 - 40). Allgemein zu der Verordnung vgl. S. 36.

761 Vgl. Artikel 1 und Erwägungsgrund 5 der Verordnung Nr. 999/2001.

762 Der bisher noch gültige BSE-Bericht für Deutschland stammt vom Juni 2000 (vgl. Fn. 184).

763 Die Feststellung eines BSE-Status geht auf Empfehlungen des Internationalen Tierseuchenamtes (OIE) zurück. Die Zusammenarbeit der Gemeinschaft mit dem OIE war bezüglich der Erforschung der BSE-Vorgänge sehr eng. Entsprechend sieht Art. 5 Abs. 2 Unterabs. 3 der Verordnung vor, daß die Status-Festsetzung der Gemeinschaft mit der des OIE abgestimmt werden kann. Eine nähere Untersuchung bezüglich der Zusammenarbeit mit dem OIE soll im Rahmen dieser Arbeit nicht weiter stattfinden.

764 Vgl. Entscheidung 94/381/EG.

765 Vgl. Entscheidungen 97/534/EG, 98/248/EG, 98/745/EG und 2000/418/EG.

gaben gemacht.[766] Die TSE-Kontrolle und Tilgung umfaßt Meldepflichten, einen genauen Maßnahmenkatalog für die Mitgliedstaaten im Falle des TSE-Verdachts und der TSE-Feststellung sowie einen „Notfallplan".

Besonders interessant ist, daß im Rahmen der allgemeinen Vorschriften in Artikel 4 der Verordnung hinsichtlich der Durchführung von Schutzmaßnahmen die Notkompetenzen aus den Richtlinien 89/662/EG und 90/425/EG gelten. Damit steht die Verordnung also neben den bereits besprochenen Richtlinien und ergänzt diese für den spezifischen Fall der TSEn. Sofern die Kommission künftig also eine „Dringlichkeitsmaßnahme" erlassen möchte, handelt sie weiterhin aufgrund der Ermächtigung der angesprochenen Richtlinien.

2.2 Legitimation und Funktion der Ausschüsse im Entscheidungsverfahren der dritten Stufe (Komitologie)

Wie bereits im Rahmen der Untersuchung des Stufenverhältnis der Rechtsakte angesprochen, werden bei vom Rat an die Kommission delegierten Befugnissen Ausschüsse (engl. „Committees") eingerichtet, mittels derer sich die Mitgliedstaaten die Kontrolle der Durchführung sichern.[767] Die so gestaltete Ausübung dieser Durchführungsbefugnisse durch die Kommission wird als „Komitologie" bezeichnet.[768] Die Existenz solcher Ausschüsse im Entscheidungsverfahren der Kommission wurde vor allem aufgrund der BSE-Krise in den Blickpunkt der Öffentlichkeit gerückt.[769] Unter Komitologie (engl. „comitology") werden in der Literatur aber häufig nicht nur diese vom Rat eingerichteten Ausschüsse gefaßt, sondern auch das sonstige Ausschußwesen.[770] Voß unterscheidet drei funktional unterschiedliche Arten von Ausschüssen: Wissenschaftliche Ausschüsse, Interessenvertretungsausschüsse, Durchführungsausschüsse.[771] Der aus den analysierten Richtlinien bekannte „Ständige Veterinärausschuß" fällt unter die Gattung der Durchführungsausschüsse, die der Rat bzw. die Mitgliedstaaten zur Kontrolle der an die Kommission delegierten Befugnisse verwendet und aufgrund derer der Begriff der Komitologie entstanden ist; sie werden allgemein als „Ständige" Ausschüsse bezeichnet. Wie bereits im Rahmen der Chronologie der BSE-Schutz-

---

766 Z.B. werden Regelungen über Separatorenfleisch getroffen, wie sie schon seit der Entscheidung 90/261 im Gemeinschaftsrecht vorhanden sind.

767 Vgl. Kapitel 2 Abschnitt 2.1.2.

768 *Schoo*, in : **Schwarze**, Art. 251 EGV, Rdnr. 49. Jaqués, in: **Joerges/Voß**, S. 60. Etwas allgemeiner *Jorna*, in: **Schwarze**, Art. 211 EGV, Rdnr. 37. **Herdegen**, S. 158.

769 *Graham*, in: **Joerges/Voß**, S. 99.

770 *Voß*, in: **Joerges/Voß**, S. 19.

771 *Voß*, in: **Joerges/Voß**, S. 22.

maßnahmen dargestellt, wurden in den Begründungserwägungen oftmals aber auch „Wissenschaftliche Ausschüsse“ erwähnt.

2.2.1 Der Ständige Veterinärausschuß

Im Rahmen der BSE-Maßnahmen zum Tragen kommenden Notkompetenzen der Richtlinien 89/662/EWG sowie 90/425/EWG war der „Ständige Veterinärausschuß“ in das Entscheidungsverfahren eingebunden.

2.2.1.1 Entwicklung und Zweck

Der Ständige Veterinärausschuß wurde im Jahr 1968 eingerichtet.[772] Die ständigen Ausschüsse sind bereits aus den Anfängen der Europäischen Wirtschaftsgemeinschaft bekannt. Grund für ihre Schaffung war die Entlastung durch den Rat. Bereits zur Schaffung der ersten Gemeinsamen Marktorganisationen im Agrarbereich wurden zahlreiche Detailregelungen notwendig.[773]

Die Ausschüsse haben keine eigene Regelungskompetenz, sondern dienen als „Alarmglocke“ für politische Probleme.[774] Da es sich um vom Rat eingesetzte Ausschüsse handelt, spielen für die Ausschußmitglieder vor allem die Einzelinteressen der Mitgliedstaaten eine Rolle. Eine nicht abgegebene oder negative Stellungnahme des Ausschusses zeigt dem Rat entsprechend an, daß ein politischer Konflikt zwischen den Interessen einiger Mitgliedstaaten vorhanden ist.

Die Rechtmäßigkeit des Ausschußverfahrens unterliegt, wie auch die Überprüfung der materiellen Rechtmäßigkeit[775], der Kontrolle durch den EuGH.[776] Die Legitimation des Ausschußverfahrens war von Anfang an umstritten. Ein grundlegendes Urteil des EuGH hatte die Ausschußverfahren durch einen Schluß a maiore ad minus für rechtmäßig befunden, da der Rat neben dem „Ob“ der Delegation auch das „Wie“ der Delegation festlegen könne.[777] Dennoch forderte das Europäische Parlament in einer Resolution im Jahre 1990, alle von der Kommission and die Komitologie-Ausschüsse vorgelegten Bestimmungen gleichzeitig auch dem Europäischen Parlament vorzulegen.[778] Mit der Einführung des Mitentscheidungsverfahrens durch den Maastrichter Vertrag übte das Europäische Par-

[772] Entscheidung des Rates 68/361/EWG (ABl. 1969 L 255 S. 23), geändert durch 81/477/EWG (ABl. 1981 L 186 S. 22).
[773] **Demmke/Haibach**, DÖV 1997, S. 710.
[774] *Wichard*, in: **Calliess/Ruffert**, Art. 202 Rdnr. 14.
[775] Vgl. oben Kapitel 2 Abschnitt 2.1.
[776] Vgl. *Hix*, in: **Schwarze**, Art. 202 Rdnr. 19.
[777] EuGH Rs. 25/70 „Köster“, Slg. 1970, S. 1161.
[778] Resolution vom 22.11.1990 (ABl. 1991, Nr. C 19 S. 273).

lament Druck aus[779], der schließlich in einer Vereinbarung über den „Modus vivendi" mündete.[780]

Das Parlament hat auch auf den darauffolgenden Komitologie-Beschluß hin seine seit jeher bestehende Kritik am Komitologie-System erneuert.[781] In einem Bericht des parlamentarischen Ausschusses für institutionelle Fragen aus dem Jahr 1999 wird gefordert, die Transparenz, das Verfahren und die Kontrolle des Mitentscheidungsverfahrens endlich einzubeziehen.[782] Insbesondere solle das Parlament das Recht erhalten, die Aufhebung von Durchführungsbeschlüssen verlangen zu können.

Zwischenzeitlich wurde ein neuer Komitologie-Beschluß erlassen, der nur noch von drei Verfahren ausgeht. [783] Das hierin festgelegte „Regelungsverfahren" sieht jetzt die Beteiligung des Europäischen Parlamentes ausdrücklich vor. Diese Beteiligung besteht darin, daß das Parlament den Rat „unterrichtet", wenn es der Ansicht ist, daß die aufgrund der Ermächtigung des Basisrechtsaktes getroffene Maßnahme „über die in diesem Basisrechtsakt vorgesehenen Durchführungsbefugnisse hinausgeht". Weiter sieht der neue Komitologie-Beschluß auch ein zusätzliches spezielles Verfahren für Schutzmaßnahmen vor, das keine Beteiligung des Parlaments vorsieht.[784]

2.2.1.2 *Kritik an der Komitologie i.e.S.*

Im Rahmen der BSE-Problematik ist unklar, welche Auswirkungen die genannten Komitologie-Beschlüsse tatsächlich auf das in den Richtlinien 89/662/EWG und 90/425/EWG genannte Anhörungsverfahren im Rahmen der Notkompetenzen haben.[785] Auch die hier untersuchten Richtlinien, die als Rechtsgrundlage für die BSE-Maßnahmen herangezogen wurden, schreiben ein Anhörungs-Verfahren vor, das nicht völlig in die Typologie der Komitologie-Beschlüsse paßt. Falke merkt insofern an, daß die Aufgabenkategorien der Ausschüsse nicht immer mit den Verfahrensmodalitäten übereinstimmen. Gerade der Ständige Veterinärausschuß

---

779 Z.B. über die Sperrung von Haushaltsmitteln für die Komitologie-Ausschüsse. Vgl. **Demmke/Haibach**, DÖV 1997, S. 710 (712).

780 „Modus vivendi betreffend die Maßnahmen zur Durchführung der nach dem Verfahren des Art. 189 b EGV erlassenen Rechtsakte" (ABl. 1995 C 43, S. 40).

781 Das Europäische Parlament hatte bereits gegen den ersten Komitologie-Beschluß 1987 geklagt und verloren: EuGH Rs. 302/87 „Parlament/Rat", Slg. 1988, S. 5615. Vgl. auch die Kritik im **Ortega-Bericht** im Rahmen der BSE-Krise, dargestellt in Kapitel 4 Abschnitt 1.1.

782 Dokument PE228.449/déf. des Ausschusses für interinstitutionelle Fragen von Maria Adelaide Aglietta.

783 Beschluß des Rates 1999/468 vom 18.6.1999 (ABl. 1999 Nr. L 184, S. 23).

784 Vgl. Art. 6 des Beschluß des Rates 1999/468/EG, a.a.O..

785 Vgl. Kapitel 3 Abschnitt 2.1.1.

gibt nach Falke „ganz überwiegend Stellungnahmen zu klassischen exekutiven Maßnahmen ab, wird aber im Regelungs- nicht im Verwaltungsverfahren tätig."[786]

Weiter ist jedenfalls aus den bisherigen Richtlinien 89/662/EWG und 90/425/EWG keinerlei Beteiligung des Europäischen Parlaments ersichtlich, obwohl es der neue Komitologie-Beschluß erfordert. Mensching fordert hier, daß alle auf der Grundlage des alten Komitologie-Beschlusses aus dem Jahr 1987 eingerichteten Ausschüsse sich nach den neuen Verfahren richten müßten.[787]

Speziell im Rahmen der Gemeinsamen Agrarpolitik stellt sich das Problem der Beteiligung im Rahmen des Art. 152 Abs. 4 lit. c EG mit besonderer Virulenz. Problematisch wird das im Rahmen der veterinärrechtlichen Richtlinie 89/662/EWG geregelte Verfahren, weil der neue Art. 152 Abs. 4 lit. b EG die Mitentscheidung des Parlaments bei gesundheitlichen Maßnahmen vorsieht. Nach den bisherigen Richtlinien sind aber nur die Kommission und der Rat im Rahmen der Durchführungsmaßnahmen an einer konkreten Einzelentscheidung beteiligt.

Streinz hält zwar grundsätzlich die Forderung des Europäischen Parlaments nach einer weitreichenden Beteiligung für „verfehlt". Aber auch nach seiner Ansicht begegnen insbesondere Rechtsetzungsakte, die auf Art. 43 EGV (heute 37 EG) gestützt werden, „durchaus Bedenken", da einzelne Regelungsbereiche unter dem Gesichtpunkt der Beteiligung konkreter geregelt werden müßten.[788] Nunmehr wurde im Rahmen einer neuen Verordnung über die Lebensmittelsicherheit ein neuer Ständiger Ausschuß geschaffen, der unter anderem den bisherigen Ständigen Veterinärausschuß ersetzt. Darauf soll später noch gesondert eingegangen werden.[789]

2.2.2 Die Wissenschaftlichen Ausschüsse

Aus dem EG-Vertrag ergibt sich die Verpflichtung, jeweils die neuesten wissenschaftlichen Erkenntnisse zu berücksichtigen. In der Verwaltungspraxis der Kommission führte dies zur Einrichtung von sogenannten Wissenschaftlichen Ausschüssen. Vom Grundsatz her war der Zweck, daß die Kommission beim Erlaß von Rechtsakten in bestimmten vorgeschriebenen Fällen wissenschaftliche Stellungnahmen einholen sollte. Die Ausschüsse werden beim Erlaß der gemeinschaftlichen Rechtsakte, bei Handelsstreitigkeiten im Rahmen des völkerrechtlichen SPS-Abkommens und bei Kontrollen im Hinblick auf gemeinschaftliche

---

[786] *Falke*, in: **Joerges/Falke**, S. 69.
[787] **Mensching**, EuZW 2000, S. 268 (271).
[788] **Streinz**, ZLR 1994, S. 537 (545f.).
[789] Kapitel 4 Abschnitt 4.1.

Regelungen tätig.[790] Im Zusammenhang mit der BSE-Problematik ist vor allem der erste Bereich relevant, der gleichzeitig den Schwerpunkt der Tätigkeit der Ausschüsse darstellt.

Die Ausschüsse wurden im Laufe vieler Jahre von der Kommission eingerichtet und sind ihr untergeordnete unselbständige Einheiten. Sie wurden jeweils durch einzelne Entscheidungen der Kommission für verschiedene Aufgabenbereiche eingerichtet.[791] Eine strikte Trennung zwischen obligatorischen und fakultativen Anhörungen wurde in der Praxis aber nicht vorgenommen. Nach der Rechtsprechung des EuGH kann eine unterlassene Anhörung eines obligatorisch anzuhörenden Ausschusses aber einen wesentlichen Fehler begründen, der zur Ungültigkeit der erlassenen Maßnahme führt.[792] Insofern wäre eine Unterscheidung grundsätzlich notwendig. Allerdings stützt sich der EuGH bei der Überprüfung, ob eine Anhörung einen solchen wesentlichen Fehler begründet, nicht auf den Wortlaut der Einsetzungsbeschlüsse. Stattdessen hält er eine Anhörung dann für obligatorisch, wenn einer Maßnahme wissenschaftlich/technische Bewertungen zugrundeliegen und der Sachverhalt von seiner Komplexität her eine Anhörung erfordert.[793] Die Kommission stellt selbst in einer Mitteilung über die Gesundheit der Verbraucher und Lebensmittelsicherheit fest, daß die wissenschaftlichen Ausschüsse eine unerläßliche Grundlage für die Erarbeitung von Entscheidungen darstellen.[794]

Die Kommission hatte verschiedene Wissenschaftliche Ausschüsse zu den Fragen Nahrung, Veterinärmedizin, Toxikologie/Etotoxikologie, Pestizide, Tiernahrung und Kosmetologie geschaffen.[795] Für die BSE-Problematik ist vor allem der Wissenschaftliche Veterinärausschuß relevant.[796] Für BSE-spezifische Fragen hatte die Kommission vor 1996 Gutachten einer Untergruppe „BSE" des Wissenschaftlichen Veterinärausschusses eingeholt.[797] Die Stellungnahmen dieses Wissenschaftlichen Veterinärausschusses waren für die Stellungnahme des Ständigen Veterinärausschusses prägend. Die Kommission hatte es entsprechend schwer, auf abweichende Ansicht gestützte Maßnahmen zu erlassen.

---

790 **Knipschild**, ZLR 2000, S. 693 (695).

791 Ein Überblick über die verschiedenen Ausschußarten bei **Trenkle**, ZLR 1997, S. 687ff..

792 Vlg. **Knipschild**, ZLR 2000, S. 693 (697) mit Verweis auf EuGH Rs. C-212/91, Slg. 94, S. I-171.

793 Vgl. **Knipschild**, ZLR 2000, S. 693 (698).

794 Mitteilung der Kommission KOM1997/183/endg..

795 Einen Überblick über die jeweils genauen Aufgabenbereiche bei **Trenkle**, ZLR 1997, S. 687 (688-691).

796 Eingerichtet durch den Beschluß der Kommission 81/651/EWG.

797 Vgl. die Bestandsaufnahme im **Ortega-Bericht**, S. 25 ff..

Im Jahr 1996 wurde der „Multidisziplinäre Wissenschaftliche Ausschuß" (MDSC) gerade im Hinblick auf die BSE-Problematik geschaffen, um auch humanmedizinische Aspekte künftig mit berücksichtigen zu können.[798] Im Jahre 1997 wurden die Wissenschaftlichen Ausschüsse umfassend neu organisiert, der MDSC aufgelöst und durch einen „Wissenschaftlichen Lenkungsausschuß" (WLA) ersetzt.[799] Die Umordnung umfaßte die Ersetzung der bisherigen Ausschüsse durch acht neue Wissenschaftliche Ausschüsse.[800] Dem WLA obliegt die Koordination der Ausschüsse sowie die Weiterleitung deren Gutachten an die Dienststellen der Kommission. Der WLA hat insbesondere die Aufgabe, multidisziplinäre Fragen wie sie z.B. auch die BSE-Problematik beinhaltet, unter Koordination aller anderen Ausschüsse zu beantworten. Bezüglich BSE/TSE besteht eine eigene Untergruppe des WLA.

Die Tätigkeiten der Ausschüsse sind rein beratender Art. Regelungen oder Entscheidungen mit Außenwirkung erlassen sie selbst nicht. Knipschild weist darauf hin, daß zumindest eine Regelverbindlichkeit der Anhörungsergebnisse vorliegen könnte. Allerdings sei noch nicht einmal eine Begründungspflicht bei Abweichung von der Meinung der Ausschüsse gegeben und diese wohl auch nicht ohne weiteres aus Art. 253 EG ableitbar.[801]

Im Rahmen der BSE-Schutzmaßnahmen stellte der BSE-Untersuchungsauschuß des Europäischen Parlaments nach einer Recherche über die internen Entscheidungsprozesse fest, daß der Ständige Veterinärausschuß sich bei seiner Stellungnahme an den Gutachten des Wissenschaftlichen Ausschüsses orientierte. Hinzu kam, daß der Ständige Veterinärausschuß damals zur Hälfte mit britischen Vertretern besetzt gewesen war.[802] Es stand deshalb der Vorwurf im Raum, daß der Ständige Veterinärausschuß sich bei seiner wissenschaftlichen Arbeit von politischen Motiven leiten ließ.[803]

---

798 Entscheidung SEC96/1137 der Kommission (kein Amtsblatt). Es handelt sich nur um eine interne Umorganisation innerhalb der damals bestehenden Auschüsse.

799 Entscheidung 97/404/EG (ABl. L 169 vom 27.6.97, S.85). Die Abkürzung im Deutschen ist WLA, meist wird aber die englische Abkürzung SSC für "Scientific Steering Committee" verwendet.

800 Entscheidung 97/579/EG (ABl. L 237 vom 28.8.97, S.18). Über Arbeitsweise und Inhalte vergleiche den ersten "Jahresbericht der Generaldirektion XXIV" (heute Gesundheits- und Verbraucherschutz) der Kommission für den Zeitraum vom April 1997 bis März 1998. Zusammenfassend *Falke*, in: **Joerges/Falke**, S. 123 - 132.

801 **Knipschild**, ZLR 2000, S. 693 (699 f.).

802 **Europäisches Parlament**, *Ortega-Bericht*, S. 36.

803 *Chambers*, in: **Joerges/Voß**, S. 101: „The fact that the Standing Veterinary Committee divided more or less on national lines was not surprising, but that this tendency had infiltrated the Scientific Veterinary Committee was somewhat shocking".

Nunmehr wurde im Rahmen einer neuen Verordnung über die Lebensmittelsicherheit eine Europäische Lebensmittelbehörde geschaffen. Die Wissenschaftlichen Aussschüsse sind in diese Behörde integriert worden. An der Art der Tätigkeit der Wissenschaftlichen Ausschüsse hat sich im wesentlichen aber nichts geändert. Die durch die Einrichtung der Behörde bedingten neuen Aspekte sind später noch gesondert zu behandeln.[804]

2.3 Ergebnis

Die Funktion des Ständigen Ausschusses war die Überwachung der Kommission durch den Rat im Rahmen von sekundärrechtlich delegierten Handlungsermächtigungen. Eine Maßnahme der Kommission, die der Stellungnahme des Ständigen Ausschusses entsprach, konnte ohne weitere Konsultation des Rates auf den Weg gebracht werden. Ansonsten war der Rat direkt zu befassen. Sofern die Kommission die BSE-Schutzmaßnahmen erläßt, geschieht das aufgrund einer vom Rat erteilten Handlungsvollmacht aus den Richtlinien 89/662 und 90/425. Innerhalb dieser Vollmacht stellt die Stellungnahme des Ständigen Veterinärausschusses eine Art Kontrolle der Kommission durch den Rat dar.

Die Wissenschaftlichen Ausschüsse wurden aufgrund vorgeschriebener wissenschaftlicher Konsultationen eingerichtet. Ihre Befragung hinsichtlich aller möglichen Sachbereiche auch ohne entsprechend normierter Verpflichtung war, wie die Konsultation im Rahmen der BSE-Schutzmaßnahmen zeigt, die Regel. Offenbar orientierte sich auch der Ständige Veterinärausschuß unmittelbar an den Gutachten des Wissenschaftlichen Veterinärausschusses.

Das Europäische Parlament kritisierte als eine der Ursachen für das Entstehen der BSE-Krise: „Abgesehen von der Undurchsichtigkeit, der Komplexität und dem antidemokratischen Charakter seiner Funktionsweisen scheint das gegenwärtige Komitologie-System jeglicher Kontrolle zu entgehen ...“.[805] Diese Aussage bezog sich auf das Verhältnis der beiden Ausschußtypen zueinander, da eine Abgrenzung der Entscheidungsfindung zwischen dem Ständigen Veterinärausschuß und dem Wissenschaftlichen Veterinärausschuß offenbar nicht gefunden werden konnte.

---

[804] Kapitel 4 Abschnitt 4.2.

[805] **Europäisches Parlament**, *Ortega-Bericht*, S. 36.

Die durch die BSE-Krise beschleunigte und erheblich beeinflußte Entwicklung eines „europäischen Lebensmittelrechts“ hat dem hier untersuchten Ausschußwesen einen neuen Rahmen gegeben. Die hierbei erfolgten Weiterentwicklungen sind im folgenden Kapitel zu erörtern.

Kapitel 4: Weiterentwicklung des gemeinschaftlichen Gesundheitsschutzes

Die Weiterentwicklungen des gemeinschaftlichen Gesundheitsschutzes beruhen überwiegend auf der BSE-Krise. Zudem bezeichnet Hufen die größtenteils lebensmittelrechtlichen Entwicklungen als „zentrales Referenzgebiet für die Herausbildung eines europäischen Verwaltungsrechts".[806] Entsprechend sind die zukünftigen Auswirkungen abschließend auch im Rahmen der neuesten Verordnung über die Lebensmittelsicherheit dazustellen.

1. Der Anlaß der „BSE-Krise"

Im Jahr 1996 wurden anläßlich der BSE-Vorgänge Mißstände bei der Anwendung von Gemeinschaftsrecht festgestellt, die nach Ansicht vieler die Bezeichnung „Krise" rechtfertigten.[807] Im folgenden sollen vor allem die rechtlichen Probleme dargestellt werden, die zur Veränderung bzw. Weiterentwicklung des rechtlichen Rahmens im gemeinschaftlichen Gesundheitsschutz führten bzw. führen werden.

1.1 Ergebnisse des parlamentarischen Untersuchungsausschusses

Am 18. Juli 1996 beschloß das Europäische Parlament, einen nichtständigen Untersuchungsausschuß für BSE einzurichten.[808] Das Mandat des Untersuchungsausschusses bestand darin, „unbeschadet der Zuständigkeit der nationalen und gemeinschaftlichen Gerichte behauptete Verstöße gegen Gemeinschaftsrecht bzw. Mißstände bei der Anwendung desselben im Zusammenhang mit BSE zu prüfen.".[809] Die Einsetzung wurde zunächst als problematisch gesehen, weil das Verhältnis zu laufenden Verfahren vor dem EuGH und dem Gericht erster Instanz nicht klar war. Schließlich wurde der veröffentlichte Einsetzungsbeschluß aber von niemandem rechtlich angegriffen.[810]

Der Untersuchungsausschuß legte seinen Bericht am 7. Februar 1997 durch den Berichterstatter Manuel Medina Ortega vor.[811] Der Bericht umfaßt die Ergebnisse

---

806 Vgl. **Hufen**, ZLR 1999, S. 755 (774).

807 *Schmidt am Busch*, in: **Grabitz/Hilf**, Art. 152 EGV, Rdnr. 32. *Berg*, in: **Schwarze**, Art. 152 EGV, Rdnr. 24. **Oppermann**, Rdnr. 1398. **Heimann/Gröne** S. 73 - 79. U.v.m..

808 Zu den Befugnissen des Europäischen Parlaments vgl. *Strohmeier*, in: **Strohmeier**, S. 134 ff..

809 ABl. C 239 vom 17.8.1996 S. 1 sowie Verlängerungsbeschluß ABl. C 261 vom 9.9.1996, S. 132.

810 Vgl. näheres bei **Beckedorf**, EuR 1997, S. 239 - 241.

811 **Europäisches Parlament**, *Ortega-Bericht*.

der Untersuchung, Empfehlungen für die Zukunft sowie Minderheitenstandpunkte.

1.1.1 Analyse der „Krise"

Der Bericht beschreibt „Mißstände bei Bewältigung der Krise im Zeitraum des maximalen Effekts der Krankheit", die im wesentlichen im Zeitraum zwischen 1990 und 1994 aufgetreten sind. Der Bericht kommt zum Ergebnis, daß in diesem Zeitraum wichtige Informationsquellen „dichtgemacht" wurden und Pflichtvernachlässigungen von Kommission und Rat vorhanden waren.[812] Außerdem wird dem Vereinigten Königreich Fahrlässigkeit im Umgang mit BSE und eine Blockadetaktik gegenüber der Gemeinschaft vorgeworfen.[813]

Neben verschiedenen persönlichen wie politischen Fehlern durch die Entscheidungsträger werden im Bericht auch hinsichtlich der Arbeitsweise der Gemeinschaft mehrere inhaltliche Kritikpunkte genannt:

Das System der Beschlußfassung bei veterinärmedizinischen Fragen und insbesondere die Kommunikation zwischen dem ständigen Veterinärausschuß und dem wissenschaftlichen Veterinärausschuß seien äußerst undurchsichtig.[814] Auf das Subsidiaritätsprinzip habe man sich berufen, um die gemeinschaftliche Verantwortlichkeit zwischen den institutionellen Akteuren hin- und herzuschieben.[815]

Die Arbeitsebenen der Kommission (Generaldirektionen) seien wenig zielgerichtet und unkoordiniert vorgegangen.[816] Die Kommission habe offensichtlich auf Druck von britischer Seite her die Inspektionen von Schlachthäusern unterlassen.[817] Es seien keine weiteren Schutzmaßnahmen getroffen worden, obwohl nach dem Erlaß des Verfütterungsverbots an Wiederkäuer[818] BSE-Fälle bekannt wurden, die erst nach dem Erlaß des Verbots geboren worden waren.[819]

Der Agrarrat habe sich im Zeitraum von 1990-1994 nicht mit dem Thema befaßt, obwohl die BSE-Fälle während dieses Zeitraums im Vereinigten Königreich ihren

---

812 **Europäisches Parlament**, *Ortega-Bericht*, S. 4.

813 **Europäisches Parlament**, *Ortega-Bericht*, S. 5 - 14.

814 **Europäisches Parlament**, *Ortega-Bericht*, S. 14 f..

815 **Europäisches Parlament**, *Ortega-Bericht*, S. 16.

816 **Europäisches Parlament**, *Ortega-Bericht*, S. 16.

817 **Europäisches Parlament**, *Ortega-Bericht*, S. 24. Die letzte Inspektion im Juni 1990 habe negative Ergebnisse gebracht. Vom britischen Veterinärdienst sei eine BSE-spezifische Untersuchung mit dem Hinweis, daß es sich um ein politisches Problem handele und die Inspektoren nicht zu Nachforschungen befugt seien, abgelehnt worden. Vgl. dazu ebenda, S. 8: Die Kommission sei insofern „wohlwollend untätig" gewesen.

818 Es ist nicht klar, ob das Parlament hiermit das britische Verfütterungsverbot vom 18.7.1989 meint, oder das gemeinschaftliche Verfütterungsverbot vom 27.6.1994 (94/381/EG).

819 **Europäisches Parlament**, *Ortega-Bericht*, S. 33.

Höhepunkt erreichten.[820] Desweiteren seien der Kommission notwendige Haushaltsmittel für Kontrollen im Veterinärbereich gestrichen worden.[821]

In rechtlicher Hinsicht wird kritisiert, daß die Kommission die ihr zur Verfügung stehenden Handlungsinstrumente nicht zu nutzen wußte.[822] Diese seien aber schon seit 1974 ausreichend gewesen, da die Richtlinien 64/432, 64/433 und 72/461 (umzusetzen zum 1.1.1974) die rechtlichen Instrumente zum Erlaß von wirksamen Maßnahmen zum Schutz der Gesundheit beinhalteten.[823] Der Bericht hebt insbesondere die Möglichkeit, Schutzmaßnahmen nach der „Schutzklausel“ des Art. 9 Abs. 4 der Richtlinie 89/662/EWG ohne Mitwirkung der Mitgliedstaaten erlassen zu können, hervor.[824] Außerdem habe die Kommission bis zum Ausbruch der Krise nicht die Verantwortung für die Durchführung eines umfassenden Forschungsprogrammes übernommen, sondern lediglich die britischen Maßnahmen ergänzt und ohne eigene Überprüfung übernommen.[825]

1.1.2 Vorschläge für die Zukunft

Der Bericht des Untersuchungsausschusses formuliert Empfehlungen, die sich im wesentlichen auf drei Punkte beziehen: Transparenz der Politik der Bekämpfung von BSE mittels Informationsverbreitung, System zur Kontrolle der Maßnahmen zur BSE-Bekämpfung und zum Schutz der Gesundheit sowie zweckmäßige Maßnahmen zum Gesundheitsschutz.

Hinsichtlich der Transparenz der Bekämpfungspolitik fordert der Bericht Änderungen bei den Bestimmungen über die Arbeit der beratenden wissenschaftlichen Ausschüsse. Insbesondere sollen die Mitarbeiter nach objektiven beruflichen Qualifikationen herangezogen werden, damit ihre Unabhängigkeit besser gewährleistet werde. Die finanziellen Mittel und die administrativen Verfahren sollen angepaßt werden, um die Mitarbeit von unabhängigen Wissenschaftlern besser zu ermöglichen. Zur Abwägung der Risiken für die Volksgesundheit sollen auch die Mitwirkung von Humanmedizinern vorgesehen werden. Es wird betont, daß die Ergebnisse der Debatte transparent sein sollen und die Arbeit solcher Ausschüsse rein beratender und nicht politischer Art sein soll.[826]

---

[820] **Europäisches Parlament**, *Ortega-Bericht*, S. 20.
[821] **Europäisches Parlament**, *Ortega-Bericht*, S. 20.
[822] **Europäisches Parlament**, *Ortega-Bericht*, S. 29, 36.
[823] **Europäisches Parlament**, *Ortega-Bericht*, S. 36.
[824] **Europäisches Parlament**, *Ortega-Bericht*, S. 29.
[825] **Europäisches Parlament**, *Ortega-Bericht*, S. 31.
[826] **Europäisches Parlament**, *Ortega-Bericht*, S. 39 f..

Was ein System für die Kontrolle betrifft, müßten die gemeinschaftlichen Kontroll- und Inspektionsmechanismen verstärkt werden.[827] Die Erkenntnisse des Berichts müßten bei der geplanten Errichtung einer Europäischen Agentur für Veterinärinspektion und Pflanzenschutz berücksichtigt werden.[828] Die marktorientierten Aspekte der Landwirtschaft müßten von den Gesundheitsaspekten durch Schaffung einer besonderen Dienststelle der Kommission abgetrennt werden.[829]

Für die künftigen Maßnahmen zum Schutz der Volksgesundheit müßte die Änderung des Artikels 129 EGV erfolgen.[830] Grund sei vor allem, daß sich die Mitgliedstaaten nicht mehr auf das Subsidiaritätsprinzip berufen können sollen, um so notwendige Vorkehrungen seitens der Gemeinschaft verhindern zu können.[831] Es sei notwendig, die gegenwärtigen undurchsichtigen Gemeinschaftsvorschriften im Lebensmittelrecht durch eine Rahmenrichtlinie zu verbessern.[832] Die Verweigerung notwendiger Überprüfungen veterinärrechtlicher Normen mit dem Hinweis auf politische Gründe dürfe künftig nicht mehr vorkommen.[833] Da sich Art. 43 EGV (heute 37 EG) auf die laufende Verwaltung und Vermarktung der Agrarmärkte beschränke, müßten Fragen der Tiergesundheit und Lebensmittelsicherheit aufgrund von Art. 100a EGV (heute 95 EG) im Mitentscheidungsverfahren erlassen werden.[834]

1.2 Die internen Reformen

Ein Bericht des Europäischen Parlaments vom 14. November 1997 stellte fest, daß „die Kommission den überwiegenden Teil der Empfehlungen des Untersuchungsausschuß für BSE ganz oder teilweise umgesetzt bzw. klare Fristen für die Umsetzung zugesagt hat".[835] Diese Folgerung beruhte insbesondere auf den

---

827 **Europäisches Parlament**, *Ortega-Bericht*, S. 41.

828 **Europäisches Parlament**, *Ortega-Bericht*, S. 41.

829 **Europäisches Parlament**, *Ortega-Bericht*, S. 42.

830 **Europäisches Parlament**, *Ortega-Bericht*, S. 43. Zu den tatsächlichen Neuerungen des Art. 152 EG vergleiche oben Kapitel 2 Abschnitt 1.4. Bemerkenswert ist allerdings, daß der Bericht zuvor die bisherigen Rechtsgrundlagen für ausreichend hielt, vgl. S. 29, 36.

831 **Europäisches Parlament**, *Ortega-Bericht*, S. 43.

832 **Europäisches Parlament**, *Ortega-Bericht*, S. 43.

833 **Europäisches Parlament**, *Ortega-Bericht*, S. 43.

834 **Europäisches Parlament**, *Ortega-Bericht*, S. 43. Das Parlament wünscht damit die Beteiligung im Mitentscheidungsverfahren, was durch den neuen Art. 152 EG auch so geregelt wurde.

835 „Bericht über die Weiterbehandlung der vom Untersuchungsausschuß für BSE formulierten Empfehlungen durch die Europäische Kommission" vom 14.11.1997, Dokument-Nr. A4-0362/97, Rdnr. 4.

„BSE-follow-up"-Berichten der Kommission, deren wesentlicher Inhalt im folgenden kurz zusammengefaßt wird.[836]

1.2.1 Transparenzgebot

Die Kommission hat die Aufforderungen des Berichts hinsichtlich mehr Transparenz umgesetzt und umfassende Erweiterungen im Hinblick auf die zukünftige Lebensmittelsicherheitspolitik der Gemeinschaft beschlossen. Das Prinzip der Transparenz wird in Art. 1 Abs. 2 EU (früher A Abs. 2) erwähnt: „... in der die Entscheidungen möglichst offen und möglichst bürgernah getroffen werden." Außerdem wurde mit dem Vertrag von Amsterdam in Art. 255 EG ein umfassendes Recht auf Zugang zu Dokumenten aufgenommen. Es wurde damit ein schon nach der Rechtsprechung des EuGH gefestigtes Auskunftsrecht nachträglich vertraglich fixiert:[837] Schon vor dieser neuen Veröffentlichungspraxis hatte die Kommission sich schon seit 15.2.1994 verpflichtet, bezüglich des Zugangs zu Dokumenten der Kommission auf schriftliche Anfrage hin innerhalb von vier Wochen zu reagieren.[838] Ähnlich hatte der Rat „zahlreiche Absichtsbekundungen" bezüglich des Zugangs zu Ratsdokumenten und -protokollen bekanntgegeben.[839]

Im Rahmen der BSE-Problematik hat es folgende praktische Umsetzungen gegeben:

Die wissenschaftliche Risiko-Bewertung durch die wissenschaftlichen Ausschüsse soll nach dem Prinzip der Transparenz folgen. Darunter versteht die Kommission „nicht nur die rasche und offene Präsentation der Arbeitsergebnisse und Empfehlungen der Behörde, sondern auch, daß die zu diesen führenden Prozesse so offen wie möglich ablaufen, damit die Bürger in den Genuß des im Vertrag festgeschriebenen Grundrechts auf Zugang kommen."[840]

In diesem Rahmen hat die Kommission umfassende Informationen auf Internet-Seiten veröffentlicht.[841] In Bezug auf BSE wurden im Internet über 100 Berichte der wissenschaftlichen Ausschüsse veröffentlicht.[842] Außerdem werden entspre-

---

836 Erster halbjährlicher BSE-follow-up-Bericht KOM1998/282/endg., Zweiter halbjährlicher BSE-follow-up-Bericht KOM1998/598/endg..

837 Vgl. **Oppermann**, Rdnr. 670.

838 Entscheidung der Kommission vom 8.2.1994 über den öffentlichen Zugang zu Kommissionsdokumenten.

839 **Dreher**, EuZW 1996, S. 487 (489). Vgl. ebenda speziell zur Entwicklung und Kritik an der Transparenz und Publizität bei Ratsentscheidungen.

840 Seite 21 im „Weißbuch zur Lebensmittelsicherheit" vom 12.1.2000 (KOM99/719/endg.).

841 Vgl. **Rack/Gasser**, EuZW 1998, S. 412 (425, Fn. 39). Die dort genannten Internet-Seiten sind allerdings nicht mehr aktuell. Die Informationen sind aber nach wie vor über "http://www.europa.eu.int/comm/" über eine entsprechende Menüstruktur abrufbar.

842 "http://www.europa.eu.int/comm/food/fs/sc/index_en.html".

chende Informationen über die getroffenen Maßnahmen und Hintergrundmaterial zusammen mit politischen Grundkonzepten zugänglich gemacht.

Es ist allerdings immer noch zu kritisieren, daß die Ergebnisse der wissenschaftlichen Vorarbeiten nach wie vor nicht transparent genug einsehbar sind. Diese wissenschaftlichen Vorarbeiten werden in den jeweilig erforderlichen Maßnahmen in der Präambel zitiert. Es werden zwar laufend Einzelberichte der wissenschaftlichen Ausschüsse veröffentlicht. Diese Berichte sind aber im Hinblick auf ihre Relevanz im Rahmen einer rechtlichen Entscheidung nicht systematisch geordnet; insofern sind die Informationen, die tatsächlich zur Grundlage einer rechtlichen Maßnahme wurden, aufgrund der „Informationsflut" der Gesamtheit der Berichte kaum nachvollziehbar.

Auch die Komitologie-Ausschüsse i.e.S., also auch der Ständige Veterinärausschuß, veröffentlichen nun über das Internet Informationen. Dies bedurfte allerdings erst eines Urteils des Gerichts erster Instanz, nach dem der öffentliche Zugang zu den Ausschußdokumenten „großzügig" zu handhaben ist.[843]

Wägenbaur weist im Hinblick auf einen aktuellen Vorschlag zur Handhabung der Transparenz allerdings hin, daß die Ausnahmen den längsten Artikel bilden.[844] Im Ergebnis besteht wohl noch weiter Handlungsbedarf, um das Transparenzgebot wirklich wirksam zu erfüllen.

1.2.2 Organisatorische Umgruppierungen

Der Untersuchungsausschuß hatte kritisiert, daß die Verantwortlichkeit zwischen den Institutionen teilweise hin- und her geschoben worden sei. Die Empfehlungen des Berichts wurden zum größten Teil umgesetzt. Die wichtigste organisatorische Maßnahme ist die Neuorganisation innerhalb der Kommission mit der Schaffung der Generaldirektion „Gesundheits- und Verbraucherschutz"[845], damit künftig Konflikte zwischen Belangen der Aufrechterhaltung des Rindfleischmarktes und der Berücksichtigung möglicher Risiken für die menschliche Gesundheit vermieden werden können.[846] In dieser Generaldirektion, die davor schon für Fragen des Verbraucherschutzes zuständig war, werden inzwischen alle Fragen behandelt, die

---

[843] EuGH Rs. T-188/97, „Rothmans/Kommission", Slg. 1999, S. II-2463.

[844] **Wägenbaur**, R., EuZW 2000, S. 193.

[845] Auch kurz "GD SANCO" genannt. Die früheren römischen Ziffern zur Bezeichnung der Generaldirektionen wurden abgeschafft, um stattdessen mit Begrifflichkeiten eine besseren Überblick zu schaffen. Vgl. die Übersicht über die Kommissionsdienststellen einschließlich Organigramm auf den Internet-Seiten, die über die Internet-Seite "http://www.europa.eu.int" einzusehen sind.

[846] **Europäisches Parlament**, *Ortega-Bericht*, S. 21.

sich mit dem Gesundheitsschutz befassen.[847] Die Zahl der Mitarbeiter ist im Jahre 1997 von 96 auf 332 Beamte gestiegen.[848]

Als Folge behandelt die Generaldirektion Landwirtschaft und Binnenmarkt nur noch marktrechtliche Aufgabenbereiche. Insofern wurde also die Empfehlung des Berichts umgesetzt, verwaltungstechnisch die gesundheitlichen Fragen von denen des Agrarmarktes zu trennen. Im Vergleich dazu hat z.B. Deutschland die Bereiche Landwirtschaft und Verbraucherschutz in einem Ministerium zusammengefaßt.

Neben diesen innerhalb der Dienststellen der Kommission vorgenommenen Veränderungen wurde aber auch das Verhältnis der Aufgabenverteilung zwischen der Kommission und anderen gemeinschaftlichen Institutionen geordnet. Die wesentlichsten Elemente wurden inhaltlich bereits erörtert. Im folgenden soll daher nur noch ein kurzer systematischer Überblick gegeben werden.

1.2.3 Kontrollverfahren für die Durchführung durch die Mitgliedstaaten

Im Anschluß an die BSE-Krise wurde am 1.4.1997 ein Lebensmittel- und Veterinäramt als eine der Generaldirektion Verbraucher- und Gesundheitsschutz untergeordnete Organisation eingerichtet.[849] Zuvor war es als EG-Büro für Veterinär- und Pflanzenschutzinspektionen der Generaldirektion Landwirtschaft untergeordnet gewesen. Im ersten Jahr seines neuen Bestehens wurden neben der internen Umorganisation etwa 200 Inspektionen durchgeführt.[850] Im Rahmen der Neuorganistation wurden auch die Überwachungs- und Inspektionsvorschriften überarbeitet.[851] Bei dem Büro handelt es sich insofern zwar nicht um eine „Institution“, als es Bestandteil der Kommissionsdienststellen ist,[852] doch wurde der Aufgabenbereich der Inspektion damit so weit ausgegliedert, daß es fast schon als eigenes untergeordnetes Institut betrachtet werden kann.[853]

---

847 **Reichenbach**, EuZW 1997, S. 673.

848 Vgl. den ersten „Jahresbericht der Generaldirektion XXIV" (heute Gesundheits- und Verbraucherschutz) der Kommission für den Zeitraum vom April 1997 bis März 1998.

849 Engl. „Food and Veterinary Office“.

850 Europäische Kommission, „Food and Veterinary Office (FVO) Annual Report 2000", sowie dies., „Jahresbericht der Generaldirektion XXIV für den Zeitraum vom April 1997 bis März 1998“.

851 KOM1998/32/endg..

852 Vgl. dazu das Organigramm der Generaldirektion Gesundheits- und Verbraucherschutz vom 1.3.2001, in dem das Amt als Abteilung „F„ eingegliedert ist. Das Organigramm findet sich auf der Internet-Seite "http://www.europa.eu.int/comm/dgs/health_consumer/index_de.htm" .

853 Vgl. **Europäische Kommission**, „Food and Veterinary Office (FVO) Annual Report 2000“.

Die bereits dargelegte Einrichtung der neu organisierten wissenschaftlichen Ausschüsse unter dem federführenden Wissenschaftlichen Lenkungsausschuß[854] ist ebenfalls eine direkte Folge aus den Analysen und Empfehlungen des parlamentarischen Untersuchungsausschusses. Hier wird sich in naher Zukunft wieder eine größere Veränderung in Gestalt der neuen Europäischen Lebensmittelbehörde ergeben.[855] Neben den erwähnten Umstrukturierungen wurden die Arbeitsweise und das Besetzungsverfahren der Ausschüsse neu geregelt. Unter anderem wurde auch das Erstattungs- bzw. Entschädigungsverfahren für die Ausschußmitglieder, die an sich lediglich ehrenamtlich tätig sind, neu geregelt. Daß hier Handlungsbedarf bestand, zeigt die Feststellung, daß bestimmte Wissenschaftliche Ausschüsse zeitweise arbeitsunfähig waren, weil ihnen Reisekostenerstattungen für Tagungen nicht genehmigt wurden.[856]

1.2.4 Verstärkte Kontrolle und Durchsetzung von Gemeinschaftsrecht

Ein wesentliches Ergebnis der BSE-Problematik war, daß schon vorhandene Kontrollmaßnahmen verstärkt wurden. Insbesondere auf das Exportverbot gegenüber dem Vereinigten Königreich hin wurden mehrere sogenannte „follow-up"-Inspektionen vorgenommen. Das Ergebnis dieser Inspektionen führte zunächst nicht zur Aufhebung der Dringlichkeitsmaßnahme. Auch in allen anderen Mitgliedstaaten wurden diese Inspektionen verstärkt, und gegebenenfalls durch follow-up-Inspektionen die Entwicklung der Verbesserungen verfolgt.[857]

Das Ergebnis der Inspektionen kann nicht zu unmittelbaren Zwangsmaßnahmen führen, da die Gemeinschaft über keine solche Kompetenzen verfügt. Allerdings fließt das Ergebnis der Inspektionen regelmäßig in die Bewertung der aktuellen Gefahrenlage mit ein. Damit kann das Ergebnis einer Inspektion zur unmittelbaren Folge haben, daß eine stärkere Schutzmaßnahme durch die Gemeinschaft erlassen wird. Das war der Fall anläßlich des umfassenden Exportverbots gegenüber Portugal am 18.11.1998.[858]

---

854 Vgl. Kapitel 3 Abschnitt 2.2.2.

855 Vgl. dazu weiter unten Kapitel 4 Abschnitt 4.

856 **Streinz**, ZLR 1998, S. 145 (148). **Hufen**, ZLR 1999, S. 755 (768), bezieht diese Feststellung wohl versehentlich auf das Referat der Generaldirektion III der Kommission „Bewertung von Gesundheitsrisiken".

857 Vgl. Fn. 836.

858 Entscheidung 98/653/EG.

2. Entwicklung einer Risikoschutz-Strategie

Aus den im vorigen Abschnitt erläuterten und von der BSE-Problematik ausgehenden Entwicklungsimpulsen für den europäischen Gesundheitsschutz soll hier etwas ausführlicher ein besonders „dynamisches" Konzept vorgestellt werden, dem im europäischen Gesundheitsschutz und darüber hinaus in Zukunft im Rahmen der Gemeinschaftspolitik wohl große Bedeutung zukommen wird. Die Wurzeln dieses Konzepts reichen weit zurück[859], aber die BSE-Problematik ist ein typischer Bereich der möglichen Anwendung einer Risikoschutz-Strategie. Das hat auch Kommissar Byrne in diesem Zusammenhang deutlich gemacht: „Unfortunately, again and again, the Commission has found that BSE is only taken seriously when the damage is already done. Left to account for past mistakes, the reaction is for too often to call for new measures rather than acknowledge past failures."[860] In rechtlicher Hinsicht wird hier also das Problem der Legitimität einer gemeinschaftsweiten Gefahrenabwehr zu untersuchen sein.

2.1 Das Risiko-Prüfschema

„One priority for me has been the promotion of the acceptance of the **three interrelated principles of risk analysis**: the scientific **assessment** of risk, the **management** of risk and the **communication** of risk, in the field of food safety, health and consumer protection, within the Community and internationally." Mit diesen Worten leitete der Kommissar David Byrne (Gesundheits- und Verbraucherschutz) anläßlich einer Rede seine Ausführungen zur Anwendung des „Precautionary Principle" ein.[861] Diese Begriffe stammen unmittelbar aus der Arbeit der Codex-Alimentarius-Kommission, die eine Unterorganisation von

---

[859] Vgl. bereits die Mitteilung der Kommission über die Gesundheit der Verbraucher und die Lebensmittelsicherheit (KOM 97/183/endg) und die umfassenden Vorarbeiten der FAO am Beispiel der 15. Sitzung, erläutert bei **Eckert**, ZLR 2000, S. 414ff..

[860] Aus einer Rede von Kommissar Byrnes (Gesundheits- und Verbraucherschutz) vor der COPA zum Thema "The Commission policy on the health aspects of BSE" in Brüssel am 9.2.2001. Das Manuskript ist auf einer Internet-Seite der Generaldirektion Gesundheits- und Verbraucherschutz abrufbar: "http://www.europa.eu.int/comm/dgs/health_consumer/library /speeches/speech81_en.html".

[861] Aus einer Rede "Address by David Byrne on the Precautionary Principle in the domain of human health and food safety" am 9.11.2000 um 13:30 Uhr in Paris anläßlich der Veranstaltung "Colloque sur le principe de Précaution organisé par The Economist avec la collaboration de l'institut Servier". Das Manuskipt der Rede ist auf einer Internet-Seite der Generaldirektion Gesundheits- und Verbraucherschutz abrufbar: "http://www.europa.eu.int/comm/dgs/ health_consumer/library/speeches/speech66_en.html".

WTO und FAO darstellt.[862] Die Kommission hat dieses Schema bereits in einer Mitteilung von 1997 aufgegriffen[863] und im Rahmen der Mitteilung über das Vorsorgeprinzip[864] verfeinert.

Die Übersetzung der angesprochenen Risikobegriffe ist schwierig.[865] Die deutschen Begriffe „Risikoanalyse“, „Risikobewertung“, und „Risikomanagement“, „Risikoinformation“ sind zur Zeit gängig.[866] Besser verständlich eignet sich allerdings eine dem deutschen Rechtsverständnis naheliegendere Übersetzung als „Risikoprüfschema“, das sich in die Elemente der „Risikoermittlung“, der „Risikobehandlung“ gliedert. Die „Risikoinformation“ selbst hat eigentlich keine inhaltlich-rechtliche Relevanz, sondern könnte insofern Bestandteil der rechtlichen Risiko-Behandlung gesehen werden. Das hindert jedoch nicht, eine eigenständige Begrifflichkeit der „Risiko-Information“ zum Zwecke der politischen und arbeitstechnischen Konzeption zu verwenden.[867] Bezüglich der erlassenen Schutzmaßnahmen dürfte die Risiko-Information bereits mit der Schaffung des "Transparenzgebotes" verwirklicht sein. Weiter hat die Europäische Gemeinschaft mit der Einrichtung der Europäischen Lebensmittelbehörde einen weiteren Schritt zur Gewährleistung der Risiko-Information getätigt.[868]

Im folgenden soll ausschließlich die rechtliche Bedeutung eines Risikoprüfschemas, das neben dem genannten Zitat unter anderem auch in der Mitteilung der Kommission über die Anwendbarkeit des Vorsorgeprinzips vorausgesetzt wird, untersucht werden. Ziel der Untersuchung ist neben einer Bewertung einer möglichen rechtlichen Implementierung, den Hintergrund für die Erläuterungen zum darauf aufbauenden „Vorsorgeprinzip“ zu schaffen.

---

862 Ein Auszug aus dem Appendix III der 15. Sitzung des Codex-Committees findet sich bei **Eckert**, ZLR 2000, S. 414 (423 ff.). Die dortige systematische Struktur ist von der Kommission fast direkt übernommen worden. Die Gemeinschaft ist seit 26.11.1992 Mitglied der Food and Agriculture Organisation (FAO), vgl. EuZW 1992, S. 2. Zur Rolle der EU bzw. der Mitgliedschaft der EG in internationalen Organisationen vgl. **Sack**, ZEuS, S. 267 (280).

863 Mitteilung der Kommission KOM 97/183/endg..

864 Mitteilung der Kommission KOM 2000/1/endg..

865 **Wahl**, ZLR 1998, S. 275 (277): „Auf das eigentliche Problem stößt, wer nach der Bedeutung dieser Begriffe und insbesondere danach fragt, ob sich die deutschen und englischen Termini decken oder nicht.“

866 **Landwehr**, S. 65 ff.. Die amtlichen Übersetzungen der Texte der Gemeinschaft verwenden diese Begriffe. Vgl. Absatz 4 der Zusammenfassung der deutschen Fassung der Mitteilung der Kommission über die Anwendbarkeit des Vorsorgeprinzips (KOM2000/1/endg.).

867 Vgl. oben Kapitel 3 Abschnitt 1.2.1.

868 Zu der Europäischen Lebensmittelbehörde siehe unten S. 201 ff.. Zum Vergleich sei auch auf das deutsche Infektionsschutzgesetz hingewiesen, daß dem Robert-Koch-Institut umfassend Aufgaben der Risiko-Information zuweist, § 4 InfSG.

2.1.1 Der Begriff des Risikos

„Risiko" ist in den nationalen Rechtslehren als Rechtsbegriff weitestgehend fremd.[869] Er wird in der Literatur zum deutschen Sozialrecht bzw. Versicherungsrecht zur Definition des Versicherungsfalls als "Eintritt desjenigen Risikos, bei dem die Solidargemeinschaft der Versicherten Leistungen zum Ausgleich gewährt" verwendet, ist aber ansonsten weder im Versicherungsvertragsgesetz noch in den Sozialgesetzbüchern definiert.[870] Weiter ist im Arbeitsrecht das "betriebliche Risiko" bekannt.[871] Diese Ausführungen sind jedoch zu fachspezifisch, um sie im vorliegenden Kontext heranziehen zu können. Im deutschen Recht existiert aber eine ausgefeilte Dogmatik zum Begriff der „Gefahr". Während die Abgrenzung zu letzterem erst im Rahmen einer abschließenden Würdigung stattfinden soll, wird hier zunächst erläutert, was die Kommission im Rahmen ihrer Vorstellungen zum Vorsorgeprinzip als „Risikoanalyse" versteht. Davor ist der Begriff „Risiko" zu klären und zu untersuchen, in welchem Kontext die Kommission diesen Begriff verwendet.

2.1.1.1 Risiko

Allgemein bedeutet Risiko „Wagnis" oder „Gefahr".[872] Etwas ausführlicher definiert bedeutet „Risiko" die „Möglichkeit, daß eine Handlung oder Aktivität einen körperlichen oder materiellen Schaden oder Verlust zur Folge hat, oder mit anderen Nachteilen verbunden ist."[873] Risiko ist im Unterschied zu Gefahr kein Rechtsbegriff.[874] Die Kommission vermeidet entsprechend eine Definition des Risikos.[875] Das könnte sich auf gemeinschaftlicher Ebene aber ändern, wenn die Dogmatik im Rahmen des Vorsorgeprinzips entsprechend weiterentwickelt werden würde.

Der Begriff des Risikos wird dennoch bereits verwendet, und zwar im Umwelt- und Technikrecht. Landwehr meint, daß das Risiko im Unterschied zur Gefahr ein Ereignis mit „extrem geringer Eintrittswahrscheinlichkeit" bezeichnet, im Eintrittsfalle aber einen im Verhältnis zur Eintrittswahrscheinlichkeit „katastro-

---

869 **Landwehr**, S. 63.

870 **Kreßel/Wollenschläger**, S. 46. **Erlenkemper/Fichte**, S. 9, 37.

871 Vgl. z.B. **Wollenschläger**, S. 83 f..

872 **Reich, Andreas**, S. 85. **Meyers Enzyklopädisches Lexikon**.

873 **Brockhaus**. Ähnlich **Duden**. **Grimm/Grimm** hat "Risiko" in der Ausgabe aus dem Jahr 1893 nicht verzeichnet.

874 **Landwehr**, S. 63. **Wahl**, ZLR 1998, S. 275 (278).

875 Vgl. die Mitteilung der Kommission (KOM2000/1/endg.), welche lediglich auf Seite 15 einen Unterpunkt "5.1 Anlässe für einen Rückgriff auf das Vorsorgeprinzip" beinhaltet, in dem sie ohne weitere Erläuterungen das Wort "Risiko" verwendet.

phalen“ Schaden nach sich ziehe. Weiter sei mit dem Risikobegriff ein besonderes Maß an kognitiver Unsicherheit bei der Beurteilung der Schadenswahrscheinlichkeit verknüpft sein.[876] Dem kann nicht gefolgt werden. Zum einen hat sich in der Praxis bereits der besondere Begriff des „potentiellen Risikos“ gebildet, um das besondere Element der kognitiven Unsicherheit zu beschreiben.[877] Zum anderen sind die Kriterien der „geringen Eintrittswahrscheinlichkeit“ und des „katastrophalen Schadens“ zu schwammig, um eine tatsächlich brauchbare Abgrenzung zum Gefahrbegriff herzustellen.

Eine Abgrenzung der Begriffe ist aber gar nicht erforderlich. Das Risiko umfaßt im Prinzip dieselbe inhaltliche Sache wie der Begriff der Gefahr, also einen potentiellen Schaden. Der Unterschied liegt nicht im sachlichen Inhalt, sondern im rechtlichen Kontext, in dem die Begriffe gebraucht werden. Insofern wird sich eine Definition des Risikobegriffs erst erschließen lassen, wenn die Absicht des rechtlichen Gebrauchs geklärt wird. Bislang jedenfalls stellt „Risiko“ noch keinen etablierten Rechtsbegriff dar. Die folgenden Ausführungen sollen ermitteln, inwieweit sich hier aber eine entsprechende Entwicklung anbahnt. Die Analyse dieser Entwicklung wird möglicherweise eine Definition schließlich erlauben.

2.1.1.2 Potentielles Risiko

„Ein potentielles Risiko ist auch dann gegeben, wenn nicht meßbar ist, in welchem Umfang ein Risiko besteht ...“. Mit dieser Erläuterung führt die Kommission in ihrer Mitteilung über die Anwendbarkeit des Vorsorgeprinzips den Begriff des „potentiellen“ Risikos ein.[878] Entgegen der Formulierung „auch“ handelt es sich hier offensichtlich um den Versuch einer Erklärung des Begriffs.

Nach der zuvor herausgearbeiteten allgemeinen Definition bedeutet „Risiko“ einen „potentiellen Schaden“ und ist insoweit inhaltlich mit „Gefahr“ gleichbedeutend. Sofern man diese Definition mathematisch auflöste, würde es sich, pointiert formuliert, bei einem „potentiellen Risiko“ also um einen „potentiell potentiellen Schaden“ handeln.

Dennoch ist der Begriff des potentiellen Risikos auf den zweiten Blick sinnvoll. Ein „Risiko“ wäre dann gegeben, wenn eindeutige Fakten für einen Schadenseintritt sprechen, der unter gewissen, vorher bestimmbaren Umständen (das Potential) eintritt. Beim „potentiellen Risiko“ sind aber die Umstände, die die Schadenswahrscheinlichkeit einschätzen lassen, nicht vollständig ermittelbar. Es stellt sich dennoch die Frage, ob dieser Begriff in rechtlichem Kontext brauchbar ist

---

[876] **Landwehr**, S. 63.
[877] Vgl. folgenden Abschnitt 2.1.1.2.
[878] KOM2000/1/endg., S. 15.

oder nicht besser bei politischen und arbeitstechnischen Erläuterungen verbleiben sollte. Das wird sich im Rahmen einer Würdigung der Gesamtzusammenhänge zeigen.

2.1.2 Risiko-Ermittlung

Die Kommission nennt in ihrer Mitteilung vier Stufen der Risikoeinschätzung.[879] Auch hier krankt die deutsche Übersetzung an für eine rechtliche Einordnung mißverständlichen Übersetzungen[880], so daß zunächst englische Begriffe verwendet werden, wie sie schon im internationalen Rahmen der Tätigkeit der WHO verwendet wurden.[881] Im folgenden sollen diese im Rahmen der WHO etablierten Mechanismen der Risiko-Ermittlung („risk-assessment"[882]), auf die sich die Kommission in ihrer Mitteilung über die Anwendbarkeit des Vorsorgeprinzips stützt, dargestellt werden.[883]

Die erste Stufe ist die „hazard identification", die Identifizierung biologischer, chemischer oder physikalischer Stoffe hinsichtlich ihrer negativen Folgen. Zweitens findet die „hazard characterisation" statt, eine Bestimmung des quantitativ/qualitativen Verhältnisses der Dosis der identifizierten Stoffe zu ihren negativen Folgen. Als dritte Stufe erfolgt das „exposure assessment", in der die Zahl der möglichen Betroffenen im Verhältnis zur quantitativ/qualitativen Einwirkung abgeschätzt wird. Schließlich bestimmt als vierte Stufe die „risk-characterisation" die Wahrscheinlichkeit der quantitativ/qualitativen negativen Wirkungen zur Vorhersage von Risiken.

Diese Abstufungen der Risikoermittlung werden im Hinblick auf Gesundheits- oder Umweltfolgen vorgenommen. In Bezug auf den Gesundheitsschutz sind im Rahmen dieser vier Stufen folgende Aspekte zu beachten:

---

879 Anhang III der Mitteilung KOM2000/1/endg.. Die deutsche Fassung verwendet den mißverständlichen Begriff der „Risiko-Bewertung", vgl. obige Ausführungen.

880 Im Anhang III der Mitteilung KOM2000/1/endg. wird insofern völlig inkonsequent einmal von „Gefahrenermittlung" und „Gefahrenbeschreibung" gesprochen, dann aber wieder von „Abschätzung des Risikos" und „Risikobeschreibung".

881 So verfährt auch **Landwehr**, S. 66, der sich in diesem Rahmen allerdings auch ausschließlich auf englische Literatur stützt.

882 Vgl. die einleitenden Überlegungen zu der Übersetzung.

883 Die folgende Darstellung stützt sich im wesentlichen auf den Anhang III der Mitteilung der Kommission KOM2000/1/endg.. **Landwehr**, S. 66 ff., bietet in Bezug auf das völkerrechtliche SPS-Abkommen ausführliche Erläuterungen zu diesen Mechanismen; die Entwicklung der Gründzüge dieses Mechanismus stammen offenbar aus der Praxis der amerikanischen Environmental Protection Agency (EPA) Mitte der 70er Jahre, vgl. ebenda, Fn. 197.

Bei der Identifikation geht es darum, biologische Erreger, chemische Substanzen und physikalische Einwirkungen zu finden, die eine Gefahr für die menschliche Gesundheit bedeuten.

Durch die Charakterisierung muß die Eigenart und Schwere des identifizierten Faktors bestimmt werden, indem durch klinische bzw. labortechnische Untersuchungen und statistischen Modellen (Epidemiologie) das Verhältnis zwischen Dosis und Wirkung des identifizierten Faktors ermittelt wird. Bisweilen ist dies schwierig oder ganz unmöglich, weil ein Kausalzusammenhang nicht mit Sicherheit festzustellen ist.[884]

Die Abschätzung der Exposition bezieht Faktoren außerhalb der bisher ceteris paribus ermittelten Charakteristik ein, indem Daten zur Wahrscheinlichkeit der Kontaminierung oder Exposition der Bevölkerung herangezogen werden. Solche Faktoren umfassen Daten über den Erreger selbst (Herkunft, Verbreitung, Eigenschaften) und solche über Erzeugung, Verbreitung, Verteilung und Einnahme der Produkte, durch die sich der identifizierte Faktor verteilen kann.

Die vierte Stufe der Risikocharakterisierung berücksichtigt die drei vorigen Stufen im Rahmen einer Schätzung der Wahrscheinlichkeit und Häufigkeit sowie des Schweregrads der gesundheitsschädigenden Wirkung in der Bevölkerung. Damit kumulieren die im Rahmen der drei Vorstufen ergebenden Schwankungen, Unsicherheiten und Annahmen und machen die Risiko-Charakterisierung sehr stark vom Einzelfall abhängig. Im Rahmen des Grundsatzes der Vorsicht müssen die aus den Unsicherheiten entstehenden Annahmen in dieser Stufe immer vom ungünstigsten Fall ausgehen (worst-case-Szenario). Dieser Grundsatz der Vorsicht ist ein wissenschaftliches Prinzip und darf nicht mit dem Vorsorgeprinzip als Grundsatz der Vorsorge verwechselt werden.[885]

Die Risiko-Ermittlung nach diesen vier Stufen sind Voraussetzung für die darauffolgende Risiko-Behandlung („risk-management").

2.1.3 Risiko-Behandlung

Die Risiko-Behandlung betrifft unmittelbar den Gesetzgeber oder die zuständige exekutive Behörde als Entscheidungsträger: „Die Wahl der Antwort auf eine gegebene Situation stützt sich auf eine politische Entscheidung, die abhängig ist von dem Risikoniveau, das die Gesellschaft als akzeptabel ansieht."[886] Diese These

---

884 KOM2000/1/endg. S. 33 sowie **Landwehr**, S. 66.

885 So ausdrücklich KOM2000/1/endg. auf Seite 15. Kritisch hierzu vgl. **Millstone**, ZLR 2000, S. 815 (826): „What we have here ist what philosophers refer to as a ′distinction without a difference′."

886 KOM200/1/endg. S. 18.

der Kommission in ihrer Mitteilung über das Vorsorgeprinzip bedarf der näheren Betrachtung der Risiko-Behandlung.

Durch die Trennung der wissenschaftlichen Fakten im Rahmen der Risiko-Ermittlung verbleibt es dem Entscheidungsträger, wertende Gesichtspunkte zu identifizieren und in die Entscheidung systematisch einzubeziehen. Als solche wertenden Gesichtspunkte kommen ausschließlich die allgemeinen Rechtsgrundsätze – im gemeinschaftsrechtlichen Rahmen die der Europäischen Union – in Betracht. Die Kommission benennt insofern in ihrer Mitteilung über das Vorsorgeprinzip[887] den Verhältnismäßigkeitsgrundsatz, das Diskriminierungsverbot, das Kohärenzgebot, den „Grundsatz der Abwägung der mit dem Tätigwerden bzw. Nichttätigwerden verbundenen Vor- und Nachteile“[888], sowie den „Grundsatz der Verfolgung der wissenschaftlichen Entwicklung“.[889]

Inhaltlich soll bei der Beachtung der Verhältnismäßigkeit ein angemessenes Schutzniveau gewahrt werden, so daß Maßnahmen nicht außer Verhältnis zum Schutzniveau stehen. Insofern soll nicht ein „Nullrisiko“ angestrebt werden, weil das sich nur selten verwirklichen läßt. Neben unmittelbaren Risiken müßten durch das Vorsorgeprinzip mittelbare und langfristige Auswirkungen berücksichtigt werden, die erst nach zehn oder 20 Jahren eintreten könnten.[890]

Der Sprung zurück zum eingangs erwähnten Zitat ist schwierig: Es ist nicht ersichtlich, wie sich eine „politische Entscheidung“ abhängig von einem gesellschaftlich „akzeptablen“ Risikoniveau in den durch allgemeine Rechtsgrundsätze geprägten Mechanismus der Risiko-Behandlung fügt. Das Zitat zeigt, daß sich eine Lücke öffnet, die im deutschen Recht nun durch eine Diskussion um die verfassungsrechtliche Verpflichtung des Staates zur Daseinsvorsorge im Gesundheitsschutz gefüllt würde.[891]

Das Vorsorgeprinzip stellt wohl einen Versuch dar, das grundsätzliche Problem des „gesellschaftlich akzeptablen Risikoniveaus“ und der „politischen Entscheidung“ im Rahmen der Risiko-Behandlung zu lösen. Das ist im folgenden zu würdigen.

---

887 KOM2000/1/endg. S. 21 ff..

888 KOM200/1/endg. S. 21. Es handelt sich damit im Grunde um die in der deutschen Rechtslehre bekannte "Angemessenheit" als Verhältnismäßigkeit im engeren Sinne.

889 Als solcher Grundsatz z.B. in Art. 95 Abs. 3 EG (früher 100 a Abs. 3 EGV) festgeschrieben.

890 KOM2000/1/endg. S. 21.

891 Vgl. **Seewald**, S. 195ff, der schließlich feststellt (S. 199): „Die Pflicht des Staates zum Schutz der Gesundheit und die korrespondierende Berechtigung des Bürgers finden erst dort ihre Grenzen, wo staatliche Maßnahmen nicht mehr als Abwehr von (zumindest „abstrakten“) Gefahren verstanden werden können.“

2.2 Würdigung

Inzwischen wurde in einer jüngst erlassenen Verordnung (EG) über allgemeine Grundsätze und Anforderungen des Lebensmittelrechts entsprechende Definitionen dieser Risikoschutz-Strategie implementiert.[892] Dennoch müssen die Grundlagen einer solchen Risikoschutz-Strategie kritisch beleuchtet werden.

2.2.1 Risiko-Ermittlung

Rechtssystematisch ist die dargestellte Risikoermittlung nur bedingt brauchbar, da meistens nur naturwissenschaftliche Arbeitstechniken beschrieben werden. Aus diesen unbrauchbaren Stufenbeschreibungen kann man aber ableiten, worauf es in rechtlicher Hinsicht ankommt:

Zum einen muß ein naturwissenschaftlicher Zusammenhang zwischen einem tatsächlichen Faktor und einem Gegenstand, der unter ein Schutzgut gefaßt werden kann, hergestellt werden. Die Beschreibung des tatsächlichen Faktors als biologisch, chemisch oder physikalisch grenzt kulturelle und psychologische Faktoren als soziologische Faktoren aus.

Zum anderen geht es um die naturwissenschaftliche Bestimmung der Quantität und Qualität des Zusammenhangs. Dies kann aufgrund der Art der naturwissenschaftlichen Methoden[893], wie sie in dem Vier-Stufen-Modell dargestellt sind, insgesamt nur durch Wahrscheinlichkeitswerte bestimmt werden.

Die Reduktion auf rein wissenschaftliche Ermittlung scheint inhaltlich klar und hilft insofern, eine systematisch saubere Entscheidungsgrundlage zu erarbeiten. Allerdings ist eine solche rein wissenschaftliche Betrachtung nicht möglich. Schon bei der ersten Stufe müssen „negative Auswirkungen“ eines gegebenen Faktors bestimmt werden. Die Wissenschaft an sich kennt aber nur „Wirkungen“. Um sagen zu können, ob die Wirkung „negativ“ ist, muß deshalb ein rechtlicher Anhaltspunkt vorhanden sein: Das Schutzgut.

Das Schutzgut, welches entweder in der menschlichen Gesundheit oder der Umwelt gesehen wird, ist in der Literatur in diesem Zusammenhang nicht eigens de-

---

892 Vgl. Artikel 3 Abs. 9-13 der Verordnung (EG) Nr. 178/2002 (ABl. L 031 vom 1.2.2002, S. 1).

893 **Landwehr**, S. 64, Fn. 184, verweist insofern auf die Heisenbergsche Unschärferelation, die besagt, daß das Produkt gewisser physikalischer Größen grundsätzlich eine Unbestimmtheit aufweist. Nach der hier vertretenen Ansicht braucht es eines solchen Hinweises nicht, da das dargestellte Vier-Stufen-Modell in keiner Weise zur Klärung der rechtlichen Unklarheiten beiträgt.

finiert oder umschrieben.[894] Letztlich existiert wohl nur die bekannte allgemeine Definition aus der Satzung der WHO.[895] Es ist daher fraglich, ob die Betrachtung der Risiko-Ermittlung wirklich nur als rein naturwissenschaftliche Frage gesehen werden kann.[896] Köhler spricht insofern von einer „Flucht" in die Wissenschaft, die er allerdings vor dem Hintergrund der Furcht vor einem Rückfall der Mitgliedstaaten in protektionistische Abschottung ihrer Märkte als verständlichen Ausweg aus dem Dilemma sieht.[897] In rechtssystematischer Hinsicht wird damit aber nichts erreicht.

2.2.2 Risiko-Behandlung

Die Aufspaltung des Entscheidungsverfahrens zwischen Ermittlung und Behandlung bringt eine gewisse gedankliche Klarheit und Systematik. Allerdings ist Landwehr zuzustimmen, nach dem „die eigentliche Entscheidungsproblematik damit nur in den Bereich des Risikomanagements verschoben wird".[898] Gerade bei der oben aufgezeigten notwendigen Schutzgut-Bestimmung stellt sich deshalb die Frage, ob eine solche Abgrenzung zu künstlich ist.

Die wertende Ebene wird zwar durch allgemeine Rechtsgrundsätze charakterisiert, allerdings ist nicht klar, wie diese allgemeinen Grundsätze in einem inhaltlichen Prüfverfahren angewendet werden müssen. Insbesondere die im Rahmen der Verhältnismäßigkeitsprüfung zu beachtenden Wertungen fehlen.

Schmidt am Busch fordert, daß im Rahmen der Anwendung einer Querschnittsklausel eine Gesundheitsverträglichkeitsprüfung anhand einer Checkliste erfolgen sollte. Diese Checkliste solle u.a. „Kriterien enthalten zu Bewertung der Auswirkungen einer Maßnahme auf die menschliche Gesundheit, zur Bestimmung eines hohen Gesundheitsschutzniveaus, zur Risikoerfassung und Risikobewertung sowie zur Abwägung von Zielkonflikten."[899] Wie aus dem dargestellten Risikoprüfschema ersichtlich ist, wurden hiermit bereits Kriterien zur Risikoerfassung und Risikobewertung erarbeitet. Es fehlt aber nach wie vor an ausreichenden inhaltlichen Kriterien im Rahmen der Risikobewertung, vor allem zur Bestimmung des Gesundheitsschutzniveaus und zur Abwägung von Zielkonflikten. Hier könnten

---

894 Vgl. KOM2000/1/endg., wo von „Auswirkungen auf die Bevölkerung oder die Umwelt" gesprochen wird. Landwehr S. 66 beschränkt seine Stufenbeschreibungen offenbar nur auf die Gesundheit.

895 Vgl. oben Kapitel 3.2.3.

896 **Millstone**, ZLR 2000, S. 815 (826).

897 *Köhler*, Werner, in: **Hiepe**, S. 223.

898 **Landwehr**, S. 68.

899 *Schmidt am Busch*, in: **Grabitz/Hilf**, Art. 152 EGV, Rdnr. 47.

die weiter oben angestellten Überlegungen zum Verhältnismäßigkeitsprinzip eingebracht werden.[900]

2.2.3 Anwendung des Risiko-Prüfschemas bei Maßnahmen des Gesundheitsschutzes

Die „Mitteilung" der Kommission hat keinen rechtlich verbindlichen Charakter.[901] Sofern die Kommission von sich aus nach dem Risikoschema vorgehen möchte, stellt sich zunächst die Frage, ob sie das ohne besondere vertragliche Ermächtigung darf. Dem steht wohl deshalb nichts entgegen, weil das Risikoschema bislang nur eine systematische Ausarbeitung einer auf den gültigen allgemeinen Rechtsgrundsätzen beruhenden Entscheidungsfindung ist. Dadurch wird auch keine rechtliche Pflicht zur Anwendung genau dieses Schemas begründet, dessen Einhaltung sich beispielsweise im Rahmen einer Begründungspflicht nach Art. 235 EG gerichtlich überprüfen ließe.

Die Konsequenzen einer vertraglichen Verpflichtung zur Vornahme des beschriebenen Risiko-Prüfschemas bergen sowohl Vorteile als auch Nachteile in sich. Es wären zum einen sicherlich positive Auswirkungen auf das gemeinschaftliche Gesundheitsschutzniveau zu beobachten, weil Gesundheitsgefahren und Schutzmaßnahmen damit wegen einheitlicher Maßstäbe leichter durchführbar aber auch leichter überprüfbar wären. Andererseits stellt sich das ernste Problem, ob sich die Gemeinschaft durch das Risikoschema nicht eine Zuständigkeit zur allgemeinen Risikoabwehr erschleicht, die über die im Vertrag festgelegten Einzelermächtigungen hinausgeht. Diese Frage stellt sich vertieft bei der folgenden Untersuchung des Vorsorgeprinzips.

2.2.4 Fazit

Die Beziehung zwischen naturwissenschaftlicher Ermittlung/Bewertung und einer hierauf zu stützenden rechtlichen Maßnahme sind allgemein ein schwieriges Thema. Für das Verhältnis dieser Faktoren gibt es mehrere Lösungsmodelle, von denen sich die Kommission in ihrer Mitteilung und in Folge auch für das Modell einer Trennung zwischen Naturwissenschaft und Recht entschieden hat.[902] Dieses Modell hat auch in die neue Verordnung über die Lebensmittelsicherheit Eingang gefunden. Die erstrebte systematische Klarheit herrscht aber nur oberflächlich,

---

900 Vgl. S. 144 ff..

901 KOM/2000/1, S. 3: „Beitrag zu der auf gemeinschaftlicher und internationaler Ebene geführten Diskussion".

902 **Millstone**, ZLR 2000, S. 815 (827), bezweifelt die Annahme, daß wissenschaftliche Bewertungen ohne gewisse sozio-politische Grundannahmen möglich sein könnte.

weil die naturwissenschaftlichen Untersuchungsschritte zum Teil schon rechtliche Bewertungen enthalten. Generell ist der Ansatz der Behandlung von Unwägbarkeiten der Risiko-Ermittlung im Rahmen eines allgemeinen und transparenten Verfahrens aber zu begrüßen. Das Problem der verfahrensmäßigen Ermittlung von Gesundheitsgefahren und deren Umsetzung in Rechtsakte bleibt aber in rechtlicher Hinsicht ungelöst. Es ist vor diesem Hintergrund zweifelhaft, ob die in die Lebensmittel-Verordnung Nr. 178/2002 eingebauten Definitionen der Kommission tatsächlich brauchbar sein werden.

3. Risikovermeidung durch ein „Vorsorgeprinzip"

Wenn die Gemeinschaft ein hohes Schutzniveau im Bereich der Gesundheit anstrebt, so kann sie bei der Festlegung der erforderlichen Maßnahmen meist von einem ausreichenden wissenschaftlichen Kenntnisstand ausgehen. Bei der BSE-Problematik mußte sich die Gemeinschaft aber mit einem neuen Risiko befassen, das wissenschaftlich bis heute nicht abschließend geklärt ist. In solchen Fällen wird nach der Mitteilung der Kommission von einem „potentiellen Risiko" gesprochen. Das Vorsorgeprinzip soll dazu dienen, eine politisch akzeptierte Risikobehandlung durchzusetzen, wenn ein potentielles Risiko vorliegt.[903] Im folgenden soll der Frage nachgegangen werden, wie dieses Vorsorgeprinzip im Fall des Gesundheitsschutzes wirken soll.

3.1 Umfassende Anwendung

Der Begriff des Vorsorgeprinzips wurde von der Kommission in ihrer Rolle als Entscheidungsträger aufgegriffen. Dieses Prinzip hat sich nach Ansicht der Kommission bereits in der Praxis der Gemeinschaft in mehreren Politikbereichen entwickelt.[904] Die Kommission hat deshalb die verschiedenen Gesichtspunkte aus diesen Politikbereichen in einer Mitteilung unter dem Titel "Die Anwendbarkeit des Vorsorgeprinzips" zusammengefaßt.[905] Entsprechend dem unverbindlichen Charakter einer „Mitteilung" werden dadurch die Bestimmungen des Primär- und Sekundärrechts nicht Weise berührt.[906] Das Ziel dieser Mitteilung soll die Information darüber sein, wie die Gemeinschaft in Situationen, in denen sie Entschei-

903 KOM2000/1/endg. S. 11.
904 So Kommissar David Byrne in seiner Rede am 9.2.2001, vgl. Fußnote 860. Vgl. auch KOM2000/1/endg., S. 11.
905 KOM/2000/1/endg..
906 **Appel**, NVwZ 2001, S. 395 (397).

dungen zur Risikobegrenzung zu treffen hat, vorgeht.[907] Insofern baut das Vorsorgeprinzip also auf den dargestellten Grundsätzen im Rahmen des Risikoschemas auf.

Die Kommission kommt mit der Mitteilung einer Aufforderung des Rates nach, wonach die Kommission „sich künftig bei der Ausarbeitung von Vorschlägen für Rechtsakte und bei ihren anderen verbraucherbezogenen Tätigkeiten noch entschiedener vom Vorsorgeprinzip leiten zu lassen und vorrangig klare und effiziente Leitlinien zur Anwendung dieses Prinzips zu ermitteln“ hat.[908] Damit hat die Kommission zumindest den politischen Willen, das Vorsorgeprinzip umfassend anzuwenden.

Nach dieser Mitteilung ist es das Ziel des Vorsorgeprinzips, durch dessen Verwendung ein hohes Niveau des Schutzes der Umwelt, der Gesundheit von Menschen, Tieren und Pflanzen in Fällen gewährleisten zu können, in denen die verfügbaren wissenschaftlichen Daten eine umfassende Risikobewertung nicht zulassen. Ferner soll verhindert werden, daß ohne Rechtsgrund auf das Vorsorgeprinzip zurückgegriffen wird, um protektionistische Maßnahmen zu verschleiern.[909]

Im Folgenden wird untersucht, ob und wie sich das Vorsorgeprinzip in die derzeitig vorhandenen vertraglichen Grundlagen einfügt. Die Diskussionen um das Vorsorgeprinzip sind an sich nicht neu; allerdings gehen bisher wenig Ansätze über eine rein auf das Umweltrecht bezogene Diskussion hinaus.[910] Gerade die umfassende Anwendung eines „Vorsorgeprinzips“ ist aber rechtlich problematisch.

3.2 Herleitung

In der Mitteilung entwickelt die Kommission das Vorsorgeprinzip ausgehend von Rechtstexten, die dieses Prinzip bereits erwähnen. Deswegen sollen hier diese Rechtstexte kurz dargestellt werden und die Argumentation der Kommission nachverfolgt werden.

3.2.1 Primärrecht

Im EG-Vertrag wird das Vorsorgeprinzip nur einmal ausdrücklich erwähnt, und zwar in Artikel 174 EG (früher Art. 130r EGV). Danach beruht die Umweltpolitik „auf den Grundsätzen der Vorsorge und Vorbeugung, ...“.[911] Nach Ansicht der

---

907 KOM2000/1/endg., S. 10.

908 Entschließung des Rates vom 13.4.1999.

909 KOM2000/1/endg., S. 10.

910 Vgl. z.B. für umweltrechtliche Diskussionen **Falke**, ZUR 2000, S. 265 ff.. Einen Ansatz für den Bereich des Lebensmittelrechts z.B. bei **Ringel**, S. 166.

911 Artikel 174 Abs. 2 EG (früher 130r EGV).

Kommission ist das Prinzip aber nicht nur auf dem Gebiet der Umwelt anwendbar. Es sei vielmehr Sache der politischen Entscheidungsträger und der Gerichtsbarkeit, diesen Grundsatz im einzelnen zu definieren.[912]

Teilweise wird in der Literatur in dem Erfordernis nach Art. 95 Abs. 3 EG, die neuesten wissenschaftlichen Ergebnisse zu berücksichtigen, ein „Ausfluß des Vorsorgeprinzips" gesehen.[913] Grund für diese Annahme mag sein, daß dieses Erfordernis im Umweltrecht verankert ist.

3.2.2 Rechtsprechung des EuGH

Die Rechtsprechung hat bisher in einigen wenigen Urteilen den Vorsorgegedanken auch beim Gesundheitsschutz einbezogen. Von zentraler Bedeutung ist das bekannte Urteil über die Zulässigkeit des Exportverbots von Rindfleisch für das Vereinigte Königreich.[914] Dort führt das Gericht aus: „Wenn das Vorliegen und der Umfang der Gefahren für die menschliche Gesundheit ungewiß ist, können die Organe Schutzmaßnahmen treffen, ohne abwarten zu müssen, daß das Vorliegen und die Größe der Gefahren klar dargelegt sind."[915] Zur Begründung zieht der EuGH den erwähnten Artikel 130r EGV heran: „Das bestätigt auch Artikel 130r Abs. 1 EG-Vertrag, wonach der Schutz der menschlichen Gesundheit zu den umweltschutzpolitischen Zielen der Gemeinschaft gehört. Nach Artikel 130r Absatz 2 zielt die Umweltpolitik der Gemeinschaft auf ein hohes Schutzniveau ab; sie beruht auf den Grundsätzen der Vorsorge und Vorbeugung; die Erfordernisse des Umweltschutzes müssen bei der Festlegung und Durchführung anderer Gemeinschaftspolitiken einbezogen werden."[916]

Das Gericht erster Instanz hat sich diese Begründung zu eigen gemacht, indem es diese in einem Urteil fast wörtlich übernommen hat.[917] Der Präsident des Gerichts erster Instanz schließt sich dieser Auffassung in einem Beschluß in einer anderen Rechtssache an und verweist ausdrücklich auf das Vorsorgeprinzip.[918] Zudem wird hervorgehoben, daß der Gesundheitsschutz eine „Sache höchsten Ranges" sei und die Erfordernisse der öffentlichen Gesundheit wirtschaftlichen Erwägungen „zweifelsohne" vorgehen müssen.

---

912 KOM2000/1/endg. S. 11.

913 *Kahl*, in: **Calliess/Ruffert** Art. 95 Rdnr. 16.

914 Urteile C-180/96 „BSE", Slg. 1998, S. I-2265, vgl. aber auch C-157/96 „National Farmers Union", Slg. 1998, S. I-2211.

915 Urteil C-180/96 „BSE", a.a.O., Rdnr. 99.

916 Urteil C-180/96 „BSE", a.a.O., Rdnr. 100.

917 Urteil T-199/96, Rdnr. 66, 67.

918 Rechtssache T-70/99, Slg. 1999, S. II-2027.

3.2.3 Völkerrecht

Angesichts der Weite der Debatten über das Vorsorgeprinzip im Völkerrecht kann im Rahmen dieser Arbeit nicht detailliert auf die Entwicklung des Vorsorgeprinzips im Völkerrecht eingegangen werden. Das Vorsorgeprinzip wird häufig in Erklärungen und Abkommen des Umweltvölkerrechts erwähnt.[919] Einige Autoren gehen bereits von einem Vorsorgeprinzip aus Umweltvölkergewohnheitsrecht aus.[920] Aber auch im gesundheitlichen Rahmen findet man inhaltliche Regelungen, die der Aussage des Vorsorgeprinzips entsprechen. Im folgenden soll stellvertretend die Formulierung aus dem sog. „SPS-Abkommen" der WTO[921] dargestellt werden, die inhaltlich als eine Ausprägung des Vorsorgeprinzips gesehen wird.

Neben den europarechtlichen Grundlagen ist das Vorsorgeprinzip im Völkerrecht aus dem „Übereinkommen über die Anwendung gesundheitspolizeilicher und pflanzenschutzrechtlicher Maßnahmen"[922] (kurz: SPS-Übereinkommen) verankert, obwohl es dort nicht ausdrücklich so bezeichnet wird. Bei diesem Übereinkommen geht es um die internationale Regelung, unter welchen Voraussetzungen nichttariffäre Handelsbeschränkungen erlassen werden dürfen. Grund für ein solches Übereinkommen ist, daß nicht auf Zölle gestützte Beschränkungen nicht zu verschleiertem Protektionismus mißbraucht werden sollten. Entsprechend ist in dem Übereinkommen festgelegt, daß jede gesundheitspolizeiliche oder pflanzenschutzrechtliche Handelsbeschränkung auf wissenschaftlichen Grundsätzen beruhen soll und keine Maßnahme ohne hinreichende wissenschaftliche Beweise aufrecht erhalten werden darf. Als Ausnahme dazu legt Artikel 5 Absatz 7 fest: „In Fällen, in denen das einschlägige wissenschaftliche Beweismaterial nicht ausreicht, kann ein Mitglied gesundheitspolizeiliche oder pflanzenschutzrechtliche Maßnahmen vorübergehend auf der Grundlage der verfügbaren einschlägigen Angaben (...) einführen. In solchen Fällen bemühen sich die Mitglieder, die notwendigen zusätzlichen Informationen einzuholen und nehmen innerhalb einer

---

919 Vgl. Principle 15 der „Rio Declaration", abgedruckt in **Deketelaere/Gekiere**, S. 13 ff. Vgl. Art. 4 Nr. 3 der „Convention on the Ban of the Import into Africa and the Control of Transboundary Movement and Management of Hazardous Wastes within Africa", abgedruckt ebenda, S. 351 ff.. **Landwehr**, S. 70, m.w.N..

920 **Calliess**, „Rechtsstaat und Umweltstaat", S. 143. **Epiney/Scheyli**, S. 76 ff., 98 ff., 171 ff..

921 Abgedruckt in ABl. L 336 vom 23.12.1994, S. 40.

922 Im engl: „sanctuary and phytosanctuary"; deshalb auch kurz als „SPS-Übereinkommen" bezeichnet.

vertretbaren Frist eine entsprechende Überprüfung der gesundheitspolizeilichen oder pflanzenschutzrechtlichen Maßnahmen vor."[923]

Die Kommission meint dazu, daß die Gemeinschaft wie alle anderen Mitglieder der WTO das Recht habe, ein ihr angemessenes Schutzniveau festzulegen.[924] Deshalb habe sie auch das Recht, Maßnahmen, die auf dem im SPS-Übereinkommen verankerten Vorsorgeprinzip beruhen, vorzunehmen. Von daher sei die Anwendung des Vorsorgeprinzips wesentliches Element der Gemeinschaftspolitik.[925]

3.2.4 Das Vorsorgeprinzip als allgemeiner Rechtsbegriff

In Artikel 174 EG (früher 130r EGV) wird das Prinzip zwar genannt, aber nicht weiter definiert. Die Kommission macht in ihrer Mitteilung, die eigens das Vorsorgeprinzip zum Gegenstand hat, keinen Definitionsversuch: Es handele sich - wie bei den allgemeinen Rechtsbegriffen der Subsidiarität und der Verhältnismäßigkeit - um einen unbestimmten Rechtsbegriff, der von den politischen Entscheidungsträgern und der Gerichtsbarkeit ausgefüllt werden müsse.[926]

3.3 Diskussion

Die Kommission ist sich bewußt, daß das Vorsorgeprinzip an sich umstritten ist und versteht ihre Mitteilung als Diskussionsbeitrag.[927] Seit Veröffentlichung der Mitteilung Anfang 2000 hat sich in der Literatur allerdings nicht viel Diskussion gezeigt.[928] Zwar wird das Vorsorgeprinzip durchaus oft erwähnt, allerdings meist ausschließlich im Zusammenhang mit umweltrechtlichen Fragestellungen.[929] Die Frage, ob und wie das Vorsorgeprinzip bei gemeinschaftlichen Maßnahmen zum Schutz der menschlichen Gesundheit einfließt, wird leider nicht eigens problematisiert. Das mag daran liegen, daß das Vorsorgeprinzip an sich schon rechtsdog-

923 Näher zu diesen Bestimmungen des SPS vgl. **Wetzig**, ZLR 2000, S. 11 (13). Für eine ausführliche Untersuchung der Bedeutung des Vorsorgeprinzips speziell im Rahmen des SPS-Abkommens vgl. **Eggert**, S. 161 - 194.

924 Zur Mitgliedschaft der Europäischen Gemeinschaft In der WTO vgl. Artikel 1 Abs. 1 des Beschlusses 1994/800/EG des Rates vom 22. Dezember 1994 (ABl. L 336 vom 23.12.1994, S. 1)

925 KOM2000/1/endg., S. 14

926 KOM2001/1/endg., S. 11.

927 KOM2000/1/endg., Einleitung.

928 Die vorhandenen Diskussionen finden meist im Bereich des Umweltrechts statt. Vgl. **Rengeling**, DVBl. 2000, S. 1473 (1476 ff.). Ein lebensmittelrechtlicher Ansatz bei **Böhm**, ZLR 2000, S. 241 (252).

929 Vgl. dazu die Zusammenfassungen bei **Rengeling**, DVBl. 2000, S. 1473 ff. oder **Falke**, ZUR 2000, S. 265 ff..

matisch äußert schwierig zu verorten ist. So ist z.B. auch im deutschen Umweltrecht umstritten, ob das Vorsorgeprinzip ein allgemeines Rechtsprinzip darstellt.[930] Im folgenden soll die Diskussion allerdings auf den dargestellten Ansatz der Kommission beschränkt werden.

3.3.1 Kritik an der Herleitung

Die von der Kommission und dem EuGH verwendete Herleitungen setzen zum Teil an unterschiedlichen Punkten an. Das erfordert eine genauere systematische Betrachtung.

3.3.1.1 Umweltrecht

Es ist fraglich, ob der Vorsorgegedanken aus der Umweltschutzpolitik ohne weiteres auf andere Politikbereiche übertragen werden kann. Grundsätzlich gilt das Prinzip der begrenzten Einzelermächtigung. Zwar erlaubt Artikel 6 EG (früher Artikel 3 c EGV) durch eine Querschnittsklausel die Berücksichtigung von Umweltschutz in allen anderen Politikbereichen.[931] Damit müßte aber das Vorsorgeprinzip nach wie vor im Rahmen umweltschutzpolitischer Überlegungen angewendet werden, wenn Maßnahmen einen anderen Politikbereich betreffen.

Der EuGH bedient sich im Urteil „BSE", in dem er das Vorsorgeprinzip auf eine Fragestellung außerhalb des Umweltrechts anwendet, eines Kunstgriffs: Er versucht im Grunde, die umweltpolitische Querschnittsklausel in die gesundheitsschutzpolitische Querschnittsklausel einzufügen: „die Erfordernisse des Umweltschutzes müssen bei der Festlegung und Durchführung anderer Gemeinschaftspolitiken einbezogen werden."[932] In dem Fall war aber im Rahmen des Vieh- und Fleischhandels schon der Gesundheitsschutz lediglich im Rahmen der Querschnittsklausel einbezogen worden.[933] Die Erfordernisse des Umweltschutzes waren vom Exportverbot aber nicht tangiert. Damit könnte strenggenommen das Vorsorgeprinzip nur noch durch die Anwendung der Umweltschutz-Querschnittsklausel auf die in dem Fall ausschließlich einschlägige Gesundheitsschutz-Querschnittsklausel eine Rolle spielen. Eine solche rechtliche Argumentation ist nicht schlüssig.

---

930 Vgl. **Rengeling**, a.a.O., S. 1473 (1478).

931 Der Artikel lautet: "Die Erfordernisse des Umweltschutzes müssen bei der Festlegung und Durchführung der in Artikel 3 genannten Gemeinschaftspolitiken und- maßnahmen insbesondere zur Förderung einer nachhaltigen Entwicklung einbezogen werden."

932 Rechtssache C-180/96 „BSE", Slg. 1998, S. I - 2265, Rdnr. 99 f..

933 Auch diese Begründung kann diskutiert werden: In der Gemeinsamen Agrarpolitik können Aspekte des Gesundheitsschutzes auch ohne Querschnittsklausel geregelt werden, sofern dies mit einer Marktorganisation zusammenhängt. Dazu oben Kapitel 2 Abschnitt 1.2.3.

Im Ergebnis ist dem EuGH aber mit folgender Begründung zuzustimmen: Sofern die Gemeinschaft ein hohes Niveau des Gesundheitsschutzes zu beachten hat, muß sie präventive Maßnahmen ergreifen können.[934] Damit darf die Gemeinschaft grundsätzlich auch auf vorbeugende Überlegungen gestützte Maßnahmen zum Gesundheitsschutz erlassen. Auf diesen Präventionsgedanken wird sogleich noch einmal ausführlicher eingegangen.

Im Ergebnis ist jedenfalls eine Herleitung des Vorsorgeprinzips aus Art. 174 EG (früher 130r EGV), wie sie der EuGH in o.a. Fall vornahm, gar nicht notwendig. Insofern paßt das Argument der Kommission, daß der Wortlaut allein das Vorsorgeprinzip nicht zwangsläufig auf den Umweltschutz beschränkt, besser.[935] Appel merkt hierzu allerdings an, daß die Kommission das medienbezogene Vorsorgeanliegen im Umweltschutz vernachlässigt.[936]

3.3.1.2 SPS-Übereinkommen der WTO

Die Herleitung des Vorsorgeprinzips aus der Eigenschaft der Gemeinschaft als Mitglied der WTO dürfte kaum als rechtliche Begründung zur Anwendung des Vorsorgeprinzips im Rahmen von Gemeinschaftsrecht genügen.

Die Rechtfertigung des Vorsorgeprinzips könnte sich vielleicht aus einer unmittelbaren Anwendbarkeit der Standards des SPS-Übereinkommens ergeben, welches Bestandteil des WTO-Übereinkommens ist. Schon diese Frage ist aber höchst streitig; der EuGH lehnt eine solche unmittelbare Anwendbarkeit jedenfalls ab.[937] Im Ergebnis würde eine Herleitung aus dem SPS-Abkommen aber zu einer „resulting power“ führen, welche gegen das Prinzip der begrenzten Einzelermächtigung verstößt. Durch die Mitgliedschaft in der WTO darf die Gemeinschaft nicht über die ihr grundsätzlich zustehenden Kompetenzen hinausgehen. Die Rechtfertigung des Vorsorgeprinzips im europäischen Gesundheitsschutz muß daher aus dem Primärrecht ableitbar sein.

3.3.1.3 Begrifflichkeit

Aus Art. 174 EG (früher 130 r EGV) ergibt sich, daß es nicht um ein „Vorsorgeprinzip“ geht, sondern um die Gedanken der „Vorsorge“ und „Vorbeugung“. Auch der EuGH nennt nicht ein „Vorsorgeprinzip“ sondern bezieht sich sowohl auf Vorsorge als auch Vorbeugung.[938] Es bietet sich daher an, zwei einzeln ge-

---

934 Siehe oben Kapitel 1 Abschnitt 3 zur Definition von "Gesundheitsschutz".

935 Mitteilung der Kommission KOM2000/1 S. 10.

936 **Appel**, NVwZ 2001, S. 395 (397).

937 Vgl. einen Überblick bei **Wetzig**, ZLR 2000, S. 11 (17 f.).

938 EuGH Rs. C-180/96 „Tabakrichtlinie“, a.a.O., Rdnr. 100.

nannte Begriffe auch als zwei Einzelbegriffe im Rechtssinne zu verstehen. So könnte man Vorsorge als eine rechtliche Pflicht zu vorsorglichen Maßnahmen der Schadensverhinderung verstehen, während Vorbeugung die Entscheidung im Zweifel für eine Maßnahme im Falle von wissenschaftlichen Unsicherheiten umfassen könnte.[939] Eine solche Unterscheidung würde den Begriff Vorsorge als unbestimmten Rechtsbegriff verstehen und Vorbeugung als Bestandteil der konkreten Güterabwägung im Einzelfall. Vorbeugendes Eingreifen könnte als Abwehr einer konkreten Risikosituation damit primärrechtlich durch das in Art. 5 Abs. 3 EG niedergelegte Verhältnismäßigkeitsprinzip gerechtfertigt werden, wenn die konkrete Risikosituation unter eine der gemeinschaftlichen Kompetenzen fällt. Anders dagegen wären vorsorgende Maßnahmen zu bewerten, mit denen unabhängig von einer konkreten Situation ein lediglich denkbares Risiko umgangen werden soll.

Frenz lehnt eine inhaltliche Unterscheidung der zwei Begriffe mit einer nichtssagenden Wortspielerei ab: „Wird vorgesorgt, wird regelmäßig auch vorgebeugt, und umgekehrt."[940] Auch auf gemeinschaftlicher Ebene findet eine Unterscheidung der Begriffe nicht statt.[941] Sie wäre aber hilfreich, um eine rechtssystematisch klare Durchführung des gemeinschaftsrechtlichen Gesundheitsschutzes zu gewährleisten. Das werden die folgenden inhaltlichen Bedenken zu dem mithin als Sinneinheit der Begriffe Vorsorge und Vorbeugung verstandenen Vorsorgeprinzip zeigen.

3.3.2 Inhaltliche Bedenken

Das grundsätzliche Problem der gegenwärtigen Diskussion und Konzeption des Risikoschemas sowie des darauf aufbauenden Vorsorgeprinzips ist, daß diese Begriffe weitgehend vor politisch-strategischen Hintergrund entwickelt wurden.[942] Weiter gilt es zu bedenken, daß selbst die Auslegung des Vorsorgeprinzips aus dem SPS-Abkommen keineswegs einheitlich ist. So beschreibt z.B. Kunz die negativen Wirkungen der in der Gemeinschaft vorherrschenden Restriktionen auf den Export von schweizer Rindern und ist der Ansicht: „Die Einfuhrverbote für

939 **Epiney**, S. 98 f., unterscheidet zwischen „Vorbeugung" und einem „Konzept der Vorsorge", ohne aber einen näheren rechtlichen Gehalt zu definieren.

940 **Frenz**, Rdnr. 141.

941 Vgl. schon obige Ausführungen zur Definition des Gesundheitsbegriffes Kapitel 1 Abschnitt 3.

942 Vgl. die Anmerkung in der Mitteilung KOM2000/1/endg.: „...konnte sich das Vorsorgeprinzip als **politisch akzeptierte** Risikomanagement**strategie** durchsetzen." [Hervorhebungen durch den Verfasser].

Fleisch und Fleischerzeugnisse aus der Schweiz stehen damit im Widerspruch zum WTO-Übereinkommen (SPS).“[943]

Deshalb sollen hier folgende rechtssystematische Überlegungen zu bedenken gegeben werden.

3.3.2.1 Systematische Verortung

Nach Ansicht der Kommission findet das Vorsorgeprinzip auf der Ebene der Risiko-Behandlung statt. Wie bereits oben aufgezeigt, finden aber bereits erste grundsätzliche Wertungen bei der Risiko-Ermittlung statt. Horst/Mrohs weisen deshalb auf einen Ansatz hin, der das Vorsorgeprinzip auch bereits in der Risiko-Ermittlung anwendet.[944] Inhaltlich mag das durchaus korrekter erscheinen. Andererseits soll die Trennung von Ermittlung und Behandlung gerade eine systematische Klarheit bringen. Aus diesem Grund ist es besser, Vorsorge bzw. Vorbeugung ausschließlich dem Bewertungsspielraum der Risiko-Behandlung zuzuordnen.

3.3.2.2 Beweislastumkehr

Die Kommission führt in der Mitteilung aus: „Auf das Vorsorgeprinzip gestützte Maßnahmen können eine Regelung enthalten, aus der sich ergibt, wer die für eine umfassende Risikobewertung erforderliche wissenschaftlichen Beweise zu erbringen hat.“[945] Im einzelnen wird dieses Vorgehen mit bereits bestehenden Regelungen im europäischen Arzneimittelrecht begründet. Dort werden im Rahmen von Zulassungsvoraussetzungen gewisse Stoffe von vornherein als gefährlich eingestuft, bis ein Antragsteller den gegenteiligen Beweis liefern könne.[946]

In der Literatur wird hier eine Gefahr gesehen, daß eine Beweislastumkehr stattfindet, die nicht mit dem nationalen Grundrechtsschutz in Einklang steht. Die materiell-rechtlichen Anforderungen an ein Vorsorgeprinzip können nicht dadurch begründet werden, daß in gewissen Bereichen ein Genehmigungserfordernis besteht.[947] Allgemein dürfte es schwer möglich sein, wissenschaftliche Unsicherheiten einseitig zu Lasten Dritter gehen zu lassen. In diesem Sinne wurde die Mitteilung der Kommission bereits innerhalb des Rates diskutiert.[948]

---

943 **Kunz**, ZLR 1997, S. 105 (111).
944 **Horst/Mrohs**, ZLR 2000, S. 125 (139).
945 KOM2000/1 S. 12.
946 KOM2000/1 S. 12.
947 **Rengeling**, DVBl. 2000, S. 1473 (1479).
948 Bericht des Vorsitzenden der Gruppe „Freunde des Vorsitzes“ vom 26.5.2000 (Ratsdokument 8808/00), S. 3.

Im deutschen Recht wurde die Frage der Beweislast hinsichtlich der Entschädigung bei einer Sicherstellung wegen BSE-Verdacht bereits ansatzweise relevant.[949] Es ging darum, ob der Betroffene einer konkreten Maßnahme, die aufgrund eines rechtmäßig angenommenem Gefahrenverdacht getroffenen worden war[950] „als „Störer“ oder als „Nicht-Störer“ zu behandeln ist. Büge bezeichnet die konkret getroffene Maßnahme in seiner Urteilsanmerkung als „Vorsorgemaßnahme“. Er fordert für eine derartige Senkung der Eingriffsschwelle einen Ausgleich für den Betroffenen.[951] Einen solchen gewährte das LG Bielefeld aber nicht.

Bis dahin war nach einem früheren Urteil des BGH davon auszugehen, daß dem als Zustandsstörer in Anspruch Genommenen ein Entschädigungsanspruch zusteht, wenn er die den Gefahrenverdacht begründenden Umstände nicht zu vertreten hat.[952] Götz ging entsprechend davon aus, dass der in Anspruch Genommene als „Nicht-Störer“ zu behandeln ist, wenn sich nach dem Ausgang des Verfahrens objektiv die „endgültige Verantwortlichkeit“ nicht feststellen lässt.[953] In dem fraglichen Urteil des LG Bielefeld hat das Gericht aber festgestellt: „Der Anspruchsteller hat insoweit darzulegen und auch zu beweisen, daß sich die Maßnahme im nachhinein als rechtswidrig erweist.“[954] Nach Ansicht des Gerichts brachte der Kläger keine Argumente, die zu einer geänderten Einschätzung führen konnten, vor und behandelte ihn als „Störer“.

Das deutsche Beispiel zeigt, daß eine vorsorgende bzw. vorbeugende Maßnahme schließlich dazu führen kann, ein ursprünglich positives Beweiserfordernis zu umgehen. So weit darf es jedoch nicht kommen. Die bisherigen Erläuterungen der Kommission zum Vorsorgeprinzip berücksichtigen dieses Problem nicht ausreichend. Auch Appel ist insofern der Meinung, daß die Konzeption des Vorsorgeprinzips der Kommission noch zu pauschal sei, um die Schwierigkeiten in „Unsicherheitssituationen und der auf beiden Seiten zu berücksichtigen Grundrechtspositionen“ bewältigen zu können.[955]

---

949 Vgl. Urteil des LG Bielefeld vom 2.9.1999, Az. 6 O 2 18/98, in: ZLR 2000, S. 101 ff..

950 Auf die deutsche Rechsprechung zur Unterscheidung zwischen Vorsorge und Gefahrenverdacht wird unten im folgenden Abschnitt eingegangen.

951 **Büge**, ZLR 2000, S. 107 (110)

952 BGH Urt. v. 12.3.1992 (III ZR 128/91), DVBl 1992, S. 1158 ff..

953 **Götz**, Anmerkung zu BGH Urt. v. 12.3.1992, DVBl. 1992, S. 1160.

954 LG Bielefeld, Urteil vom 2.9.1999, Az. 6 O 2 18/98, in: ZLR 2000, S. 101 (106).

955 **Appel**, NVwZ 2001, S. 395 (398).

3.3.2.3 *Vergleich mit dem Begriff der Gefahrenabwehr im deutschen Recht*

Die Verwirklichung eines Gemeinsamen Marktes und speziell des Binnenmarktes führt zum Wegfall aller Binnengrenzen. Da Binnengrenzen zum größten Teil nicht aus lediglich protektionistischen Gründen vorhanden sind, sondern unter anderem auch aus Gründen des Gesundheitsschutzes, wird durch den Abbau von hierauf beruhenden Handelsbeschränkungen immer mehr auch eine gemeinschaftsweite Gefahrenabwehr und -vorsorge notwendig.[956]

Das deutsche Sicherheits- und Polizeirecht kennt vorsorgliches Handeln und die damit verknüpften Abwägungsprobleme unter dem Begriff des „Gefahrenverdachts". Er wird allgemein unter den Gefahrenbegriff gefaßt. Die Dogmatik hinsichtlich seiner Behandlung ist umstritten.[957] Eine unsichere Faktenlage wird hier als „geringere" Gefahr eingestuft, die zunächst nur zu Erforschungseingriffen ermächtigen soll.[958] Weiter gibt es im deutschen Recht einen allgemeinen Grundsatz im Polizei- und Sicherheitsrecht, „wonach an die Wahrscheinlichkeit des Schadenseintritts um so geringere Anforderungen zu stellen sind, je größer und folgenschwerer der möglicherweise eintretende Schaden ist".[959]

Die Anforderungen an die Gefahr werden je nach Sachzusammenhang konkreter ausgestaltet. So z.B. auch im deutschen Sicherheitsrecht im Rahmen der Behandlung von Tierseuchen nach dem Bundestierseuchengesetz.[960] In einer jüngeren Entscheidung hat das Bundesverwaltungsgericht bestätigt, daß der allgemeine Vorbeugungsgrundsatz der speziellen Ausgestaltung weicht.[961] Es ging in dem Urteil um die nationale zweite BSE-Schutzverordnung, die bei Auftreten eines BSE-Falls in einem Betrieb die Tötung aller Tiere aus diesem Betrieb vorschreibt. Eine solche pauschale Annahme der Ansteckung des gesamten Bestandes war deswegen nicht rechtmäßig, weil nach dem Tierseuchengesetz spezielle Anhaltspunkte, wann eine Kontamination gegeben ist, angeführt werden mußten.[962] Deshalb durfte der zitierte allgemeine Grundsatz in dem Fall nicht zur Rechtfertigung des Tötungsgebots verwendet werden; die Verordnung war insofern nichtig.

---

956 Vgl. **Ringel**, S. 166.

957 Vgl. **Poscher**, NZfV 2001, S. 141 ff.

958 Vgl. dazu die Ausführungen z.B. bei **Berner/Köhler**, S. 26 ff..

959 BVerwG in einer Entscheidung vom 15.2.2001 (Rs. 3 C 9.00), Deutsches Verwaltungsblatt (DVBl.) 2001, S. 836 f..

960 Einen Überblick bis zur zweiten BSE Verordnung bei **Büge/Tünnesen-Harmes**, ZLR 1997, S. 625 ff. und dies., Agrarrecht 1998, S. 1 ff..

961 BVerwG in einer Entscheidung vom 15.2.2001 (Rs. 3 C 9.00), DVBl 2001, S. 836 f..

962 Vgl. ergänzend zu den Urteilsgründen bereits ausführlich im Vorfeld des Urteils zur Entwicklung der Problematik der BSE-Verordnungen **Büge/Tünnesen-Harmes**, RdL 1997, S. 309 (312).

Salzwedel bezeichnet in einer Anmerkung zu dem genannten Urteil im Hinblick auf den neuen § 79a BTierSG die Flucht aus der Gefahrenabwehr in die Vorsorge als „nichts anderes als Spiegelfechterei", da in beiden Fällen immer noch konkret risikoerhöhende Umstände im Hinblick auf das Schutzgut vorliegen müßten.[963] Büge hebt trotz seines im Ergebnis wohl zutreffenden Widerspruchs zu Salzwedels ablehnender Haltung[964] diesen Umstand besonders hervor und weist auf die Gefahr hin, daß unter dem Etikett der Vorsorge die Gefahr von nicht zu rechtfertigenden pauschalen Tötungsgeboten besteht.[965] Im übrigen sind auch ähnlich konkrete Anforderungen im deutschen Lebensmittelrecht vorhanden, so dass Problemen bei der Anwendung von vorsorgenden Abwehrmaßnahmen entstehen könnten.[966]

Im Ergebnis finden sich im Rahmen der deutschen Diskussion um den „Gefahrenverdacht" spiegelbildlich die Probleme, welche die Kommission durch ihre Mitteilung um das Vorsorgeprinzip zu beheben versucht: „Bei Gefahrenverdacht müssen Gefahrabwehrorgane auch schon dann handeln können, wenn sie nicht mit an Sicherheit grenzender Wahrscheinlichkeit von einer Gefahr überzeugt sind."[967] Möglicherweise wäre der Ansatz, den Poscher im Rahmen seiner Diskussion des Gefahrenverdachts führt, auch im Rahmen eines gemeinschaftlichen Vorsorgeprinzips erfolgsversprechend; Poscher betrachtet die materiellrechtlichen Lösungsansätze als gescheitert und spricht sich für eine rein verfahrensrechtliche Lösung im Rahmen des Problems der „Beweismaßreduktion" aus.[968]

3.3.2.4 Gemeinschaftliche Vorsorge als vorverlagerte Gefahrenabwehr

Im Rahmen der hier untersuchten Maßnahmen des Gesundheitsschutzes wird nicht von „Gefahr", sondern von „Risiko" gesprochen, obwohl sich inhaltlich sich die Problemstellungen gleichen. Dennoch liegen diesen Begriffen unterschiedliche Konzepte zugrunde:

Die Gefahrenabwehr betrifft die öffentliche Ordnung und Sicherheit. Für diesen Bereich hat die Gemeinschaft keine Einzelermächtigungen erhalten. Das ist ausschließlich die Sache der souveränen Mitgliedstaaten. Die Risikovorsorge, die durch die Europäische Gemeinschaft betrieben werden kann, muss daher von dem

963 **Salzwedel**, ZLR 2001, S. 444 (449).
964 **Salzwedel**, ZLR 2001, S. 444, kritisiert das Urteil des BVerwG.
965 **Büge**, ZLR 2001, S. 761 (766).
966 **Wahl**, ZLR 1998, S. 275 (292 f.). **Gorny**, ZLR 1998, S. 307 (309).
967 Vgl. **Poscher**, a.a.O., S. 141 (144). Vgl. dazu KOM2000/1/endg. S. 10
968 **Poscher**, a.a.O., S. 141 (143 f.).

tradionellen Bereich der Gefahrenabwehr im Rahmen der öffentlichen Sicherheit und Ordnung unterscheidbar sein.[969]

Ein Problem entsteht dann, wenn ein Mitgliedstaat den Gesundheitsschutz vornehmend als Recht zur Gefahrenabwehr im Bereich der öffentlichen Sicherheit und Ordnung begreift.[970] Konkret scheint das gerade für das deutsche Lebensmittelrecht der Fall zu sein. Hufen weist darauf hin, daß sich das deutsche Lebensmittelrecht „wohl nach wie vor in überraschend großem Maße als ´repressiv´oder allenfalls als Recht der Gefahrenabwehr“ begreife. Er bezeichnet die „modernen Ansätze der Risikovorsorge“ als „erst in den Anfängen“ stehend.[971]

Als einen Ansatz zum Konzept der Risikovorsorge könnte man die Ansicht von Bender/Sparwasser/Engel verstehen: Dort heißt es, daß im Gegensatz zum Gefahrenbegriff es dem klassischen Risikobegriff an einem eingrenzenden Maßstab fehle: „Deshalb wird Risiko zunehmend als `aliud` zur Gefahr verstanden, das sich vor allem durch die völlige Ungewißheit des Schadenseintritts auszeichne. Risiko ist die Gefahr der Fehleinschätzung eines nicht hinreichend geklärten oder klärbaren Sachverhalts und erfaßt den Bereich unterhalb der Gefahrenschwelle. Risikovorsorge dient dazu, einen zureichenden Sicherheitsabstand zur Gefahrenschwelle zu gewährleisten (Sicherheitsschwelle). Die Abgrenzung zwischen Vorsorgeprinzip und Gefahrenabwehrprinzip ist in diesem Grenzbereich unscharf“.[972]

Bezogen auf die der Europäischen Gemeinschaft zugewiesenen Kompetenzen folgt aus dieser unscharfen Abgrenzung zwischen Riskovorsorge und Gefahrenabwehr eine unscharfe Reichweite der Gesundheitsschutz-Klauseln.

Im Bereich des Gesundheitsschutzes wurde als Querschnittsbereich die Aufgabe der Prävention übertragen. Damit muß zwangsläufig eine Auseinandersetzung mit der Frage erfolgen, wann und wie Präventivmaßnahmen ergriffen werden sollen, ohne daß aber sicherheitsrechtliche Maßnahmen getroffen werden dürfen. Dabei wäre insbesondere zu prüfen, ob hier etwa in unzulässiger Weise in das Recht der Mitgliedstaaten zur Wahrung der öffentlichen Sicherheit und Ordnung eingegriffen würde.

Die Lösung der Frage, ob und inwiefern das Recht zu Präventionsmaßnahmen und das Recht der öffentlichen Sicherheit und Ordnung unterschieden werden können bzw. müssen, ist nicht die Aufgabe dieser Arbeit. Ein wesentlicher Unterschied mag darin liegen, daß auf die Gemeinschaft übertragenen gesundheitlichen Präventionsaufgaben keinerlei Befugnisse für Ersatzvornahmen oder Zwangsmaß-

[969] Vgl. auch Kapitel 3 Abschnitt 3.3.2.3.
[970] Vgl. die Fallbeispiele von **Seiler**, JuS 2002, S. 679 ff..
[971] **Hufen**, ZLR 1999, S. 755 (759).
[972] **Bender/Sparwasser/Engel**, S. 31, Rdnr. 82.

nahmen umfassen.[973] Diese Grenze könnte man jedoch dann als überschritten ansehen, wenn die Mitgliedstaaten mit ihren Ersatz- und Zwangsmaßnahmen nur noch quasi als „Werkzeug“ dem Diktat gemeinschaftsrechtlicher (Zwangs-)Maßnahmen zu folgen hätten. Es wäre zu fragen, inwiefern eine solche Grenze z.B. im Rahmen der Maßnahmen gegenüber Portugal bereits überschritten wäre. Das umfassende Exportverbot stützte sich darauf, daß Portugal die gemeinschaftsrechtlich vorgeschriebenen Maßnahmen nicht zur Genüge umgesetzt hatte. Deshalb wurde von der Europäischen Gemeinschaft das Exportverbot als eine stärkere Schutzmaßnahme verhängt.[974] Damit fungiert das umfassende Exportverbot aber indirekt auch als Zwangsmaßnahme zur Durchsetzung der anderen gemeinschaftsrechtlichen Vorschriften.

Im Ergebnis ist damit festzuhalten, dass bei der Diskussion um ein gemeinschaftsrechtliches Vorsorgeprinzip im Bereich des Gesundheitsschutzes besonders das Spannungsfeld zwischen der Notwendigkeit der Durchsetzung von Gemeinschaftsrecht und dem ausschließlichen Recht der Mitgliedstaaten zur Wahrung der öffentlichen Sicherheit und Ordnung beachtet werden muß. Aus diesem Grund bedarf ein gemeinschaftsrechtliches Vorsorgeprinzip im Bereich des Gesundheitsschutzes einer besonderen Rechtfertigung. Eine solche besondere Rechtfertigung enthält die Mitteilung der Kommission aber nicht.

3.3.3 Lösungsvorschlag

Um die oben angesprochenen Probleme der Implementation eines Vorsorgeprinzips zu lösen, bietet sich an, das von der Kommission definierte Vorsorgeprinzip auf der politischen Ebene zu belassen und sich auf eine rechtliche Systematisierung im Rahmen des Verhältnismäßigkeitsgrundsatzes zu beschränken. Dafür sprechen die folgenden Gründe:

3.3.3.1 Vorbeugung immanent in Schutzmaßnahmen

Das Vorsorgeprinzip geht von der Hypothese aus, daß im Falle nicht wissenschaftlich gesicherter Fakten eine Entscheidung grundsätzlich nicht möglich ist: „Die Entscheidung, Maßnahmen zu ergreifen, obwohl noch nicht alle erforderlichen wissenschaftlichen Erkenntnisse vorliegen, entspringt dem Vorsorgegedan-

[973] Vgl. eine Untersuchung zur Natur und Umfang von gemeinschaftsrechtlich möglichen Sanktionen und Zwangsmaßnahmen z.B. bei *van Gerven/Zuleeg*, in: **van Gerven/Zuleeg**, S. 11f..

[974] Vgl. die Zusammenfassung im Rahmen der Chronologie der Schutzmaßnahmen Kapitel 1 Abschnitt 1.2.

ken."[975] Das deckt sich mit dem im völkerrechtlichen SPS-Abkommen geregelten Grundsatz.

Allerdings ist diese Hypothese nicht korrekt im Rahmen von Befugnissen zu präventiven Maßnahmen. Es ist geradezu das Wesen von Schutzmaßnahmen, daß sie vor Schadenseintritt stattzufinden haben und deshalb Gefahren aus einer „ex-ante" Sichtweise beurteilt werden müssen. Eine abschließende Bewertung der Schadenswahrscheinlichkeit wird sogar in den wenigsten Fällen möglich sein. Reichen wissenschaftliche Fakten nicht aus, so muß dies bei der Schwere und dem Umfang des Eingriffs im Rahmen der Verhältnismäßigkeit berücksichtigt werden. Es darf sich im Regelfall dann nur um Forschungseingriffe und vorläufige Maßnahmen handeln. Damit bleibt kein eigenständiger rechtlicher Gehalt für ein „Vorsorgeprinzip" übrig. Zum Beleg dieser These mag die Aussage von Appel dienen, der das von der Kommission postulierte Vorsorgeprinzip „zu sehr auf Prävention unter Unsicherheitsbedingungen verengt" sieht.[976]

3.3.3.2 Anwendung im Rahmen der Verhältnismäßigkeit

Art. 152 EG läßt darauf schließen, daß „vorsorgende" Tätigkeiten nicht als Maßnahmen nach Art. 249 EG in die gemeinschaftliche Rechtssetzungstätigkeit einfließen sollen, sondern allenfalls im Rahmen der ergänzenden, koordinierenden und fördernden Tätigkeiten der Art. 152 und 153 EG führen können.

Im deutschen Verwaltungsrecht wird zwischen der Konkretisierung eines unbestimmten Rechtsbegriffs und der Ausfüllung eines Ermessensspielraumes unterschieden. Dem Gemeinschaftsrecht ist eine solche Unterscheidung fremd, da es aus dem Rechtsverständnis verschiedener mitgliedstaatlicher Rechtssysteme hervorgeht. Entsprechend darf die Mitteilung der Kommission nicht allein auf Basis der deutschen Rechtslehre betrachtet werden.

In dem Bericht eines Ausschusses im Rat wurde im Hinblick auf die Mitteilung der Kommission zum Vorsorgeprinzip insbesondere die Frage diskutiert, ob sich das Schutzklauselverfahren als Rechtsgrundlage für Entscheidungen eignet, die nach dem Vorsorgeprinzip zu treffen sind.[977] Diese Frage ist auch und gerade im Zusammenhang mit der BSE-Problematik von Bedeutung, da im Rahmen der Untersuchungen dieser Arbeit bereits festgestellt wurde, daß viele Maßnahmen in Bezug auf BSE auf Schutzklauseln des Sekundärrechts beruhen.[978] Der Bericht

---

975 KOM/2000/1/endg., S. 9.

976 **Appel**, NVwZ 2001, S. 395 (398).

977 Bericht des Vorsitzenden der Gruppe „Freunde des Vorsitzes" vom 26.5.2000 (Ratsdokument 8808/00), S. 3.

978 Siehe oben Kapitel 2 Abschnitt 2.1.2.

kommt u.a. zu dem richtigen Ergebnis, daß für eine breite Anwendung des Vorsorgeprinzips allgemeingültigere Rechtsinstrumente herangezogen werden müssten.[979] Am Rande wurde aber auch angeregt, das Vorsorgeprinzip mit Hilfe des Vertrages über den Umweltbereich hinaus auch auf andere Sektoren auszudehnen.[980]

Diese Diskussion zeigt, daß das Vorsorgeprinzip zur Zeit jedenfalls nur als besondere Ausprägung bei der Verhältnismäßigkeit betrachtet werden kann. Möglich wäre auch ein rein verfahrensrechtlicher Ansatz, sofern keine grundlegenden Beweislastumkehrungen stattfinden. Für die Verwendung des Vorbeugungs- und/oder Vorsorgegedankens als europäischen unbestimmten Rechtsbegriff müßte eine entsprechende primärrechtliche Grundlage geschaffen werden, die über Artikel 174 EG (früher 130 r EGV) hinaus reicht. Insofern ist aber die rechtliche Systematik der Vorsorge bzw. der Vorbeugung bislang nicht genau genug erarbeitet worden. Wie oben im Rahmen der Begrifflichkeit bereits angesprochen, wäre eine allgemeine Kompetenz zu „vorsorgenden" Harmonisierungsmaßnahmen sicherlich vertraglich zu fixieren. „Vorbeugende" Maßnahmen können dagegen schon jetzt im Rahmen der Verhältnismäßigkeitsprüfung ohne rechtliche Bedenken erlassen werden.

3.3.3.3 *Strikte Ablehnung von Vorsorge im Sinne des Umweltrechts im Rahmen von Gesundheitsschutz*

Die begriffliche Trennung zwischen Vorbeugung und Vorsorge wird leider von der Literatur häufig nicht beachtet. Vorsorge ermöglicht Maßnahmen unterhalb einer Gefahrenschwelle. Im Bereich des deutschen Umweltrechts formuliert Schulze-Fielitz: „Anders als bei den Grenzwerten zur Gefahrenabwehr besteht bei den Schwellenwerten zur Konkretisierung des Vorsorgeprinzips ein breiter politischer Entscheidungsspielraum im Hinblick auf die Intensität und den Umfang der Vorsorge".[981] Es ist daher anzuraten, die grundlegenden rechtlichen Wirkungen von Vorsorge, deren Entscheidungsspieläume allgemein als „politisch" angesehen werden und damit wohl außerhalb einer rechtlichen Ermessensprüfung z.B. im Rahmen des deutschen Gefahrbegriffs steht, in der zukünftigen Diskussion zu verdeutlichen. Die im Rahmen der Vorbeugung angewendete „normale" Verhältnismäßigkeitsprüfung müßte für solche vorsorglichen Eingriffe also aufgrund eines „politischen Entscheidungsspielraumes" eingeschränkt werden. Ein solches Handeln ohne konkrete Verdachtsmomente, welches aufeinem politischen Ent-

---

979 Bericht des Vorsitzenden der Gruppe „Freunde des Vorsitzes" vom 26.5.2000 (8808/00), S. 3.

980 Bericht des Vorsitzenden der Gruppe „Freunde des Vorsitzes" vom 26.5.2000 (8808/00), S. 4.

981 *Schulze-Fielitz*, in: **Schmidt**, S. 243.

scheidungsspielraum resultiert, ist primärrechtlich nur im Umweltrecht ausdrücklich auf die Gemeinschaft übertragen worden. Das Prinzip der beschränkten Einzelermächtigung verbietet demnach eine Herleitung einer umfassenden Anwendung aus Art. 174 EG. Es dürfte im übrigen auch kaum möglich sein, umfassende vorsorgende Maßnahmen im Rahmen einzelner Politikbereiche allgemein durch das primärrechtlich in Art. 5 Abs. 3 EG festgelegte Verhältnismäßigkeitsprinzip zu rechtfertigen.

Soweit in der Literatur, und offenbar auch von der Kommission in ihrer Mitteilung, lediglich vorbeugende Maßnahmen gerechtfertigt werden sollen, kann dies demgegenüber als eine lediglich politische Diskussion angesehen werden, da jedenfalls rechtlich vorbeugende Maßnahmen zulässiger Bestandteil des gemeinschaftlichen Regelungswerkes sind. Als Beleg für diese Ansicht kann wohl folgende Äußerung des EuGH herangezogen werden: „Der zusätzliche Hinweis, dass diese Argumente [Argumente in Bezug auf die Pflicht der öffentlichen Gesundheit, die wissenschaftlichen Unsicherheiten sowie Schwierigkeiten der Risikobewertung; der Verfasser] auch auf dem 'Vorsorgeprinzip' beruhen, fügte ihnen inhaltlich nichts hinzu."[982]

3.4 Ergebnis

Seitens der Gemeinschaft ist zum einen ein Versuch zu beobachten, ein Prüfungsschema für präventive Maßnahmen zu entwickeln. Dieses Prüfungsschema baut auf der Ermittlung und der Behandlung von Gefahrenlagen auf und verwendet leider rechtssystematisch ungenaue Begriffe. Innerhalb dieses Prüfungsschemas wird (erfolglos) versucht, das Vorsorgeprinzip als allgemeinen Rechtsbegriff zu etablieren.

Es soll „auch dann" zum Risikomanagement ermächtigen, wenn eine abschließende (wissenschaftliche) Risiko-Ermittlung noch nicht möglich ist. Nach richtiger Ansicht reichen jedoch Verhältnismäßigkeitsprüfungen bereits aus, da Schutznormen immer auf vorbeugenden Überlegungen beruhen. Man muß nicht warten, bis der Schaden eintritt.

Zum anderen geht der politische Wille offenbar dahin, grundsätzlich vorsorgende (im Sinne von vorgreifenden) Maßnahmen zu ermöglichen. Das wird ohne entsprechende vertragliche Fixierung wohl kaum möglich sein, da zwischen bloßem Schutz und vorgreifender Daseinsvorsorge unterschieden werden muß.[983] Auch sekundärrechtliche Schutzklauseln können nicht weiter gehen.

---

[982] EuGH Rs. C-1/00, Slg. 2001, S. I-10029, Rdnr. 83.

[983] Vgl. die einzelnen Überlegungen hierzu auf S. 196 f., 198.

Gegen die Brauchbarkeit des Vorsorgeprinzips im Gesundheitsschutz spricht, daß es rechtssystematisch nicht klar durchdacht ist, sondern aus dem derzeitigen politischen Hintergrund heraus geschaffen wurde.[984] Anlaß, aber nicht Ursache hierfür, ist unter anderem die BSE-Problematik. Insofern ist der Begriff zur Zeit „à la mode“. Es spricht nichts gegen die Verwendung des Begriffs, solange die rechtlichen Maßnahmen sich im Rahmen der allgemeinen Rechtsprinzipien bewegen. Allerdings sind im Rahmen der Verhältnismäßigkeit durch die derzeitigen vertraglichen Rechtsgrundlagen Schutzmaßnahmen auch ohne Rückgriff auf ein Vorsorgeprinzip in Gestalt von Erforschungsmaßnahmen oder vorläufigen Maßnahmen möglich.

4. Umfassende Einordnung der BSE-Problematik in ein System des europäischen Lebensmittelrechts

Unabhängig von der Verflechtung und Verwendung verschiedener Rechtsgrundlagen aus dem Vertrag[985] wird versucht, eine einheitliche Politik der Lebensmittelsicherheit zu schaffen. Die Kommission läßt sich dabei vom Prinzip „from the farm to the fork“ leiten.[986] Das so verstandene „Lebensmittelrecht gründet sich auf ein einheitliches Konzept vom Erzeuger zum Endverbraucher einschließlich der für den Bauernhof geltenden Maßnahmen.“[987] Damit würde die BSE-Problematik inklusive seiner agrarrechtlichen Wurzeln umfassend dem europäischen Lebensmittelrecht zugeordnet werden. Das war bisher nicht der Fall.[988]

4.1 Verordnung über das europäische „Lebensmittelrecht“

„There is a clear link between food safety and public health. That is why responsibility for food safety was placed within the health and consumer protection directorate. All our legislation to achieve and guarantee food safety are motivated by the need to protect public health.“ Mit diesen Worten ordneten die Kommissare Byrne und Fischler den Bereich der Lebensmittelsicherheit dem Bereich der „public health“, also der Volksgesundheit bzw. öffentlichen Gesundheit,

---

[984] Vgl. kritisch hierzu **Köhler**, Helmut, ZLR 2001, S. 191 (220): Die „bloße normative Verankerung“ ermögliche „keine Aussage über den konkret von ihm entfalteten Schutz“.

[985] Vgl. Kapitel 2 zu der Anwendbarkeit verschiedener Rechtsgrundlagen.

[986] Die Übersetzungen variieren, z.B. „Vom Acker zum Teller“, „Vom Feld auf den Tisch“, „Vom Bauer zur Gabel“, u.s.w.. Es bietet sich daher an, von vornherein den englischen Begriff stehen zu lassen. Eine Übersicht über die damit erfaßten Bereiche zeigt ein Diagramm bei **Reichenbach**, ZLR 1999, S. 555 (565).

[987] So die Kommission in der Einführung zu ihrem Vorschlag einer Verordnung über die Grundsätze des Lebensmittelrechts auf Seite 8 (KOM 2000/716/endg.).

[988] Vgl. **Horst**, ZLR 2000, S. 475 (477). **Streinz**, ZLR 1998, S. 145 (165f.).

zu.[989] Die Entwicklung der Verordnung über die europäische Lebensmittelsicherheit beruht auf den bei der Kommission üblichen Verfahren zur Konzeption eines neuen Sachbereichs: Am 30. April 1997 hatte die Kommission nach jahrelangen Vorbereitungen ein Grünbuch über allgemeine Grundsätze des Lebensmittelrechts veröffentlicht.[990] Gleichzeitig erschien eine Mitteilung über „Gesundheit der Verbraucher und Lebensmittelsicherheit".[991] Am 12. Januar 2000 erschien ein Weißbuch zum europäischen Lebensmittelrecht.[992] Der Weg zu diesem Weißbuch wurde vor allem durch die BSE-Problematik nachhaltig beeinflußt, zum Teil aber auch blockiert.[993] Der Inhalt des Weißbuchs wurde vor allem durch ein von der Kommission in Auftrag gegebenes Gutachten geprägt, das im Dezember 2000 vorgelegt wurde.[994] Schließlich wurde am 28.1.2002 die Verordnung (EG) Nr. 178/2002 des Europäischen Parlaments und des Rates zur Festlegung der allgemeinen Grundsätze und Anforderungen des Lebensmittelrechts, zur Errichtung der Europäischen Behörde für Lebensmittelsicherheit und zur Festlegung von Verfahren zur Lebensmittelsicherheit erlassen (im folgenden „Verordnung").[995]

4.1.1 Rechtsgrundlage

Hauptziele der Verordnung sind das reibungslose Funktionieren des Binnenmarkts und die Schaffung eines hohen Schutzniveaus der menschlichen Gesundheit.[996] Wie aber aus den vorangegangenen Untersuchungen der Kompetenzverteilung im Vertrag hervorgeht, reichen die Rechtsgrundlagen in Bezug auf den Binnenmarkt nicht allein aus, da die landwirtschaftlichen Grundlagen betroffen sind. Insofern beruht die Verordnung korrekt umfassend auf den Verfahren der Art. 37, 95, 152 Abs. 4 lit. b EG und bezieht damit sowohl die Kompetenzen der Gemeinsamen Agrarpolitik als auch die der Binnenmarktpolitik mit ein.

4.1.2 Prinzipien

Die Verordnung baut auf den bereits erörterten Entwicklungen auf. Dabei sind nach Artikel 4 Abs. 2 der Verordnung die allgemeinen Grundsätze der Artikel 5 bis 10 als „horizontaler Gesamtrahmen" einzuhalten. Die bestehenden Grundsätze

---

989 Vgl. Fn. 842.
990 KOM 1997/176/endg..
991 KOM 1997/183/endg..
992 Weißbuch zur Lebensmittelsicherheit vom 12.1.2000 (KOM1999/719/endg.).
993 Nähere Ausführungen bei **Horst/Mrohs**, ZLR 2000, S. 125 (128).
994 **James/Kemper/Pascal** „The Future of Scientific Advice in the EU".
995 ABl. L 31 vom 01.02.2002, S. 1. Inkraftgetreten am 21.2.2002, vgl. Artikel 65 der Verordnung.
996 Vgl. die 4. und 5. Begründungserwägung der Verordnung (EG) Nr. 178/2002, a.a.O..

und Verfahren sind nach Artikel 4 Abs. 3 der Verordnung bis spätestens 1.1.2007 entsprechend anzupassen.

Der Gesundheitsschutz wird in Artikel 5 Abs. 1 unter die „allgemeinen Ziele" der Lebensmittelsicherheit gestellt. Weiter ist nach Artikel 8 Abs. 1 der „Schutz der Verbraucherinteressen" zu berücksichtigen. Den Verbrauchern muß es möglich sein, eine „sachkundige Wahl zu treffen". Damit zeichnet sich nunmehr eine Unterscheidung zwischen dem „Gesundheitsschutz" an sich und einem hierzu lediglich komplementären Verbraucherschutz ab, welcher lediglich eine entsprechende Information des Verbrauchers beinhaltet. Dies ist eine durchaus konsequente Entwicklung, wenn man hierzu die Rechtsprechung des EuGH im Rahmen der Art. 28, 30 EG betrachtet.[997] Der Gesundheitsschutz scheint sich insofern vom Aspekt des Verbraucherschutzes abzugrenzen.

In Artikel 7 wird das Vorsorgeprinzip eingeführt und mit Artikel 6 mit Bestimmungen über eine „Risikoanalyse" verknüft: In Artikel 6 Absatz 1 „stützt sich das Lebensmittelrecht auf Risikoanalysen". Nach Absatz 2 „beruht die Risikobewertung auf den verfügbaren wissenschaftlichen Erkenntnissen". Nach Absatz 3 ist beim „Risiko-Management" den „Ergebnissen der Risikobewertung", den Gutachten der Lebensmittelbehörde sowie dem „Vorsorgeprinzip" Rechnung zu tragen. Mit diesen Erläuterungen wird somit das bereits erarbeitete Risiko-Prüfschema[998] nunmehr materiellrechtlich implementiert.

Das Prinzip der Transparenz wird in den Artikeln 9 und 10 eingebracht. Die Öffentlichkeit ist zu informieren, aber auch zu konsultieren. Vor allem letztere Pflicht stellt wohl einen wesentlichen Vorschritt dar und könnte als eine Übernahme der umfassenden Grünbuch/Weißbuchpraxis betrachtet werden, welche die Kommission im Rahmen der Vorbereitung von umfassenderen Legislativmaßnahmen verwendet.

Diese allgemeinen Grundsätze werden im Rahmen der speziellen Vorschriften bei den Anforderungen einerseits an die Lebensmittelsicherheit, andererseits an die Futtermittelsicherheit nochmals ausdrücklich eingefügt. In Artikel 14 Abs. 2 heißt es unter anderem: „Lebensmittel gelten als nicht sicher, wenn davon auszugehen ist, dass sie a) gesundheitsschädlich sind (...)". Gleiches gilt für Artikel 15 Abs. 2: „Futtermittel gelten als nicht sicher in Bezug auf den beabsichtigten Verwendungszweck, wenn davon auszugehen ist, dass sie die Gesundheit von Mensch und Tier beeinträchtigen können; (...)" Die noch im den Verordnungsvorschlag verwendete Begrifflichkeit „potentiell gesundheitsschädlich" hat richtigerweise

---

[997] Vgl. Kapitel 2 Abschnitt 1.2.1.1.

[998] Vgl. Kapitel 4 Abschnitt 2.

nicht Eingang in die Verordnung gefunden.[999] Allerdings erlaubt die Formulierung „wenn davon auszugehen ist“ in gleicher Weise den Zugriff auf das Risiko-Prüfschema, ohne daß die damit verbundenen Fragen tatsächlich geklärt werden.

4.1.3 Neue Notkompetenzen der Europäischen Gemeinschaft

Die Verordnung enthält in einem Kapitel IV neue Bestimmungen zu den Themen „Schnellwarnsystem, Krisenmanagement und Notfälle“.

Nach Artikel 50 der Verordnung wird ein Schnellwarnsystem eingerichtet. Dieses Schnellwarnsystem verpflichtet die Mitgliedstaaten, gewisse Mitteilungen unverzüglich an die Kommission zu machen. Die Kommission soll diese Meldungen überprüfen und im Falle eines bestehenden Risikos für die menschliche Gesundheit die Informationen schnell weitergeben.[1000] Damit werden für den Bereich des Lebensmittelrecht die Erfahrungen aus dem bisherigen europäischen Schnellwarnsystem RAS umgesetzt.[1001]

Nach Artikel 53 ist die Kommission nunmehr ausdrücklich in Bezug auf „Lebensmittel“ oder „Futtermittel“ zu „Sofortmaßnahmen“ befugt. Die Sofortmaßnahmen sind nach Artikel 53 Abs. 1 der Verordnung dann möglich, wenn „wahrscheinlich ein ernstes Risiko für die Gesundheit von Mensch oder Tier oder für die Umwelt“ besteht. Das Verfahren für solche Sofortmaßnahmen wird in Artikel 58 der Verordnung festgelegt. Dabei wird die Kommission nunmehr von einem „Ständigen Ausschuß für die Lebensmittelkette und Tiergesundheit“ unterstützt. Für diesen Ausschuß wird in Artikel 58 Absatz 2 der Verordnung auf das Verfahren nach Artikel 5 des Komitologie-Beschlusses 1999/468/EG[1002] verwiesen. Damit werden die Sofortmaßnahmen nach dem Regelungsverfahren erlassen. Auf das besondere Schutzverfahren nach Artikel 6 des Komitologie-Beschlusses wird nicht Bezug genommen. Stattdessen wird in Artikel 53 Absatz 2 der Verordnung festgelegt, daß die Kommission in dringenden Fällen nach Anhörung der beteiligten Mitgliedstaaten vorläufige Maßnahmen erlassen kann. Diese sind innerhalb von zehn Arbeitstagen nach dem Regelungsverfahren zu bestätigen, ändern oder aufzuheben. Ein möglicher Grund dafür, daß das allgemeine Schutzverfahren nicht vorgesehen wird, mag darin liegen, daß die Beteiligung des Europäischen Parlamentes nicht gewahrt gewesen wäre; Artikel 6 des

---

999 Vgl. Art. 12 des Verordnungsvorschlages KOM/2000/716/EG.

1000 Artikel 50 Abs. 2, 4 der Verordnung, a.a.O..

1001 Vgl. ausführlich zu Organisation und Schwächen des RAS („Rapid Alert System“) **Bach,** ZLR 2000, S. 489 (491 ff.).

1002 ABl. L 184 vom 17.7.1999, S. 23.

Komitologie-Beschlusses 99/468/EG sieht keine Beteiligung des Parlamentes vor.[1003]

4.1.4 Würdigung

Die Reaktionen auf die neue Verordnung in der Literatur sind verhalten. Streinz problematisiert den Maßnahmentyp einer Verordnung und fürchtet, daß gerade vom deutschen LMBG nur noch ein Torso verbleiben könnte.[1004] Köhler sieht insbesondere die Festlegung der allgemeinen Grundsätze und Erfordernisse des Lebensmittelrechts gerade im Hinblick auf die allgemeine Binnenmarktzuständigkeit als „durchaus problematisch" an.[1005] Mit Hinweis auf die Tabakentscheidung bezweifelt er, ob die allgemeinen Grundsätze dem Kriterium eines unmittelbar der Verwirklichung des Binnenmarktes dienenden Zwecks[1006] gerecht werden. Es liegt nach Köhler auf der Hand, daß diese Anforderungen nicht erfüllt seien. Diesen Bedenken ist zuzustimmen. Die Rechtsgrundlagen zeigen deutlich, daß trotz der Zuordnung des Lebensmittelrechts durch die oben genannten Kommissare zum Bereich der Volksgesundheit nicht die lediglich ergänzenden, koordinierenden und fördernden Kompetenzen des Art. 152 EG („Gesundheitswesen") Verwendung finden, sondern daß offenbar die Kompetenzen zur Rechtsangleichung und zur Marktorganisation erforderlich sind. Entsprechend der Botschaft des „Tabak"-Urteils wird deshalb streng zu prüfen sein, ob die Verordnung konkrete marktfördernde Regelungen treffen wird. Zwar sind die Grundsätze des „Tabak"-Urteils nicht unmittelbar auf die besonderen Rechtsinstrumente der Gemeinsamen Agrarpolitik übertragbar.[1007] Gerade aber der Bereich der Lebensmittelsicherheit umfaßt nicht nur die „farm", sondern weitestgehend auch die „fork". Durch die damit notwendige Heranziehung des Art. 95 EG wird zu fragen sein, ob hier nicht auch ein „überbordender Harmonisierungsbetrieb" stattfindet und ein weiteres „Stopp-Signal" durch den EuGH notwendig werden wird, soweit bloße volksgesundheitliche Regelungen keine konkret spürbare Auswirkungen auf die betroffenen Aspekte des Gemeinsamen Marktes zeitigen. Die umfassende Konzeption des Lebensmittelrechts hätte früher zu einem eigenen Politikbereich im Vertrag führen können. Heute allerdings ist die umfassende Integration so weit fortgeschritten, daß offenbar weite horizontale Bereiche unter existierende Ermächtigungen gefaßt werden können. Neben dem Problem der Rechtsgrundlage einer solchen Regelung ist allerdings noch viel grundsätzlicher zu fragen, ob ein derart umfas-

---

[1003] Vg. oben Kapitel 3 Abschnitt 2.2.1.

[1004] **Streinz**, ZLR 2000, S. 803 (807).

[1005] Vgl. dazu *Köhler*, in: **Hiepe**, S. 216.

[1006] Vgl. dazu die Ausführungen in Kapitel 2 Abschnitt 1.4.

[1007] Vgl. Fn. 1006.

sender Ansatz nicht sogar primärrechtlich implementiert werden müßte. Es ist kaum noch unterscheidbar, inwiefern die jetzt durchgeführten Politiken sich sachlich noch von vertraglich fixierten Politiken, z.B. der Agrarpolitik, unterscheiden und wieso sie insofern dennoch rangmäßig unterhalb der Vertragsebene geregelt werden dürfen.

Neben diesen grundsätzlichen Erwägungen ist zu fragen, wie die neue Notkompetenz der Verordnung im Verhältnis zu den bereits bestehenden Notkompetenzen der Veterinär-Richtlinien 89/662/EG und 90/425/EG zu sehen ist. Das gilt insbesondere im Hinblick auf die TSE-Verordnung, welche noch auf die Notkompetenzen dieser „alten" Richtlinien verweist.[1008] Es scheint, daß die Verordnung als speziellere Regelung nunmehr die Veterinärrichtlinien ersetzt, sofern der Gesundheitsschutz im Rahmen der Lebensmittelsicherheit betroffen ist.

4.2 Einrichtung einer Lebensmittelbehörde

Der Untersuchungsausschuß des Europäischen Parlaments kritisierte in seinem „Ortega-Bericht" die undurchsichtige Arbeit und mangelnde Kommunikation der verschiedenen Wissenschaftlichen Ausschüsse. Die daraufhin vorgenommenen Veränderungen haben mit der Einrichtung einer Europäischen Lebensmittelbehörde (ELB) ein neues Stadium erreicht. Auch die ELB ist eine direkte Folge aus der BSE-Problematik. Im folgenden sollen die Hintergründe dargestellt und ein Ausblick gegeben werden.

Die Einrichtung der ELB wird im Rahmen der Verordnung geregelt (in Kapitel III). In sechs Abschnitten werden Aufgaben, Organisation, Arbeitsweise, Transparenz, Finanz- und allgemeine Bestimmungen festgelegt. Nach Artikel 64 der Verordnung hat die ELB bereits am 1.1.2002 ihre Arbeit aufgenommen.

4.2.1 Allgemeines

Die Existenz von „verselbständigten Verwaltungseinheiten" ist schon seit langem im Gesamtgebilde der Europäischen Union üblich. Es handelt sich um Verwaltungseinrichtungen, die auf einem gesetzlichen Gründungsakt beruhen, einen individuell gestalteten Aufbau haben und auf einem klar abgegrenzten Tätigkeitsfeld arbeiten.[1009]

Die wesentliche Aufgabe der ELB ist die Erarbeitung der wissenschaftlichen Grundlagen im Rahmen der Risiko-Ermittlung des Risikoschemas. Neben der Erstellung von wissenschaftlichen Gutachten sollte die ELB ursprünglich auch für

---

[1008] Vgl. Kapitel 3 Abschnitt 2.1.2.

[1009] Vgl. ausführlich dazu **Helfritz** mit einer Zusammenfassung auf S. 209ff..

den Betrieb des Schnellwarnsystems für Lebens- und Futtermittel verantwortlich sein; die endgültige Verordnung hat diese Verantwortlichkeit jedoch bei der Kommission belassen.

Die von der ELB erarbeiteten Informationen sollen der Öffentlichkeit zugänglich sein. Als wichtiger Schutzmechanismus wird vorgesehen, daß die Behörde unabhängig auf eigene Initiative hin Stellungnahmen zu jeder einschlägigen Frage abgeben können.[1010] Bei allen diesen Funktionen werden wohl die bestehenden Befugnisse von Kommission, Parlament und Rat respektiert, da der ELB keinerlei Befugnisse für die Setzung von Rechtsakten zustehen soll. Allerdings wird in Artikel 46 der Verordnung festgestellt, daß die ELB auch gerichtliche Verfahren einleiten können soll.

Die Behörde soll ein Höchstmaß an wissenschaftlicher Kompetenz, Unabhängigkeit und Transparenz bieten. Diese Grundsätze werden nicht nur im Abschnitt über die Aufgaben der Behörde genannt[1011], sondern in eigenen Abschnitten ausführlich festgelegt.[1012] Diese Grundsätze sind der direkte Ausfluß aus der bereits dargelegten BSE-Krise, da alle diese Grundsätze in den BSE-follow-up-Berichten der Kommission[1013] zumindest ansatzweise erarbeitet wurden.

So wie die Kommission die gesamte gemeinschaftliche Lebensmittelpolitik als vom Erzeuger bis zum Verbraucher gehend betrachtet, umfaßt auch der Auftrag der ELB eine umfassende wissenschaftliche Begutachtung, die die Bereiche der landwirtschaftlichen Primärproduktion zusammen mit den Stufen der Verarbeitung und Lagerung bis zur Abgabe an den Endverbraucher erfaßt.[1014] Bemerkenswert ist, daß in den Begründungserwägungen der Verordnung ausdrücklich festgestellt wird, daß „das derzeitige System der wissenschaftlichen und technischen Unterstützung (...) den immer höheren Anforderungen nicht mehr gewachsen ist".[1015]

[1010] Vgl. Seite 15 der Erläuterungen des Verordnungsvorschlags (KOM(2000)716/endg.) sowie Artikel 23 der Verordnung (EG) Nr. 178/2002, a.a.O..

[1011] Artikel 22 Abs. 7 spricht insofern von „Unabhängigkeit", „ wissenschaftlicher und technischer Qualität" und der „Transparenz".

[1012] Kapitel III Abschnitt 4 des Verordnungsvorschlags, a.a.O., war mit „Unabhängigkeit, Transparenz und Kommunikation" überschrieben; die endgültige Verordnung, a.a.O., lautet nunmehr „Unabhängigkeit, Transparenz, Vertraulichkeit und Information".

[1013] Vgl. Fn. 836.

[1014] Vgl. 28. Begründungserwägung sowie Art. 22 Abs. 5 der Verordnung (EG) Nr. 178/2002, a.a.O..

[1015] Vgl. 33. Begründungserwägung der Verordnung (EG) Nr. 178/2002, a.a.O..

4.2.2 Organisation und Arbeitsweise

Die ELB soll organisatorisch die zahlreichen unterschiedlichen Akteure im Lebensmittelbereich einbinden. Gleichzeitig sollen Transparenz und Rechenschaft vor den demokratischen Institutionen gewährleistet werden.

4.2.2.1 Funktion der Organe

Als Organe soll die ELB einen Verwaltungsrat, einen geschäftsführenden Direktor, einen Beirat, sowie wissenschaftliche Ausschüsse und Gremien erhalten. Der Verwaltungsrat sollte nach dem Vorschlag der Kommission insgesamt 16 Mitglieder umfassen, von denen vier durch den Rat benannt werden, vier sollen jeweils aus der Kommission und dem Europäischen Parlament kommen, vier weitere von der Kommission aus Interessenvertretern von Verbrauchern und Industrie ausgewählt werden. Die in Kraft getretene Verordnung sieht demgegenüber nur noch 14 Mitglieder vor, die anhand einer Liste ausgewählt werden können. Nach Artikel 25 Abs. 5 der Verordnung beschließt der Verwaltungsrat das Arbeitsprogramm der Behörde grundsätzlich mit einfacher Mehrheit, nimmt die Haushaltsordnung an, und sorgt für die Durchführung der Aufgaben der Behörde.

Dem Beirat soll jeweils ein Vertreter entsprechender Stellen der Mitgliedstaaten angehören, damit ein effizienter Betrieb der vielen vorhanden Informationsnetze sichergestellt wird. Die Aufgaben des Beirates werden allgemein formuliert (Artikel 27): Beratung des geschäftsführenden Direktors des Verwaltungsrates sowie die Förderung einer engen Zusammenarbeit zwischen der ELB und den zuständigen Stellen der Mitgliedstaaten.

4.2.2.2 Arbeitsweise

Die Hauptaufgabe der ELB liegt in der Erstellung wissenschaftlicher Gutachten, die sie entweder auf Anfrage der Kommission, des Europäischen Parlaments oder eines Mitgliedstaates oder auf eigene Initiative erstellt.[1016] Hierzu können Studien in Auftrag gegeben werden und Daten erhoben werden. In Artikel 33 Abs. 3 der Verordnung ist insofern festgelegt, daß die Mitgliedstaaten „die erforderlichen Maßnahmen" zu treffen haben, damit die erhobenen Daten an die Behörde übermittelt werden können. Es ist fraglich, welche rechtliche Wirkung hinter dieser Formulierung steht. Da die Behörde keinerlei Befugnis zu Rechtsakten besitzen soll, dürften ihr auch keine rechtlichen Werkzeuge zur Durchsetzung einer Datenerhebung zustehen. Die Verordnung sieht kein Verfahren vor, wenn sich die aufgeforderte Stelle weigert, die angefragten Daten zu übermitteln. Es wäre also zu

---

[1016] So Artikel 29 der Verordnung, a.a.O..

fragen, ob in einem solchen Fall die ELB unter Umständen selbst vor den EuGH treten könnte (vgl. Artikel 46 Abs. 1 der Verordnung), oder ob die Kommission mit der Sache betraut werden müßte.

Die Gutachtenerstellung wird von wissenschaftlichen Ausschüssen in der Behörde vorgenommen.[1017] Die im Rahmen der ELB einzurichtenden Ausschüsse sollten nach dem Verordnungsvorschlag die Wissenschaftlichen Ausschüsse „Lebensmittel", „Futtermittel", „Pflanzen", „Veterinärmedizinische Maßnahmen im Zusammenhang mit der öffentlichen Gesundheit", „Tiergesundheit und artgerechte Tierhaltung" sowie der diesen übergeordnete Wissenschaftliche Lenkungsausschuß mit seinen Untergruppen für BSE/TSE ersetzen.[1018] Die Verordnung nimmt die genannten Ersetzungen in Artikel 63 vor. Bemerkenswert ist insofern aber, daß der Wissenschaftliche Veterinärausschuß nicht nur in Bezug auf Fragen der öffentlichen Gesundheit ersetzt wird, sondern daß eine generelle Ersetzung vorgenommen wird. Dies ist wohl Ausfluß des bereits festgestellten Problems, daß eine inhaltliche Trennung von gesundheitlichen zu nicht-gesundheitlichen Fragen im Veterinärwesen wohl kaum möglich scheint.[1019]

Die Verordnung sieht innerhalb der ELB eine ähnliche Struktur von acht wissenschaftlichen Gremien unter der Koordinierung eines Wissenschaftlichen Ausschusses vor, die allerdings durch die Behörde veränderbar ist.[1020] Die ELB soll dabei auch vor allem die Sekretariatsfunktion übernehmen, damit die Mitglieder der Gremien weitgehend von detaillierten und zeitaufwendigen Unterlagenerstellungen entlastet werden. Darin ist nach Ansicht der Kommission die Schwerfälligkeit des bisherigen Systems begründet.[1021]

Nach Artikel 32 Abs. 2 der Verordnung sind das Europäische Parlament, die Kommission und die Mitgliedstaaten über die Ergebnisse der wissenschaftlichen Studien zu informieren. Nach Artikel 40 der Verordnung hat die ELB „im Bereich ihres Auftrags" auch die Öffentlichkeit über die Ergebnisse ihrer Arbeit zu informieren. Nach Artikel 29 Abs. 7 der Verordnung sollen die Anforderungen an Format, begleitende Erläuterungen und Veröffentlichung von wissenschaftlichen Gutachten durch die Geschäftsordnung der Behörde geregelt werden. Damit bleibt abzuwarten, ob die bisherige Veröffentlichungspraxis ausschließlich über das Internet beibehalten wird.

[1017] Artikel 28 der Verordnung, a.a.O..
[1018] KOM/2002/716, Seite 17.
[1019] Vgl. Kapitel 3 Abschnitt 1.1.5.2.
[1020] Vgl. Artikel 28 Abs. 4 der Verordnung, a.a.O..
[1021] Vgl. 45. Begründungserwägung der Verordnung (EG) Nr. 178/2002, a.a.O., sowie KOM(2000)716/endg., S. 18.

4.2.2.3 *Konkurrenzgutachten*

Die bisherigen Umschreibungen der ELB werfen die Frage auf, inwieweit die Ergebnisse der ELB zu eventuell vorhandenen widersprüchlichen Gutachten von anderen Stellen gewertet werden.

In Artikel 30 der Verordnung wird ein Verfahren im Fall widersprüchlicher Gutachten vorgeschrieben. Die ELB hat zunächst die Pflicht, solche potentiellen Widersprüche festzustellen. Dann hat sie Kontakt mit den entsprechenden Stellen aufzunehmen und alle notwendigen Informationen zur Eingrenzung der strittigen Fragen einzuholen. Die jeweiligen Stellen sind „verpflichtet", in Zusammenarbeit den Widerspruch aufzulösen oder ansonsten ein „gemeinsames Papier" vorzulegen, das die strittigen wissenschaftlichen Fragen deutlich macht. Diese gemeinsamen Papiere sind zu veröffentlichen. Auch hier ist unklar, ob weiter die bisherige Veröffentlichungspraxis im Internet betrieben werden soll, oder auch gedruckte Werke der Öffentlichkeit zur Verfügung stehen werden.

4.2.3 Würdigung

Die ELB ist ein beachtlicher Versuch zur Weiterentwicklung der Sicherheit der Nahrungskette und damit des Schutzes der menschlichen Gesundheit.

Die Behörde hat eine eigene Rechtspersönlichkeit, übernimmt aber mangels Befugnis zum Erlaß von verpflichtenden Rechtsakten keine der Funktionen, die vom Rat an die Kommission delegiert worden sind. Durch die Einrichtung der ELB wird allgemeine Verpflichtung zur Beachtung der neuesten wissenschaftlichen Erkenntnisse (vgl. auch Art. 95 Abs. 3 Satz 1 EG) sekundärrechtlich konkretisiert.

Fraglich ist aber, ob der Grundsatz, daß eine von einem Organ geschaffene Stelle nicht zu insgesamt mehr Befugnissen führen darf, gewahrt bleibt. Im folgenden seien nur die Eckpunkte der wissenschaftlichen Beweislast und der wissenschaftlichen Bewertung angesprochen. Erstens wäre zu klären, inwieweit Beweiserfordernisse sowie die Bewertungsspielräume der Mitgliedstaaten durch die Einrichtung der ELB nachteilig beeinträchtigt werden. Zweitens wäre zu klären, ob dadurch ein Verstoß gegen Art. 5 Abs. 1 EG gegeben wäre.

Wie bereits festgestellt, beruht die Konzeption der Arbeit der Behörde auf dem von der Kommission quasi als dogmatische Grundlage vorausgesetzten Risikoprüfschema („Risikoanalyse"). Die Einteilung bringt oberflächlich Klarheit, ist aber inhaltlich künstlich und liefert keine Kriterien für einen rechtlichen Entscheidungsprozeß. So wird durch die vier Stufen der Risikoermittlung in rechtlich beachtlicher Hinsicht vor allem versucht, eine Kausalität nachzuweisen, die als negativ zu bewerten ist.

Wenn es um die grundsätzliche Ermittlung eines natürlichen Zusammenhangs geht, ohne daß bereits eine Bewertung des Zusammenhangs als negativ erfolgt, liegt die Beweislast für einen solchen Zusammenhang nach der Formulierung des Artikel 23 Abs. 2 der Verordnung bei den „anderen" Stellen: Die ELB nimmt Kontakt auf „um sicherzustellen, daß alle relevanten wissenschaftlichen Informationen weitergegeben werden". Hierbei dürfte kaum ein Konflikt auftauchen, da auf der wissenschaftlichen Ebene die Informationsweitergabe absolut notwendig für optimale Prävention ist. Notfalls spricht daher nichts dagegen, eine solche Pflicht zu statuieren. Das könnte lediglich im Zusammenhang mit der Ermächtigung der ELB, Daten zu erheben[1022] sowie ihrem Auftrag, der sich auf „alle Bereiche, die sich direkt oder indirekt auf die Lebensmittelsicherheit auswirken"[1023] erstreckt, hinsichtlich eines Aspektes problematisch werden: Nach Schmidt am Busch hat die Gemeinschaft aus Art. 152 Abs. 5 EG kein Recht zur Datenerhebung mehr, wenn Daten über verschiedene Gesundheitssysteme erhoben werden sollen. Eine Datenerhebung könne allenfalls über solche Systeme, die einen unmittelbaren Bezug zur Prävention aufweisen, durchgeführt werden.[1024]

Sofern es um die Bewertung eines gegebenen Zusammenhangs als „negativ" im Sinne des Schutzguts geht, so muß nach Artikel 30 Abs. 3 und 4 der Verordnung „die Divergenz beseitigt werden" oder zumindest eine Einigung über die Uneinigkeit mittels eines „gemeinsamen Papiers" erzielt werden. Die inhaltlich künstliche Trennung der Risikoermittlung wird also dadurch kompensiert, daß bei dennoch möglicher inhaltlicher Uneinigkeit während der Risiko-Ermittlung der Entscheidungsprozeß in die Risiko-Behandlung durch ein gemeinsames Papier übertragen wird. Damit verbleiben alle kritischen Elemente einer Entscheidung im Kernbereich bei der Kommission. Falls dann eine Entscheidung im Widerspruch zu der Auffassung eines Mitgliedstaates steht, greifen die normalen und im Zusammenhang mit BSE bereits oben erörterten Grundsätze: Der Mitgliedstaat ist zu keinen eigenen Maßnahmen mehr befugt, wenn die durch die Gemeinschaft geregelten Bereichen den Gesundheitsschutz ausreichend berücksichtigen.[1025] Das Problem einer abweichenden Bewertung durch die Mitgliedstaaten wird allerdings - weg von Art. 30 EG - in das Sekundärrecht verlagert. Millstone beurteilt diesen Ansatz sehr skeptisch; Konfliktlösungen könnten nicht alleine durch die Schaffung einer ELB und durch naturwissenschaftliche Bewertungen erwartet werden.[1026] Weiß hat bereits den Finger auf diesen wunden Punkt gelegt: „Die andere Risikobeur-

[1022] Artikel 33 der Verordnung, a.a.O..
[1023] Artikel 22 Abs. 2 und Abs. 5 lit. a der Verordnung, a.a.O..
[1024] *Schmidt am Busch*, in: **Grabitz/Hilf**, Art. 152 Rdnr. 17.
[1025] Vgl. Kapitel 2 Abschnitt 3.
[1026] **Millstone**, ZLR 2000, S. 815 (828): „Merely creating an EFA, and expecting it to resolve disputes by managing networks, or by providing pre-eminent scientific expertise, will not be sufficient."

teilung durch die Mitgliedstaaten zählt nicht; die der Europäischen Kommission ist ausschlaggebend."[1027] Es bleibt abzuwarten, wie das System der ELB helfen kann, dieses Problem zu lösen.

Vor allem aber auch die Informationseinholung durch die ELB wird sich bewähren müssen. Die ELB hat gemäß ihrem Auftrag auch im Fall wissenschaftlicher Widersprüche alle diesbezüglichen Informationen einzuholen. Damit könnten auch von den Behörden der Mitgliedstaaten unabhängige Einrichtungen erfaßt werden wie z.B. Universitäten oder sonstige Institute. Inwiefern hier von der ELB Informationsgesuche durchgesetzt werden können, ergibt sich nicht aus der Richtlinie.

4.3 Ausblick

Das Gesamtkonzept des Lebensmittelrechts „from the farm to the fork" verdient inhaltlich grundsätzlich Zustimmung. Dennoch sind rechtliche Fragen offen, die sowohl Kompetenzen als auch Durchführung dieses Gesamtkonzepts in Frage stellen.

Zum einen wird sich eine Kompetenz für eine Kodifizierung eines allgemeinen Lebensmittelrechts nicht so ohne weiteres auf das Errichten und Funktionieren des Binnenmarktes nach Art. 95 EG stützen lassen.

Zum anderen handelt es sich bei der Verordnung um sehr allgemeine Festlegungen, die vor allem die konkrete Wirkungsweise im Zusammenspiel mit der ELB im dunkeln läßt. Es ist zweifelhaft, inwieweit die bestehenden Zuständigkeiten der Mitgliedstaaten zum Erlaß von vorläufigen Notfallmaßnahmen - zum einen aus den sekundärrechtlichen Schutzklauseln, zum anderen aus Art. 95 Abs. 4 EG und Art. 30 EG - unzulässig zurückgedrängt werden. Es ist daher absehbar, daß der den Mitgliedstaaten zustehende Ermessensspielraum bei der Bewertung von wissenschaftlichen Unsicherheiten weiter eingeschränkt wird.

Schließlich wäre es wünschenswert, wenn nicht mehr wie bisher nur über das Internet veröffentlicht würde, da bekanntermaßen die Nachvollziehbarkeit und Rückverfolgbarkeit von Internet-Dokumenten nicht optimal gesichert ist.

[1027] **Weiß**, ZLR 2002, S. 352 (353), formuliert dies als Konsequenz aus dem Urteil des EuGH in der Rechtsache C-1/00, obwohl der EuGH in der Sache diese Frage gerade nicht beantworten mußte. Vgl. oben S. 124 f..

Zusammenfassung und Ergebnisse

1. Zu den allgemeinen Grundlagen

1.1 Der Sachstand

Im Jahr 1985 wurde die Tierkrankheit BSE entdeckt. Seit 1996 wird angenommen, daß der BSE-Erreger für den Menschen eine erhebliche Gesundheitsgefahr darstellt. Es besteht eine große Wahrscheinlichkeit, daß der Verzehr von BSE-kontaminierten Rinderprodukten beim Menschen die tödlich verlaufende neue Variante der Creutzfeld-Jacob-Krankheit (nVCJK) hervorruft.

Die Untersuchung der gemeinschaftlichen Rechtsakte zeigte, daß die Europäische Gemeinschaft mittels Handelsbeschränkungen, Produktionsvorschriften, Vermarktungsvorschriften sowie Überwachungsvorschriften gegen die Verbreitung des BSE-Erregers vorgegangen ist. Es handelt sich damit nicht nur um ergänzende oder koordinierende Tätigkeiten, sondern um bedeutende Eingriffe sowohl in den freien Warenverkehr als auch in nationalstaatliche Regelungsbereiche. Nachdem anfangs nur die Harmonisierung bereits vorhandener einzelner mitgliedstaatlicher Regelungen des Wirtschaftsverkehrs bezweckt war, entwickelte die Gemeinschaft bald eine Regelungs- und Begründungsdynamik, die immer mehr den Schutz der Gesundheit des Menschen in den Vordergrund rückte und auf selbständigen wissenschaftlichen Bewertungen beruhte. Derartige Maßnahmen können nicht nur als „Harmonisierungsmaßnahmen“ sondern müssen auch als „Gesundheitsschutz-Maßnahmen“ bezeichnet werden.

1.2 Gesundheitsschutz im EG-Vertrag

Die Frage nach den Rechtsgrundlagen für Maßnahmen zum Gesundheitsschutz ist mittels dreier Schwerpunkte systematisiert worden. Erstens war zu ermitteln, in welchem sachlichen Umfang der Gemeinschaft eine Handlungsmacht zusteht und welche Maßnahmen sie grundsätzlich erlassen kann. Der Umfang der Handlungsmacht wurde unter dem Begriff der „Kompetenz“ untersucht. Zweitens war herauszuarbeiten, wann die Gemeinschaft innerhalb der ihr zustehenden Handlungsmacht im Verhältnis zu den Mitgliedstaaten tätig werden darf. Diese Problematik wurde unter dem Begriff der „Zuständigkeit“ untersucht. Schließlich war die im Rahmen der BSE-Problematik vorhandene sekundärrechtliche Normenhierachie mit ihren Unterermächtigungen im Verhältnis zu den primärrechlichen Kompetenzen bzw. Zuständigkeiten zu betrachten.

Eine Sichtung des EG-Vertrags ergab, daß neben dem neuen Art. 152 Abs. 4

lit. b EG im EG-Vertrag keine Normen vorhanden sind, die die Europäische Gemeinschaft ausdrücklich zu Gesundheitsschutz-Maßnahmen im vorliegenden Umfang ermächtigen. Vor allem die Normen der Gemeinsamen Agrarpolitik erwähnen den Gesundheitsschutz nicht ausdrücklich.

1.3 Definition von Gesundheitsschutz

Der Begriff des Gesundheitsschutzes läßt sich mit Blick auf den EG-Vertrag und das vorhandene umfangreiche Sekundärrecht nicht ohne weiteres definieren. Der EuGH hat sich in einem Urteil auf die WHO-Definition des Begriffs Gesundheit bezogen. Wie der europäische Gesundheitsschutz angesichts einer derart weit definierten Gesundheit zu verstehen ist, läßt sich erst aus der Gesamtheit der der Europäischen Gemeinschaft zustehenden Kompetenzen zur Abwehr von Gesundheitsgefahren erschließen.

2. Die Rechtsgrundlagen

2.1 Umfang der primärrechtlichen Kompetenzen

Kompetenzen zum Gesundheitsschutz ergeben sich vor allem aus den grundlegenden Kompenzen des Gemeinsamen Marktes. So kann die Gemeinschaft Regelungen erlassen, mit denen die Errichtung und das Funktionieren des Binnenmarktes gewährleistet wird (Art. 95 EG) oder die Ziele der Gemeinsamen Agrarpolitik verwirklicht werden (Art. 32 ff. EG). Der Umfang der möglichen Maßnahmen orientiert sich an den jeweiligen Tatbeständen und damit an den Zielen der jeweiligen Marktpolitik. Sofern eine inhaltlich den Gesundheitsschutz betreffende Regelung der Verwirklichung dieser Ziele dient, wird sie von der entsprechenden Kompetenz gedeckt. Das widerspricht nicht dem Verbot jeglicher Harmonisierung im Gesundheitswesen nach Art. 152 Abs. 4 lit. c EG. Der EuGH hat im „BSE"-Urteil sowie auch im „Tabakrichtlinien"-Urteil darauf hingewiesen, daß auch ein umfassendes Verbot in einem Wirtschaftssektor (z.B. Werbeverbot, Exportverbot) grundsätzlich geeignet ist, die Ziele des Art. 95 EG oder der Art. 32 ff. EG zu verwirklichen.

Der Umfang der gemeinschaftlichen Kompetenzen im Hinblick auf den Gesundheitsschutz ist in jüngster Zeit vor allem im „Tabakrichtlinien"-Urteil des EuGHs umstritten gewesen. Der EuGH geht grundsätzlich davon aus, daß eine Maßnahme tatsächlich geeignet und erforderlich sein muß, um die Ziele bzw. den Tatbestand einer jeweiligen Kompetenz zu erfüllen. Regelungen, die lediglich der Umgehung des Harmonisierungsverbots aus Art. 152 Abs. 4 lit. c EG dienen, sind tatbestandsfremd. Die Tabakrichtlinie war nichtig, weil sie neben den offenbar gesundheitspolitischen Erwägungen nicht geeignet und erforderlich war, Wettbewerbsverzerrungen im Binnenmarkt zu beseitigen. Die in der Literatur herrschende Auffassung einer inhaltlichen Schwerpunktbetrachtung ist nicht in der Lage, ein Abgrenzungskriterium für erlaubte bzw. nicht erlaubte Gesundheitsschutzmaßnahmen zu bilden. Damit ist zu folgern, daß eine Rechtsangleichung aufgrund der Art. 95 EG oder Art. 32 ff. EG grundsätzlich auch dann möglich ist, wenn ein Verbot erlassen werden soll, das im Schwerpunkt dem Gesundheitsschutz dient. Darüber hinaus lassen sich aber keine inhaltlichen Konsequenzen aus dem „Tabakrichtlinien"-Urteil auf die BSE-Problematik übertragen. Die gemeinschaftlichen Kompetenzen zu Schutzmaßnahmen gegen die Verbreitung von BSE beruhen - anders als im Fall der Tabakrichtlinie - ausschließlich auf der Gemeinsamen Agrarpolitik. Die Kompetenzen der Gemeinsamen Agrarpolitik erlauben - begrenzt auf den Sachbereich der Landwirtschaft (Anhang I des EG-Vertrages) - noch umfassendere Regelungen als die Kompetenzen des übrigen Gemeinsamen Marktes und des Binnenmarktes. Mithin lassen sich aus der Nichtigerklärung der (ersten) Tabakrichtlinie keine weiteren Folgerung in Bezug auf die hier untersuchten BSE-Schutzmaßnahmen ziehen.

Der neue Art. 152 Abs. 4 lit. b EG wurde nach dem Willen einiger Mitgliedstaaten deswegen eingefügt, weil die Gemeinschaft ausdrücklich die Kompetenz zu unmittelbaren Gesundheitsschutz-Maßnahmen im veterinär- und pflanzenschutzrechtlichen Bereich erhalten sollte. Die Norm schreibt das Mitentscheidungsverfahren für unmittelbar den Gesundheitsschutz betreffende Maßnahmen im Veterinär- und Pflanzenschutzrecht vor. Richtigerweise kann Art. 152 Abs. 4 lit. b EG aber gerade nicht als neue Kompetenz gesehen werden; sie tritt lediglich als besondere Verfahrensnorm an die Stelle des Erlaßverfahrens aus Art. 37 EG. Der sachliche Umfang der Kompetenzen zu Schutzmaßnahmen gegen die Verbreitung des BSE-Erregers wurde im Vergleich zu vorher nicht verändert. Die veterinärrechtlichen Regelungen müssen sich nach wie vor auf die Voraussetzungen der Art. 32 ff. EG beziehen. Für die Anwendung des Art. 152 Abs. 4 lit. b EG müssen nalso landwirtschaftliche Erzeugnisse betroffen sein sowie die Ziele aus Art. 33 EG verwirklicht werden.

Im Ergebnis ist festzuhalten, daß die Kompetenzen der Gemeinschaft für Schutzmaßnahmen gegen die Verbreitung des BSE-Erregers unmittelbar auf Art. 32 ff. EG gestützt werden können, ohne daß ein Rückgriff auf Art. 95 EG oder Art. 152 EG erforderlich wäre.

2.2 Sekundärrechtliche Rechtsgrundlagen

Für den Bereich der Gemeinsamen Agrarpolitik wird die primärrechtliche Kompetenz vor allem im Rahmen von sekundärrechtlichen Delegationen ausgeübt. Die

Kommission wird vom Rat in sekundärrechtlichen Basisrechtsakten zum Erlaß von Maßnahmen ermächtigt, die normalerweise nur der Rat selbst erlassen könnte. Bei der BSE-Problematik erlaubt die Notkompetenz der Richtlinie 89/662/EWG ein schnelles Eingreifen durch die Kommission, sofern eine Gefahr für die menschliche Gesundheit besteht. Diese Notkompetenzen genügen trotz ihrer unscharfen Formulierung den allgemeinen vom EuGH augestellten Anforderungen, da sie die wesentlichen Grundzüge der Handlungszuweisung festlegt und weder den veterinärrechtlichen Sachbereich der Richtlinie noch die primärrechtliche Rechtsgrundlage der Richtlinie überschreitet. Bemerkenswert ist, daß in der Literatur der hier analysierte Bezug der BSE-Schutzmaßnahmen über das vorhandene Sekundärrecht zu den vertraglichen Kompetenzen der Gemeinsamen Agrarpolitik meist nicht in die Überlegungen zum gemeinschaftlichen Gesundheitsschutz einbezogen wurde.

2.3 Frage der Zuständigkeit im Verhältnis zu den Mitgliedstaaten

Das mit der EEA eingeführte Subsidiaritätsprinzip soll die Kompetenzausübung der Gemeinschaft im Verhältnis zu den Mitgliedstaaten begrenzen und stellt damit eine vertragliche Zuständigkeitsregelung dar. Abgesehen davon, daß das Subsidiaritätsprinzips ein übergeordnetes Prinzip darstellt, ist aber die rechtliche Bedeutung und die Justitiabilität problematisch. Vor allem ist das in Art. 5 Abs. 2 EG vorausgesetzte Merkmal der „ausschließlichen Zuständigkeit“ unbrauchbar, da es sich allenfalls um das Ergebnis einer Zuständigkeitszuordnung handeln kann, nicht aber um die Voraussetzung einer solchen.

Die Zuständigkeit der Gemeinschaft in der Gemeinsamen Agrarpolitik muß nach dem Subsidiaritätsprinzip beurteilt werden. Nach dem Subsidiaritätsprinzip sind grundsätzlich die Mitgliedstaaten zuständig, es sei denn, daß eine Maßnahme der Gemeinschaft die vertraglichen Ziele besser verwirklichen wird. Damit ist besonders die Ansicht abzulehnen, nach der eine erlassene gemeinschaftliche Maßnahme eine ausschließliche Zuständigkeit der Gemeinschaft begründet.

In der Literatur wird nur einseitig die Frage beurteilt, wann die Gemeinschaft zur Rechtsangleichung von (bestehenden) mitgliedstaatlichen Rechtsakten tätig werden darf. Neben der Zuständigkeit der Gemeinschaft muß aber auch die Frage behandelt werden, wann die Mitgliedstaaten zusätzlich zu (bestehenden) Rechtsakten der Gemeinschaft tätig werden dürfen. Diese umgekehrte Zuständigkeitsproblematik ist wie folgt zu lösen: Besteht eine gemeinschaftliche Regelung, können die Mitgliedstaaten innerhalb dessen Regelungsgehalts grundsätzlich nicht mehr eigenständig tätig werden (Sperrwirkung); bereits vorhandenes entgegenstehendes nationales Recht muß entsprechend angepaßt werden (Vorrang). Allerdings können die Mitgliedstaaten bei einer Gefahr für die menschliche Gesundheit eigene Maßnahmen erlassen. Diese Zuständigkeit ergibt sich aber nicht erst aus dem Gesichtspunkt der „Sachwalterschaft" der Mitgliedstaaten, sondern schon aus Art. 95 Abs. 4 und 5 EG. Diese Rechtsgedanken sind auch in der Gemeinsame Agrarpolitik über Art. 32 Abs. 2 sowie Art. 37 Abs. 3 lit. b EG eingebunden, da dieselben Bedingungen wie im Binnenmarkt zu herrschen haben.[1028] Im Falle der BSE-Problematik existieren sekundärrechtliche Schutzklauseln, nach denen die Mitgliedstaaten die erforderlichen Schutzmaßnahmen ergreifen können. Es handelt es sich damit um konkrete Ausprägungen dieser primärrechtlichen Voraussetzungen.

Die erörterte Problematik lag auch einem neueren Urteil des EuGH zugrunde. Der EuGH ging in der Sache Frankreich/Kommission[1029] davon aus, daß die Aufhebung eines umfassenden Exportverbots durch eine limitierte Exporterlaubnis keinen Raum für strengere nationale Maßnahmen Frankreichs erlaubt. Aber der EuGH hat gleichzeitig den Erlaß eines französischen Exportverbots in Teilbereichen für rechtmäßig befunden, weil insofern die gemeinschaftliche Regelung nicht ausreichenden Schutz gewährleistet hatte. Ob der EuGH die materielle Reichweite („Sperrwirkung") der gemeinschaftlichen Regelung als nicht umfassend genug sah oder ob er die Zuständigkeit der Mitgliedstaaten aufgrund ernsthafter gesundheitlicher Bedenken, die von der Maßnahme nicht ausreichend genug berücksichtigt waren, eröffnet sah, bleibt unklar. Der EuGH hat aber zumindest bestätigt, daß es im Fall unzureichender gemeinschaftlicher Regelungen „Sache der Mitgliedstaaten" sei, „angemessene Maßnahmen" zu ergreifen.

3. Durchführung

Sofern die Gemeinschaft aufgrund einer Kompetenz befugt ist, eine konkrete Maßnahme mit gesundheitsschützender Wirkung zu erlassen, wurden einige erhebliche rechtssystematische sowie formellrechtliche Probleme aufgeworfen.

3.1 Probleme im Primärrecht

3.1.1 Handhabung „doppelter" Rechtsgrundlagen

Die Wahl der Rechtsgrundlage im Fall doppelter Rechtsgrundlagen ist in der Praxis umstritten, wenn unterschiedliche Entscheidungsverfahren vorgesehen sind. Die Abgrenzungen in der Literatur und der Rechtsprechung sind nicht einheitlich.

[1028] Vgl. ausführlich zu dieser Herleitung S. 128 ff..

[1029] EuGH Rs. C-1/00, Urteil vom 13.12.2001, Slg. 2001, S. I-10029.

So ist vor allem das Konkurrenzverhältnis zwischen einzelnen Kompetenznormen unklar. In der Literatur wird meist auf den inhaltlichen Schwerpunkt einer Maßnahme abgestellt. Der EuGH tendiert dazu, die Konkurrenzproblematik zu umgehen und stellt lediglich auf einen einheitlichen Sachbereich ab, der nur einer Kompetenznorm unterfällt. Ein besonders umstrittenes Beispiel für diese Praxis ist das „Titandioxid"-Urteil. Die in der Literatur angenommene Konkurrenzlösung, die auf den sachlichen „Schwerpunkt" der Maßnahme abstellt, scheitert an dieser Rechtsprechung. Der EuGH scheint stattdessen im Falle unterschiedlicher Erlaßverfahren jeweils nur die umfassendere Kompetenz heranzuziehen. Das Grundproblem bei diesen Vorgehensweisen ist, daß nicht systematisch klar genug unterschieden wird zwischen einerseits der Subsumtion unter eine Kompetenz und andererseits einer Konkurrenzregel, die erst notwendig wird, wenn mehrere Kompetenzen einschlägig sind.

Allerdings konnte speziell bei Maßnahmen, die den Sachbereich der Gemeinsamen Agrarpolitik berühren, festgestellt werden, daß der EuGH den Kompetenzen der Gemeinsamen Agrarpolitik im Sinne einer „lex-specialis" Lösung den Vorzug vor allen anderen Kompetenznormen gibt.

Der neue Art. 152 Abs. 4 lit. b EG verursacht nun aber auch für die Gemeinsame Agrarpolitik Rechtsunsicherheiten. Nach der hier vertretenen Ansicht die einzig klare Konkurrenzregel des EuGH für die Gemeinsame Agrarpolitik durch den neuen Art. 152 Abs. 4 lit. b EG nicht zerstört. Es handelt sich nicht um eine neue Kompetenznorm, die in ein Konkurrenzverhältnis zu den Kompetenzen der Gemeinsamen Agrarpolitik tritt. Andererseits aber wird durch das neue Kriterium der „unmittelbar" dem Gesundheitsschutz dienenden veterinär- oder pflanzenschutzrechtlichen Maßnahme das bislang an der Rechtsprechung des EuGH gescheiterte und aus grundsätzlichen Erwägungen abzulehnende Schwerpunktmodell primärrechtlich eingeführt. Die Abgrenzung von unmittelbaren zu nichtunmittelbaren Maßnahmen ist äußerst unscharf und damit für die Rechtspraxis untauglich.

Die einzig begrüßenswerte Neuerung besteht darin, daß das Europäische Parlament erstmals im Bereich der Gemeinsamen Agrarpolitik zur Mitentscheidung berufen ist.

3.1.2 Anwendung der Querschnittsklausel

Der Inhalt und die Bedeutung der Querschnittsklauseln, die ein „hohes Niveau" im Gesundheitsschutz gewährleisten sollen, bewirken keine zusätzlichen Kompetenzen. Zwar besteht in der Literatur wohl Einigkeit, daß eine Rechtspflicht zur Beachtung von Gesundheitsschutz-Erwägungen besteht. Die konkrete rechtliche Wirkung der Querschnittsklauseln sowie deren inhaltliche Reichweite sind aber unklar.

Richtigerweise hat die Gemeinschaft den Gesundheitsschutz im Rahmen der der Verhältnismäßigkeit bei der konkreten Güterabwägung der Angemessenheits- bzw. Proportionalitätsprüfung einzustellen. In systematischer Hinsicht ist bei der Verwendung der deutschen Terminologie zwar zu beachten, daß der EuGH selbst insofern keine konsequente Terminologie verwendet. Das Ergebnis ist brauchbar: Da die Rechtsprechung dem Gesundheitsschutz den „ersten Rang" einräumt, wird durch diese systematische Handhabung der Gesundheitsschutz entsprechend vorrangig im Verhältnis zu allen anderen konkreten Abwägungsgründen beachtet. Weil die Maßnahme nach der Rechtsprechung des EuGH aber auch für die Verwirklichung der Ziele des Agrar- und/oder Binnenmarkts „geeignet" und „erforderlich" sein muß, wird durch diese systematische Handhabung entsprechend dem Wortlaut des EG-Vertrags zwar ein „hohes", nicht aber das „höchste" Niveau des Gesundheitsschutzes gesichert.

3.2 Probleme im Sekundärrecht

Die Entscheidungsverfahren werden durch die speziellen sekundärrechtlichen Verfahren verkompliziert und sind schon von der Konzeption her undurchsichtig gestaltet. Es handelt sich vor allem um die unter dem Stichwort Komitologie erörterten Ausschüsse, die in nach sekundärrechtlichen Regeln geschafften und in Verfahren eingebunden sind. Grundsätzlich ist zwischen dem im Entscheidungsprozeß eingebundenen Ständigen Auschuß und dem als Vorstufe lediglich beratend tätig werdenden Wissenschaftlichen Ausschuß zu unterscheiden. Der Begriff Komitologie ist im engeren Sinne eigentlich nur auf die Ständigen Ausschüsse zu beziehen. Die analysierten Funktionsweisen sind auch noch nach der Neuordnung des Ausschußwesens im Rahmen der Verordnung über Lebensmittelsicherheit gültig.

3.2.1 Der Ständige Ausschuß

Die Befugnis für Entscheidungen wird der Kommission oft im Rahmen von veterinärrechtlichen Richtlinien vom Rat zugewiesen. Es handelt sich um eine primärrechtlich zulässige Delegation.

Die Entscheidungsverfahren der in der Vergangenheit angewendeten Veterinär-Richtlinien ähnelten dem Regelungsausschußverfahren bzw. seit dem neuesten Komitologie-Beschluß dem speziellen Schutzverfahren. Im Rahmen der BSE-Problematik hatte die Kommission eine geplante Regelung dem Ständigen Veterinärausschuß vorzulegen. Der Ständige Veterinärausschuß war schon im Jahr 1968 vom Rat eingesetzt und besetzt worden. Sofern der Ständige Veterinärausschuß einen Vorschlag der Kommission nicht billigte, mußte der Rat mit dem Vorschlag befaßt werden. Wenn der Rat sich nicht mit einfacher Mehrheit gegen den Vorschlag aussprach oder binnen 15 Tagen keine Entscheidung traf, konnte die Kommission die vorgeschlagene Regelung erlassen.

Bei dieser Art von Ausschußverfahren handelt es sich um eine vom Rat eingerichtete, quasi vorinstanzliche Überprüfung der delegierten Kommissionstätigkeit. Diese vom Rat eingerichteten Komitologie-Verfahren sind vom Grundsatz her umstritten, wurden aber vom EuGH nicht beanstandet. Vor allem das Europäische Parlament sah seine Mitentscheidungs-Rechte unterlaufen. Schon vor dem neuesten Komitologie-Beschluß 99/468/EG erkämpfte das Europäische Parlament sich daher einen Modus vivendi, der zumindest die Weitergabe von Informationen vorsah. Obwohl seit dem Vertrag von Amsterdam nach Art. 152 Abs. 4 lit. b EG das Mitentscheidungsverfahren bei gesundheitlichen Fragen des Veterinärrechts gilt, wurde eine entsprechende Mitwirkungsbefugnis in den sekundärrechtlichen Verfahren bislang nicht berücksichtigt. Stattdessen sieht das Regelungsverfahren nach Artikel 5 des genannten Komitologie-Beschlusses eine Stellungnahme des Parlaments vor, wenn das Parlament durch eine im Ausschußverfahren getroffene Maßnahme den Rahmen des Basisrechtsaktes überschritten sieht.

3.2.2 Der Wissenschaftliche Ausschuß

Die Entscheidungen der Kommission werden durch Stellungnahmen von Wissenschaftlichen Aussschüssen, die durch einen Wissenschaftlichen Lenkungsausschuß koordiniert werden, unterstützt. Die Konsultation dieser Ausschüsse wurde ursprünglich nur in sekundärrechtlich ausdrücklich normierten Fällen betrieben. Die Rechtsprechung hatte diese Konsultation aber darüber hinaus zur Pflicht gemacht, soweit sich die Konsultation nach dem Inhalt des zu regelnden Sachverhalts schon anbietet. Im Rahmen der BSE-Schutzmaßnahmen wurden immer wieder die Stellungnahmen dieser Ausschüsse zur Entscheidungsfindung herangezogen. Offenbar bestand die Tendenz, daß der Ständige Veterinärausschuß sich am Ergebnis der Stellungnahmen der wissenschaftlichen Ausschüsse orientierte. Zudem wurde im Rahmen der BSE-Krise der Vorwurf erhoben, daß sich der Wissenschaftliche Ausschuß in seinen Stellungnahmen an nationalen Interessen orientierte. Trotz der seither erfolgten Verbesserungen lassen sich die Entscheidungen der Kommission immer noch nicht auf die entsprechenden wissenschaftlichen Vorarbeiten zurückverfolgen. Die seit der BSE-Krise verstärkt betriebene Veröffentlichungspraxis im Internet ist wenig hilfreich. Besser wäre es, die Begründungspflicht für Rechtsakte derart zu verschärfen, daß die Beifügung der wissenschaftlichen Stellungnahmen als Anlage zu einer Entscheidung zur Pflicht wird.

4. Weiterentwicklung

Die in der BSE-Problematik vorhandene Unsicherheit, inwieweit die Gemeinschaft auch im Fall von nicht abschließend bewiesenen Gesundheitsgefahren tätig werden darf, sorgte für neue Konzepte, die den primärrechtlichen Rahmen der Gemeinschaft berühren.

4.1 Impuls aus der BSE-Krise

Ein Untersuchungsausschuß des Europäischen Parlaments nahm die späte Neubewertung der wissenschaftlichen Fakten im Jahr 1996 zum Anlaß, das grundsätzliche System der Gesundheitsüberwachung zu analysieren. Neben menschlichem Versagen und rein organisatorischen Unzulänglichkeiten wurde vor allem die mangelnde Transparenz der Entscheidungsprozesse, die mangelnde Abstimmung der Entscheidungsträger sowie die mangelnde Ermittlung und Behandlung der tatsächlichen Gesundheitsgefahr aus dem Zusammenhang von BSE zu der nVCJK kritisiert.

Der Bericht des Untersuchungsausschusses zeitigte beachtliche Folgen. Die Kommission nahm die dort erarbeiteten Vorschläge für die Zukunft zum Anlaß für größere interne Umstrukturierungen sowie verschärfte Kontrollverfahren. Die Erarbeitung der wissenschaftlichen Grundlagen zu BSE wurde durch die Einrichtung eines Wissenschaftlichen Lenkungsausschusses koordiniert.

4.2 Vorbeugende Gefahrenabwehr mittels Risiko-Prüfschema

Die rechtliche Behandlung der Unsicherheiten in der (wissenschaftlichen) Bewertung einer Gesundheitsgefahr ist das Kernstück der durch die BSE-Problematik erheblich beschleunigten Weiterentwicklung des gemeinschaftlichen Gesundheitsschutzes. Die Kommission orientiert sich beim Erlaß einer Maßnahme an einem Prüfschema, welches im wesentlichen darauf abzielt, die wissenschaftliche Bewertung und die daraus folgende rechtliche Behandlung durch klare Arbeitstrennung zu systematisieren. Eine Untersuchung des Prüfschemas zeigte aber, daß die getroffenen Unterscheidungen nur oberflächlich sind und der Rechtsanwendung jedenfalls keine Maßstäbe, z.B. in Form einer Art Checkliste, zur Bewertung von Gesundheitsgefahren an die Hand geben.

4.3 Vorsorgeprinzip im Gesundheitsschutz

Die Analyse der Mitteilung der Kommission über die Anwendung des Vorsorgeprinzips ergab viele rechtliche Unklarheiten. Ein Beispiel ist der Begriff des „potentiellen Risikos", dessen Abgrenzung zum Rechtsbegriff der Gefahr (bzw. des Gefahrenverdachts) unklar ist. Es ist dadurch grundsätzlich möglich, daß der

Unterschied zwischen einer im Rahmen von Gesundheitsschutz notwendigen Prävention und einer umfassend im nationalen Sicherheitsrecht verbleibenden Gefahrenabwehr verwischt wird.

Konkret wird nicht zwischen vorbeugenden Maßnahmen, wie sie in Schutzmaßnahmen immanent sind, und vorsorgenden Maßnahmen, die bereits ohne konkreten Gefahrenverdacht erlassen werden könnten, unterschieden. Die damit einhergehenden Probleme der Beweislastumkehr bei einer unterhalb einer Gefahrenschwelle angesetzten Handlungsmacht werden in der Rechtsliteratur angesprochen. Tatsächlich würde eine über das Umweltrecht hinausgehende vorsorgende Tätigkeit nach dem Prinzip der begrenzten Einzelermächtigung einer - bisher nicht vorhandenen - primärrechtlichen Grundlage bedürfen.[1030]

4.4 Europäisches Lebensmittelrecht

Die neue Verordnung (EG) Nr. 178/2002 zur Festlegung der allgemeinen Grundsätze und Anforderungen des Lebensmittelrechts, zur Einrichtung der Europäischen Behörde für Lebensmittelsicherheit und zur Festlegung von Verfahren zu Lebensmittelsicherheit setzt viele aus der BSE-Problematik gewonnene Erfahrungen in die Tat um. So werden unter anderem das Risiko-Prüfschema und das Vorsorgeprinzip sekundärrechtlich eingeführt. Daneben sind weitreichende Regelungen in Bezug auf das Transparenzprinzip eingeführt worden.

Die Verordnung sieht neue sekundärrechtliche Notkompetenzen vor, auf deren Basis lebens- und futtermittelspezifische Gesundheitsschutz-Maßnahmen erlassen werden können. Die Untersuchung der Verordnung für ein europäisches Lebensmittelrecht zeigte, daß nach dem Grundsatz „from the farm to the fork" die gesamte Nahrungsmittelkette, mithin auch die Futtermittelkette einbezogen wird. Damit müssen die Kompetenzen sowohl der Gemeinsamen Agrarpolitik als auch des Binnenmarktes herangezogen werden. Es wäre allerdings zu überlegen, ob eine europäische Lebensmittelsicherheit nicht auf primärrechtlicher Ebene in den Vertrag selbst eingefügt werden müßte.

Das sekundärrechtliche Entscheidungsverfahren wurde durch die Einrichtung eines neuen Ständigen Ausschusses für die Lebensmittelkette und die Tiergesundheit neu gestaltet und modernisiert. Unter anderem wird erstmals auch der neue Komitologie-Beschluß 99/468/EG berücksichtigt, so daß Gesundheitsschutz-Maßnahmen nach dem Regelungsverfahren erlassen werden. Für Sofortmaßnahmen wird aber nicht das Schutzverfahren nach Artikel 6 des genannten Komitologie-Beschlusses herangezogen, sondern eine eigene Regelung getroffen, die eine Genehmigung der Sofortmaßnahme binnen zehn Arbeitstagen nach dem Rege-

---

[1030] Vgl. dazu ausführlich S. 198 f..

lungsverfahren vorsieht. Grund hierfür mag sein, daß das Europäische Parlament nur im Rahmen des Regelungsverfahrens Beteiligungsrechte hat. Unklar ist nunmehr aber die Funktion der zuvor verwendeten Notkompetenzen der Richtlinien 89/662/EWG und 90/425/EWG.

Die in der Verordnung geregelte Einrichtung einer Europäischen Lebensmittelbehörde soll vor allem dazu dienen, zuverlässige wissenschaftliche Grundlagen zu erarbeiten. Die Behörde hat eine eigene Rechtspersönlichkeit und ersetzt nach außen die bereits erörterten Wissenschaftlichen Ausschüsse. Diese arbeiten nun innerhalb der Behörde, wobei letztere die notwendigen und bisher fehlenden Sekretariatsfunktionen übernimmt. Zusätzlich bestehen nun aber weitergehende Verfahrensvorschriften, die primärrechtliche Probleme aufwerfen könnten. Es ist fraglich, ob und wie die Behörde die Auskunft von wissenschaftlichen Daten erzwingen könnte. Fraglich ist auch, inwiefern die von der Behörde erarbeiteten wissenschaftlichen Grundlagen für die Mitgliedstaaten verbindlich werden. Es besteht die Gefahr, daß die Ausnahmezuständigkeiten der Mitgliedstaaten nach Art. 30 EG bzw. Art. 95 Abs. 4 EG durch entgegenstehende wissenschaftliche Feststellungen der Behörde eingeschränkt werden. Es wird sich zeigen, ob das innerhalb der Behörde vorgesehene Einigungsverfahren diese Probleme hinreichend kompensiert.

Literaturverzeichnis

Appel, Ivo: „Europas Sorge um die Vorsorge – Zur Mitteilung der Europäischen Kommission über die Anwendbarkeit des Vorsorgeprinzips“, *Neue Zeitschrift für Verwaltungsrecht* (NVwZ) 2001, S. 395 - 398

Bach, Rudolf: „Schnellwarnsystem vor gefährlichen Lebensmitteln“, *Zeitschrift für das gesamte Lebensmittelrecht* (ZLR) 2000, S. 489 - 501

Beckedorf, Ingo: „Das Untersuchungsrecht des Europäischen Parlaments“, *Europarecht* (EuR) 1997, S. 237 - 260

Behrens, Peter: „Gemeinschaftsrecht und juristische Methodenlehre“, *Europäische Zeitschrift für Wirtschaftsrecht* (EuZW) 1994, S. 289

Bender, Bernd / **Sparwasser**, Reinhard / **Engel**, Rüdiger: *Umweltrecht: Grundzüge des öffentlichen Umweltschutzrechts*, 4. völlig neubearbeitete Auflage, Heidelberg 2000.

Berg, Werner: *Gesundheitsschutz als Aufgabe der EU – Entwicklung, Kompetenzen, Perspektiven*, Baden-Baden 1997

Berner, Georg / **Köhler**, Michael: *Polizeiaufgabengesetz*, 15. Auflage, München 1998

Bleckmann, Albert: *Europarecht – Das Recht der Europäischen Union und der Europäischen Gemeinschaften*, 6. neubearbeitete und erweiterte Auflage, Köln u.a. 1997 [Zitiert: *Bearbeiter*, in: **Bleckmann**]

Bockey, Andrea: *Die Entscheidung der Europäischen Gemeinschaft*, Frankfurt a.M. u.a. 1998

Böhm, Monika: „Das Vorsorgeprinzip im Lebensmittelrecht“, *Zeitschrift für das gesamte Lebensmittelrecht* (ZLR) 2000, S. 241 - 255

Borchardt, Klaus-Dieter: *Die rechtlichen Grundlagen der Europäischen Union*, 2. neubearbeitete und erweiterte Auflage, Heidelberg 2002

Borchmann, Michael: „Ein Subsidiaritätsprotokoll - ein richtiger Schritt auf dem Weg zu einem stabilen Einigungsprozeß“, *Europäische Zeitschrift für Wirtschaftsrecht* (EuZW) 1996, S. 641

Breier, Siegfried: „Der Streit um die richtige Rechtsgrundlage in der Rechtsprechung des Europäischen Gerichtshofes“, *Europarecht* (EuR) 1995, S. 46 - 53

Brenner, Michael: „Das Weißbuch zur Lebensmittelsicherheit und das System des Europäischen Verwaltungsvollzugs – Insbesondere: Verwaltungskompetenz der Mitgliedstaaten und Grundsatz des Landesvollzugs in der Bundesrepublik Deutschland“, *Zeitschrift für das gesamte Lebensmittelrecht* (ZLR) 2001, S. 359 - 377

Brockhaus Enzyklopädie - in 24 Bänden, 19. Auflage, Mannheim 1986.

Büge, Dirk: „Verfehlte Rechtsprechung zur Zweiten BSE-SchutzVO? – Erwiderung auf Salzwedel, Anmerkung zum Urteil des BVerwG vom 15.2.2001, ZLR 20001, 444ff.“, *Zeitschrift für das gesamte Lebensmittelrecht* (ZLR) 2001, S. 761 – 768

ders.: „Zur Entschädigung bei einer Sicherstellung bei BSE-Verdacht", *Zeitschrift für das gesamte Lebensmittelrecht* (ZLR) 2000, S. 107 - 110

Büge, Dirk / **Tünnesen-Harmes**, Christian: „BSE – Bekämpfung in Deutschland durch tierseuchenrechtliche Maßregelung von Importrindern“, *Agrarrecht* 1998, S. 1 - 5

ders. / ders.: „Bekämpfung der Bovinen Spongiformen Enzephalopathie mit Tierseuchenrecht“, *Recht der Landwirtschaft* (RdL) 1997, S. 309 - 313

ders. / ders.: „BSE in der Bundesrepublik Deutschland – Staatliche Maßnahmen und deren rechtliche Bewertung“, *Zeitschrift für das gesamte Lebensmittelrecht* (ZLR) 1997, S. 625 - 638

Bundesinstitut für Arzneimittel (BfArM), u.a.: „Die bovine spongiforme Enzephalopathie (BSE) des Rindes und deren Übertragbarkeit auf den Menschen - Gemeinsame Information des Robert-Koch-Institutes, des Bundesinstitutes für gesundheitlichen Verbraucherschutz und Veterinärmedizin (BgVV), des Paul-Ehrlich-Institutes (PEI) und des Bundesinstitutes für Arzneimittel und Medizinprodukte (BfArM) “, *Bundesgesundheitsblatt* 2001, S. 421 - 431

Busch, Dirk: „Probleme im Anwendungsbereich des Verbots nicht-tarifärer Handelshemmnisse aus Art. 28 EGV unter Berücksichtigung neuerer Entwicklungen in der Rechtsprechung des EuGH“, *Zeitschrift für europarechtliche Studien* (ZEuS) 2001, S. 349 - 364.

Calliess, Christian: „Der Schlüsselbegriff der „ausschließlichen Zuständigkeit" im Subsidiaritätsprinzip des Art. 3 b II EGV", *Europäische Zeitschrift für Wirtschaftsrecht* (EuZW) 1995, S. 693 – 700

ders.: *Subsidiaritätsprinzip und Solidaritätsprinzip in der Europäischen Union*, Tübingen 1999

ders.: *Rechtsstaat und Umweltstaat*, Tübingen 2001

ders. / **Ruffert**, Matthias (Hrsg.): *Kommentar zu EU-Vertrag und EG-Vertrag*, 2. Auflage, Neuwied, Kriftel 2002 [Zitiert: *Bearbeiter*, in: **Calliess/Ruffert**]

Caspar, Johannes: „Das europäische Tabakwerbeverbot und das Gemeinschaftsrecht", *Europäische Zeitschrift für Wirtschaftsrecht* (EuZW) 2000, S. 237 - 243

Creifelds, Carl (Hrsg.): *Rechtswörterbuch*, 17. Auflage, München 2002

Dauses, Manfred: „Tabakrauch und Werbeverbot: neuer Institutionenkonflikt am Horizont?", *Europäische Zeitschrift für Wirtschaftsrecht* (EuZW) 1994, S. 545

Deketelaere, Kurt / **Gekiere**, Jan: *International, EC and US Environmental Law – A Comparative Selection of Basic Dosuments*, Den Haag, London, New York 2002

Demmke, Christoph / **Haibach**, Georg: „Die Rolle der Komitologieausschüsse bei der Durchführung des Gemeinschaftsrechts und in der Rechtsprechung des EuGH", *Die Öffentliche Verwaltung* (DÖV) 1997, S. 710 - 718

Dreher, Meinrad: „Transparenz und Publizität bei Ratsentscheidungen", *Europäische Zeitschrift für Wirtschaftsrecht* (EuZW) 1996, S. 487 - 491

Duden - *Das große Wörterbuch der deutschen Sprache*. Droskowsky, Günther (Hrsg.), Mannheim u.a. 1994

Eckert, Dieter: „15. Sitzung des Codex-Committees „General Principles" 10.-14. April 2000 in Paris", *Zeitschrift für das gesamte Lebensmittelrecht* (ZLR) 2000, S. 414 - 427

ders.: „Zur Regelungskompetenz der Europäischen Gemeinschaft für Zusatzstoffe zu Tabakerzeugnissen – Rechtsgutachten für den Verband der Cigarettenindustrie vom 15. Juni 2000", *Zeitschrift für das gesamte Lebensmittelrecht* (ZLR) 2000, S. 637 - 652

Eggers, Barbara: *The Precautionary Principle in WTO Law,* Dissertation (1. Prüfer Prof. Dr. Meinhard Hilf), Hamburg 1991

Ehlermann, Claus-Dieter / **Bieber,** Roland (Hrsg:): *Handbuch des Europarechts*, Stand 427. Ergänzungslieferung Mai 2002, Baden-Baden 2002 [Zitiert: **HER**]

Emmert, Frank: *Europarecht*, München 1996

Epiney, Astrid: „Gemeinschaftsrechtlicher Umweltschutz und Verwirklichung des Binnenmarktes – 'Harmonisierung' auch der Rechtsgrundlage?", *Juristen Zeitung* (JZ) 1992, S. 564 - 570

dies.: *Umweltrecht in der Europäischen Union*, Köln u.a. 1997

dies. / **Scheyli**, Martin: *Strukturprinzipien des Umweltvölkerrechts*, Baden-Baden 1998

Erlenkämper, Arnold / **Fichte**, Wolfgang: *Sozialrecht - allgemeine Rechtsgrundlagen, Sozialgesetzbücher und sonstige Rechtsgrundlagen, Verfahrensrecht*, 4. neubearb. Auflage, München 1999

Europäische Kommission (Hrsg.): *Vademekum – Informationen für die Verbraucher*, 3. Auflage, Brüssel 1998

Europäisches Parlament - Nichtständiger Untersuchungsauschuß für BSE: „Bericht über behauptete Verstöße gegen das Gemeinschaftsrecht bzw. Mißstände bei der Anwendung desselben im Zusammenhang mit BSE unbeschadet der Zuständigkeiten der nationalen und gemeinschaftlichen Gerichte. Berichterstatter: Manuel Medina Ortega", *Dokument Nr. A4-0020/97 vom 7.2.1997* [Zitiert: **Europäisches Parlament,** *Ortega-Bericht*]

Everling, Ulrich: „Abgrenzung der Rechtsangleichung zur Verwirklichung des Binnenmarktes nach Art. 100 a EWGV durch den Gerichtshof", *Europarecht* (EuR) 1991, S. 179 - 182.

Falke, Josef: „Aktuelles zum Vorsorgeprinzip und anderen programmatischen Orientierungen im Europäischen Umweltrecht", *Zeitschrift für Umweltrecht* (ZUR) 2000, S. 265 - 271

Fischer, Hans-Georg: „Die Rechtsprechung des Europäischen Gerichtshofs im Jahr 1996 - Ein Überblick", in: *Recht im Amt* (RiA) 1997, S. 105 - 115

Fischer, Peter / **Köck**, Heribert Franz: *Europarecht einschließlich des Rechtes supranationaler Organisationen*, Wien 1997

Fluck, Jürgen / **Hoffmann**, Katja: „Kollision zwischen europäischem und deutschem Recht am Beispiel von BSE“, *Agrarrecht* 2002, S. 75 - 79

Frenz, Walter: *Europäisches Umweltrecht*, München 1997

Gorny, Dietrich: „Sicherheit tierischer Lebensmittel – Eine Fallstudie“, *Zeitschrift für das gesamte Lebensmittelrecht* (ZLR) 1998, S. 307 - 316

Gottsmann, Ortwin: *Der Gemeinsame Agrarmarkt,* Baden-Baden 1996.

Grabitz, Eberhard / **Hilf**, Meinhard (Hrsg.): *Das Recht der Europäischen Union, Band 1 – EUV, EGV*, 19. Ergänzungslieferung, München 2002. [Zitiert: *Bearbeiter*, in: **Grabitz/Hilf**]

Grimm, Jacob / **Grimm**, Wilhelm: *Deutsches Wörterbuch*, Band VIII (R - Schiefe), Leipzig 1893

Gündisch, Jürgen / **Mathijsen**, Petrus: *Rechtsetzung und Interessenvertretung in der Europäischen Union – Verfahren, Mitwirkung, Qualität, Legitimation*, Stuttgart u.a. 1999

Hanika, Heinrich: „Europäische Gesundheitspolitik – Stärkung der Kompetenzen der Europäischen Union im Gesundheitswesen durch die Neufassung des Art. 152 EG-Vertrag“, *Medizinrecht* (MedR) 1998, S. 193 - 196

Hart, Dieter / **Reich**, Norbert: *Integration und Recht des Arzneimittelmarktes in der EG - Eine Untersuchung zum Produkt- und Marktrecht der Gemeinschaft und ausgewählter Mitgliedstaaten*, Baden-Baden 1990

Heitsch, Christian: „Zur Kompetenz der Mitgliedstaaten, vorläufige Schutzmaßnahmen zu treffen“, *Zeitschrift für das gesamte Lebensmittelrecht* (ZLR) 2001, S. 294 - 299

Heimann, Dierk / **Gröne**, Monika: *BSE - Der Tod aus dem Schlachthaus?*, Niedernhausen 1996

Helfritz, Vark H.: *Verselbständigte Verwaltungseinheiten der Europäischen Union – Zur Notwendigkeit einer juristischen Person des europäischen öffentlichen Rechts*, Berlin 2000

Herdegen, Matthias: *Europarecht*, 4. neubearb. und erw. Auflage, München 2002

Hiepe, Theodor (Hrsg.): *Spongiforme Enzephalopatien bei Tieren unter besonderer Berücksichtigung der BSE*, Halle 1996 [Zitiert: Bearbeiter, in: **Hiepe**]

Horst, Matthias: „Dachregelung Europäisches Lebensmittelrecht – Vorschläge zur Umsetzung des Weißbuchs zur Lebensmittelsicherheit“, *Zeitschrift für das gesamte Lebensmittelrecht* (ZLR) 2000, S. 475 - 488

ders. / **Mrohs**, Angelika: „Das Europäische Lebensmittelrecht am Scheideweg – Das Weißbuch der Kommission zur Lebensmittelsicherheit“, *Zeitschrift für das gesamte Lebensmittelrecht* (ZLR) 2000, S. 125 - 140

Hufen, Friedhelm: „Verwaltungskooperation in der EG: Lebensmittel- und Veterinärrecht“, *Zeitschrift für das gesamte Lebensmittelrecht* (ZLR) 1999, S. 755 - 777

Ipsen, Hans Peter: *Europäisches Gemeinschaftsrecht*, Tübingen 1972

Isensee, Josef: *Subsidiaritätsprinzip und Verfassungsrecht - eine Studie über das Regulativ des Verhältnisses zwischen Staat und Gesellschaft*, Berlin 2001

James, Philip / **Kemper**, Fritz / **Pascal**, Gerard: *The Future of Scientific Advice in the EU*, Brüssel 1999

Joerges, Christian / **Falke**, Josef (Hrsg.): *Das Ausschußwesen der Europaischen Union*, Baden-Baden 2000

ders. / **Voß**, Ellen: *EU Committees - Social Regulation, Law and Politics*, Oxford, Portland 1999

Jonas, Eleonore: *BSE und verwandte Erkrankungen – Eine Einführung für Human- und Veterinärmediziner*, Bern u.a. 1999

Kamann, Hans-Georg: „Viel Rauch um nichts? Gesundheitsschutz im Rahmen der Binnenmarktharmonisierung gemäß Art. 95 EGV“, *Zeitschrift für europarechtliche Studien* (ZEuS) 2001, S. 23 - 40

Knipschild, Klaus: „Wissenschaftliche Ausschüsse der EG im Bereich der Verbrauchergesundheit und der Lebensmittelsicherheit“, *Zeitschrift für das gesamte Lebensmittelrecht* (ZLR) 2000, S. 693 - 721

Koenig, Christian / **Haratsch**, Christian: *Europarecht*, Tübingen 2000

Köhler, Helmut: „Kodifizierung eines allgemeinen europäischen Lebensmittelrechts – Ein Beitrag zur Verwirklichung des Binnenmarkts?“, *Zeitschrift für das gesamte Lebensmittelrecht* (ZLR) 2001, S. 191 - 207

Kreßel, Wolfgang / **Wollenschläger**, Michael: *Leitfaden zum Sozialversicherungsrecht*. Neuwied, Kriftel, Berlin 1996.

Krell, Ulrich: „Rindfleisch – ein Problemfall?“, *Zeitschrift für das gesamte Lebensmittelrecht* (ZLR) 2000, S. 1 - 10

ders. / **Görgen**, Sabine: „BSE – Chronik und Fakten“, *Zeitschrift für das gesamte Lebensmittelrecht* (ZLR) 2001, S. 23 - 34

Kunig, Philip (Hrsg.): *Grundgesetz Kommentar*, Begr. von Ingo von Münch, 5. neubearb. Auflage, München 2000. [Zitiert: *Bearbeiter*, in: **Kunig/vonMünch**]

Kunz, Adrian: „BSE in der Schweiz“, *Zeitschrift für das gesamte Lebensmittelrecht* (ZLR) 1997, S. 105 - 112

Kurt, Reinhard / **Arnold**, Dieter / **Löwer**, Johannes: „Editorial zum Bundesgesundheitsblatt“, *Bundesgesundheitsblatt* 2001, S. 1- 2.

Landwehr, Oliver: *Globalisierung, Freihandel und Gesundheitsschutz: Die Zulässigkeit gesundheitspolizeilicher und pflanzenschutzrechtlicher Maßnahmen im Lichte der Entscheidungen des Europäischen Gerichtshofes*, Frankfurt a.M. u.a. 2000

Larenz, Karl / **Canaris**, Claus-Wilhelm: *Methodenlehre der Rechtswissenschaft,* begründet von Karl Larenz (†), 3. neubearb. Auflage, Berlin u.a. 1995

Lenz, Carl Otto: *Kommentar zu dem Vertrag zur Gründung der Europäischen Gemeinschaften*, 2. Auflage, Köln u.a. 1999 [Zitiert: Bearbeiter, in: **Lenz**]

Lorenzen, Sievert: „BSE ist keine Naturkatastrophe, sondern ein menschengemachtes Problem – Wie läßt es sich mit Würde lösen?“, *Zeitschrift für das gesamte Lebensmittelrecht* (ZLR) 2001, S. 1 - 34

Mäder, Werner: *Integrations- und Gesundheitspolitik der Europäischen Gemeinschaft*, Bonn 1994

Mehde, Veith: „Verwaltungsreformen in der Europäischen Kommission“, *Zeitschrift für europarechtliche Studien* (ZEuS) 2001, S. 403 - 451

Mensching, Christian: „Der neue Komitologie-Beschluß des Rates“, *Europäische Zeitschrift für Wirtschaftsrecht* (EuZW) 2000, S. 268 - 271

Meyers Enzyklopädisches Lexikon - in 25 Bänden: Mannheim 1973

Millstone, Erik: „Recent Developments in EU food policy: institutional adjustments or fundamental reforms?“, *Zeitschrift für das gesamte Lebensmittelrecht* (ZLR) 2000, S. 815 - 829

Mögele, Rudolf: „Die gemeinschaftliche Agrarkompetenz nach Amsterdam", *Zeitschrift für europarechtliche Studien* (ZEuS) 2000, S. 79 - 95

ders.: „Zur Struktur der Lebensmittelverwaltung: Europäische Superbehörde oder deutscher Super-Föderalismus? – Die 'europäische Perspektive'", *Zeitschrift für das gesamte Lebensmittelrecht* (ZLR) 1998, S. 177 - 191

Nentwich, Michael: *Das Lebensmittelrecht der Europäischen Union*, Wien 1994

Nettesheim, Martin: „Horizontale Kompetenzkonflikte in der EG", *Europarecht* (EuR) 1993, S. 243 - 260

Nicolaysen, Gert: *Europäisches Gemeinschaftsrecht*, Stuttgart u.a. 1979

Oppermann, Thomas: *Europarecht*, 2. Auflage, München 1999

Pechstein, Matthias: *Die Mitgliedsstatten der EG als „Sachwalter des gemeinsamen Interesses" – Gesetzgebungsnotstand im Gemeinschaftsrecht*, Baden-Baden 1984

ders. / **Koenig**, Christian: *Die Europäische Union - Die Verträge von Maastricht und Amsterdam*, Tübingen 2000

Pipkorn, Jörn: „Das Subsidiaritätsprinzip im Vertrag über die Europäische Union - rechtliche Bedeutung und gerichtliche Überprüfbarkeit", *Europäische Zeitschrift für Wirtschaftsrecht* (EuZW) 1992, S. 697 - 700

Pitschas, Rainer: „Inhalt und Reichweite des Mandats der Europäischen Gemeinschaft auf dem Gebiet des Europarechts", *Zeitschrift für Sozialreform* (ZfS) 1993, S. 468 ff..

Poscher, Ralf: „Der Gefahrenverdacht – Das ungelöste Problem der Polizeirechtsdogmatik", *Neue Zeitschrift für Verwaltungsrecht* (NZfV) 2001, S. 141 - 147

Rack, Reinhard / **Gasser**, Christoph: „Mehr Transparenz und mehr Verantwortlichkeit im Gemeinschaftsrecht – Die beiden BSE Ausschüsse des Europäischen Parlaments und die Auswirkungen auf das Gemeinschaftsrecht", *Europäische Zeitschrift für Wirtschaftsrecht* (EuZW) 1998, S. 421 - 426

Reich, Andeas: „Gefahr - Risiko - Restrisiko - das Vorsorgeprinzip am Beispiel des Immissionsschutzrechts", in: **Battis**, Ulrich / **Rehbinder**, Eckard / **Winter**, Gert (Hrsg.): *Umweltrechtliche Studien*, Band 5, Düsseldorf 1989

Reich, Norbert: „Passagiere auf dem europäischen Schiff“, *Neue Juristische Wochenschrift* (NJW) 1998, S. 2191 - 2192

ders.: „Tollhaus Europa oder Narrenschiff Staatsrecht? – Einige Bemerkungen zum Kommentar von Schneider, NJW 1998, 576“, *Neue Juristische Wochenschrift* (NJW) 1998, S. 1537

Reichenbach, Horst: „Die neue Politik der Kommission zur Lebensmittelsicherheit und zum Schutz der Verbrauchergesundheit“, *Europäische Zeitschrift für Wirtschaftsrecht* (EuZW) 1997, S. 673

ders.: „Die Weiterentwicklung des gesundheitlichen Verbraucherschutzes in der Europäischen Union“, *Zeitschrift für das gesamte Lebensmittelrecht* (ZLR) 1999, S. 555 - 577

Rengeling, Hans-Werner: „Bedeutung und Anwendbarkeit des Vorsorgeprinzips im europäischen Umweltrecht“, *Deutsches Verwaltungsblatt* (DVBl) 2000, S. 1473 - 1483

Ringel, Sabine: *Das deutsche und gemeinschaftliche Lebensmittelrecht als Sicherheitsrecht - lebensmittelrechtliche Aspekte innerhalb der Europäischen Union*, Berlin 1996

Robert Koch Institut (Hrsg.): „Die bovine spongiforme Enzephalopathie (BSE) - eine Tierseuche mit erheblicher Bedeutung für den Menschen“, *Epidemiologisches Bulletin*, Ausgabe 4/2001 vom 26.1.2001, S. 23 - 27 [Zitiert: **Robert Koch Institut,** EPIBUL 4/2001]

dass. (Hrsg.): „Creutzfeldt-Jacob-Erkrankungen in Deutschland 1994 bis 2000“, *Epidemiologisches Bulletin,* Ausgabe 8/2001 vom 23.2.2001, S. 56 f. [Zitiert: **Robert Koch Institut,** EPIBUL 8/2001]

Rüthers, Bernd: *Rechtstheorie,* München 1999

Sack, Jörn: „Die Europäische Union in den internationalen Organisationen - Bedeutung der Beteiligung sowie Aktion und Einfluss von Gemeinschaft und Mitgliedstaaten in diesen Gremien“, *Zeitschrift für europarechtliche Studien* (ZEuS) 2001, S. 267 - 284

Salzwedel, Jürgen: „Anmerkung zu den Voraussetzungen für eine rechtmäßige Anordnung der Tötung von Rindern“, *Zeitschrift für das gesamte Lebensmittelrecht* (ZLR) 2001, S. 444 - 449

Schell, Werner: *Das Deutsche Gesundheitswesen von A – Z*, Stuttgart, New York 1995

Schima, Bernhard: *Das Subsidiaritätsprinzip im Europäischen Gemeinschaftsrecht*, Wien 1994

Schleicher, Ursula: „BSE: Europäische Regelung und Gesundheitsschutz", *Zeitschrift für das gesamte Lebensmittelrecht* (ZLR) 1995, S. 728 - 732

dies.: „Gesundheitspolitik in Europa nach Amsterdam", *EVP-Fraktion im Europäischen Parlament - Schriftenreihe Umweltpolitik, Gesundheitspolitik und Verbraucherschutz in der Europäischen Union (EVPS) 1997*, S. 13 - 29

Schmidhuber, Peter / **Hitzler**, Gerhard: „Binnenmarkt und Subsidiaritätsprinzip", *Europäische Zeitschrift für Wirtschaftsrecht* (EuZW) 1993, S. 8 - 10

Schmidt, Reiner (Hrsg.): *Öffentliches Wirtschaftsrecht - Besonderer Teil I*, Berlin u.a. 1990 [Zitiert: *Berarbeiter*, in: **Schmidt**]

Schneider, Hans-Peter: „Tollhaus Europa – Unzeitgemäßes zum Werbeverbot für Tabakerzeugnisse", *Neue Juristische Wochenschrift* (NJW) 1998, S. 576 - 578

ders.: „Narrenschiff Staatsrecht oder Tarnkappe Europapolitik?", *Neue Juristische Wochenschrift* (NJW) 1998, S. 2191

ders.: „Zur fehlenden Harmonisierungskompetenz der Gemeinschaft auf dem Gebiet des Gesundheitsschutzes", *Zeitschrift für das gesamte Lebensmittelrecht* (ZLR) 2000, S. 894 - 898

Schröder, Werner: „Zu eingebildeten und realen Gefahren durch kompetenzüberschreitende Rechtsakte der Europäischen Gemeinschaft", *Europarecht* (EuR) 1999, S. 452 - 466

Schröer, Thomas: „Abgrenzung der Gemeinschaftskompetenzen zum Schutz der Gesundheit vor radioaktiver Strahlung - Anmerkung zum Urteil des EuGH vom 4.10.1991 in der Rechtssache C-70/88", *Europäische Zeitschrift für Wirtschaftsrecht* (EuZW) 1992, S. 207 - 210

ders.: „Mehr Demokratie statt umweltpolitischer Subsidiarität? – Anmerkungen zum Titandioxid-Urteil des EuGH", *Europarecht* (EuR) 1991, S. 356 - 368

Schwarze, Jürgen: *Europäisches Verwaltungsrecht - Entstehung und Entwicklung im Rahmen der Europäischen Gemeinschaft*, Baden-Baden 1988 [Zitiert: **Schwarze,** Europäisches Verwaltungsrecht]

ders.: „Der Beitrag des Europäischen Gerichtshofs zur Europäisierung des Verwaltungsrechts", *Europarecht* (EuR) 1997, S. 419 - 432

ders. (Hrsg.): *EU-Kommentar*, Baden-Baden 2000 [Zitiert: *Bearbeiter*, in: **Schwarze**]

Schweitzer, Michael / **Hummer**, Waldemar: *Europarecht*, 5. neubearb. Auflage mit Nachtrag zum Vertrag von Amsterdam, Neuwied, Kriftel 1999

Seewald, Ottfried: *Zum Verfassungsrecht auf Gesundheit*, Köln u.a. 1981

Seiler, Christian: „Der praktische Fall", *Juristische Schulung* (JuS) 2002, S. 679 - 685

Stein, Torsten: „Die Grundfreiheiten müssen 'Freiheiten' bleiben! Nochmals zu Tabakwerbeverbot und Gemeinschaftskompetenz", *Europäische Zeitschrift für Wirtschaftsrecht* (EuZW) 2000, S. 333 - 342

ders.: „Ohne Rechtsgrundlage: Die Tabakwerbeverbotsrichtlinie der EG", *Zeitschrift für das gesamte Lebensmittelrecht* (ZLR) 1998, S. 209 - 219

Steindorff, Ernst: *Grenzen der EG-Kompetenzen*, Heidelberg 1990

Stewing, Clemens: „Das Subsidiaritätsprinzip als Kompetenzverteilungsregel im Europäischen Recht", *Deutsches Verwaltungsblatt* (DVBl) 1992, S. 1516 - 1518

ders.: *Subsidiarität und Föderalismus in der Europäischen Union*, Köln u.a. 1992

Streinz, Rudolf: „Die demokratische Legitimation der Europäischen Gemeinschaft nach dem Vertrag von Maastricht und ihre Bedeutung für das Lebensmittelrecht", *Zeitschrift für das gesamte Lebensmittelrecht* (ZLR) 1994, S. 537 - 555

ders.: *Europarecht*, 5. neubearb. Auflage, Heidelberg 2001

ders.: „Trends und Perpektiven des Europäischen Lebensmittelrechts im Zeichen des 'Grünbuchs' und der Mitteilung der EG-Kommission 'Gesundheit der Verbraucher und Lebensmittelsicherheit'", *Zeitschrift für das gesamte Lebensmittelrecht* (ZLR) 1998, S. 145 - 174

ders.: „Was bleibt vom LMBG?", *Zeitschrift für das gesamte Lebensmittelrecht* (ZLR) 2000, S. 803 - 813

Strohmeier, Rudolf (Hrsg.): *Die Europäische Union - ein Kompentium aus deutscher Sicht*, 2. neubearb. Auflage, Opladen, Wiesbaden 1999 [zitiert: *Bearbeiter*, in: **Strohmeier**]

Thier, Uwe: *Das Recht des EG-Arzneimittelmarktes und des freien Wahrenverkehrs - Freier Wahrenverkehr in der EG, europäisches Arzneimittelsicherheitsrecht und das Verhältnis zu nationalem Arzneimittelpreis- und -versorgungsrecht unter besonderer Berücksichtigung des Rechts der BRD*, Frankfurt a.M. u.a. 1990

Trenkle, Klaus: „Wissenschaftliche Ausschüsse der Europäischen Kommission", *Zeitschrift für das gesamte Lebensmittelrecht* (ZLR) 1997, S. 687 - 696

Ullrich, Meike: „Die Wahl der Rechtsgrundlage als Rechtsproblem des Gemeinschaftsrechts", *Zeitschrift für europarechtliche Studien* (ZEuS) 2000, S. 243 - 272

Van Gerven, Walter / **Zuleeg**, Manfred (Hrsg.): *Sanktionen als Mittel zur Durchsetzzung des Gemeinschaftsrechts*, Köln 1996 [Zitiert: *Bearbeiter*, in: **Van Gerven/Zuleeg**]

Von Danwitz, Thomas: „Zur Reichweite der Gemeinschaftskompetenz nach Art. 100 a I und III EGV a.F. (Art. 95 I und III EGV n.F.)", *Europäische Zeitschrift für Wirtschaftsrecht* (EuZW) 1999, S. 622 - 626

ders.: „Rechtssicherheit und Kohärenz durch Kodifikation der Grundbegriffe und Grundprinzipien des Europäischen Lebensmittelrechts: Ziele – Kompetenzen – Verfahren.", *Zeitschrift für das gesamte Lebensmittelrecht* (ZLR) 2001, S. 207 - 230

Von Dürckheim, Phillip: *Gesundheitsschutz im europäischen Gemeinschaftsrecht – Kompetenzverteilung, individualrechtliche Aspekte*, Hamburg 2000

Von Schwanenflügel, Matthias: *Die Entwicklung der Kompetenzen der Europäischen Union im Gesundheitswesen*, Berlin 1996

ders.: „Gesundheit in Europa", *Europarecht* (EuR) 1998, S. 210 - 218

Wägenbaur, Bertrand: „Binnenmarkt und Gesundheitsschutz – eine schwierige Kohabitation", *Europäische Zeitschrift für Wirtschaftsrecht* (EuZW) 2000, S. 549 - 551

ders.: „Das gemeinschaftsweite Verbot der Tabakwerbung", *Europäische Zeitschrift für Wirtschaftsrecht* (EuZW) 1999, S. 144 - 150 ders.: „EuGH: Tabakwerberichtlinie ist nichtig - Anmerkung“, *Europäische Zeitschrift für Wirtschaftsrecht* (EuZW) 2000, S. 701 f.

Wägenbaur, Rolf: „Die EU will Transparenz: Verbesserter Zugang zu Dokumenten der Instiutionen“, *Europäische Zeitschrift für Wirtschaftsrecht* (EuZW) 2000, S. 193

ders.: „Werbeverbot für Tabakerzeugnisse: Betrachtungen eines Nichtrauchers“, *Europäische Zeitschrift für Wirtschaftsrecht* (EuZW) 1998, S. 33

Wahl, Rainer: „Risikobewertung und Risikobewältigung im Lebensmittelrecht“, *Zeitschrift für das gesamte Lebensmittelrecht* (ZLR) 1998, S. 275 - 298

Weiß, Wolfgang: "Zur Wirkung europäischen Sekundärrechts gegenüber nationalen Einfuhrverboten", *Zeitschrift für das gesamte Lebensmittelrecht* (ZLR) 2002, S. 352 - 356

Wetzig, Wolfram: „Bedeutung des SPS-Übereinkommens der WTO für das europäische Lebensmittelrecht und umgekehrte Diskriminierung am Beispiel des Hormonverbots“, *Zeitschrift für das gesamte Lebensmittelrecht* (ZLR) 2000, S. 11 - 29

Winter, Gerd: „Subsidiarität und Deregulierung im Gemeinschaftsrecht“, *Europarecht* (EuR) 1996, S. 247 - 269

Wollenschläger, Michael: *Arbeitsrecht*, 2. Auflage, Köln u.a. 2001

Zippelius, Reinhold: *Juristische Methodenlehre*, 7. Auflage, München 1999

Anhang: Verzeichnis der BSE-Schutzmaßnahmen

Datum	Entscheidung	Inhalt	Amtsblatt	Rechtsgrundlage
28.7.1989	1989/469/EWG	Verbot des Exports von Rindern aus dem VK, die vor dem 18.7.1988 (Zeitpunkt des englischen Verbots der Tiermehl-Verfütterung) geboren wurden oder die von Rindern stammen, bei denen Verdacht auf BSE besteht.	L 225 vom 3.8.1989 S. 51	64/432/EWG (89/360/EWG)
7.2.1990	1990/059/EWG	Änderung von 89/469: - Verbot des Exports von Rindern aus dem VK, die älter als 6 Monate sind. - Aus dem VK eingeführte Rinder müssen von dem Mitgliedstaaten bis zum 6. Lebensmonat geschlachtet werden.	L 41 vom 15.2.1990 S. 23	64/432 (89/662/EWG)
6.3.1990	1990/134/EWG	Meldepflicht für BSE „bis auf weiteres" ab 1.4.1990 gem. Richtlinie 82/894/EWG.	L 76 vom 22.3.1990 S. 23	82/894/EWG (89/162/EWG)
9.4.1990	1990/200/EWG	Getrenntes Schlachtverfahren bei Verdacht auf BSE. Verbot des Exports aus dem VK von bestimmten Innereien von Rindern (SBO: „specified bovine offals").	L 105 vom 25.4.1990 S. 24	64/432/EWG, 72/461/EWG, (89/662/EWG)
8.7.1990	1990/261/EWG	Änderung von 89/469: - Klarstellung des Verbot des Exports nach 89/894 für Rinder, die jünger als 6 Monate sind und nicht in „geeigneter Weise" gekennzeichnet sind. - Verbot des Exports aus dem VK für nicht-entbeintes Rindfleisch aus Betrieben, in denen in den letzten zwei Jahren BSE auftrat. - Verbot des Exports aus dem VK für entbeintes Rindfleisch, bei den anhängendes Gewebe nicht entnommen wurde (Nerven- und Lymphgefäße). - Verbot des Exports von Rindern, die von Kühen mit BSE-Verdacht abstammen.	L 146 vom 9.6.1990 S. 29	90/424/EWG

5.2.1991	1991/089/EWG	Finanzierung einer Vergleichsstudie über die Inaktivierung des BSE-Erregers.	L 49 vom 22.2.1991 S. 31	90/424/EWG
14.5.1992	1992/290/EWG	Verbot des Exports von Embryonen - aus dem VK, die vor dem 18.7.1988 geboren Kühen sind. - aus allen Mitgliedstaaten, wenn sie von BSE-verdächtigen Rindern stammen.	L 152 vom 4.6.1992 S. 37	90/425/EWG (91/628/EWG)
30.7.1992	1992/450/EWG	Aufhebung von 90/134, statt dessen nun Meldepflicht bis 31.12.1997.	L 248 vom 28.8.1992 S. 77	82/894/EWG (90/134/EWG)
27.6.1994	1994/381/EG	Verbot von aus Säugetieren gewonnenen Futtermitteln an Wiederkäuer. Sofern unterschieden werden kann, ist das Tiermehl von Nichtwiederkäuern nicht betroffen.	L 172 vom 7.7.1994 S. 23	89/662/EWG, 90/425/EWG, (92/118/EWG)
27.6.1994	1994/382/EG	Festlegung von sicheren Verfahren bei Herstellung von Tiermehl aus Tierkörpern unter Verbot der nicht sicheren (baut auf allgemeinen Verfahrenszulassungen von 92/562/EWG auf).	L 172 vom 7.7.1994 S. 25	90/425/EWG, 90/667/EWG
27.7.1994	1994/474/EG	Detaillierte Regelung zur Klarstellung und Zusammenfassung unter Aufhebung von 89/469 (geändert durch 90/059, 90/261) und 90/200 (geändert durch 90/261), u.a. über Verbot des Exports von Rindern, Risikogewebe, Rindfleisch, über Tiermehl und Schlachtung.	L 194 vom 29.7.1994 S. 96	89/662/EWG, 90/425/EWG, (92/118/EWG)
14.12.1994	1994/794/EG	Aufhebung von Beschränkungen für frisches Rindfleisch von Rindern, die nach dem 1.1.1992 geboren wurden.	L 325 vom 17.12.1994 S. 10, L 10 vom 14.1.1995 S. 10	90/425/EWG
13.2.1995	1995/029/EG	Änderung der Verfahrensvorschriften zur Herstellung von Tiermehl gem. 94/382.	L 38 vom 18.2.1995 S. 17	90/425/EWG, 90/667/EWG

6.3.1995	1995/060/EG	Änderung von 94/381: Ausnahmen vom Verbot der Verfütterung (z.B. für Milch, Gelatine, Trockenplasma u.ä.)	L 55 vom 11.3.1995 S. 43	90/425/EWG
18.7.1995	1995/287/EG	Änderung von 94/794: Aufhebung von Beschränkungen für Rinder, die zum Zeitpunkt der Schlachtung jünger als 30 Monate sind.	L 181 vom 1.8.1995 S. 40	89/662/EWG, 90/425/EWG, (92/118/EWG)
22.6.1995	1995/348/EG	Veterinär- und tierseuchenrechtliche Vorschriften für das VK und Irland.	L 202 vom 26.8.1995 S. 8	89/662/EWG, 90/425/EWG, (92/118/EWG)
27.3.1996	1996/239/EG	Umfassendes Verbot des Exports aus dem VK von Rindern und alle Rinderprodukte sowie von Tiermehl, das von Säugetieren stammt.	L 78 vom 28.3.1996 S. 47	89/662/EWG, 90/425/EWG, (92/118/EWG)
11.6.1996	1996/362/EG	Lockerung des umfassenden Verbots für Gelatine, Talg und Rindersamen.	L 139 vom 12.6.1996 S. 17	89/662/EWG, 90/425/EWG, (92/118/EWG)
20.6.1996	1996/381/EG	Genehmigung der Maßnahmen Portugals zur Bekämpfung von BSE.	L 149 vom 22.6.1996 S. 25	89/662/EWG, 90/425/EWG, (92/118/EWG)
24.6.1996	1996/385/EG	Genehmigung der Maßnahmen des VK zur Bekämpfung von BSE.	L 151 vom 26.6.1996 S. 39	89/662/EWG, 90/425/EWG, (92/118/EWG)
18.7.1996	1996/449/EG	Festlegung von Sicherheitsstandarts für Tierkörperbeseitigung	L 184 vom 24.7.1996 S. 43	90/425/EWG, 90/667/EWG
16.12.1996	1997/018/EG	Genehmigung der Maßnahmen Frankreichs zur Bekämpfung von BSE.	L 6 vom 10.1.1997 S. 43	89/662/EWG, 90/425/EWG, (92/118/EWG)

26.11.1997	Richtlinie 97/65/EG	Schutzvorschriften für Arbeitnehmer, die bei der Arbeit durch BSE-Erreger gefährdet sein können.	L	335 vom 6.12.1997 S. 17	89/391/EWG, 90/769/EWG
12.5.1997	1997/312/EG	Genehmigung der Maßnahmen Irlands zur Bekämpfung von BSE.	L	133 vom 24.5.1997 S. 38	89/662/EWG, 90/425/EWG, (92/118/EWG)
30.7.1997	1997/534/EG	Verbot von bestimmtem Risikomaterial (SRM: „specified risk material“) ab 1.1.1998 für jeglichen Zweck. Verbot der Einfuhr von SRM und daraus hergestellten Erzeugnissen aus Drittländern.	L	216 vom 8.8.1997 S. 95	89/662/EWG, 90/425/EWG, (92/118/EWG), 90/675/EWG
21.10.1997	1997/735/EG	Anpassung der Handelsregelung für Tiermehl an 96/449. Nicht nach den Kriterien von 96/449 hergestelltes Tiermehl darf nur zur Verbrennung oder Nachbehandlung exportiert werden.	L	294 vom 28.10.1997 S. 7	90/425/EWG
16.12.1997	1997/866/EG	97/534 soll erst ab 1.4.1998 in Kraft treten.	L	351 vom 23.12.1997 S. 69	89/662/EWG, 90/425/EWG, (92/118/EWG), 90/675/EWG
16.12.1997	1997/870/EG	Genehmigung von geänderten Maßnahmen des VK zur Bekämpfung von BSE.	L	353 vom 24.12.1997 S. 45	89/662/EWG, 90/425/EWG, (92/118/EWG)
15.12.1997	1998/012/EG	Verlängerung und Änderung der Meldepflicht für BSE (zuvor schon 92/450, 90/134) bis 31.12. 2002.	L	4 vom 8.1.1998 S. 63	82/894/EWG (92/450/EWG)
31.3.1998	1998/248/EG	97/534 soll erst ab 1.1.1999 in Kraft treten.	L	102 vom 2.4.1998 S. 26	89/662/EWG, 90/425/EWG, (92/118/EWG), 90/675/EWG

16.3.1998	1998/256/EG	Verschärfung der Exportverbote. Export von Nebenprodukten nur unter strengen Voraussetzungen. Voraussetzungen für Aufhebung de Exportverbots aus dem VK im Rahmen des „Certified Export Scheme“ nur für gewisse Bestände aus Nordirland.	L 113 vom 15.4.1998 S. 33	89/662/EWG, 90/425/EWG, (92/118/EWG)
23.4.1998	1998/272/EG	Vereinheitlichung der Überwachung von Scrapie und BSE und allen anderen TSE unter Änderung von 94/474. Information von bestimmten Berufsgruppen über TSE.	L 122 vom 24.4.1998 S. 59	89/662/EWG, 90/425/EWG, (92/118/EWG)
29.5.1998	1998/351/EG	Aufhebung der Exportverbote für die gem. 98/256 freizugebenden Bestände des VK aus Nordirland.	L 157 vom 30.5.1998 S. 110	89/662/EWG, 90/425/EWG, (92/118/EWG)
22.7.1998	Rec. 1998/477/EG	Empfehlung: Informationen über die Anwendung von TSE Untersuchungsverfahren.	L 212 vom 30.7.1998 S. 58	Art. 155 EGV
7.10.1998	1998/564/EG	Änderung von 98/256: Freigabe vom Exportverbot aus dem VK für BSE-Proben zu Forschungszwecken.	L 273 vom 9.10.1998 S. 37	89/662/EWG [98/662 wohl falsch]
18.11.1998	1998/653/EG	Umfassendes Verbot des Exports aus Portugal von Rindern und allen Rinderprodukten.	L 311 vom 20.11.1998 S. 23	89/662/EWG, 90/425/EWG, (92/118/EWG)
25.11.1998	1998/692/EG	Aufhebung des Verbots des Exports von Frischfleisch aus dem VK nach Maßgabe der englischen Kennzeichnungs- und Schlachtmethoden.	L 328 vom 4.12.1998 S. 28	89/662/EWG
17.12.1998	1998/745/EG	97/534 soll erst ab 31.12.1999 in Kraft treten.	L 358 vom 31.12.1998 S. 113	89/662/EWG, 90/425/EWG, (92/118/EWG), 90/675/EWG

29.1.1999	1999/129/EG	Tiermehlverfütterung nach 94/381 (zuletzt geändert durch 95/60) wird geändert im Hinblick auf hydrolysiertes Protein.	L	41 vom 16.2.1999 S. 14	90/425/EWG
23.7.1999	1999/514/EG	Datum für Wiederaufnahme des Exports aus dem VK (Nordirland) gem. 98/256 für bestimmte Rinderprodukte am 1.8.1999.	L	195 vom 28.7.1999 S. 42	89/662/EWG, Entscheidung 98/256/EWG
28.7.1999	1999/517/EG	Ausnahmen vom Verbot des Exports aus Portugal nach 98/653.	L	197 vom 29.7.1999 S. 45	89/662/EWG, 90/425/EWG, (92/118/EWG)
19.7.1999	1999/534/EG	Weitere Modifikationen für das Verfahren zur Herstellung von Tiermehl (vgl. 96/449).	L	204 vom 4.8.1999 S. 37	90/425/EWG
21.10.1999	1999/713/EG	Voraussetzungen zur Aufhebung des Verbots des Exports aus Portugal für MBM zur Verbrennung sowie für Kampfbullen.	L	281 vom 4.11.1999 S. 90	90/425/EWG
31.1.2000	2000/104/EG	Erweiterung des Verbots des Exports aus Portugal nach 98/653.	L	29 vom 4.2.2000 S. 36	89/662/EWG, 90/425/EWG, (92/118/EWG)
22.5.2000	2000/345/EG	Start der Aufhebung des Exports aus Portugal von MBM zur Verbrennung (99/713).	L	121 vom 23.5.2000 S. 9	89/662/EWG
6.6.2000	2000/371/EG	Start der Aufhebung des Exports aus Portugal von Kampfbullen nach Frankreich (99/713).	L	134 vom 7.6.2000 S. 34	90/425/EWG
6.6.2000	2000/372/EG	Start der Aufhebung des Exports aus Portugal von Kampfbullen nach Spanien (99/713).	L	134 vom 7.6.2000 S. 35	90/425/EWG

5.6.2000	2000/374/EG	Einführung von post mortem BSE-Schnelltests in das Verfahren gem. 98/272.	L 135 vom 8.6.2000 S. 27	89/662/EWG, 90/425/EWG, (92/118/EWG)
29.6.2000	2000/418/EG	Änderung von 94/474: Verbot der Nutzung von bestimmten Risikomaterial (SRM) (ersetzt letzte Änderung in dieser Hinsicht aus 97/534).	L 158 vom 30.6.2000 S. 76	89/662/EWG, 90/425/EWG, (92/118/EWG), 97/78/EG
29.11.2000	2000/764/EG	Verstärkung der Überwachungsvorschriften aus 98/272.	L 305 vom 6.12.2000 S. 35	89/662/EWG, 90/425/EWG, (92/118/EWG)
4.12.2000	2000/766/EG	Vorläufiges Verbot von Tiermehl (1.1.2001 bis 30.6.2001) bis zur Klärung durch ein Überwachungsprogramm.	L 306 vom 7.12.2000 S. 32	90/425/EWG, 97/78/EG
30.11.2000	2000/773/EG	Bereitstellung eines Finanzrahmens für ein Überwachungsprogramm von BSE.	L 308 vom 8.12.2000 S. 35	90/424/EWG
27.12.2000	2001/002/EG	Erweiterung der Liste der bestimmten Risikomaterialien (SRM) aus 00/418.	L 1 vom 4.1.2001 S. 21	89/662/EWG, 90/425/EWG, (92/118/EWG), 97/78/EG
29.12.2000	2001/008/EG	Änderung der Überwachung von BSE aus 00/764 und 98/272.	L 2 vom 5.1.2001 S. 28	89/662/EWG, 90/425/EWG, (92/118/EWG)
29.12.2000	2001/009/EG	Vorschriften über die Verfütterung bestimmter Tierproteine.	L 2 vom 5.1.2001 S. 38	89/662/EWG, 90/425/EWG, (92/118/EWG), 97/78/EG

Peter Lang · Europäischer Verlag der Wissenschaften

Matthias von Oppen

Recht auf Lebensmittelkennzeichnung?

Frankfurt am Main, Berlin, Bern, Bruxelles, New York, Oxford, Wien, 2003.
XI, 217 S.
Europäische Hochschulschriften: Reihe 2, Rechtswissenschaft. Bd. 3598
ISBN 3-631-39773-9 · br. € 42.50*

Lebensmittelkennzeichnung dient seit jeher nicht allein dem Gesundheitsschutz. Zum Beispiel gelten „nachgemachte" oder mit zugelassenen, aber nicht gekennzeichneten Zusatzstoffen versehene Lebensmittel traditionell als nicht verkehrsfähig. Dagegen wird die Gewährleistung bestimmter Informationen, die den Konsumenten besonders wichtig sind, allein von möglichen Gesundheitsgefahren abhängig gemacht. Diese Diskrepanz wird am Beispiel neuartiger Lebensmittel erörtert. Es wird erwogen, ob „ein Recht auf Lebensmittelkennzeichnung" des einzelnen Konsumenten im System des deutschen und europäischen Lebenmittelkennzeichnungsrechts existiert oder ob es in gewissen Grenzen aus grundrechtlichen Gewährleistungen abgeleitet werden kann.

Aus dem Inhalt: Kennzeichnung neuartiger Lebensmittel nach der Novel Food Verordnung · Vergleich mit dem traditionellen Lebensmittelkennzeichnungsrecht (Täuschungsverbote, Verkehrsauffassung, Verbraucherleitbilder) · Keine Gewährleistung subjektiver Informationsrechte im europäischen und nationalen Lebensmittelkennzeichnungsrecht · Ansätze zur grundrechtlichen Begründung eines Rechts auf Lebensmittelkennzeichnung jenseits des Rechts auf körperliche Unversehrtheit

Frankfurt am Main · Berlin · Bern · Bruxelles · New York · Oxford · Wien
Auslieferung: Verlag Peter Lang AG
Moosstr. 1, CH-2542 Pieterlen
Telefax 00 41 (0) 32 / 376 17 27

*inklusive der in Deutschland gültigen Mehrwertsteuer
Preisänderungen vorbehalten

Homepage http://www.peterlang.de

FSC
www.fsc.org
MIX
Papier | Fördert gute Waldnutzung
FSC® C083411

Kolibri 360 GmbH
Ferdinand-Jühlke-Straße 7
99095 Erfurt, Deutschland
produktsicherheit@kolibri360.de

Druck:
CPI Druckdienstleistungen GmbH
im Auftrag der
Kolibri 360 GmbH
Ferdinand-Jühlke-Str. 7
99095 Erfurt